中国传统文化概论

王新婷　编著

中国农业大学出版社
·北京·

内 容 简 介

《中国传统文化概论》是作者在2004年出版的《中国传统文化概论》的基础上吸收学术界新成果和作者新的研究体会加以改写、扩充形成的。

本教材在同类教材中有突出的特色：第一，体系性强。首先论述文化土壤，让读者了解中国传统文化之所以迥异于世界其他文化体系的原因；然后介绍中国传统文化发展的大致历程；再重点论述中国传统文化的各个方面；最后，总结中国传统文化基本精神，并指出中国传统文化在近代遭遇的危机及转变、发展。第二，全面论述了中国传统文化的各方面，不仅有精英文化，也有民俗文化；不仅有偏思辨的思想，亦有感性的文学艺术。第三，内容形象翔实、力避抽象和概念化；语言生动活泼，可读性强。本书既可作为网络学院学生的教材，也可作为大专院校本科生、研究生及社会人员的参考读物。

图书在版编目(CIP)数据

中国传统文化概论/王新婷编著. —北京：中国农业大学出版社，2011.1(2018.1重印)

ISBN 978-7-5655-0168-5

Ⅰ.①中… Ⅱ.①王… Ⅲ.①传统文化-中国 Ⅳ.①G12

中国版本图书馆CIP数据核字(2010)第244793号

书　名 中国传统文化概论
作　者 王新婷　编著

策划编辑 林孝栋　陆　强　　**责任编辑** 吴　昊
封面设计 郑　川　　**责任校对** 陈　莹　王晓凤
出版发行 中国农业大学出版社
社　址 北京市海淀区圆明园西路2号　　**邮政编码** 100193
电　话 发行部 010-62818525，8625　　读者服务部 010-62732336
编辑部 010-62732617，2618　　出　版　部 010-62733440
网　址 http://www.cau.edu.cn/caup　　**E-mail** cbsszs@cau.edu.cn
经　销 新华书店
印　刷 北京时代华都印刷有限公司
版　次 2011年1月第1版　2018年1月第6次印刷
规　格 787×980　16开本　19.25印张　353千字
定　价 39.00元

前　言

中国文化是人类文明的一颗璀璨的明珠。自她产生至现在的 5 000 年的漫长岁月里，虽然经历了人类文明的多次蜕变，但始终保持着自己完整的面貌，独特的风采，充满了内在的顽强生命力。

文化是什么？文化作何用？这似乎是一个常识性问题，人人都能回答一二，但在对文化性质与功能的理解上仍有一个巨大的模糊区间，以致常常使人陷入认识和行动的误区，造成不良的社会后果。特别是在当前社会思想意识日益多元、多样、多变，文化领域庸俗、低俗、媚俗之风颇盛的情况下，重新审视和努力厘清文化的性质与功能，就显得格外重要和紧迫。

在人类的社会活动中，经济和文化是两个基本形态，不仅几乎同时产生、同等重要，而且一直相互依存、紧密联系，共同构成人类社会不断发展进步的支撑与动力。这是人类社会区别于动物世界的显著标志。动物只有对物质的需求，而没有对精神的需求；动物的活动和需求都是本能的，而人类的活动和需求则是充满创造性的。正是人类这种在物质需求之外对精神、道德、审美、理想、情操、智慧等的需求、向往和实践探索，催生和孕育了不同于物质文明的另一种文明形态，这种文明形态就是文化。文化一旦产生，便使人类具有了更为强大的创造力，愈益有效地推动经济发展和社会进步。

正是在这个意义上，我国古代文化典籍《易经》才有"观乎人文，以化成天下"之说，北宋哲学家张载才有"为天地立心，为生民立命，为往圣继绝学，为万世开太平"之论。先哲的这些精辟概括，既是对文化性质的深刻揭示，也是对文化功能的正确总结。从中可以看出，文化与经济之于人类，犹如鸟之两翼、车之两轮，决非可有可无，而是不可或缺。经济的功能是满足人类的物质需求，文化的功能又是什么呢？就是满足人类的精神需求——增长智慧、涵养德行、陶冶情操、砥砺品格，提供正确导向，丰富社会生活。这样一种功能，归结起来便是养"心"——养智、养德、养神、养气。

文化的这种性质和功能，决定了真正有价值的文化必须具有文明内涵和积极意义，一旦失去了这个根本，就必然会贬值和变质；一切从事文化工作的人必须具有责任意识和高尚追求，一旦偏离了这个原则，就必然会陷入迷途与歧路。国民之魂，文以化之；国家之神，文以铸之。文化的价值和意义永远都在于它对人类社会的思想启迪、精神引导与道德提升。文化的养“心”作用既是物质不可取代的，又是金钱不能置换的。当然，文化产品和文化服务也可以是有价的，对文化产品和文化服务的消费也可以是有偿的，但文化的市场价值永远都是附着在文化的精神价值上的。因此，决不能为了追求市场价值而降低文化的精神价值，更不能不择手段地从文化身上榨取经济利益，以牺牲文化的精神价值来换取经济利益的最大化。

一个没有文化的民族是悲哀苍白的民族，一个没有文化的国家是没有根基没有力量没有前途的国家。我们需要文化，是因为人的全面发展离不开文化，没有文化的人是“单向度的人”。我们需要文化，是因为社会的全面进步离不开文化。没有文化的社会是短腿的没有发展后劲的社会。为了中华民族21世纪的伟大复兴，一个拥有《诗经》、《楚辞》、唐诗、宋词等不朽文化经典的民族，一个拥有孔子、老子这些伟大思想家的民族，也完全应该和能够用当代伟大灿烂的文化创造，去点燃13亿中华儿女心头理想主义的精神火炬，去开创出中国特色社会主义的美好未来。

本书在写作过程中参考并借鉴了学术界同仁的许多研究成果，为不掠人之美，后面列出参考文献，借此向诸位同仁致以真诚的谢意。由于作者研究水平有限，加之时间短暂，本书难免存在这样那样的问题，希望专家和读者不吝赐教，以后有机会再修改出版。

本书是在中国农业大学网络学院的大力支持下，才得以成书出版的，在此作者对其提供这样一个难得的机会表示衷心感谢！同时也谢谢中国农业大学出版社的合作和支持！

作　者

2010年10月14日

目　录

绪论　源头活水:文化概述 ······ 1

本章小结 ······ 10

思考题 ······ 11

第一章　文化土壤:中国传统文化的生存环境 ······ 12

第一节　大陆性地理环境 ······ 13

第二节　以农为本的经济模式 ······ 17

第三节　血缘宗法家族制度 ······ 21

第四节　独特的政治制度 ······ 31

本章小结 ······ 35

思考题 ······ 36

第二章　文化历程:中国传统文化发展概要 ······ 37

第一节　中国文化的雏型期——先秦时期 ······ 37

第二节　中国文化的定型及强化期——秦至明 ······ 44

第三节　中国文化的转型期——清至“五四” ······ 53

本章小结 ······ 55

思考题 ······ 56

第三章　语言文字:中国语言文字的特点与功能 ······ 57

第一节　汉语的特点 ······ 57

第二节　汉字的构造与特点 ······ 62

第三节　汉语、汉字的文化功能 ······ 66

本章小结 ······ 67

思考题 ······ 68

第四章　思想文化之一:儒家与传统文化 ······ 69

第一节　儒家的产生及发展 ······ 69

第二节　儒家的主要经典、主要思想及其对中国文化的影响 ······ 83

本章小结 ······ 87

思考题 ······ 88

第五章　思想文化之二:道家与传统文化 …… 89
第一节　道家的产生及演变 …… 89
第二节　道家对中国文化的影响 …… 97
第三节　儒道互补——中国文化的基本格局 …… 101
本章小结 …… 104
思考题 …… 105
第六章　思想文化之三:墨家与传统文化 …… 106
第一节　墨家主要思想及儒墨之争 …… 106
第二节　墨家的衰落 …… 111
本章小结 …… 114
思考题 …… 115
第七章　思想文化之四:法家与传统文化 …… 116
第一节　中国古代法家代表人物及其思想 …… 116
第二节　儒法之争和法律的儒家化 …… 125
第三节　中国古代法律制度的特征及缺陷 …… 129
本章小结 …… 136
思考题 …… 137
第八章　宗教文化:中国古代宗教 …… 138
第一节　中国原始宗教及其特点 …… 138
第二节　佛教及其中国化 …… 140
第三节　道教 …… 149
第四节　中国古代宗教的特点 …… 151
第五节　宗教对中国传统文化的影响 …… 154
本章小结 …… 159
思考题 …… 160
第九章　文学传统:中国古代文学 …… 161
第一节　中国古代文学的辉煌成就 …… 161
第二节　中国古代文学的文化特征 …… 183
本章小结 …… 188
思考题 …… 189
第十章　艺术传统:中国古代艺术 …… 190
第一节　中国古代艺术的主要门类与成就 …… 190
第二节　中国古代艺术的共同风貌 …… 208

本章小结……210
思考题……211
第十一章　科技文化:中国古代科学技术……212
第一节　中国科学技术的重要成就……212
第二节　中国古代科技的特点及近代落后的原因……222
本章小结……227
思考题……229
第十二章　民俗文化:中国传统民俗……230
第一节　人生礼仪民俗……230
第二节　岁时节令民俗……237
第三节　饮食民俗……241
第四节　民间信仰……245
第五节　民间文学和艺术……250
本章小结……256
思考题……257
第十三章　文化精神:中国传统文化的基本特征……258
第一节　强大的生命力和凝聚力……260
第二节　突出的人文精神……263
第三节　偏重道德的价值取向……269
第四节　整体直观的思维方式……275
本章小结……279
思考题……280
第十四章　文化现代化:中国传统文化的危机与现代化……281
第一节　中国传统文化的危机与转变……281
第二节　中国传统文化与现代化……287
本章小结……296
思考题……297
参考文献……298

绪论　源头活水:文化概述

问渠哪得清如许,为有源头活水来。

——朱熹

从孔夫子到孙中山,中华民族的传统文化有它的许多珍贵品,许多人民性和民主性的好东西。比如,强调仁爱,强调群体,强调和而不同,强调天下为公。特别是"天下兴亡,匹夫有责"的爱国情操,"民为邦本"、"民贵君轻"的民本思想,"己所不欲,勿施于人"的待人之道,吃苦耐劳、勤俭持家、尊师重教的传统美德,世代相传。所有这些,对家庭、国家和社会都起到了巨大的维系和调节作用。

——2003 年 12 月温家宝总理在哈佛大学讲话

一、文化和传统文化的界定

孔子有言:"名不正则言不顺"(《论语·子路》)。要准确把握中国传统文化的特质,科学地评判中国传统文化,首先应当把握"文化"和"传统文化"的内涵。

什么是文化?中国传统文化包含哪些方面的内容?这是个看似简单实则复杂的问题,国内外学术界关于文化的定义 200 多个,但这并不影响我们对于文化的理解。一提到中国传统文化,我们脑海中就浮现出许多联想:以食五谷杂粮蔬菜为主、讲究色香味尤其突出味道的中国菜;茶、豆腐、筷子;笔、墨、纸、砚文房四宝;方块汉字、书法、国画艺术;中医中药、经络针灸;古典诗词、李白杜甫大诗人、苏轼陆游名词家;旗袍、唐装;故宫、长城、四合院、江南园林等古典建筑;家族观念、乡土情谊;三纲五常、忠孝仁义;孔子、孟子、老子等思想大师;天干地支,十二生肖;端午、中秋、春节、元宵佳节;祭祖拜佛、养生炼丹;人生礼仪、婚丧嫁娶;神话传说、民间娱乐——剪纸、舞龙、贴春联,等等,这些无不是传统文化现象。也有人把中国传统文化这样分类:什么饮食文化、茶文化、服饰文化、建筑文化;儒家文化、道家文化、法家文化、佛教文化、兵家文化、民俗文化等。但这些纷繁复杂的文化现象有内在联系吗?如何把它们逻辑地串起来?它们共同的特点是什么?要回答这些问题还得从文化的定义开始。

"文化"一词古已有之。"文"的本义指各色交错的纹理。《易·系辞下》载:"物相杂,故曰文。"《礼记·乐记》称:"五色成文而不乱。"均指此义。在此基础上,"文"引申出若干词义:一是包括语言文字在内的各种象征符号,进而具体化为文物典籍、礼乐制度;二是彩画、装饰、人为修养等。"文"与"质"、"实"相对,所以《论语·雍也》称"质胜文则野,文胜质则史,文质彬彬,然后君子"。"化"的本义为改易、生成、造化,如《易·系辞下》:"男女构精,万物化生",《礼记·中庸》:"可以赞天地之化育"等。综上所述,"化"指事物形态或性质的改变。

"文"与"化"合并使用,最早出现在《易·贲·象传》:"观乎人文,以化成天下"。孔颖达在《周易正义》中解释道:"观乎人文以化成天下,言圣人观察人文,则诗书礼乐之谓,当法此教而化成天下也。"这里已有"以文教化"的意味。古人往往从这个角度来谈文化,如西汉刘向说:"凡武之兴,为不服也;文化不改,然后加诛"(《说苑·指武》)。晋代束晰说:"文化内辑,武功外悠"(《补亡诗·由仪》,转引自《昭明文选》卷十九)。这里的"文化",或与天造地设的自然对举,或与无教化的"质朴"、"野蛮"对举。

我们今天所说的"文化",与古文里的"文化"含义不尽相同。今天所用的"文化"(culture)概念,是19世纪末从日文转译过来的,其源出于拉丁文cultura,原意为耕耘、耕作,后引申为对自然界的开拓之意。19世纪随着人类学、文化学、社会学等以文化为研究对象的学科兴起,学者们大都认为:凡是与自然状态、天然状态相对立的都属于文化现象。"文化"与"自然"相对。自然不仅指存在于人身之外并与之对立的外在自然界,也指人类的本能,人的身体的各种生物属性等自然性。文化的实质含义是"人化"或"人类化",是指人类主体通过社会实际活动,适应、利用、改造自然界客体而逐步实现自身价值观念的过程和一切物质与非物质成果。也就是说,自然界本无文化,自从有了人类,凡经人"耕耘"的一切均为文化。石头不是文化,但经过原始人简单打磨而成的石器却是文化。水不是文化,水库就是文化。总之,人类的历程就是文化的历程,只要留过人劳动痕迹的东西都可以称为文化产品。文化是人类特有的现象,动植物都没有文化,因为文化的本质是非天然、非本能,是人为创造。动物的行为是本能,虽然人也有饮食男女之本能,但如何饮食男女却并不完全受制于自然和本能。如有的宗教主张禁欲、传统儒家思想提倡"男女授受不亲"等都是缘于人的文化性、社会性。文化具有以下几个特性:

第一,文化是由人类进化过程中衍生出来或创造出来的。自然存在物不是文化,只有经过人类有意加工制作出来的东西才是文化。

第二,文化是后天习得的。文化不是先天的遗传本能,而是后天习得的经验和知识。如男性女性不是文化,"男女授受不亲"或自由恋爱才是文化;前者是遗传的，后者是习得的。文化的一切方面，从语言、习惯、道德一直到科学技术知识等都是后天学习得到的。

第三，文化是共有的。文化具有普遍性、民族性、国度性。所以，有“汉文化”、“藏文化”之说；有“中国文化”、“印度文化”、“英国文化”之说；有“东方文化”、“西方文化”之说。文化是人类共同创造的社会性产物，它必须为一个社会群体的全体成员接受和遵循。纯属个人私有的东西，如个人癖好、习惯等，不为社会成员所理解和接受，则不是文化。

第四，文化具有传递性。指文化一经产生就被他人模仿、效法、利用。传递有两个方面：纵向传递和横向传递。纵向传递指人类将文化一代一代地传下去。横向传递指文化在不同地域、民族之间的传播。不同民族文化之间的交流极大地促进了各民族社会的发展。仅以饮食文化为例，现在世界上为人们所享用的食品并不是一个民族提供的：番茄、土豆、玉米、可可出自美洲，啤酒源出古埃及，蔗糖则引自印度，我国为这张食谱提供的是大米、茶叶等。

第五，文化的变迁性和文化堕距。文化不是静止不动的，而是时刻处于变化之中。一般认为，大规模的文化变迁无不因为三种因素引发：一是自然条件的变化。气候变迁、自然灾害、资源匮乏、人口变迁，都会引起文化变迁。二是不同文化之间的接触，不同国家、民族在技术、生活方式、价值观念等方面的交流会引发大的文化变迁。三是发明与发现。各种技术的发明、创造导致人类社会文化的巨大变迁。但是，文化在变迁时其组成部分的变迁并不同步，有的部分快，有的部分慢，这就是“文化堕距”。一般来说，“物质文化”总是先于“非物质文化”发生变迁。

上面我们所谈的文化概念是广义文化，即人类创造的一切物质文明和精神文明成果。广义文化包罗万象，因此，我们要分析它的结构。一般人们将文化划分为四个层次：物态文化层、制度文化层、行为文化层和心态文化层。

第一，所谓物态文化，是指人类加工自然创制的各种器物，它是人的物质生产活动及其产品的总和，以满足人类最基本的生存需要——衣、食、住、行为目标。虽然都是满足人类基本的生存需要，但不同的民族在衣、食、住、行方面表现出很大的差距，如中国汉民族的特色饮食：以五谷杂粮为主区别于游牧民族以肉食为主、突出味道区别于西方的突出成分、喝茶区别于西方人喝咖啡；独具民族特色的服装：旗袍、长袍马褂、唐装等外在样式及独特的丝绸材料；以中轴对称为美、特有的大屋顶、体现家族长幼有序的群体建筑，如现存的北方四合院、皇家故宫，等等，这些都属于第一层次（饮食文化、服饰文化、建筑文化）。物态文化是文化的最表层，最容易觉察，变化最快。

第二，所谓制度文化，是指人类在社会实践中建立的各种社会规范和社会组织。如经济制度、家庭婚姻制度、政治法律制度及家庭、民族、国家、宗教社团、教育、科技、艺术等各种组织。如中国特有的宗法家族制度、中央集权的君主专制制度、"父母之命，媒妁之言"的婚姻制度等。

第三，所谓行为文化，是指人类在社会实践，尤其是在人际交往中约定俗成的风俗习惯。这是一类以民风民俗形态出现，见之于日常起居动作之中，具有鲜明的民族、地域特色的行为模式。如中国传统节日民俗、人生礼仪民俗（过满月、庆寿、成年礼、婚礼、丧礼、交际礼仪等）、民间文学和艺术（神话传说、民歌、对联、灯谜、剪纸、秧歌、年画、刺绣、皮影、风筝等）。

第四，所谓心态文化，是指人类在社会实践和意识活动中长期孕育出来的价值观念、审美情趣、思维方式、道德规范、宗教信仰等深层次的内容。它是文化的核心。具体而言，心态文化又可再区分社会心理和社会意识两个子层次。社会心理指人们日常的精神状态和思想面貌，是尚未经过加工和意识升华的流行的大众心态，诸如人们的要求、愿望、情绪等。社会意识则指经过系统加工的社会意识，它们往往是由文化专家（思想家、文学艺术家等）对社会心理进行理论归纳、逻辑整理、艺术完善，并形成物化形态——通常是著作、艺术作品等方式流传下来。

广义文化的四个层次之间有着内在的联系，一般来说，心态文化尤其是其中的思想观念是根本，决定其他三个文化层，我们拿中国传统文化的主干儒家思想为例作一说明：儒家维护父系家族制度，主张在家庭里男女有别、长幼有序，其核心道德观念是"孝"。"不孝有三，无后为大"，因此婚姻不是基于爱情，而是为了繁衍后代传承家族，不可能是男女自由恋爱，而只能是"父母之命，媒妁之言"。反映在民间习俗里就是，虽然没有虔诚的宗教信仰，却祭祀祖先，孝敬老人。反映在建筑里，典型如北方的四合院，适合大家庭居住的群体院落，主体建筑是坐北朝南、高大气魄的北房，由家长居住，其他偏房明显矮小，由子女儿孙居住。反映在古代法律制度里，也是维护家长、丈夫的尊贵地位。据《历代刑法志》记载，凡告父母者，不论其控告是否属实，均判极刑；夫妻离异，妻子不得提出等。

上面广义的文化显然过于宽泛了，而一个无所不包的概念必然会失去自身的特点。作为科学研究的对象，需要一个有界限的概念，以区别于其他事物，使此对象的研究成为一种独立的不可取代的学科。因此，从学术的角度来说，一般学者都采用狭义的文化概念——即人类的精神活动及成果。但我们又觉得这一概念过于狭窄，只将人类的精神活动及成果说成是文化，不能反映文化的主体特征与风貌。文化是一种无止无休、无时无地的极为广泛的状态，它伴随着人们的劳动、娱乐、交往与休息，而相对来说，精神活动则是较少的。如一个农人，一生的大部分时间在田间劳作，很少参加祭祀、拜友、社团、文娱等活动，而用狭义的文化概念去衡量，他的一生大部分与文化无关,此中说法显然违背事实。而事实上,他是文化主体的一分子,我们虽然不能说他时时事事在进行文化活动,那样势必又滑到宽泛的文化概念中去了,但我们至少应该说,他的主要活动——生产劳动、衣食住行、人际交往、家庭生活、休闲娱乐等,表现着一个民族、一个地区特有的文化。

因此,本书这样解释并使用文化:文化是一个民族或一个地区的群体在其历史的发展中形成的有利于该民族或该群体生存、繁盛的物质与精神的生活方式。或者说本书使用的文化概念基本上以狭义文化为主,但同时也涉及一部分广义文化现象。以精英文化为主,辅以大众、民间民俗文化。

文化是一个生生不息的运动过程。任何一个国家、民族的文化,都有它发展的历史,都有它的昨天、今天和明天。本书所论,重点在中国文化的"昨天",指1840年鸦片战争以前的中国文化,即中国传统文化。

二、文化的功能

文化的功能是指文化系统(人类社会的三大支柱又称三大系统:政治、经济与文化)在人们的社会生活实践中,能适应和满足个人和社会多种需要的重要作用。文化的功能是巨大的,主要表现在以下几个方面:

(一)记录功能

文化从被人类创造的第一天起,就起着记录的作用。当文字还没有出现时,人们就通过口头语言,将经验、知识、观念口耳授受,代代相传。世界各民族的文学几乎都是在口头文学的基础上发展起来的。直至今天,一些没有文字的民族还是如此。

文字作为文化的载体,扩大了文化的记录功能。中国的甲骨文、埃及的纸草、巴比伦的楔形文字等,都给我们留下了人类早期社会实践的记录,让我们窥见了远古先民的智慧和能力。尔后,随着造纸术、印刷术的出现,随着科学技术和文字本身的不断发展,这种记录功能更是无时不在,无处不起作用。科学著作、史书典籍、报纸杂志、录音唱片、缩微胶卷……无不在发挥文化的记录功能。人类正是凭借文化的记录功能,在前人积累的知识经验基础上,去开拓更广泛更深的认知领域,创造出更加光辉灿烂的文化。

不仅语言文字有这种功能,物质型文化也有这种功能。一件兵器,一种生活用具,一个艺术品,都可以使我们感知到彼时彼地人们的精神风貌、实践活动、风土人情。秦朝的兵马俑,使我们重睹秦王朝风采;而一幅《清明上河图》,使宋代都市繁华嘈杂的生活图画又呈现在眼前。

（二）认知功能

文化既然有记录功能，也就有认知功能。人类正是通过文化，不断积累经验，改进自己的思维方式，提高自己的认知能力，从而逐渐地认识自然、认识社会、认识自身的。物理学使我们认识物体的运动，化学使我们认识物质的内部结构、分子的生成、元素的组合，地质学使我们认识地球的构造、矿藏的方位、医学心理学使我们了解自身，而社会科学则使我们认知社会。至于哲学，更是为我们提供了世界观和方法论，提供了认识世界的思维工具。

人类还通过文化认识不同国家、民族、阶级、阶层的昨天和今天，并去探索它们的明天。

（三）传播功能

和文化的记录功能、认知功能相联系，文化还有传播功能。任何一种文化现象都是社会现象，它在社会交往中产生和发展，自然就会在社会交往中得到传播。一件款式新颖的时装、一首中听的流行歌曲，为什么能立即风行一时？靠的就是文化传播功能。这种传播，可以是纵向的，也可以是横向的；可以在社会群体之内，也可以在社会群体之间。

语言和文字既是文化现象，又是文化的载体，其传播功能特别巨大。语言会传播，婴儿才会咿呀学语，于是一个地区乃至一个国家都能操同一种语言，各种信息才得以交流。文字会传播，一部二十四史为我们送来中国封建社会诸多信息，现时众多的报纸杂志使我们“秀才不出门，却知天下事”。

实物也可以传播。古有丝绸之路，郑和下西洋，昭君出塞，文成入藏，促成了中国和邻国、汉族和少数民族之间的文化交流。现在广交会上琳琅满目的商品，艺术节里精彩纷呈的节目，以及各种展览会、博物馆、体育竞技、学术报告等，无不在利用文化的传播功能，来促使文化的进一步交流。随着科技不断进步，文化传播功能更臻完美，电话、电报、电台、电视、电脑，使天涯若比邻，四海成一家，世界上每一个角落里发生的事情，我们都可以在同一天知道。同时，文化的传播还可以跨越时空。上下数千年自不待言，纵横几万里也可以实现。

（四）教化功能

文化被人们所创造以后，就成了人们生活环境的有机组成部分。这种不同于自然界的人造环境，我们称之为文化环境。它一旦产生就反过来影响人、塑造人，发挥其教化功能。

人从呱呱坠地开始，就生活在一定的文化环境中，父母教他说话，教他识别器物，教他爱憎。长大后，学校教他知识，教他做人。社会上各种规章制度、风俗习惯、言行举止教他适应社会。文化不仅自觉教化人，而且更多的是耳濡目染、潜移默化地教化人，使之社会化，使之成为社会的人。

文化教化的功能可以是积极的，也可能是消极的。近朱者赤，近墨者黑，因而我们要积极营造健康向上的文化环境，克服文化的消极因素，去塑造广大人民特别是青少年的健康身心，以保证青少年一代的健康成长。

（五）凝聚功能

文化有教化功能，也就有凝聚功能。因为文化可使一个社会群体中的人们，在同一文化类型或模式中得到教化，从而产生相同的思维方式、价值观念、行为习惯，而紧紧团结在一起，产生巨大的认同抗异力量。

（六）调控功能

任何一个社会群体，为了共同的生存和发展，在实践过程中，自然会要求其成员必须遵守某一行为准则和道德标准，形成一定的社会规范，使人们明是非、辨善恶，共同趋向某种价值观、审美观等，以保证社会在一定秩序中运行发展。这就是文化的调控功能。

“人不知耻，何以为人？”“家有家规，国有国法。”这说明文化的调控功能主要靠精神型文化和行为文化来实现。原始社会没有阶级，没有国家，自然也没有法律，于是就靠巫术、图腾、传统道德、宗法观念等来调控；在阶级社会里，靠法律甚至还采取武装暴力的强制文化手段来实施调控的目的。

文化的调控功能是客观存在的，我们应该以积极的态度和科学的精神，优化文化的调控功能。丰富的知识，优美的艺术，健康的体育竞技，都能给人们以美的熏陶、美的享受，能直接或间接地调节人们的社会生活，应予以大力提倡与推广。

三、学习中国传统文化的目的和意义

（一）系统了解中国传统文化的方方面面，增强对国情的理解

国情不仅有地理资源、人口种族、经济政治等方面的含义，更有文化传统方面的含义，如哲学思想、法律制度、文学艺术、宗教传统、科学技术、民间习俗等。文化是民族、国家分野的标志。在不同的国家、民族或群体之间，文化所表现的区别要比人类的皮肤颜色或任何其他生理现象所表现的区别深刻得多。地域、疆界只能

划出两个国家、民族形式上的区别，只有文化才能表现出其内在的区别。下面以中国和美国的几个方面的文化为例，说明一下文化所表现出的差异。[①]

文化内容	中　国	美　国
物质生产	以农村经济为主	城市工业为主
社会关系	注重家庭、家族等血缘关系	注重事缘、业缘等非血缘关系
价值观	强调集体主义、集体成就	强调个体主义、个人成就
妇女形象	以贤妻良母为模范，妻子要协助丈夫	强调妇女的独立
对子女的要求	要求子女、年轻人要服从家长、尊敬老人	要求子女独立，自己决定事情、给子女以较多的自由
谈话方式	在进入主题前有较多寒暄、客套	喜欢开门见山、直接进入主题
感情表达方式	含蓄、不外露	直接表达、外露
异性交往	男女之间在公开场合不宜过多接触、不宜过于亲密；同性之间可以有身体接触	男女之间在公开场合可以互相亲吻、挽手，同性之间不宜有身体接触
对生日、逝世的态度	重视纪念死者	重视庆贺生日

（二）增强民族自豪感、爱国情怀以及全世界华人的凝聚力

中国传统文化曾长期处于世界领先地位，给予东亚、东南亚周边国家以巨大影响，还远播中亚及欧洲，为人类文明作出了巨大贡献，而且至今有些内容仍有价值。中国传统文化是祖先留给我们的珍贵精神遗产，我们后代一定要珍惜并发扬光大。5 000 年灿烂的中华文化，还是维系全世界华人的精神纽带。台湾著名诗人余光中先生称屈原是他写作的“蓝墨水的上游”，他曾在《从母亲到外遇》一文中言到“大陆是母亲，台湾是妻子，香港是情人，欧洲是外遇。大陆是母亲，不用多说。烧我成灰，我的汉魄唐魂仍然绕着那片后土。那无穷无尽的故国，四海漂泊的龙族叫她做大陆，壮士登高叫她九州，英雄落难叫她做江湖。还有那上面正在走动着的、那下面早歇下的，所有龙族。还有几千年下来还没有演完的历史，和用了几千年似乎要不够用了的文化。……这许多年，我所以在诗中狂呼着、低呓着中国，无非是一念耿耿为自己喊魂。不然我真会魂飞魄散，被西潮淘空。”余先生深情的吟咏，代表了

①郑杭生主编《社会学概论新修》，中国人民大学出版社，1994 年，第 101 页。

所有海外华人的心声,我们同文同种一家亲。

(三)辨别中国传统文化的良莠,抛弃其糟粕,继承优秀文化传统,建构具有现代意识的新文化

诚然,中国传统文化并不都是精华,也有不少糟粕,有许多已不适应现代社会的发展,甚至近代以来中国的落后也与中国文化中的一些内容有关,因此,我们历来不赞成全盘肯定传统文化;外国文化中也确有许多先进的、有价值的内容,我们不应盲目自大,故步自封,反对学习外来文化。但是,所有这些都不能成为鄙视和否定中国传统文化及其价值的理由,更不能简单地认为,作为一个民族的生活样式和心理积淀的文化,是想抛弃就抛弃得了的。正确的态度应是对传统文化进行分析辨别,有的抛弃,有的继承,有的改造或转化。马克思说过:"人们自己创造自己的历史,但是他们并不是随心所欲地创造,并不是在他们自己选定的条件下创造,而是在直接碰到的、既定的、从过去继承下来的条件下创造。"①传统并不是与我们今天分离或隔绝的对象,在传统属于我们之前,我们早已属于传统。传统文化是历史的结晶,但它不是博物馆里的陈列品,而是源头活水。"传统并不仅仅是一个管家婆,只是把它所接受过来的忠实地保存着,然后毫不改变地保持着并传给后代。它也不像自然的过程那样,在它的形态和形式的无限变化与活动里,永远保持其原始的规律,没有进步"。② 传统文化所蕴涵的思维方式、价值观念、行为准则,一方面具有强烈的历史性、遗传性;另一方面又具有鲜活的现实性、变异性,它无时无刻不在影响着今天的中国人,为我们开创新文化提供了历史根据和现实的基础。由上可知,传统文化是建立现代文化的基础,我们只有深入地学习它、研究分析它,才能根据时代发展的要求,不断对之调整、改造、提高,使之永保生命力,而不致成为博物馆中的古董或陈列品。

(四)把握民族文化的精神和特点,在世界文化之林中保持民族特色

常言道"越是民族的,越是世界的",在经济全球化浪潮涌动的今天,并行不悖的是文化寻根。这是因为文化带有不同于经济的特点和功能,经济一般解决人们的物质需求,而文化则为人们提供精神食粮,随着物质生活水平的提高,人们愈来愈渴求丰富多彩的精神活动。试想,如果全世界的人穿同样的服装如西装或牛仔装,住同样的摩天大楼,吃着汉堡包,喝着可口可乐,说英语,看歌剧或芭蕾舞,生活

①《马克思恩格斯选集》第2卷,第122页。

②黑格尔《哲学史讲演录》第1卷,第8页。

该是多么乏味！而独具特色的中华文化：汉字汉语、书法国画、中餐中服、中医中药、文学艺术、园林建筑、民俗习惯等，该是世界文化中多么靓丽的一道风景呀！

（五）学习中国传统文化，有助于提高个人的文化修养和培育人文精神

中国传统文化内涵丰富，格调高雅，哲理深邃，意境高远，具有强烈的感染力，学习它有助于矫正现代学科分类过细所带来的知识结构单一问题。中国文化中最有价值的部分，是它的人文精神。在天、地、人三位一体中，人是最重要的。人是天地灵气之所钟聚。以人为本，因之也就重视自我，重视人性和独立人格。但是，在中国文化里，人又不是孤立的不受制约的个体。他既与自然融为一体，视万物一气相通，不违背自然的本然状态，与自然相亲、相依存；他又是社会群体中的一分子，依存于人际关系中，承担着社会责任。这种既重视自我、重视人性和人格尊严，又重视个体与自然、与社会的依存关系的精神极为突出。这种人文精神的具体表现有：既追求个体的独立气节，又讲究对他人的仁爱情义；既有修齐治平的入世抱负和忧国忧民的社会责任感，又有超然物我的洒脱精神和琴棋书画的艺术追求……这些仍然是成为一个现代健全人格的精神源泉。

本章小结

要准确把握中国传统文化的特质，科学地评判中国传统文化，首先应当把握“文化”和“传统文化”的内涵。什么是文化？中国传统文化包含哪些方面的内容？这是看似简单实则复杂的问题。国内外学术界关于文化的定义两百多个，但这并不影响我们对于文化的理解。凡是与自然状态、天然状态相对立的都属于文化现象。“文化”与“自然”相对。自然不仅指存在于人身之外并与之对立的外在自然界，也指人类的本能，人的身体的各种生物属性等自然性。文化的实质含义是“人化”或“人类化”，是指人类主体通过社会实际活动，适应、利用、改造自然界客体而逐步实现自身价值观念的过程和一切物质与非物质成果。文化具有这样特性：文化是由人类进化过程这衍生出来或创造出来的；文化是后天习得的；文化是共有的，具有普遍性、民族性、国度性；文化具有传递性；文化的变迁性和文化堕距。

文化有广义和狭义之分。广义文化概念，是指人类创造的一切物质文明和精神文明成果。广义文化包罗万象，因此，我们要分析它的结构。一般人们将文化划分为四个层次：物态文化层、制度文化层、行为文化层、心态文化层。狭义文化概念，是指人类的精神活动及成果。

上面广义文化显然过于宽泛了，而一个无所不包的概念必然会失去自身的特点。作为科学研究的对象，需要一个有界限的概念，以区别于其他事物，使此对象

的研究成为一种独立的不可取代的学科。因此，从学术的角度来说，一般学者都采用狭义的文化概念——即人类的精神活动及成果。但我们又觉得这一概念过于狭窄，只将人类的精神活动及成果说成是文化，不能反映文化的主体特征与风貌。因此，本书这样解释并使用文化：文化是一个民族或一个地区的群体在其历史的发展中形成的有利于该民族或该群体生存、繁盛的物质与精神的生活方式。或者说本书使用的文化概念基本上以狭义文化为主，但同时也涉及一部分广义文化现象。以精英文化为主，辅以大众、民间民俗文化。

文化是一个生生不息的运动过程。任何一个国家、民族的文化，都有它发展的历史，都有它的昨天、今天和明天。本书所论，重点在中国文化的“昨天”，指1840年鸦片战争以前的中国文化，即中国传统文化。

文化的功能是指文化系统（人类社会的三大支柱又称三大系统：政治、经济与文化）在人们的社会生活实践中，能适应和满足个人和社会多种需要的重要作用。文化的功能是巨大的，主要表现在这样几个方面：记录功能、认知功能、传播功能、教化功能、凝聚功能、调控功能。

学习、研究中国传统文化具有重要的现实意义：系统了解中国传统文化的方方面面，增强对国情的理解；增强民族自豪感、爱国情怀以及全世界华人的凝聚力；辨别中国传统文化的良莠，抛弃糟粕，继承优秀文化传统，建构具有现代意识的新文化；把握民族文化的精神和特点，在世界文化之林中保持民族特色；提高个人文化修养，培育人文精神。

思考题

1. 如何理解文化的内涵和特性？
2. 从广义文化的四个层次出发，简单比较世界几大文化的差异。
3. 结合文化具体内容谈谈文化的巨大功能。
4. 结合个人认识谈谈学习、研究中国传统文化的重要意义。

第一章　文化土壤：中国传统文化的生存环境

橘生淮南则为橘，生于淮北则为枳，叶徒相似，其实味不同。所以然者何？水土异也。

——晏婴

农业本位的民族因为常定住于一处，所以家族繁衍，而成大家族制度——家族主义；工商本位的民族因为常转徙于各地，所以家族简单，而成小家族制度——个人主义。

——李大钊

著名哲学家梁漱溟先生在《东西文化及其哲学》一书中将世界文化划分为西方、中国、印度三种类型。这三种文化各具特色，并在各自影响力所及的范围内形成了以迥异于其他二者的精神价值体系为核心的文化生活圈。印度文化圈包括南亚及东南亚的部分地区，如今的印度、斯里兰卡、孟加拉国、缅甸、泰国等地；西方文化包括欧洲并通过移民传播到美洲、大洋洲；中国文化圈则包括中国、朝鲜、日本、越南、新加坡等地。那么造成文化差异的原因是什么呢？

任何类型的文化都是在一定类型的文化土壤上成长起来的。正如不同的气候、土质适宜不同的作物生长一样，不同的文化土壤自然会有不同的文化生长其上。

所谓“文化土壤”，一般是指文化产生发展的背景。这种背景须从几方面来说明。首先任何文化现象都离不开自然条件，没有自然界，我们不能进行物质生产，什么也不能创造。中国文化和世界其他民族文化一样，在其产生和发展过程中都受到自然条件的影响。就自然条件来说，各民族都有不同的地理环境和气候环境，这些自然环境完全是客观的，它为塑造不同文化类型和不同的文化特性提供了内在的物质基础。它的作用如此明显，甚至在同一的民族文化圈内，也由于这些自然条件的不同而多少造成文化表征的差异，如古代中国有齐鲁、荆楚、燕赵、三晋、关中、巴蜀、吴越、岭南等地域文化，现代有“江南文化”与“北方文化”之分。当然，地理环境决定论是站不住脚的，因为它不能解释为何在地理条件基本不变的情况下社会历史、文化却是世易时移的。但是，我们应当承认地理环境毕竟给人类文化的创造提供了某种特定的历史舞台。舞台设计的不同，直接影响戏剧的内容、类型和效果。地理环境、气候环境等自然条件也正像舞台道具一样，在一定程度上影响着人类文化创造的发展趋向，而且人类社会越接近原始阶段，这种影响力也就越大。

除地理环境外，我们还必须看到文化的社会土壤。它主要有三方面的内容：一是社会的经济结构；二是社会的组织制度状况；三是社会政治状况。物质生活的生产方式制约着整个社会生活、政治生活和精神生活的过程。要想说明中国文化的特点，必须从中国古代的经济活动中寻找原因。同样，社会政治状况、社会基本组织结构的不同，也会造成一个民族在宗教、道德、法律、哲学、文学艺术等方面的差异。

大体而言，中国传统文化产生的土壤是这样：一个极有回旋余地的半封闭的暖温带大陆而非海洋国家；一个以农业为主干成分的经济结构而非发达的游牧业、工商业经济；一个在社会组织上不同于中世纪亚欧等级制度和印度种姓制的血缘宗法制；独特的君主专制制度。地理环境、生产方式、社会组织、政治制度这四个层次的格局，共同构成了中国文化的根基，决定了中国文化的类型。中国文化的一系列优点与缺点，都与此或远或近、或深或浅地存在着联系。

第一节 大陆性地理环境

冯友兰在《中国哲学简史》一书中说过：“中国是大陆国家。古代中国人认为，他们的国土就是世界。汉语中有两个词语可以翻成‘世界’。一个是‘天下’，另一个是‘四海之内’。海洋国家的人，如希腊人，也许不能理解这几个词语竟然是同义的。”他接着说：“从孔子的时代到上世纪末，中国思想家没有一个人有过到公海冒险的经历。如果我们用现代标准看距离，孔子、孟子住的地方离海都不远，可是《论语》中孔子只有一次提到海。他的话是：‘道不行，乘桴浮于海。’……孟子提到海的话，同样也简短。他说：‘观于海者难为水，游于圣人之门者难为言。’孟子一点也不比孔子强，孔子也只仅仅想到‘浮于海’。生活在海洋国家而周游各岛的苏格拉底、柏拉图、亚里士多德该是多么不同!"[①]由此可见,古代中国人对海并不关注。

一、半封闭的大陆

从整体地理环境说,人类可以粗分为大陆民族与海洋民族。希腊、罗马、斯堪的纳维亚、英吉利、日本都是典型的海洋民族,而中华民族的诞生地却是一块半封闭的大陆。我们的先民自古生活在东亚大陆上,这里东濒茫茫沧海,西北横亘漫漫戈壁,西南耸立着世界上最险峻的青藏高原。这种一面临海并且是古人难以逾越的大洋,其他三面陆路交通极不便利,而内部回旋余地又相当开阔的环境,造成了一种与外部世界相对隔绝的状态,这对中国文化类型的形成,其影响是不可低估的。

中国古代文化从半封闭的地理环境中获得了比较完备的隔离机制,这对中国文化的形成和延续具有十分重要的意义。在人类历史上,多次出现因为异族入侵而导致文化中断的悲剧,如印度文化因雅利安人入侵而雅利安化;埃及文化因亚历山大大帝占领而希腊化,恺撒占领而罗马化,阿拉伯人入侵而伊斯兰化;希腊、罗马文化因日耳曼族入侵而中断并沉睡千年。但是在中国,此类情形从未发生。文化学界将七个古代文化——埃及文化、苏美尔文化、密诺斯文化、玛雅文化、安第斯文化、哈拉巴文化、中国文化——称为人类原生态的"母文化"。而在它们之中,唯有中国文化一种,历经数千年,持续至今而未中辍。这其中缘由之一,就是东亚大陆特殊地理环境提供了相对隔绝的状态。

正是因为中国文化是在一种半封闭状态下产生的,所以它是一种自发的文化,独立成为一个系统,而且具有强烈的延续性和一贯性。一方面,中国不容易出现由于别国文化的传入而造成自身文化发展的"断层";另一方面,文化的内陆性,使得整个民族在坚持、保留自己的文化传统上比海洋民族坚决得多。这是因为内陆民族在较封闭的圈子里活动,其所能吸收、借鉴的别国文化相对较少,外来文化对它的冲击小,因此人们较为尊重自己的文化传统。

中国文化在封闭的地理环境中形成、发展,很少接受其他文化的影响,以致形成超稳定模式,到了近代才非常被动地、痛苦地改变。所以,文化应该经常互动交流,才能历久弥新,保持生命力。在古代,由于中国文化在整个东亚地区占据着独一无二的优势,就形成了周边民族竞相学习中国先进文化的局面;另一方面也使得中国文化的创造者、阐释者和传播者即知识分子逐渐地形成了一种本位主义的文

---

①冯友兰《中国哲学史》,北京大学出版社,1985年,第22页。

化观念，把中国视为天下的中心，把中国文化视为天下唯一的文化，凡是没有为这种文化所同化的都属于未开化的蛮夷。在古代中国的知识分子看来，文化传播只有一种方式，即由内向外，由中国向四周辐射，这就是孟子所说的“吾闻由夏变夷，未闻变于夷者也”。宋代石介在《中国论》中就毫不含糊地提出“天处乎上，地处乎下，居天地之中者曰中国，居天地之偏者曰四夷。四夷外也，中国内也。天地为之乎内外，所以限也。”凭借强大的国力和先进的文化，中国同周边各国建立起一种特殊的华夷秩序，一种文化上的和政治礼仪上等级关系。周边各国以向中国朝贡的方式表示对天朝的向幕归化之意，中国则以册封、赏赐等方式来表示安抚之意。区别于现代宗主国与殖民地或保护国关系的是，这种华夷秩序在很大程度上是一种文化关系，或者说政治伦理关系。中国获得的实际上只是对自己天下中心地位的确认，而并无多大的实际经济或政治利益。与此同时，作为天下的中心，中国担负着向四夷传播儒家文化，维护秩序，“加惠四海，视民同仁”的道义责任。儒家认为，当四夷藩邦全部为中国文化所同化，以致天下一统时，天下大同这一人类社会的最高理想也就随之降临了。受这种天下观念的影响，近现代的中国知识分子在接受源自西方文化的，以民族国家为单位，围绕赤裸裸的利益而展开的相互竞争、相互攻伐的世界秩序观念时，经受了沉痛的心理创伤。在西方文化成为强势文化，西方列强根据自己的价值观念，凭借武力和经济技术优势建构起符合他们自身利益的世界秩序的条件下，中国知识分子为谋求民族的复兴，就不得不努力克服观念上和心理上的障碍，去接受这种世界图式以及与此相适应的民族主义观念。

由于中国东部濒临太平洋，没有接近的海上邻国，西北和西南又为沙漠和高原所阻，因此无论海上通商或陆路贸易都是非常困难的，再加之中华民族的诞生地——黄河流域有着平坦的地势、肥沃的土地、温暖的气候、充沛的水源等，这种地理条件决定了中国人只能以农耕为主。农业是中华民族基本的，也是最主要的生产和生活方式。

相比较而言，海洋民族在文化上则大不同于大陆民族。以西方文化的发源地——古希腊为例，在地理环境上，希腊位于地中海之滨，这里近海而多山，整个地区除北部外，没有一个地点离海区 50 公里以上。全境山岭延绵，群山把各地域分成小块，内陆交通阻塞。海洋气候决定了希腊地区时而温和湿润，时而狂风暴雨。恶劣多变的气候加之耕地有限，决定了希腊人不能以农耕为生。而爱琴海港湾众多，海岛星罗棋布，海水相对平静(内海比大洋平静)，这些都利于海上贸易。因此，希腊民族一开始就是以一个从事航海业为主的民族。在希腊远古的神话中就有很多关于航海的记载。伟大的《荷马史诗》，特别是《奥德赛》生动地描绘了希腊人航海的情景。航海贸易的生活方式决定了希腊文化传统具有以下几个特点：

第一，由于航海生活使海洋民族活动地域扩大，而且这种扩大是涉及不同文化区域的，因此航海民族能够亲身接触到五花八门的文化。这样，他们的眼界相对开阔，较易接受不同地域的文化，使自己保持一种较为开放的姿态，不至于固守自己的民族文化。在古代，希腊与埃及、巴比伦之间，希腊与罗马之间，曾多次发生大规模的文化交融现象，以至国际史学界采用了"地中海文明区"的概念，因为地中海这一海上走廊沟通了上述文明古国，使它们的文化"你中有我，我中有你"，在一定程度上成为一个浑然一体的系统。

第二，在航海过程中与海上狂风恶浪的搏斗使希腊人培养出个人的拼搏和冒险精神。当海上生活必须承担巨大风险的同时，陆上生活却相对平稳而安全，尽管生活亦是艰辛，但一般没有什么大风险，用不着时常为性命担忧，无须过多地与自然抗争，更多的是使自己顺应自然，就可得以生存。陆上生活的相对稳定，使中国人产生了对安定的肯定和对"静"的追求。人们习惯于安定的生活，而不希望太多的风起云涌式的变动。能使中国人获得安定的人便易得民心。但是陆上生活也使得人的冒险精神难以伸展，使人由安全而滋生出逃避风险的心理，人的潜力发挥受到压制，人的依附心理却得以滋长。

第三，在自然与人的关系上，恶劣的环境，冒险的航海贸易生存方式，使得古希腊人必须认识自然、改造自然，与自然抗争，而不像中国人那么顺应自然。所以，在最初的古希腊哲学里，人们就本能地把人与自然区别开来。他们孜孜不倦地探求自然界的奥秘，追求"事物本质、本原是什么？"这类问题的答案，这与中国人只注重探求人际关系的心理是大不相同的。

二、极其宽绰的回旋余地

中华民族的栖生地虽是一块半封闭的大陆，但却又是一块极为辽阔的大陆，其面积与整个欧洲大陆相差无几。由于疆土广袤，其内部平原广阔，特别是黄河长江流域平原毗连，没有明显的天然屏障可以阻隔，因而在政治上、经济上、文化上以及军事上都较海洋民族易于统一。当历史上强悍的游牧民族南侵，中国纵使丧失了首当其冲的黄河流域，仍有广大退路可供回旋，所谓"东方不亮西方亮，黑了南方走北方"。而其他古文明地区一旦沦亡于外族的入侵，即一蹶不振，独中国能对边族潜移默化，始终保持自己文化的独特风格和完整系统，并使之绵延不绝。

第二节　以农为本的经济模式

一、农业为主的经济模式

如前所述，由于中国是封闭的大陆国家，黄河、长江流域的自然地理条件非常适合农业发展，这导致了近代以前中国以农业经济为主体，工商经济在社会经济生活中所占的份额极小。

中国很早就从采集野生植物果实进入到锄耕农业阶段。上古传说中三皇中的神农氏就是因为"教民耕农，故曰神农"。据考古学家考证，早在7 000年前的新石器文化时代，黄河、长江流域就出现了农耕文明的典型，它们分别是兴起于黄河中游的"仰韶小米文化"和兴起于长江流域的"河姆渡水稻文化"。但由于黄河流域细腻而疏松的黄土较适合于远古木石铜器农具的运用和粟、稷等旱作物的生产，所以农业首先在黄河下游达到较高水平，黄河中下游自然成了中国上古时代的政治、经济和人文中心，夏、商、周三代都在黄河中下游建都立国。"黄河是中华民族的摇篮"，这话的确有道理。随着农业生产力的发展，特别是铁制农具和牛耕的普及，中国的农耕区域，逐渐向土肥水美的长江流域扩展。

中国向来以农业立国，历代王朝都重视农业生产，帝王们也都有耕籍田、祷求雨、劝农事的仪式、措施。中国的农业技术也较发达。农具的制作、牛耕的发明、农书的刊行及与农业有关的天文立法的形成都领先于世。三代（指夏、商、周三代）时期，农耕业已经成为中原华夏民族社会生活资料的主要来源。古诗中的"日出而作，日入而息，凿井而饮，耕田而食"（《帝王世纪·击壤之歌》）便反映了这一时期先民从事农业生产的景象。

战国时期，商业已发展到一定水平，农业则基本上转向小农经济。这时，首先由法家提出"重农抑商"的政策。法家鼻祖李悝提出要"尽地力之教"；商鞅以为"令民心归于农"是圣人的"治国之要"。他提出了抑商禁末论，主张抑制商人。韩非子也是如此，《韩非子·五蠹》中说："夫明王治国之政，使其商工游食之民少而名卑。"他主张让百姓弃商从农。秦汉之后，工商业进一步发展，而崇农抑商、重奉轻末思想更加严重起来。自汉武帝采取抑制工商业政策后，以工商为末的观念被普遍地接受。此后，政治家、思想家们几乎都把崇农抑商当做基本国策。汉初贾谊在《论积贮疏》中提出，要"驱民而归之农，皆著于本，使天下各食其力，末技、游食之民转而缘南亩”;汉末王符提出“崇本抑末”;北宋欧阳修在其《原弊》中说:“知赋敛财用之为急,不知务农为先者,是末原为政之本也”;明朝开国时的御史中丞兼太史令刘基则说:“耕,国之本也,其可废乎?”这种重农抑商、崇本息末的观念一直到清朝末年还在许多士大夫的思想中体现出来,如曾国藩就推崇“耕读为本”。

因此,中国古代社会不是没有商品经济,而是商品经济始终处于被遏制的地位,是作为农耕经济的补充而存在,它不可能独立发展起来。

二、农业型文化

以农为主的经济结构对中国传统文化有着巨大的影响,在一定程度上,中国传统文化就是农业文化。农业文化的特点如下:

(一)强调“天人和谐”

农业经济最显著的特点是对自然条件有很强的依赖性。在与自然的关系方面,依赖自然、被动地适应自然多于对自然的抗争,逐渐形成了“天人合一”、“天人协调”的哲学观念。从事农业生产,必须有适宜的气候、阳光、雨量、风、河流、灌溉等条件。自然条件好,农业易于丰收,所谓“风调雨顺”则“五谷丰登”;如果发生灾情,收获就无法保证了。故农业一要靠人的努力,二要靠天的配合。农业生产的这种特点培养了中国人乐天知命的特性。由于自然条件的限制使人的努力的积极意义削弱了,这严重束缚了我们民族的创造力,使中西文化有了所谓“中国类天数,而西人恃人力”(严复语)之差别。

作为一个农业民族,中国人采用的主要是农业劳动力与土地这种自然力相结合的生产方式,他们建立的自然经济社会是一种区域性的小社会,与外部世界处于隔绝状态。农民从生到死都困在土地上,天天与那点土地打交道,日出而作,日落而息,头顶太阳,脚踏黄土,生产劳作往复循环,在封闭的圈子里活动,毫无新鲜之感。由此养成了因循守旧、安于现状的心理。但在农业经济影响下,中国人吃苦耐劳、勤俭持家的美德得到养育。

(二)安土重迁,浓重的乡土观念

农业的重要生产资料是土地,有了土地才有了生存与繁衍子孙的条件。因此,先人们对祖祖辈辈耕作过的、浸透了汗水的土地极为重视,甚至超过个体的生命。对土地及土地上的植物,充满了眷恋的情感,久而久之,便形成了“安土重迁”的观念,不到万不得已的时候,是决不会背井离乡的。而一代一代的人扎根于一处,必然会随着人口的增多，形成一个家族。而当家族形成以后，便在地方上产生一种群体力量，这种力量抗拒外来的侵略，保护家族成员的利益，调节家族内部的矛盾，使每个人都有一种相对的安全感。于是，每个村庄基本上都是以家族为单位，他们对外来的人持鲜明的排斥态度。因此，人们深深感受到家乡故土对自己的重要，"金窝银窝不如自己的穷窝"，对故乡充满了感情。这种来自对自己土地的热爱的感情深深融入我们的遗传基因，世代相传便成了民族文化精神的一部分，即使到了今天工业社会，许多人早已离开土地，但这种精神仍浓浓地存在着，家乡的饭菜、村头的老槐树、听起来特别亲切的方言等，都会使自己魂牵梦绕。离开家乡越远，乡思则越浓。离乡背井、衣锦还乡、落叶归根等词汇的出现并不偶然。古典诗歌里有大量的思乡篇，如李白的《静夜思》、贺知章的《回乡》、崔颢的《黄鹤楼》、《诗经》中的"昔我往矣，杨柳依依；今我来思，雨雪霏霏"等。中国文化的乡土情谊，在功能上起着巨大的凝聚作用，使中国人对家乡、对祖国、对民族、对文化都具有普遍的亲和感和认同感。

（三）尊君重民相反相成的政治文化

一方面，由于千百个彼此雷同、极端分散而又少商品交换关系的村落和城镇组成的社会，需要产生高高在上、君临一切的集权政体和统治思想，这便是所谓"东方专制主义"。中国在距今2 000余年的秦汉时代，就确立了专制主义的中央集权的君主政体，而欧洲直至中世纪晚期才出现类似政体，这是东方式农业社会的中国的一个显著特点。另一方面，农业社会存在与发展的前提，是农业劳动力——农民"安居乐业"。农民安居乐业，农业生产才能稳定有序，朝廷的赋役才能源源供给，"天下太平，朝野康宁"的"盛世"便有了保障。反之，如果以农民为主体的广大庶民失去了起码的生存条件，出现"民不聊生"、"民怨沸腾"的状况，"民溃""民变"就会发生，就会危及整个社会大厦，也会危及统治的安定。因此，重民思想便成为文化传统的一贯之道。民本主义的政治理念在中国源远流长，是儒家核心价值观之一。《尚书》里说"民可近，不可下。民惟邦本，本固邦宁。""天视自我民视，天听自我民听"。这里体现的已不止是对下层百姓遭遇的同情怜悯，而是提到了政治的高度，将"民"确立为"邦"之根本，深刻认识到了"民意"所具有的决定邦国盛衰存亡命运的巨大力量。后来，抽象而神圣的"民心"成了儒家政治哲学中制约君权的最重要的精神资源。孔子的"仁"学体系以"爱人"为宗旨，高扬的正是民本主义价值理想。"宽则得众，惠则足以使民"、"其养民也惠也"、"百姓足，君孰与不足？百姓不足，君孰与足？"这些充斥于《论语》中的教诲，都是孔子反对残暴苛政，主张惠民、养民政治理念的写照。孟子的"仁政王道"理想，要旨是"与民同乐"。他说"民为贵，社稷次之，君为轻”，置民于君之上，几乎已将民本主义的价值理想发挥到极致。“桀纣之失天下也，失其民也，失其心也”(《孟子·离娄章句上》)。荀子将“君子”与“庶人”的关系比附于舟与水的关系，提出“庶人安政，然后君子安位。传曰：君主者，舟也；庶人者，水也，水则载舟，水则覆舟，此之谓也。”这里更多了一层警示的寓意。

由儒家集其大成的先秦民本主义政治理念，经几千年的发展，已经无孔不入地渗透到了中国传统文化的各个层面，深刻地积淀在民族文化心理结构之中。“以民为本”作为仁政王道的核心，始终是古代中国主流意识形态的重要内容。而“得民心者得天下”之类的观念，更是构成了中国传统政治文化最根本的价值信念之一，以致任何一个现存秩序的挑战者，为了证明自身行为的正当性，都必然要打着“顺乎民意”“替天行道”的旗帜。我们在充分肯定民本思想的积极内涵的同时，也必须指出其严重局限性，它与现代民主有着本质区别。严格说，民本政治主体并不是人民，而是王权。

（四）农业经济也培养了中国人重实际轻玄想的务实性格

“一分耕耘一分收获”是农耕生活导致的一种观念。中国民众在农业劳动过程中领悟到一条朴实的真理：利无幸至，力不虚掷，说空话无补于事，实心做事必有所获。中国人总是少去玄想人世之外的事，他们关心的是人的现实生活。抽象的宗教难以被中国人接受。因为过于注重实用知识，中国人又少了几分对科学理论的热情。中国为什么没有关于上帝的信仰？那种亚里士多德式的不以实用为目的，而由探求自然奥秘的好奇心所驱使的文化人较少在中国产生。

（五）农业经济造成了中华民族酷爱和平、温顺平静的性格

农业民族一生斯守土地，过着自给自足、乐天知命的生活，他们对人际关系的要求是人际和谐、互帮互助，很少有征服别人的野心。当它遭遇外族的侵略时奋起反抗，进行的也只是自卫战争，基本上采取防御政策，长城即是这一政策的生动体现。在中国历史上，以汉民族为主的中原农业民族对西北草原地区游牧民族的侵袭和入侵，除坚决抵抗外还采用“怀柔”、“抚和”政策，如和亲、会盟、开放“互市”、赠送物品等方式。这和西方民族主张战争、征服世界不大相同。李大钊称中国文化为“安息的”，称西方文化为“战争的”。陈独秀也说：“西洋民族以战争为本位。东洋民族以安息为本位。儒者不尚力争，何况于战？老子之教，不尚贤，使民不争，以甲兵为不祥之器。故中国自西汉以来，黩武穷兵，国之大贼。佛徒戒杀，益堕健斗之风。……若西洋诸民族，好战健斗，根诸天性，成为风俗。自古宗教之战、政治之

战、商业之战，欧罗巴之全部文明史无一字非鲜血所书。”[①]

在中国古代文学史上，很少有讴歌战争的作品，就连指导战争的兵书也如此。“自古以来，中国兵法书很多，但其中最有权威的，是以《孙子》、《吴子》为首的《武经七书》。在这七部重要古典著作之一《尉缭子》中，有这样的名言：‘故兵器，凶器也。争者，逆德也。将者，死官也。故不得已而用之。’真是精辟的见解。不论哪个国家，在兵法和战略理论上，作出如此冷静结论的书，恐怕再也没有了。甚至使人怀疑，这是一本教人克敌制胜的兵书吗？”[②]这反映了中华民族尚文轻武，厌恶战争，讲究以德服人，反对以力服人的文化传统。但过于重文轻武，易于流为文弱。

总之，农业经济所赋予我们民族的特征太多了，中国人那种勤劳节俭的品性，对大自然及田园生活的讴歌，经验主义的思维方式及平均主义的大同理想不都是农业文化的产物？

第三节　血缘宗法家族制度

一个民族文化的发展，除受特定的地理环境、经济状况的制约外，社会组织结构对其影响也是至关重要的。中国古代社会组织结构的特点在于特别重视血缘家族关系，这给中国文化打上了深刻的烙印。

一、血缘宗法制度的形成及演变

一般而言，社会人群的结合有血缘、地缘、业缘三种方式。血缘关系即是宗族亲戚，地缘比如乡里邻党，业缘则是指以人们广泛的社会分工为基础而形成的复杂的社会关系。血缘关系是人类社会最初的一种社会关系，以血缘关系组成的氏族公社是人类社会最初的社会共同体，世界各民族在原始社会时期都有过这种氏族公社组织。但是在欧洲，当原始社会向奴隶制社会转变时，血缘关系就逐渐分解了。而在中国，血缘家族组织由原始社会经奴隶社会、封建社会，一直保持下来。恩格斯用“家族、私产、国家”三项作为人类社会发展的路径。中国氏族公社的解体和进入文明社会的方式与西方国家不同，西方是从家族到私产再到国家，国家代替

①陈独秀《东西民族根本思想之差异》，《新青年》第一卷，第4号。

②（日）松本一男《中国人与日本人》，渤海湾出版公司，第43页。

了家族;中国是由家族到国家,国家混合在家族里。这是什么原因呢?这得从中国独特的农业文明中寻找。中国是一个以水为生、以农立国的文明古国。水既带来灌溉之利,又招来洪水之灾。从传说中的黄帝以来,我们的祖先就累世同洪水作斗争。但由于氏族部落的闭塞性狭隘性,不仅不能集中力量来治理洪水,而且矛盾激化时,有些氏族还采取以邻为壑的办法危害他人。为了战胜洪水,继尧舜之后,禹采取了一系列措施:政治上,团结各氏族首领作为自己的左右臂膀,建立治水机构;组织上,按氏族分布的地域来确定版图,分为九州;经济上,按权力高下来分配治水斗争的胜利果实。这样,就把原来维护灌溉的共同利益的机构,演变为我国第一个奴隶制国家政权。

正是由于人工灌溉是我国古代农业发展的基础,而这需要一种既分工又协作的集体组织的存在,所以,我国进入奴隶社会时,原始公社组织被保留下来,并在公社的外壳下逐步建立了以井田制为经济基础的奴隶制社会。在这种社会里,"普天之下,莫非王土;率土之滨,莫非王臣"(《诗经"小雅·北山"》),也即说明,土地及生产者不是个别奴隶主私有,而是代表奴隶主利益的国家所有。这与欧洲古希腊、罗马进入文明社会的途径很不相同。他们是用家庭的个体生产代替了原始性的集体协作生产,通过清算氏族制,瓦解原始社会,发展家庭私有制的途径进入文明社会的。我国则是在保持和加强公社组织形式的条件下,以血缘关系为纽带,发挥集体力量,通过治水发展农业生产的途径进入文明社会的。农业文明与游牧文明和商业文明不同:农民不像牧民和商人那样迁徙不定,而往往是祖祖辈辈定居在一个村落里。一个宗族长期生息在一个地区,世代繁衍,为了自助自卫,血缘关系的纽带很自然地把他们联结起来,形成一种宗族自治体。这种血缘关系不仅体现着一种社会关系而首先体现一种政治组织:有一套组织形式,并有维护这种组织形式的一套法规即宗法,严格规定辈分、嫡庶、长幼、主从的等级秩序。宗法家族制度在历史上有一个产生、演变的过程,典型的是西周时期的血缘宗法制。

(一)西周时期的宗法制度

按宗族血缘关系的远近来确立在国家政权中的地位的高低,即说血缘关系愈近,政治地位就愈高;反之,相反。

宗族、宗法的"宗",是个会意字。像房屋里放一神主牌位。《说文》里说:"宗,尊祖庙也。"宗的本意就是祭祀祖先的场所,亦即祖庙、宗庙。所谓"宗法",是指一种以血缘关系为基础,标榜尊崇共同祖先,维系亲情,而在宗族内部区分尊卑长幼,并规定继承秩序以及不同地位的宗族成员各自不同的权利和义务的法则。宗法制度的基本内容是确定继统秩序和在宗族内部依血缘关系区分尊卑亲疏、规定各自的权利和义务。其内容包括三个方面：

1. 嫡长子继承王位制

殷商时代，王位继承方式是“兄终弟及”与“父死子继”并行，这潜伏着极大的隐患，易造成王室混乱。西周吸取殷商的教训，改为单纯的“父死子继”，同时严格区分嫡庶长幼，“立子以贵不以长”（嫡子先于庶子）“立嫡以长不以贤”（嫡长子先于嫡次子）。在确立嫡长子的优先继承权的前提下，又在宗族内区分大宗、小宗。无论大宗、小宗都以正嫡为宗子，宗子具有特殊的权力，宗族成员必须尊奉宗子。

2. 分封制与世卿世禄制——贵族世袭制

周王作为嫡长子继承王位，同时在名义上拥有天下全部土地、人民和财富。但是周王不可能直接管理整个天下，为了处理好与兄弟子侄、异姓功臣以及原有部族首领的关系，周王分别将若干土地连同居民分封给上述人等，允许他们享有对这一部分土地、居民的统治特权和宗主地位。周王采取由亲及疏的分封原则，先封同姓亲族，后封异族。分封的这些诸侯国像卫星城一样，拱卫着王畿。诸侯有向周王纳贡、派军队卫戍王室或随王出征的义务，但在其封地内拥有治民的绝对权力。诸侯国内部同样严格区分嫡庶、长幼，嫡长子继位，嫡次子、庶子被进一步分封，形成卿大夫等级。与此类推，卿大夫的嫡长子继位卿大夫，嫡次子、庶于则形成士等级。这样西周的统治者划分为天子、诸侯、卿大夫、士四个等级，皆是嫡长子继承且世袭，社会上的其他阶层被排斥在权力之外。

3. 严格的宗庙祭祀制度

西周的统治者虽划分为四个等级，但他们同属一个宗族，为了凝聚族人，形成了严格的宗庙祭祀制度：天子设七庙，诸侯立五庙，大夫置三庙，士建一庙，庶人不能设庙，在寝堂里祭祖。这一宗庙祭祀制度后来一直保留下来。由于天子是天下最高统治者，因此“七庙”成为王室或国家的代称，宗庙的毁灭往往喻示王朝的灭亡。贾谊《过秦论》用“一夫作难而七庙隳”形容秦王朝的覆亡。正因如此，历代君王都非常重视宗庙的营建，将其与社稷并重，共同作为国家权力的象征。王宫之前，左宗庙右社稷的格局一直沿袭到明清。今北京故宫前居于左侧的劳动人民文化宫便是明清的太庙，居于右侧的中山公园则是明清的社稷坛，即“左宗右社”的格局。由此可见，宗法和土地始终是封建王朝的立国之本。

与宗法制度相关的还有丧服制度。丧服指居丧期间的服饰，分斩衰、齐衰、大功、小功、缌麻五个等级，为五服。丧服的等级是根据与死者血缘关系的亲疏远近决定的，血缘越近，丧服越重，居丧时间越长，而且嫡庶有别，男女有别。所谓斩衰的“衰”是指粗麻布做成的丧服，边上不缝，仿佛用刀剪直接剪开，叫“斩”。儿子为父亲，妻子为丈夫，诸侯为天子，臣下为君主，父亲为长子，都要穿这样的衣服，而且守丧时间要达三年，表示亲缘关系最密切，也最重要。

(二)西周宗法制度向秦汉时期小家族制度转变

春秋战国时期，中国历史发生重大转折，生产力获得了巨大发展，铁器出现，科技飞跃性进步，农业生产跨上新的台阶。生产力的发展带来了两个问题：一是财富的积累，经济地位不平等；二是发展的生产力要求生产关系与之适应，即重新分配权力。以卿大夫为主的新兴地主阶级经济地位逐步提高，但由于世卿世禄制，他们虽富不贵，强烈要求重新分配政治权力。宗法家族制度对社会的制约作用最终被秦国首先认识到了，因为主持秦国变法的商鞅看到了“公地则迟，有所匿其力也，分地则速，无所匿其力也”，从而“废井田，开阡陌”，实行了“制土分民”即土地小家庭私有的经济制度。此外，秦国在政治上的改革，如废除贵族世袭特权，推行郡县制，也成为宗法家族社会解体的重要原因。从此，国家层面的政治制度为郡县制不再是宗法制，但古代中国县以下的基层社会仍然是聚族而居，实行家族自治管理。

(三)魏晋南北朝时期世家大族和门阀制度

东汉时，社会结构发生了重大变化。一方面，出现了凭借经学入仕而累世公卿的世家大族，即士族；另一方面，地方势力膨胀，一些大宗依靠聚居乡里的大家族力量，割据一方，成为国家政权也无可奈何的家族势力，从而使强宗大族受到重视，在此基础上，又形成了门阀制度。门阀就是门第显耀，指世代显贵的家族。魏晋南北朝时期选拔官员的方法是“九品中正制”，这种选举制度从形式上看，是由各地中正官采纳乡里舆论，根据家世才德，把人才分成九个等级，进行推选：中正官在评定人物品级时，主要是先考虑祖先做过什么官，有几代人做过官，谓之“家世”，也称“品”；然后再看本人的才德，谓之“状”。然而，以家族为基础盘踞于地方的门阀士族，很快就垄断了选举权，结果是只论家世，出身于名门望族，即使无才无德，也总被列为上品，优先入仕。而出身寒门的庶民子弟，即使才德超群，也总是被列为下品，以至出现“上品无寒门，下品无士族”，于是出现了世家大族把持政权的“门阀政治”。隋唐时期取消了九品中正制，开始实施科举制，世家大族的政治特权随之被取消，他们已无法操纵科举制，因而也就逐渐衰落下来。

(四)封建社会后期家族制度

宋以后，中国的封建社进入了后期，租佃契约制的地主经济迅猛发展，但土地兼并极其普遍，地主阶级与农民阶级的矛盾尖锐化，地主阶级内部分化也十分剧烈，社会动荡不安。为了维护本家族、本阶级的既得利益和优势地位，用血缘关系来掩饰阶级对立，一些官僚地主阶级的代表人物把上古时期的宗法制度理想化，主张重建古代的宗族组织，以稳定封建社会的政治秩序。张载即说过："管摄天下人心，收宗，厚风俗，使人不忘本，须是明谱系世族与立宗子法。宗法不立，则人不知统系来处。"当然由于历史条件的改变，原封不动地恢复西周、春秋时期那种典型的宗法制度已不可能，只能是借鉴上古时期的宗法制度，根据当时的宗族组织状况，形成了一系列体现封建族权的宗族制度。其主要内容有：

宗谱，又叫家谱、宗谱，即宗族继嗣的世系谱。宗谱中最主要的部分是谱系名录。在编写上先分房支，然后以表格形式注明各房支下每一世系全体已故和现存的男性成员的名、字、号，功名仕宦情况，婚姻、生育情况和享年、葬地。女性在宗谱中也有记载，但不见名字，外族之女嫁入就算加入了丈夫的宗谱，但她只能以"某氏"的名义附见于丈夫之后，有的也注明原是某地某人之女；本族之女出嫁后就脱离了父亲的宗族，她只能以"第几女"的名义附见于父亲之后并注明是某地某人。

宗祠，又称祠堂，是供奉祖先神主、进行祭祀活动的场所，被视为宗族的象征。崇拜祖先并立庙祭祀的现象，最早出现于原始社会。夏商二代都已有了宗庙，周代以后则对天子、诸侯、大夫、士立庙的数字作了具体的规定，平民不允许立庙，只能在居室中祭祀祖先。宋代的祠堂也是以家庭而不是以宗族的名义建立的，而且与居室相联，并非单独的建筑。元代以后，以宗族为单位单独建立的宗祠开始出现。明代时，正式允许民间联宗立庙，由此宗祠在民间才普遍化。宗祠有着多方面的功能。首先，在里面举行庄严隆重的祭祀祖先活动，目的在于通过追思共同祖先，用血缘关系的同一性把族人团结起来。宗祠的第二个功能是向族人灌输族规家法，教育本族子弟。其第三个功能是处理宗族事物，凡涉及家族公务，或调解族内纠纷，族长即召集族人于宗祠，研讨对策。

族田，是家族的公共田产，主要分为祭田、义田、学田三大类，一般都采用招佣耕种、收取地租的方式经营。但为了防止族人对族田的侵蚀，一般规定本族人不得承租，亦不得作租田的中人。祭田的地租供祭祀祖先的活动使用，义田的地租用于赈济族中贫困灾病者，学田的地租用于宗祠办学。在族田收入中，用于赡族济贫的占相当大的部分，这也是设置族田的最主要的目的。最早设置族田的是北宋时期的范仲淹，他为了团结族人，照顾族中贫困家庭，便购田千余亩以资贫困家庭。族田是家族制度的物质基础。如果说宗谱和祠堂是从精神上训导族人"尊祖敬宗"的话，那么，族田则主要是通过物质利益达到"收族"的目的。

族长，管理全族事务的最高首领，一般由德高望重者担任。族长作为一族之最高首领，高踞于族人之上，拥有相当大的权力，包括主持祭祀典礼之权，管理族产之权(实现其他族权的物质基础),教育和惩罚族人之权,处理族内或族外纠纷之权。

族规,又称族训、族约、宗规、家规、家训、家礼、家范、祠规等,是族人的行为规范,起着宗族法律的作用,对族人具有强制作用。族规反映着不同的宗族传统和宗族风范,因而族规可谓五花八门,各有特色。但族规也有其共性,这就是都以“三纲五常”为基础,带有浓厚的封建礼教色彩。大体说来,一般都包括如下几个方面的内容:首先强调尊崇君权,反对犯上作乱。其次,把尊祖、敬祖、收族的宗法原则具体化。第三,用封建伦理规范,对宗族成员划分等级。第四,宣扬同族一气,为保证血统的一致性,规定出立后承继的原则和办法。异性乱宗是宗法社会之大忌,因此许多族规对不准异性冒姓入谱和继承财产都有十分严格的规定。尤其还规定女儿不能继承财产,如果一对夫妇不能生育,或只有女而无子,大都要过继嗣子,以延续“香火”。第五,不仅规定对族人立身、持家等方面的要求和禁约,而且还规定对违反宗规族约者的惩罚方式。虽然族规仅仅是宗族对族人行为规范的规定,属民间性质的公约,但在封建社会却具有合法的地位,受到国家法律的保护和支持,因为它发挥着补充国家法律之不足、帮助国家维持社会秩序的作用。

综上所述,中国的家族制度经过封建社会上千年的演变和完善,到后期已更加具体化,形成了包括宗谱、宗祠、族田、族长、族权、族规等要素在内的严格的制度化了的内容。在家族制度中,族权居于核心地位,在社会生活中有着非常大的影响,它不仅对本族成员有绝对权威,而且往往融于地方政权之中,对农村管理产生较大的制约力。一直到1949年新中国成立,传统家族组织才走向衰落。

1949年后家族组织衰落原因:政治上,人民民主制的国家政权体系一直向下延伸到农村基层,从法律上否定了家族制度存在的合法性;经济上,农村集体经济代替了家庭对家族组织产生的依赖;文化上,对传统文化及其家族文化的批判导致认同感下降。但时隔30年后,家族组织又开始在中国农村复活,原因是农村实行家庭承包责任制后,农村经济由原来的集体经济变为小农经济,当然这种改革使农民自主性增大,提高了生产积极性,带来了农村经济大发展和农民收入的提高,但小农经济很难单独生存,许多方面需要与别人合作。与谁合作呢?当然选择最亲近最信任的血缘关系,农村聚族而居的格局也为这种合作提供了便利。因此,家族自然成了单个农民家庭依靠的对象,再加上农村人民公社解体,国家管理部门只到达乡一级,村一级组织控制力下降,还有农村社区文化单调等原因,这些都造成了农村家族势力的兴起。作为一种非正式组织,家族的复活对农村的社会生活产生了极其深刻的影响,这种影响正如传统家族制对中国文化的影响,是有利有弊的。

二、家族制度对中国文化的影响

(一)由于家族制度的长期存在，使中国人很看重家庭生活

梁漱溟在《中国文化要义》一书里曾借用卢作孚的话来说明这个意思："家庭生活是中国人第一位的社会生活，……人每责备中国人只知有家庭，不知有社会；实则中国人除了家庭，没有社会。就农业而言，一个农业经营单位就是一个家庭。就商业而言，外面是商店，里面就是家庭。就工业而言，一个家庭安了几部织布机，便是工厂。就教育而言，旧时教散馆是在自己家庭里，教专馆是在人家家庭里。就政府而言，一个衙门往往就是一个家庭；一个官吏来了，就是一个家长来了，……人从降生到老死的时候，脱离不了家庭生活，尤其脱离不了家庭的相互依赖。你可以没有职业，然而不可以没有家庭。你的衣食住行都供给于家庭当中。你病了，家庭便是医院，家人便是看护。你是家庭培育大的，你老了，只有家庭养你，你死了，只有家庭替你办丧事。家庭也许倚赖你成功，家庭亦帮助你成功。你须用尽力量去维持经营你的家庭。你须为它增加财富，你须为它提高地位。不但你的家庭这样仰望于你，社会众人亦是以你的家庭兴败为奖惩。最好是你能兴家；其次是你能管家；最叹息的是不幸而败家。家庭是这样整个包围了你，你万万不能摆脱。……家庭生活的依赖关系这样强有力，有了它常常可以破坏其他社会关系，至少是中间一层障壁。"(卢作孚《中国的建设问题与人的训练》)①所以，陈独秀说中国人是以家族为本位。

以家族为本位的中国人，作为家族的一个分子而存在，个人绝对隶属于宗法组织。中国文化所讲的人是群体的人，而非个体的人。个体的人必须服从宗法团体，个人的自由，不论是经济活动的自由还是生活方式上的自由，都严格受宗法集体限制。如个人的婚姻是"父母之命，媒妁之言"；财产分配上是"父母在，不得别籍异财"，兄弟为家产闹纠纷常受到斥责等。这样，便造成了中国传统文化带有群体意识的特征，表现为：注重整体价值，压抑个性；强调和谐、平衡，抑制冲突、创异；重视公私义利之辨，强调个人利益服从集体利益。当然，宗法道德要求人们约束自己，服从整体，这促进了人与人之间的紧密关系，维护了尊敬老人、慈爱幼少、夫妻相敬、兄弟相亲的家庭及至整个社会的稳定秩序。

---

①梁漱溟《中国文化要义》，第12～13页。

(二)由于宗法思想的长期熏陶,中国人的血缘观念显得超乎寻常地强大

亲族之间的交往是中国人人际关系的极重要方面,亲族之间的礼节规矩远比别的民族来得多,亲族圈是中国人重要的活动环境。中国人还注重亲族的远近与长幼关系,以及与自己的血缘联系方式。汉语中严格区别了叔、伯、舅、姑夫、姨夫,也严格区分了婶、伯母、舅母、姨,而这两组称谓在英语中都只用一个词来表达,即"uncle"和"aunt"。汉语中兄与弟、姐与妹是严格区分的,英语中却无区别;中国人还用大量的称谓词,如"表"、"堂"、"外"、"亲"、"干"、"继"、"曾"、"元"等,以进一步区分亲疏远近关系。这种"亲亲"的传统一直延续到当今中国社会,无论农村还是城市,亲戚之间的互帮互助甚为平常,而亲族之间礼节的轻重也主要由血缘关系的远近来衡定。注重血缘关系的优点是中国人注重亲情,人情味浓厚,并尽量把非血缘的关系转换成准血缘关系,如朋友比做兄弟,师生比做父子,常说"四海之内皆兄弟","一日为师,终身为父"等。重血缘关系带来的缺点是任人唯亲、夫贵妻荣、父尊子显等裙带风、人情风盛行;私德发达而公德欠缺;法律因情理而变;家族成员之间有很大的连带责任,一荣俱荣,一损俱损,所以既有"一人得道,鸡犬升天"的现象,也有"一人犯法,株连九族"的连坐现象。

(三)在宗法家族制度下,也就形成了以家庭伦理道德为核心的传统伦理道德

在家国一体下,国不过是扩大了的家,家则孕育着国的特征和原则。我们知道,中国封建社会的全部伦理道德是在基本的纲常伦理即三纲五伦基础上展开的,而君为臣纲、父为子纲、夫为妻纲中有两项规范家庭内部关系,君臣、父子、夫妇、兄弟、朋友五伦中有三项调节家庭道德关系,而君臣只是父子的强化,朋友则是兄弟的推演。然而,这种占据传统伦理道德核心地位的宗法伦理,体现的不是人际关系的平等原则,却是严格的等级尊卑制。传统家庭按照宗法原则规定了人的等级差别,即父尊子卑、男尊女卑、夫尊妻卑、长尊幼卑、嫡尊庶卑。由于家国同构,这一原则体现在国家上,便是君尊臣卑进而整个社会结成等级差序网络。应该说,任何一个社会实际上都呈现某种差序结构,人与人之间不可能绝对平等。每个人都有自己的先天禀赋、家庭背景及后天才德,差别的存在是绝对的,不可否认的,就社会的运转而言,也必须有一定的差序,差别是秩序的前提,没有差别,就不可能有秩序。但是,差别是可变的,具有相对性的一面,社会的差序结构不应当是绝对不变的模式。中国传统社会的差序结构本质上是以人的自然的和血缘的差别作为社会差别的根据,个人的社会身份决定于家庭的地位,从而使人们的差别、社会的等级秩序僵化为不可改变的模式,这是它遭到现代人们批评和抛弃的根本原因。

中国传统家庭伦理道德又是以“孝”为核心展开的。“孝”可谓中国伦理的最高原则，也是中国文化的灵魂。孝亲的思想，自孔子形成体系，到西汉《孝经》得到统治者的青睐和宣传，及至《二十四孝》之类的民间通俗读物的普及流传，确实深入民心，成了全民绝大多数人的共识并转化成人们日常生活中的自觉行为。“孝”的含义、做法、作用与不孝的危害，在孔子的《论语》里早有论述。

子曰：“其为人也孝弟，而好犯上者，鲜矣。不好犯上，而好作乱者，未之有也。君子务本，本立而生。孝弟也者，其为之本欤！”（《论语·学而》）

子曰：“父在，观其志；父一殁，观其行；三年无改于父之道，可谓孝矣！”（《论语·学而》）

子游问孝，子曰：“今之孝者，是谓能养。至于犬马，皆能有养；不敬，何以别乎？”（《论语·为政》）

人只要有了孝亲的观念与实践，必然是个忠臣驯民，因此，孝是国家之本，治国者务必要在这本上做工夫。孝养不能仅仅理解为养亲，养亲是低层次的，算不得孝，孝应该敬，真正的孝亲还应顺着父母的心意，等等。总之，孝亲的含义、作用丰富且复杂，不能简单评说。

我们认为，我们的祖先选择“孝”的伦理原则，与我们的农业经济有紧密的关系，具体来说有两个原因：第一个原因是遥远的古代，农业的生产方式是极为落后的，广种薄收，所获得的粮食往往不能维持温饱，很少有剩余而被贮存起来。另外，农业劳动是一项高强度的体力活，人到年老时，气力衰竭，无法再去犁、粑、锄、薅。这样，年轻时没有积蓄，年老时又无力再去春耕秋收，如果子孙不去供养他们的衣食，他们只能坐以待毙，这样必然会导致社会整体道德素质的下降与社会秩序的紊乱。第二个原因则更为重要，农业的生产方式要求人们与土地紧密地捆绑在一起，一刻也不能分离，从春到冬，要施肥、播种、除草、捉虫、灌溉、排涝、收割、脱粒，少了任何一个环节都会导致农业的失败，而人总是不甘心局限在一地生活，希望到外面去见识新的世界，在闯荡中求发展，另外，贸易经商、做工匠等经济方式的收益也比做农活收益高，在这样的情况下，就形成了农业需要稳定的劳动力大军与人们不甘心被土地捆绑一辈子的矛盾，如何解决这样的矛盾呢？靠法律道德。户籍制度严格规定了人口不能随意流动，并依靠政权、族权的机构一层一级地进行压迫，把最广大最基层的人们压在土地上，让他们除了政府规定的服兵役、劳役与少量的游学、经商之外，绝大多数不许离开土地一步。另一方面就是依靠道德的作用，而儒家的道德思想恰好为统治者提供了大家都能接受并符合农业经济形态的伦理思想，这就是“孝”：你要供养父母，早温省，晚恭安，病侍药，死守墓，你怎么能够离开家乡，离开土地？所以孔子说“父母在，不远游”。

说儒家的孝亲思想吻合了农业经济的需要，还有一个有力的证明，即是人们都知道的儒家一句经典性话语，即“不孝有三，无后为大”。这“后”专指儿子，许多人仅从男尊女卑的角度诠解它，认为儒家重视男子，轻视女子，只有男子才能使家族的香火得到继承。其实，这句伦理教条仍是建立在农业经济的基础上的。农业劳动是一个高强度的体力劳动，犁田耙地，踩水疏河，没有力气是干不了的。如果一个家庭没有男孩，等于没有劳动的接班人，未来的日子一定不好过。推及社会，如果社会中女性多于男性，这个社会也会陷入劳动力的危机之中。因此，无论是社会与家庭，从民族的生存到家庭的生活质量，都需要大量的男性，故而先儒的“不孝有三，无后为大”在传统的农业经济背景下，是有一定的道理的。

孝亲文化代代传播普及，在民间大众乃至社会精英人物中造就了许多的孝亲典型，这方面的历史资料可谓汗牛充栋，俯拾皆是，在此不必赘述。甚至到了近现代，许多社会精英身上仍看到传统孝亲的影子，如鲁迅、胡适以及中国共产党领袖人物毛泽东、朱德、周恩来、邓小平等。总之，几千年来的孝亲文化已经融进了我们民族的性格之中。

（四）在宗法家族制度下，中国人崇拜相先，很难产生出世的宗教

祖先的亡灵可以保护家人，扫墓祭祖、追忆先人可以在情感上凝聚族人。中国人的鬼节——清明节，祭祀逝去的祖先和家人，表示哀思，至今传袭。宗法制把人牢牢束缚在家族或宗族团体中，个人没有“出家”的自由。家里供奉的是“天、地、君、亲、师”，而不是什么上帝、佛祖。佛教传入中国，也不能不染上宗法的特征。中国的佛教仿照世俗宗法的继承关系，建立了一整套法嗣制度和寺院财产继承法规。各个宗派的师徒关系，俨如父子关系，代代相传，形成世袭的传法系统。为了编制本宗的谱系和历史，将祖师爷一个一个安排位置，年代久远不可考者，便不惜凭空捏造。中国佛教各宗派还多确立本宗的西天祖师，而印度佛徒反而不重视也不要清楚自己确切的班辈传承关系，这充分表现出宗法制度对宗教的影响。

（五）宗族制度也培植了中国人极端敬重传统的心理

宗法观念强调敬祖宗、孝父母，其中自然包括对祖宗、父母所创造的事业和所立下的规矩训诫的尊重。如果做不到这一点，便被视为祖先的不肖子孙而受到鄙视；如果能遵守祖训，便被誉为孝子贤孙。孔子就曾经说过：“三年无改于父之道，可谓孝矣，”（《论语·学而》）在更广泛的社会领域中，中国文化注重所谓道统、家法、师法，各门各道都有自己一套特殊的规矩，这些规矩被人们世代传袭。长此以

往，传统渐渐成为真理之化身，事情的对错，往往可以从它是否合乎传统来判断，而不必有什么真实的根据，以至于中国人的观念中，时代越是久远的东西越是具有权威性。

这种敬重祖先和传统的观念渗透到传统文化之中，便形成中国传统文化的传统主义特点，注重文化的沿传与统系，捍卫文化的稳定性。孔子说："殷因于夏礼，所损益可知也；周因于殷礼，所损益可知也；其或从周者，虽百世亦可知也。"(《论语・为政》)"郁郁夫文哉，吾从周。"(《论语・八佾》)孔并不反对对礼的损益，但更注重其发展的连续与稳定，认为礼的发展虽经百世其实质也仍将以一贯之，充满了对传统的崇敬与信心。秦始皇扫六合，废诸侯，置郡县，中断了周礼的发展。孔子设想的继周者百世未能实现，但他自己的思想却成了传统文化的核心价值和基本依据。汉承秦制，把大一统建立得更加完善，学者们为适应中央集权专制需要，独尊儒术，结束了春秋战国百家争鸣的局面，中国文化传统从此有了确定无疑的核心内容。独尊儒术促进了传统主义的恶性发展。孔子被当做神来崇拜，儒家著作被视为经典，人们不敢违背和怀疑老师的传授，强调经学的师门家法，更不敢怀疑和违背经典。汉儒创立了一门学问——经学，即注释、阐释儒家经典的学说。从此以后中国古代大部分学者耗费毕生的精力宣传、注解经典，把人们的思想限制在一个模式之内，极大地阻碍了学术和思想的发展创新。而古希腊著名哲学家亚里士多德却说"吾爱吾师，吾更爱真理"，由此形成了西方文化重求新、创造的文化传统。

第四节　独特的政治制度

一个民族文化的发展，除受特定的地理环境、经济状况和社会结构的制约外，独特的政治制度对其影响也是至关重要的。

中国古代政治制度不同于其他文明古国，有以下几个突出特点：

一、家国同构及其对文化的影响

由于古代中国的经济基础一直处于小农经济占主导地位的状况，所以与这种生产方式相联系的家族制度深深根植于数千年中国社会结构之中，家族结构扩大至国家结构。所谓"家国同构"，是指家庭、家族和国家在组织结构方面具有共同性，均以血亲——宗法关系来统领，存在着严格的父权家长制。家族是家庭的扩大,国家则是家族的扩大和延伸。在家国同构的格局下,家是小国,国是大家。在家庭、家族内,父系家长地位至尊,权力至大;在国内,君王地位至尊,权力至大。父系家长因其血统上的宗主地位,理所当然地统率其族众家人,而且这一宗主地位并不因其生命的中止而停辍,而是通过血脉遗传,代代相继。同样,君王自命“天子”,龙种高贵,君王驾崩,君统不辍,由其嫡长子自然承袭,如是者不绝。父系家长在家庭内是一把手,君王是国家的一把手,是全国子民的严父。不仅国君如父,而且各级地方政权的首脑亦被视为百姓的“父母官”。简言之,父为“家君”,君为“国父”,君父同伦,家国同构。

“家国同构”格局的长期存在,导致了所谓“忠孝相通”,“求忠臣于孝子之门”。就“孝”和“忠”这两个概念所包括的范围、涉及对象以及功用而言,“孝”属于伦理范畴,它涉及的对象是家庭或家族中的个人,是晚辈对长辈的恭顺态度,起着维系亲族感情、协调以家庭为本位的伦常关系的作用。“忠”则属于政治范畴,它涉及统属于君主之下的、处于不同政治经济地位的人,是下属对君上及其所代表的国家政权的政治态度,起着维系统治、协调秩序的作用。从表面上看,“忠”与“孝”并不相关,但由于“家国同构”,“其为人也孝悌,而好犯上者鲜矣,不好犯上而好作乱者,未之有也。”(《论语·学而》)这就将孝于宗族长辈的家庭宗族伦理情感,转化成了忠于国家朝廷的政治观念,由家而国,完成了情感转移,把各种可能出现的异端思想消弭于无形。古人所谓修身、齐家、治国、平天下,就是伦理型政治对个人人生道路的设计和要求,反映了“家”与“国”之间同质联系。这种伦理型政治的正价值是使中华民族注重道德修养、凝聚力强大,负价值是掩盖了阶级和等级关系、道德法律不分。

二、君权至上及其对文化的影响

秦始皇统一全国,在建立地主经济的同时,也建立了自上而下的、由皇帝总揽大权的、统一的政治结构。皇帝是最高统治者,自称“朕”,一切政事都由其独断,“天子之事无大小皆决于上”(《史记·秦始皇本纪》)。皇帝的意志就是法律。遇有重大国事,皇帝虽召集“朝议”,但最后还是皇帝一人说了算。皇帝集权是封建专制主义中央集权制的核心。皇帝之下,在中央是三公九卿,在地方是郡尉县令(长)以及“三老”等官吏,构成了一个严密的统治网。

汉继秦之后,沿袭秦的官制,并通过调整加强了中央官僚机构。汉代的三公已不干预政事,完全成了皇帝个人的“宫官”,几乎成了闲职。但在西汉初期,丞相权力很大,这就产生了皇权与相权的矛盾。其结果总是以削弱相权加强皇权而得以解决,从而使专制主义中央集权得以加强。西汉中期以后,丞相的地位发生了明显的变化。一个变化是,丞相、太尉、御史大夫分别改称大司徒、大司马、大司空,分掌民政、军事、土木营造。原御史大夫主管的文书工作,由在内廷保管文书的尚书令代替,其监察职权专属御史中丞,出现了御史台——我国封建社会第一次建立的专门监察机构。这一变化,显著地加强了皇权,削弱了相权。另一个变化,是“中朝”和“外朝”的出现。汉武帝时期,随着文治武功的增强,皇权进一步上升,皇帝开始选用一批地位较低的内廷办事人员参与朝政。其中为皇帝掌管文书的尚书,更是垄断奏章,操持权柄。有时还给宦官以“中书令”的称号,使之参与国事。这些人逐渐形成了一个宫内决策机构,称为“中朝”,与以丞相为首的行政系统“外朝”相对应,有时甚至是分庭抗礼。“中朝”和“外朝”的出现,是封建政权体制的一个重要变化,它反映了皇帝和丞相在权力分配上的矛盾和皇权的加强。综观中国历史上颇具特色的“三省制”由形成到破坏的全部过程,可以说,在君主专制下,宰相制度的不断演变是君权限制相权的必然反映,最终“三省制”的破坏,表明了专制政体下君权至上是一个不可动摇的原则。

汉以后,历代封建王朝基本上沿袭“秦汉之制”,无论是政权结构还是组织形式,都没有根本变化。明清时期,专制主义中央集权发展到顶峰,其主要标志是皇帝个人专权,相权被废止。明代成立内阁,清朝设军机处,都是皇帝自己的办事机构。

君权至上的另一个重要表现,就是君权高于神权,这是中国封建社会区别于西方的一个重要特征。在中国古代,没有也不可能产生贵族分权的“共和制”或“神权”压倒“皇权”的“教皇制”。这和中国封建社会经济结构的诸特征密切相关。同时,也与中国封建社会的意识形态(不仅仅是儒家思想)密不可分。

就社会组织而言,中国封建社会是建立在以宗法血缘为纽带的家族关系之上的,国家关系、君臣(民)关系只是家庭关系、父子关系的延伸。人们习惯在温情脉脉的伦理纱幕中生活,人与人的关系以及人与自然的关系都完全情感化、伦理化。这种社会心理积淀的结果,是人们陶然于伦理亲情,钟情于对现实人际关系的把握,并从中获得心理上的满足。因而,对于超越现实,企图从彼岸世界去寻觅精神慰藉的神学说教,人们就无从产生热情。另一方面,以天下之父(君父)自居的君主,要直接干预臣民的生活,通过自然经济陶冶出的伦理情趣与臣民沟通,使自己的权力和威势渗透于社会机体的每一个毛孔,决不容许超然出世的神权横亘其间,更不能容忍神权凌驾于皇权。即使把皇权神化,将其塑造为教主的做法,在中国也行不通。汉代董仲舒搞神学运动,企图神化汉武帝、神化儒学,但最终没有成功,便是证明。

中国古代政治的专制性特征,导致中国文化形成政治型范式。这种范式带来的正价值是,中华民族的整体观念,国家利益至上的观念,造就了民族心理上的文化认同，等等；它的负价值是使国人存有严重的服从心态，对权威和权力的迷信，个人自信心的缺乏，等等。

三、官僚政治及其对文化的影响

中国古代政治的另一个重要特征，是存在着一个延续了2 000多年的君主专制的官僚政体和与之相适应的官僚阶层。从阶段划分来看，中国古代社会的政治体制大致可分为两段：从西周到春秋，是一种单纯的以宗法制度为基本原则的政治体制，具体表现为世卿世禄制；秦汉以后，则是以建立在宗法制的社会基础之上的官僚制为基本原则的政治体制。官僚制作为国家政治的基本原则，从将相大臣到郡守县令都由皇帝任命，军权、财权都有皇帝掌握，有利于造成中央集权统一的政治局面。宗法制作为国家政治的基本原则与此相反。由于各级领主都享有全面的自主权，它所造成的政治局面必然是大小诸侯国林立，分散割据纷争。因此，随着统一趋势的加强，在政治上官僚制取代宗法制成了历史的必然。要维护国家的集中统一，就必须实行官僚制的政治体制。经过长期的斗争，到秦始皇统一中国，摧毁了世卿世禄制度，确立了以皇帝为首的封建官僚制。

官僚制取代世卿世禄制，还与“士”阶层的形成和被重用有关。战国时期，已出现一些具有独立身份、为实现自己政治理想而四处游说之士。统治者为了在谋略上战胜对手，竞相养士，以致养士成风。这些士后来逐渐转化为担负一定行政事务的官僚。士的任用，是打破世卿世禄制度、建立君主集权的重要步骤。由于中华帝国领土广大，人口众多，君主一人虽然地位至尊、权力至大，但无法管理国家，政治核心的法令规则无法直达民众并且有效地直接操纵民众，为了解决鞭长莫及的问题，分层别类管理的官僚制度就是最优选择。秦汉以后，出现了一个庞大的以儒生士大夫为主要成分的官僚后备军。西汉初，刘邦在其求贤招令中说：“贤士大夫有肯从我游者，吾能尊显之”，且要“布告天下，使明知朕意”（《汉书·高帝纪》）。这已与秦国的军功爵制度大异其趣。到了西汉中期，实行察举和征辟的官吏选拔制度，为儒生参政开了方便之门。汉代还设置五经博士，官僚多是儒生士大夫出身，这就使士阶层有了进身之阶，刺激了官僚后备军的壮大。以儒生为主的古代知识分子参政逐渐得到统治者许可，在汉代就形成了所谓的“文官制度”。以后，由察举、征辟而发展为科举制，更使官僚制进一步完善，从而构成了中国封建社会政治生活的重要内容。

中华帝国的官僚制度是一项惊人的政治创造，它保障了中国古代社会的有效运转和管理有序；从士大夫中择优选拔入仕有助于形成一支高素质的官僚队伍，并且一定程度上打破了世袭制的不平等性，使封建社会富有弹性。但是，不可否认，官僚制也造成了一些问题，如使优秀士大夫走上了狭窄的“学而优则仕”之路，价值取向单一，思想文化尤其是科学研究等事业缺乏人才；按照德国社会学家韦伯的“理想的”官僚制度概念，中国官僚制度显然是不标准的，不符合法规至上和非人格化标准，因此终究是人治而非法制；官吏贪污腐败现象不绝。

本章小结

任何类型的文化都是在一定类型的文化土壤上成长起来的。正如不同的气候、土质适宜不同的作物生长一样，不同的文化土壤自然会有不同的文化生长。大体而言，中国传统文化产生的土壤是这样的：一个极有回旋余地的半封闭的暖温带大陆而非海洋国家；一个以农业为主干成分的经济结构而非发达的游牧业、工商业经济；一个在社会组织上不同于中世纪亚欧等级制度和印度种姓制的血缘宗法制；独特的君主专制制度。

正是因为中国文化是在一种半封闭状态下产生的，所以它是一种自发的文化，独立成为一个系统，而且具有强烈的延续性和一贯性。一方面，中国不容易出现由于别国文化的传入而造成自身文化发展的“断层”；另一方面，文化的内陆性使得整个民族在坚持、保留自己的文化传统上比海洋民族坚决得多。中国文化在封闭的地理环境中形成、发展，很少接受其他文化的影响，以致形成超稳定模式，到了近代才非常被动地、痛苦地改变。所以，文化应该经常互动交流，才能历久弥新，保持生命力。

中华民族的栖生地虽是一块半封闭的大陆，但却又是一块内部极为辽阔、回旋余地极大的大陆。当历史上强悍的游牧民族南侵，中国纵使丧失了首当其冲的黄河流域，仍有广大退路可供回旋。而其他古文明地区一旦沦亡于外族的入侵即一蹶不振，独中国绵延不绝。

由于中国是封闭的大陆国家，黄河、长江流域的自然地理条件非常适合农业发展，这导致了近代以前中国以农业经济为主体，工商经济在社会经济生活中所占的份额极小。以农为主的经济结构对中国传统文化有着巨大的影响，在一定程度上，中国传统文化就是农业文化。农业文化的特点：强调“天人合一”；安土重迁，有着浓厚的乡土观念；尊君重民相反相成的政治文化；农业经济培育了中国人重实际轻玄想的务实性格；农业经济造就了中华民族爱好和平、温顺平和的性情等。

一个民族文化的发展除受特定的地理环境、经济状况的制约外，社会组织结构对其影响也是至关重要的。中国古代社会组织结构的特点在于特别重视血缘家族关系。血缘宗法家族制度在中国古代历史上虽有不同演变，但由于长期的农业定居生活，家族制度和家族观念一直强大，这给中国文化打上了深刻的烙印：中国人非常注重家庭生活，相对缺乏社会生活；中国人的血缘观念超乎寻常地强大，亲属称谓非常细密；形成了以家庭伦理道德为核心的传统伦理道德，特别是“孝”的观念几乎成为中国传统文化的灵魂；中国人崇拜祖先，出世的宗教很难产生；中国极端重视传统，等等。

中国古代政治制度也不同于其他文明古国，其对中国传统文化的影响也很鲜明。其突出特点：一是家国同构，家庭、家族和国家在组织结构方面具有共同性，导致了所谓“忠孝相通”、“求忠臣于孝子之门”。这种伦理型政治的正价值是使中华民族注重道德修养、凝聚力强大；负价值是掩盖了阶级和等级关系、道德法律不分。二是君权至上。古代中国历史上，君权与相权不断冲突、较量，但都以强化君权削弱相权而告终；君权至上的另一个重要表现，就是君权高于神权，这是中国封建社会区别于西方的一个重要特征。中国古代政治的专制性特征，导致中国文化形成政治型范式。其正价值是中华民族的整体观念、国家利益至上的观念很强；其负价值是使国人存有严重的服从心态，迷信权威和权力。三是官僚政治。官僚制与宗法制比较，有利于国家的统一。秦汉以后，出现了一个庞大的以儒生士大夫为主要成分的官僚后备军。后来，由察举、征辟而发展为科举制，使官僚制进一步完善，构成了中国封建社会政治制度的重要内容。官僚制保障了中国古代社会的有效运转；从士大夫中择优选拔入仕有助于形成一支高素质的官僚队伍。但是也造成了一些问题，如使优秀士大夫走上了狭窄的“学而优则仕”之路，价值取向单一；人治而非法制；官吏贪污腐败现象不绝等。

思 考 题

1. 中国古代地理环境的特点是什么？其对中国传统文化的影响有哪些？
2. 以农为本的经济模式对中国传统文化的影响有哪些？至今还有哪些表现？
3. 血缘宗法家族制度对于中国传统文化的影响有哪些？至今还有哪些表现？
4. 中国古代政治制度的特征是什么？如何理解其对文化的影响？

第二章　文化历程:中国传统文化发展概要

汤之《盘铭》曰:"苟日新,日日新,又日新。"《康诰》曰:"作新民。"《诗》曰:"周虽旧邦,其命维新。"是故君子无所不用其极。

——《大学》

新则壮,旧则老;新则鲜,旧则腐;新则活,旧则板;新则通,旧则滞;物之理也。

——康有为

中国传统文化走过了悠远曲折的发展历程。这是一个物质文化、精神文化日臻丰富多彩的历程,是中华民族不断创造自己独特的文化体系或文化模式的历程,也是人类走向更高文明的历程。

第一节　中国文化的雏型期——先秦时期

中国文化在远古时期就开始孕育和发生,中经夏商周曲折多致的演变,到春秋战国时得到了进一步的发展:从留存下来的许多历史传说和文化遗址,到所拥有的大量文字记录和礼乐制度,以及诸子百家学说的竞起,表明中国文化的各个方面在这一时期都已经初步形成了基本格局。

一、上古:中国文化的开端

上古时期,文字尚未发明和使用,属于原始文化时期,可以分为旧石器文化、新石器文化,它是中国文化发端的初始阶段。虽然上百万年的原始社会历史没有文字记载,但通过考古发掘并与有关的学科研究相结合,仍然可以复原和揭示当时的社会生活,寻觅和追溯早期的中国文化源头。

(一)中国文化的源头

中国文化是中国人的文化。要了解中国文化的源头，首先需要了解中国人的起源。中国很早就有盘古开天地、女娲抟土造人的神话传说，也有记载着中华民族人文始祖炎帝、黄帝所创造赫赫业绩的文献史料，当然，最能说明中国人起源的依据是20世纪以来考古所发现的早期人类大量的遗址和实物资料。据考古学家发现，在华夏辽阔大地上，至少200万年以前就留下了中华民族祖先的遗迹，它们遍及全国各地广大的地区。1998年在安徽繁昌孙村发现的250万年前的人类遗址、1965年在云南元谋发现的170万年前的人类化石，是中国境内最早的人类活动的历史确证。从已经发现的旧石器时期的古人类化石中看出，他们都呈现出铲形门齿、颧骨高突的黄色人种典型特征，与其他人种有着明显的区别，说明中华大地就是蒙古人种的故乡，中华民族的祖先早就在上古洪荒时代就在这里繁衍劳动，创造着中国古代的历史与文明。

旧石器时期的人类终年为生存与大自然进行搏斗，在艰难中度过了百万年的漫长岁月。这时在中国大地上就已经有了工具的制造和使用，这是由猿到人转变的关键，也是原始物质文化的开端。当时的古人类主要经营采集、狩猎经济，并且开始学会了对石块等现有自然物进行简单的加工，制成尖石、圆石、骨针等工具，使之帮助人类获取劳动果实，改善生存条件。语言的产生、火的使用都是这一时期伟大的文化创造，北京猿人已能熟练地使用和有效地保存火。这些早期的人类活动已经包含有意识性的内容，它们不仅标志着人与动物的最后诀别，而且也标志着人类文化的起始。

(二)农业文明的诞生

大约在公元前7000年，中国古文明历史开始进入新石器时代。农业是这一时期最重要的发明，它使人类的生活由完全依赖自然的赐予过渡到改造自然的生产，建立了生产型经济，并使人类的生活方式由为采集和狩猎而动荡不安的迁徙，转变为以种植植物为主的较为安稳的定居，是人类征服自然、改善自身生活的一个新的里程碑，成为人类文化创造上的巨大进步。农业种植的主要谷物品种因地理条件不同而各地有异，在以黄河流域为中心的北方地区是粟米，而长江中下游为中心的南方地区则是稻谷，形成了具有不同特点的早期农业文明。在农业发展的基础上，产生了家畜饲养业和畜牧业，从而开始了人类的全面进化。为了适应农业耕种和定居生活的需要，磨制石器和钻孔技术也逐步发展起来，劳动工具更为精细，标志着生产力的水平得到提高；陶器开始发明并逐渐兴盛起来，形式多种多样，有炊具、饮食器和生产工具等，标志着原始手工业已经产生。

在新石器时代晚期，随着原始农业生产水平的提高与剩余产品的产生，为财富的积累提供了可能，私有财产开始出现，社会组织的发展在经历了从母系氏族到父系氏族的转变后，氏族公社呈现崩溃趋势。从当时的墓葬遗址中可以发现，贫富差别和等级分化十分明显，有的墓地狭小简陋，随葬品极少；有的却非常庞大奢侈，随葬品繁多，甚至还有殉葬的奴隶。在有的文化遗址中，还发现有大型祭坛、女神庙、方形广场的石砌墙等，表明当时的社会已经产生了具有国家雏型的原始文明。

新石器时期的文化遗址遍布全国各地，已经发现的有 7 000 多处，它们之间既具有一定的内在联系和统一性，又带有区域性发展的特点，可以分为不同的文化群落，表明原始文化在中国大地上出现了多元分布的状态，其中著名的文化遗址在黄河中下游的北方地区有仰韶文化、大汶口文化、龙山文化（山东、河南）等，在长江中下游的南方地区有良渚文化、马家滨文化、龙山文化（湖北）、屈家岭文化等，在燕山为中心的燕辽地区有红山文化等；随着各个氏族部落之间的交往、斗争和融合，使不同文化之间出现了汇聚与交融的现象；到国家形成以前，在黄河与长江流域主要有三大集团：黄河中游为华夏集团，黄河下游和江淮流域为东夷集团，江汉流域及长江以南为苗蛮集团。在这三大集团的连续征战中，最终华夏集团取胜，从而确立了华夏文化在中华民族多元文化中的上流地位。

（三）原始精神文化

与原始物质文化长足进展的同时，中国先民的原始精神文化亦日益丰富和发展起来，其主要存在的形态是原始宗教和艺术，为后世的文化和艺术的发展奠定了基础。

原始宗教作为一种特殊的意识形态，在原始社会曾普遍流行。当时人们宗教崇拜的对象非常广泛，主要有自然崇拜、图腾崇拜和生殖-祖先崇拜等。自然崇拜是原始宗教的最早形态，崇拜的主要对象有日、月、山、石、火、水、天、地、星辰以及自然现象的风、雨、雷、电等，是人们在面对大自然的千变万化无法解释的情况下，转而演变为认为自然物和自然力具有生命意志以及伟大力量的一种信念。图腾崇拜是比自然崇拜较为高级的宗教形式，崇拜的主要对象有熊、鸟、鱼、蛙、龟、蛇、虎、狼等实际动物，及后来人们运用抽象思维创造出来的虚拟动物，如龙、凤等。当时的人们不仅相信氏族起源于某种动物或植物，而且还将其奉为族徽，视为氏族的保护神。生殖-祖先崇拜是随着人类支配和征服自然能力的加强，不再把自然和动植物看做是神圣之物，而把崇拜的对象转向了人。在母系社会盛行的是女性祖先崇拜，女娲是主要的崇拜对象。在父系社会里则是男性祖先备受崇拜，盘古、伏羲和炎黄二帝便是父系时代的崇拜对象，表现了人类对自身繁衍的关注和对创造生命的祖先的崇敬，以及重视生命的庄严情感。

原始艺术也开始产生。陶器的制作已表现出一定的艺术创造力，其造型美观大方，色彩和谐，有的还有几何图形或动植物图案。在各种壁画和彩陶器上，都有描绘舞蹈的图案，表明原始人的舞蹈活动很频繁，功能也十分繁多，既是宗教仪式中的重要组成部分，又是各种庆典、狂欢活动的重要内容。

二、夏商西周：中国文化的勃兴

公元前 21 世纪，中国历史上第一个国家政权夏王朝建立起来，中国文化进入了勃发阶段。在夏商西周时期，从文字的发明到青铜器具的普及，从宗法、礼乐制度的创建到人本精神的确立，使中国文化迈出了巨大的一步，为以后的更大发展奠定了基础。

（一）汉字的发明与使用

文字是记录语言的符号系统，是人们用以表达思想感情、进行人际交往、发展传统和文化的主要工具，它的发明和使用，使人们之间的交流跨越了时空障碍，引导人类从“野蛮时代”进入了“文明时代”，成为文明社会最重要的标志之一。

汉字的产生在历史上有过多种的说法，有源于结绳说，有起于八卦说，更有仓颉造字说。其实文字的产生是社会生产力发展到一定程度的产物。上古时期，人们采用结绳、木刻、图画等方式来记事，帮助记忆。在漫长的经验积累过程中，一些符号反复使用，逐渐孕育出文字。从大约在新石器时代的晚期，汉字开始进入起源阶段，到大约 5 500 年以前，开始出现了一些简单文字，社会进入了有文字的时期，中国汉字也就逐渐产生了。

汉字早期的形态是以殷商的甲骨文为代表。它是刻契在龟甲和兽骨上的文字，主要是用以记录占卜，所涉内容有社会政治、经济和文化等各个方面。甲骨文是一种比较成熟的文字：字形结构已经出现了后世汉字的六种造字和用字方法；读音也基本上是一字一音；已具有方块字这种汉字独特的书写形式，其行文方法与后来汉字的行文方法相同，都是自上而下竖列书写。金文也是汉字早期的形态之一。金文即青铜铭文，它是铸在青铜礼器上的文字，在商代后期就已产生，到西周时期兴盛发达起来，记载内容多为国家政令、贵族功德和铸造原因等。与甲骨文相比，由于金文的书写工具和材料的不同，其文字笔画一般比较粗壮，起止不露笔锋，大小各异。金文较甲骨文，文字字数大量增加；造字方法以形声字为主，使汉字向形声化方向发展。

甲骨文、金文的产生奠定了汉字进一步发展的基础，使汉字在形、音、义三个方面具有了独特的韵味，蕴涵着深刻的美。其形美在结构合理，每一字形都能模拟一定的事物，体现着形式与内容的统一；音美在韵多声少，抑扬顿挫，能因不同情况以不同的音律和音调，表达适当的思想感情；意美在词汇丰富，近义词、同义词的充分展示，使其含义表达更为清晰准确。

（二）从神本走向人本

公元前16世纪，殷商灭亡了夏朝，建立了空前强大的国家政权，奴隶制社会进入强盛时期。这一时期由于脱离原始社会不久，受生产力和科学水平发展的限制，在原始思维方式的支配下，殷商文化具有浓厚的宗教色彩。殷商人观念中的神，地位最高的是"帝"或"上帝"，它统率各种自然力，也主宰人间事物。为了听命于上帝，按照鬼神意旨办事，殷商人以卜筮来决定自己的行止。商人祭祀十分普遍，商王既是政治上的最高统治者，又是最高的祭司。因此，在殷墟出土的甲骨文，其主要内容都是用来记录占卜的。

公元前11世纪，周人取殷商而代之。从周朝建立到周平王迁都洛邑，史称西周时期。西周是奴隶制社会发展的鼎盛时期，在继承殷商的典章制度、文字、工艺技术等成果的基础上，思想文化上有了进一步的发展。西周统治者一方面因袭商代种族血缘统治方法，并同政治关系紧密结合起来，形成了完备的宗法制度；另一方面承袭商人的天神观念，提出天命神权的思想，将上帝与周王的关系比作天与天子的关系，用"德"的概念进行限制，强调上帝也要"惟德是辅"。在周人看来，殷人宣称自己的统治是上天的意志，可是最终被灭亡，要想维持自己的统治，不能一味地依靠上帝，必须实行"德政"，才能得到"民心"，因而提出了"敬德保民"的重要思想。中国传统文化中的德治主义、民本主义，皆肇始于此。

西周文化的另一特征为"尊礼文化"。周代有"经礼三百、曲礼三千"，礼乐制成为周代文化的集中体现，它既是典章制度的总汇，又是人们各种行为规范的准则；此后，周人的冠、婚、丧、祭以及视、听、言、动，都用礼乐加以规范，体现的是人与人之间的上下尊卑等级关系和亲疏远近关系。西周时期还出现了最初的阴阳五行思想，西周初年的《易经》，已经蕴涵着"阴"和"阳"的意思，并试图以代表两种不同性质原理的符号，以及排列组合的变化来解释自然界和人类社会的现象。

总之，西周时期的天命神权思想、敬德保民思想以及阴阳五行思想，尽管体系不完整，但对中国文化的发展产生了深刻的影响；特别是周人的人本思想、礼乐文化冲淡了殷商时期的神本文化，为春秋时期思想界的"百家争鸣"奠定了基础，具有决定中国文化模式转换的重要意义。

(三)发达的青铜文化

青铜是红铜加锡或铅的合金,因其锈呈青绿色而得名,它具有熔点低、硬度大、易铸造等优点,是最早为人类利用的金属,人们在这一时期创造的文化亦被称为青铜文化。夏代,中国社会就进入了青铜时代,商周时期青铜文明成就辉煌,科技文化等方面都有巨大发展,达到青铜时代的高峰。

青铜文化的发达首先在于青铜冶炼技艺进入高度发展时期,标志着生产力水平的提高。根据考古发现,商周时期不仅出现了大规模的冶炼铸造作坊,而且采用了与后世铸铜合金成分相近的配置标准。青铜在这一时期作为制造生产工具、生活用具和武器的重要原料,一出现就在各个领域取代了石器和陶器,被铸造成各式各样的复杂器物。在各种青铜器中,最重要的是礼器,它们既是贵族的日常生活用具,又是祭祀、朝聘、宴飨等重要社会活动的礼仪用品,具有明贵贱、辨等列和通神灵的特殊作用。其中鼎为最重要,一度成为国家政权的象征物,

青铜器也具有很高的艺术价值。青铜器上的花纹凝重繁复,样式不同。饕餮纹庄重而富于图案化,凤鸟纹被视为吉祥而盛行,还有云雷纹、三角纹、瓦纹和蕉叶纹等。

三、春秋战国:中国文化的“轴心时代”

公元前770年,周平王东迁都到洛邑,史称东周,揭开了春秋战国时期的历史帷幕。这一时期是一个“礼崩乐坏”的时代,中国社会开始由奴隶制度向封建制度过渡,在思想文化领域也出现了大变革的局面,诸子百家学说竞起,成为历史上第一次学术文化大发展的时期。

(一)百家竞起的社会条件

春秋战国时期,历史的发展引起了社会的巨大变革。在经济上,由于铁制农具的普及和牛耕的推广,使生产力得到迅速的提高,私田的增加,生产关系也随之发生变化。在政治上,周天子权威失坠,诸侯力量大增,竞相争雄,原有的整个社会结构和统治秩序都被打乱了。在思想文化上,旧的文化意识观念再也不能禁锢人们的思想了,面对着“礼崩乐坏”的局面,如何由天下大乱实现天下大治、走向统一,成为迫切需要回答的社会问题。社会上不同阶层的代表人物都粉墨登场,以各种方式表达自己的政治主张,企望以自己的方式来改造当时的社会。

社会的变革需要大量的人才，王室衰弱、诸侯争雄的多元政治为文化多元、学术自由发展创造了条件。由于社会动荡，使“士为官人”、“学在官府”的局面结束，许多新兴知识分子演变成为“游士学者”，逐渐形成专门从事精神性创造的文化阶层，他们思想敏锐，善于思索，对社会问题从理论上进行了多方面的探讨，并且走向下层，在民间大办私学，在统一的思想观念还没有形成的环境下，为思想家们提供了各抒己见的历史舞台，对文化学术的繁荣起了极大的推动作用。以私学为基础，士阶层形成，出现了诸子并起、百家争鸣的千古思想文化大景观，成为中华文化的奠基石。

（二）百家学说及其特征

所谓“百家”，是指学术思想界的众多流派。商周时期，学术思想观点往往父子相传，俨然家学，故以“家”作为不同学术流派的代称。西汉刘歆将百家分为儒、墨、道、名、法、阴阳、农、纵横、杂、小说十家，以儒、墨、道、法影响最大，其思想学说成为中华民族共同思维方式和文化特征的基石。

儒家学说以孔孟为代表。儒学思想的重要范畴是“仁”、“礼”、“中庸”，其核心是仁学。所谓“仁者，爱人”。孔子的“爱人”是广义上的，从小家之爱，到社会的博爱。因此，孔予以“礼”为行为规范，“仁”、“礼”结合，形成了“仁”“礼”一致的体系。无论是政治理念还是道德修养，都体现着鲜明的政治和伦理色彩。孟子进一步发展完善了孔子“仁”的学说，倡导“仁政”，反对暴政。儒家讲求入世，重视现实的社会人生问题，成为中国古代影响最深远、内容最丰富的思想流派。

墨家学说的创立者是墨翟。墨家的主张有“兼爱”、“非攻”、“尚贤”、“尚同”、“节葬”、“节用”、“非乐”等，认为只要人人互助互爱，把别人的身、家、国看成如同自己的一样，天下就太平了。他们反对战争动乱，反对生存基本需要外的消费，强调义利并举。在政治上主张统一思想，统一政令。其思想理论带有明显的功利色彩，典型地反映了小生产者、小私有制的性格特点。他们还大力倡导“天志”观，主张尊崇天神，体现着浓厚的宗教色彩，对后世农民起义产生过影响。

道家学说的创立者是老子，庄子是集大成者。老子哲学的核心是“道”，“道生万物”“道法自然”，“道”既是万物的本原，又是万物运行的规律。老子倡导无为，提倡顺应自然，主张老百姓过一种无知无欲的“小国寡民”似的生活。老子哲学中最可贵的是其朴素辩证法思想，他肯定一切事物都在变化发展，指出对立面相互依存、相互转化，这对中国哲学产生了深远影响。总之，以老庄为代表的道家以超然的态度对待人世的纷争，在基本人生态度和政治理想方面，与儒家相悖且互补，极大地丰富了中国人的精神生活。

法家的先驱者是春秋初年的管仲、子产，到战国前期形成了以“法治”为特征的法家学派，代表人物为李悝、商鞅等。战国后期，韩非成为法家学派的代表。韩非在总结先秦法家理论的基础上，建立了以法为主的法、术、势相结合的政治思想体系，形成了完备的法家理论。他还根据当时陆续出现的君主集权的社会现实，提出了专制主义的中央集权理论，在治国方略上主张严刑峻法，在文化上主张“以法为教”、“以吏为师”，实行文化专制主义。韩非的思想得到了秦王嬴政的赞赏，正是在韩非法治思想的指导下，秦朝得以强盛并最终实现了国家的统一。

创立诸子学派的孔墨老庄等人，都是中国文化史上的第一批百科全书式的渊博学者，他们以巨大的热情、非凡的气魄和无畏的勇气，开创学派，撰写了一系列中国文化的“元典性”著作，并对宇宙、社会、人生等无比广阔的领域发表纵横八极的议论。正是经由各具特色的诸子百家的追索和创造，中国文化精神的各个侧面得到充分的展开和升华，中华民族的文化走向大致确定。有鉴于此，文化史家借用德国学者雅斯贝尔斯的概念，将春秋战国称为中国文化的“轴心时代”。

第二节　中国文化的定型及强化期——秦至明

中国文化类型的确定是从秦汉建立大一统文化开始，中经魏晋、隋唐时期的发展，到宋明时期得到强化，时间跨度很大，延续了近 2 000 年。

一、秦汉：大一统文化

公元前 221 年，秦灭六国，建立了中国历史上第一个多民族统一的封建中央集权国家，创立了较为完整的政治、经济、文化制度。秦亡汉兴后，继承和发展了秦朝的各种制度，并统治中国 300 多年。秦汉统一的政治格局为中国文化的大一统提供了现实的社会基础，使中国文化的基本类型得到确定。

(一)文化的统一

秦汉统一后，为了服从大一统政治的需要，即利用已经掌握的国家政权力量，开始致力于思想文化的统一，以结束春秋战国以来由于分裂割据的局面，各诸侯国之间在文字、法律、货币和度量等方面存在着差异的状况，实现“书同文，度同制，车同轨，行同伦”的社会理想。

首先进行的是文字的统一工作。秦相李斯等人在秦文字的基础上，通过对周朝文字大篆进行简化、整理，创制并在全国推行一种文字，后人称为小篆。这种字体字形简化，形体固定，异体字减少，成为中国文字定型的重要环节。到了汉代，隶书取代篆书而成为主要的字体，更为便于书写，以适应社会发展的需要。文字的统一对于政治、思想文化的一体化至关重要，为文化传播和发展做出了巨大的贡献。

其次，统一货币、度量衡和车轨。秦朝进行了币制改革，在全国实行统一的圆形方孔货币；还统一长度、容器，重量的标准；统一车辆的宽度、型制等，修筑了以首都咸阳为中心、贯穿全国的驰道。这些措施消除了各地的差异隔阂，加强了中央同各地的联系，畅通了商业贸易与文化交流。

最后，统一思想和法律制度。秦统一天下后，在李斯的建议下，把思想“别黑白而定一尊”，实行文化专制政策，以此来巩固中央集权君主专制的统治。同时，还在秦国原有刑法的基础上，吸纳六国有关法律条文，制定统一的法律制度。所有这些措施，不但强化了秦朝的中央集权统治，而且也有力地促进了人们在经济文化生活上的共同性，为中华民族文化共同体的最终形成奠定了坚实的基础。

秦汉王朝还确立了高度集中的中央集权制，皇帝享有至高无上的权力，同时王位世袭，并运用国家政权的力量，使封建土地所有制得以最后确立，成为此后 2 000 多年封建社会的根本经济制度，为封建国家的社会文化发展奠定了政治经济基础。并在此基础上，秦汉统治者还建立了为中央集权统一国家服务的官僚政治体制、思想文化制度和军事制度、教育制度等，奠定了中国统一的多民族的封建专制国家各项制度的基础，成为中国制度文化全面启动、建立的时期。

(二)儒学独尊与经学兴起

西汉初期，在吸取秦王朝二世而亡教训的基础上，统治者实行了道家黄老“无为而治”，对恢复经济和发展生产有过积极的作用。随着政治上的稳定，经济上的繁荣，统治阶级从维护统一的中央集权专制制度的需要出发，提出了曾经被后世儒生反复抨击过的秦朝实行的思想统一问题。汉武帝时期，董仲舒顺应社会时代的发展要求，以先秦儒家思想为根本，吸收阴阳五行说和法家思想，提出了一整套维护大一统封建帝国的新的儒学思想体系，找到了与封建经济、专制政治相吻合的文化形态。在政治上，他主张实行“大一统”的统治，采取德政为主、德刑并用的治国方针；在伦理道德上，他提出了“君为臣纲、父为子纲、夫为妻纲”和“仁、义、礼、智、信”的三纲五常学说，以维护封建专制和宗法等级秩序的合理性；在思想文化上，他提出要“罢黜百家，独尊儒术”。董仲舒的思想完成了自战国后期以来产生的对社会政治、人生模式做出规律性解释的精神追求，从而得到了汉武帝的欣赏和采纳，使儒学由此获得了“定于一尊”的显赫地位，由民间学说一跃而为官方意识，成为汉代文化思潮的主流，并从此成为中国两千年封建社会的统治思想。

儒学独尊的文化政策使儒家的经典著作备受推崇，《诗》、《书》、《礼》、《易》、《春秋》被尊奉为儒家的“五经”，对这些经典的研究就成为了一门专门的学问——经学，也成为从汉代开始直至清代的官方哲学，中国文化进入到了经学的时代。在汉代，经学在统治者的支持下得到了空前的发展，出现了“今文经学”和“古文经学”两大派别。“今文经学”是对流行民间的儒家著作进行发掘整理，并用流行的隶书抄写传述的一派，其学术特点是注重政治，讲求阴阳灾异、微言大义，学风活泼，却往往流于空疏；“古文经学”是对通过各种途径所发现的、并用古籀文写成的儒家经书进行研究的一派，其学术特点为注重历史，讲求文字训诂、典章制度，学风朴实，但容易陷入繁琐。“今古文经学之争”对儒学的发展起过一定的作用，但在争论不已的过程中，经学逐渐成为令人难以忍受的破碎而又繁琐的学问，最终导致儒家经学的没落，随着东汉王朝的崩溃，在社会大动乱中儒学的神圣光圈黯然失色。

(三)开拓、恢弘的文化精神

秦汉王朝的建立，使中国成为一个疆域辽阔的统一的多民族国家，具有宏大的规模和气象。新兴的地主统治阶级以生气勃勃、雄姿英发的气概，显示出开拓进取、恢弘包容的文化精神，使社会文化的各方面都得到了发展。文学、史学和艺术取得了较大的进步。

在文学上，汉赋、乐府诗和散文成绩斐然，不但盛极一时，富有特色，而且留下了许多名篇佳作，成为一种文体的楷模。在史学上，《史记》、《汉书》两部巨著的诞生，具有划时代的意义，开创了中国史学的新纪元。

传统科学技术也有了较大的发展。在天文学方面，有了举世公认的最早的太阳黑子记录，《五星占》是我国现存最早的天文著作，张衡发明制造了浑天仪、候风地动仪等仪器。在医学方面，出现了张仲景、华佗等著名医家，发明了世界上最早的全身麻醉剂“麻沸散”、世界上最早的健身操“五禽戏”，产生了《神农本草经》、《伤寒杂病论》等医学著作，建立了传统医学体系。在数学方面，有了关于勾股定理的最早记载，出现了《周髀算经》、《九章算术》等数学名著，推动了中国古代数学的发展。

中外文化交流活动得到了开展。这一时期，中国文化从东、南、西三个方向与外部世界展开了广泛交流，其中最著名的文化活动是汉代开辟的丝绸之路。使者张骞、班固等多次出使西域，西域各国使者也不绝于道，中国以丝绸为主的产品由此运抵西域和欧洲,西域乃至印度的文明成果也源源不断地涌进中国,使中外经济文化的来往日益密切,中国文化因此增添了灿烂的色彩。

二、魏晋南北朝:多元文化

从公元220年开始,中国历史进入了分裂、动乱的三国魏晋南北朝时期。在这一时期,中国文化在境内各民族之间、中外交流中得到融合,一个显著的特征是打破了秦汉以来所形成的大一统一元文化格局,出现了内容更为丰富多彩、生动活泼的多元发展局面。

(一)玄学的兴起和与儒、道、佛的相互激荡

玄学的兴起是魏晋时期的一股新的文化思潮。同时,由于佛教的传入和道教的发展,儒学独尊的地位在这一时期已经被打破,出现了玄学与儒、道、佛相存相争的局面,它们既自成体系,又相互吸收和兼容,促进了多元文化的发展,使民族文化充满了生机和活力。

玄学的产生是从两汉到魏晋思想上的一个重要变化。由于统治阶级的腐败以及社会大动乱,有力地宣告了儒学的"不周世用"和思想的虚伪,当时的士大夫阶层为了自身生存,虽然仍然坚持承认儒家文化价值观的存在意义,但占主导地位的却是道家的个性自由,他们追求清谈的同时,在学术思想领域则推崇比经学更精致简约而富有思辨色彩的理论体系——玄学。以何晏、王弼为代表的玄学家皆祖述老庄,倡导以无为本的本体论哲学,他们主要探讨的是有无、本末、动静、名教与自然等哲理问题,以探求理想人格为宗旨,以超越有限达到无限为根本。这些探讨不仅显著地提高了传统哲学的思辨能力,为传统哲学注入了新的活力,而且在生活中也使得人们崇尚自然,反对矫揉造作,成为传统美学的精魂。

玄学产生之初,与儒学发生过较为剧烈的冲突。玄学之士往往"以老、庄为宗而黜六经",儒学之士也谴责玄学家"好谈老庄,排弃世务,崇尚放达,轻蔑礼法"。但是玄、儒二学虽然相互排斥,却也有相互吸收的一面。王弼就是用以老解儒的方法注解《周易》和《论语》,把儒道两者调和起来;郭象则提出了名教即自然的理论,反对"越名教而任自然",体现了儒道糅和的倾向。玄学家们是希望将追求人性自然与礼教冲突的双重人格,在玄学的幻想中得到内在的融合,并为调和儒道思想的冲突做出了不懈的努力。

玄学与道教在以道家哲学为主要思想渊源上结下了不解之缘。道教作为中国本土的宗教,除具有宗教的一般性特征,还具有鲜明的民族性格,其中心思想是神

仙思想。道教的养气健身术、房中术、炼金服丹术等，都体现了中华民族重现实重现世的民族性格。与此同时，道教还积极调和儒学，将儒学中的伦理精义纳入教义、教规之中，与玄学对待儒学的方法态度基本上是一致的。

玄学与佛教在思想理论上很契合。佛教作为外来宗教，在两汉之际开始传入中国，到魏晋南北朝时才得到真正传播和发展，对中国文化的影响也开始日渐广泛和深远，并在传播过程中逐渐融合中国原有文化而出现中国化，其原因之一就是由于玄学的“贵无论”与佛教“一切皆空”的思想相通。佛教适应了玄学造成的注重思辨求理的理性主义文化环境，玄学之士也要借助佛教般若本无思想来提高自己的见解，所以佛教得以迅速发展。到了东晋，玄学几乎完全融入佛教之中。

（二）文学、艺术、科技的成就

魏晋以来社会动荡，战乱频繁，文化科技事业的进步受到一定的影响，但是由于有秦汉以来长期的文化积累，也由于社会现实的发展需要，文化事业的各方面仍然得到了发展，取得了较大的成就。

文学、史学和艺术得到了进一步的发展。古典文学进入了一个发展高峰阶段，五言诗已经完全成熟，骈文繁荣，文学批评和文艺理论著作开始出现。史学继续蓬勃发展，史书体例有了进一步的创新，有《后汉书》、《三国志》、《宋书》、《南齐书》和《魏书》五部新的断代史问世。艺术也有了长足的发展，书法的五种字体已经形成，出现了钟繇、王羲之、王献之等著名书法家，达到了书法艺术的高峰；绘画方面有了新的进展，顾恺之、陆探微等成为我国最早的知名画家；雕塑艺术更是蓬勃发展，中国几个最大的石窟群，敦煌石窟、云冈石窟、龙门石窟、麦积山石窟等，均开凿于这一时期，代表了当时的雕刻水平和风貌。

科学技术也有了许多新的发展。数学取得了具有世界先进水平的成就，出现了刘徽、祖冲之等一批著名的数学家，他们推算出的圆周率成为当时世界上最精确的数据。传统医学又有了新的成就，出现了《脉经》、《金匮药方》、《肘后备急方》等一批医学名著和葛洪、陶弘景等名医。农学的成就也非常突出，北魏贾思勰写的《齐民要术》总结了我国数百年间的农业生产实践，丰富和发展了古代的农业知识，是一部集魏晋南北朝时期农业科学之大成的巨著。

三、隋唐：文化的兴盛

公元581年，隋文帝灭陈，结束了四分五裂的局面，重新统一了中国。之后不久，唐朝建立，中国古代社会进入了盛世时代。这一时期的文化，不仅继承了魏晋以来汉族的传统文化,而且又采撷了国内各少数民族文化的精华,同时还吸收了海外各国的文化,成为中国文化史上又一个辉煌灿烂的时代。

(一)繁荣的社会风貌

隋唐王朝建立初期,社会矛盾趋于缓和,统治者比较开明。在思想上,采取儒、道、佛三教并举的政策,实行开明专制。一方面提倡儒学,企图用儒家的忠孝伦理思想作为人们的行为规范,增强社会的向心力;另一方面大力推崇佛、道二教,把它们视为安定社会、淳厚风气的有力手段。在制度上,进行了一系列的整顿和改革,以加强中央集权制统治。隋唐建立了相当完备的国家机构,其中影响最大的是三省六部制的确立,对以后历代封建王朝产生了深远的影响。同时积极推行和发展科举制度,不以门第而以才学选拔人才,是巩固封建制度的有效方法,为后世历代所采用。

经济繁荣、社会稳定为科技的发展提供了重要的条件。这时期科学技术方面的成就有:恒星位置变化的发现和地球子午线的实测在世界天文学史上占有重要地位;孙思邈的《千金方》一书为祖国医学之经典;雕版印刷术的发明在人类文化传播史上意义重大;大运河的开凿和利用进一步促进了南北经济文化的交流;赵州安济桥成为现存世界最古老的跨度最长的单孔石拱桥;唐都长安城的对称布局、棋盘格式的规划和建设,成为古代建筑史上的杰作;唐三彩更是中外驰名的瓷器极品。所有这些,都为中国古代经济和科技的发展谱写了新篇章。

隋唐时期的经济繁荣、国力强盛,使中国当时居于世界领先地位,为中外文化的交流创造了条件。一方面发达的中国文化对许多国家产生了吸引力,他们纷纷派遣使者来华学习,长安一时成为中外文化汇聚的中心,中国文化被传播到世界各国。与此同时,隋唐文化也以博大的胸襟和宏伟的气魄广为吸收外域文化,外域的宗教、医学、音乐、舞蹈等,有如八面来风般涌入中国,使隋唐文化的内容大大地丰富起来,成为中外文化交流史上的第二次高潮。

(二)辉煌的文化成就

隋唐时期超凡的社会风貌和气象成为发展传统文化的深厚根基,发达的经济和科技是创造灿烂文化的必要条件,加之外域文化精华的不断注入,使隋唐文化取得了熠熠生辉的丰硕成果。

文学百花盛开,争奇斗艳。诗歌取得了最辉煌的成就,成为我国古典诗歌的极致。其题材之新颖,内容之广泛,数量之繁多,艺术之精湛,都是任何朝代无法比拟的，仅清人编辑的《全唐诗》所录就有 2 300 多位诗人，48 900 多首诗作。古文运动也具有十分重要的意义，它一扫六朝绮丽的文风，创造了一种自由、质朴、实用、注重内容的新散文体，为我国古代散文的发展开辟了一个新的时代。传奇小说的兴起是又一重要成就。

史学盛况空前，成就非凡。一是官修史书制度的确立。唐代开始设立了组织完备的史馆，使史书编撰工作取得很大的成绩，二十四史中就有八部是在这一时期完成的，从此，前代史书由后代设馆纂修遂成惯例。二是史学著作中有了新的创作，除了《晋书》、《梁书》、《陈书》、《北书》、《周书》等正史的编纂以外，《史通》是我国第一部史学评论著作，它不但对前代的历史著作进行了全面的评价和总结，而且提出了一系列关于编纂史书的原则、方式及修史的主张，奠定了我国古代史学理论的基础。《通典》亦是史学一大成果，它是一部正面叙述历代典章制度沿革变迁的著作，开创了我国政治、经济、礼乐、刑法等典章制度分类专史的先例，创立了一种新的史体——政书体，为中国史学史上长足之进步。

艺术异彩纷呈，登峰造极。绘画大大向前发展，技巧手法有所突破，以"莼菜条"型线条改造了传统线描方法，丰富了线条的美感因素。画科种类全面发展，人物画辉煌富丽，豪迈博大；山水画青绿雅淡，韵味无穷；花鸟画初具规模，显露特色。雕塑成就非常突出，敦煌莫高窟的佛塑，艺术之精，举世闻名；唐昭陵的六骏，神态各异，生动逼真；四川乐山大佛，雄伟自然，庄重朴厚，这些都是当时具有代表性的作品，也是享誉世界的艺术精品。书法达到新的高峰，各种书体繁多，大家名家辈出，尤其是欧阳询、虞世南、颜真卿、柳公权四大家将楷书推至登峰造极的地步，留下了许多传世之作，并成为中国书法史上典范性的人物。

四、宋明：文化的强化与成熟

公元 960 年，北宋王朝建立，后经南宋、元，到明王朝统治时期，随着封建专制主义中央集权统治的不断加强，社会政治、经济格局都发生了较大的变化和发展，传统文化得到了进一步的强化，并且在与北方游牧民族和外域文化的冲突与交流中，成为一种完备成熟的文化。

（一）儒学的精致——宋明理学

宋明理学是中国封建社会后期最完备的理论体系，是封建专制日益强化在文化上的反映。它是以儒家思孟学派为基础，渗入佛家和道家思想以后形成的一个新儒家学说，较之佛学、玄学更为精致。

理学的创始人是北宋的周敦颐、程颐等人，至南宋，朱熹为集大成者，他建立了一套比较完整的理学思想体系。朱熹认为，“理”为万物之本源，封建纲常亦为“天理”，并强调人要有对“天理”的自觉意识。朱熹还将“天理”与“人欲”对立起来，提出要以天理遏制人欲，“存天理，去人欲”，人们应该自觉遵守三纲五常的封建道德规范，通过“格物致知”，成为道德高尚完美的人，达到修身、齐家、治国、平天下的目的。理学体系中的另一派系为“心学”，其开创者是南宋的陆九渊，至明代王阳明为集大成者。“心学”是在承认理的至高无上的同时，提出了“心即理”和“心外无理”的命题。王阳明认为，封建伦常观念是人们心中固有的“理”，即“良知”，人应该通过道德情感、直觉与体验，达到“致良知”，消除私欲和不正当的念头，从本性的自我觉悟到道德的自我完成，达到道德修养的最高境界。

但是，无论是朱熹的“理学”，还是王阳明的“心学”，只是在道德修养的途径和认识世界的方法上有所不同，在本质上都是要极力维护封建的社会秩序、伦理纲常的，都是约束人的情感欲求的理论，以后逐渐演变成为禁锢人们思想、本性的枷锁。当然，由于理学是融儒、道、释为一体的新儒学，成为对儒学的第二次大改造，使其在哲学的思辨程度上大大高于前代，从而赋予了传统儒学以哲理性和思辨性。还由于整个理学都将道德提高到本体地位，强调通过道德自觉达到理想人格的建树，从而强化了中华民族注重气节情操、注重社会责任与历史使命的文化性格。

(二)趋于细腻的士大夫文化与勃兴的市民文化

与社会政治、经济格局变迁的大势相呼应，宋明文化在类型和样式上也浸润着时代的特有风貌，一是与理学着意于知性反省、造微于心性之际的趋向相一致的细腻、精致的士大夫文化，另一是与繁荣发展的商业经济、熙熙攘攘的城市生活的情调相适应的勃兴、热烈的市民文化。

士大夫文化的细腻与精致主要通过宋词得到体现。词来源于民歌，句法长短相错，音律、语言的契合固定而讲究，适宜描写深刻、细腻的思想和感情。因而，传世的宋词大都典雅委婉、清新秀丽。虽然宋词中有豪放派苏轼、辛弃疾等人“大江东去”的气势磅礴的名句，但更有柳永、李清照等人“杨柳岸，晓风残月”的婉转柔美的绝唱，词坛的主流始终是婉约、柔弱。与宋词的意趣相一致，宋画、宋瓷也大都以淡雅细密、温柔清秀为美，表现的是文人的心境和志趣。

市民文化的勃兴与热烈是通过许多新的文化样式得到反映。当时在一些繁华的大都市，出现了固定的游艺场所“瓦舍”，瓦舍中又划有多个供表演的圈子称“勾栏”。瓦舍勾栏中士庶咸集，热闹非凡，上演着杂剧、杂技、说书、皮影、舞旋、花鼓、舞剑等众多的节目。风格、情调决然不同的市民文化开始跻身于文化系统之中，成为一种不可忽视的社会存在。

市民文化的发展壮大，使富有时代特色的杂剧和小说应运而生。传统戏曲在唐代就以傀儡戏、参军戏的形式流行于市井，在宋金成为杂剧和诸宫调等形式，至元代杂剧得到了繁荣发展，不但出现了一大批著名剧作家，而且产生了中国戏曲史上的许多经典之作，传世不衰，成为古代文艺史上的一个巅峰。小说在宋是以话本的形式而流行，主要作为艺人讲演故事所用的底本。到了元末明初，又出现了大量以历史、神怪、公案、言情和市民日常生活为题材的长篇章回小说和短篇小说，达到了很高的艺术成绩，标志着中国小说的发展进入了一个新的历史时期。

（三）科技新成就及文化交流

在中国文化趋向精致、成熟化的背景下，古代科技在宋明时期亦发展到极盛。指南针、印刷术、火药武器三大发明创造是这一时期最为突出的成果。天文学、地理学、地质学、医药学、冶金术、造船术、纺织术、制瓷术等方面都有令人瞩目的成就。郭守敬的《授时历》以 365.242 5 天为一年，比地球绕太阳转一周的实际时间只差 26 秒；李时珍的《本草纲目》为药物学的总结性著作，在药物学和植物分类方面达到了当时世界的先进水平；宋应星的《天工开物》记载了当时农业和手工业生产的各种新技术，是一部称誉海外的工艺名著；沈括的《梦溪笔谈》对古代科技经验进行了总结，是一部卓越的百科全书，等等。这些都是科技得到重大发展的集中反映，都为人类的文明发展做出了重大贡献。

宋明时期的文化交流活动规模盛大。由于宋与辽、西夏、金等游牧民族政权的长期对峙，北方游牧文化与中原农耕文化的交流一直存在，契丹、党项、羌、女真等少数民族从汉族文化中获得了丰富的营养。蒙古游牧民族入主中原后，极力推崇儒学，从而进一步促进民族文化交融。元代以宏大的气势展开了与外域文化的交流。元帝国对欧亚大陆的征服，使中国西北部边界实际处于开发状态，阿拉伯等地的穆斯林大规模迁入中国，基督教也开始传入，欧洲旅行家马可·波罗来到了中国，他的《马可·波罗游记》成为西方人了解中国的桥梁。与此同时，中国文化也迅速向西方传播，火药、历法、数学、瓷器、茶、丝绸等通过不同途径，先后传入俄罗斯、阿拉伯和欧洲世界。明代郑和曾七下西洋，使中国文化在世界各地广为流传。

第三节　中国文化的转型期——清至“五四”

从清王朝建立到1919年“五四”运动之前，是中国文化的转型时期。与延续了近2 000年的封建文化的发展相比而言，时间比较短暂，但在中国文化的发展史上，却是一个极为重要的变革时代，通过新旧文化、中西文化之间错综复杂的变化和交锋，中国文化走过了从传统向近现代化转变的艰难历程。

一、清:传统文化由盛转衰

清朝是我国封建专制统治的最后一个王朝，也是封建社会走向衰落的时期。由于资本主义生产关系的萌芽在明末已经产生，社会内部结构开始发生了缓慢而又重大的变化，封建的经济关系也在发生松懈，在封建土壤上形成与滋长的封建文化，开始呈现出明显的衰败之势。

(一)空前的文化专制与早期启蒙思潮

明末至清朝时期，是中国封建君主专制制度达到登峰造极的时期。统治者以崇正宗、灭异端为名，在文化思想上全力剪除危及封建统治思想基础的“异端”学说，文化专制主义空前严重。突出的表现是大兴文字狱，文人往往因“疑似影响之词，横受诛戮”。清代统治者在推行文化专制上利用各种手段且不遗余力，仅乾隆帝就曾一手操纵禁书活动达19年，共禁书毁书3 100多种，151 000多部，销毁书版8万多块，中国文化在此期间遭到巨大的浩劫。

但是在另一方面，由于资本主义萌芽的发生，具有反封建意识的早期启蒙思潮也开始出现。以黄宗羲、顾炎武、王夫之等为代表的一批思想家，对封建专制主义和封建愚昧主义进行了尖锐的批判。他们批判宋明理学，注重经世致用;反对传统的“重农抑本”，主张大力发展工商业;抨击科举制度，主张创办学校，吸收自然科学的成果，并努力想把中国传统文化与外来文化加以“会通”，有一种“超胜”西学的民族自信心。与此同时，随着明代后期市民文学的兴起，作为城市经济发展和资本主义萌芽发生的社会现实的反映，小说《儒林外史》、《红楼梦》等作品的问世，在更大的广度和深度上揭露了封建制度的弊端，展示了封建社会必然走向崩溃的历史命运。总之，早期启蒙思想的萌动，对封建制度的批判，实际上宣告了封建文化的没落，是中国传统文化由中古形态向近代形态转型的开始。

(二)古典文化的大总结

中国传统文化在经过了几千年的发展后,至清代已经达到了极致。为了使中国文化能够承传不辍,并继续向前发展,统治者调动巨大的人力、物力,对几千年浩如烟海的典籍文物进行收集、考证,进行古典文化的大总结。继明《永乐大典》之后,清代先后编纂了大型类书《古今图书集成》,以图文并茂的形式基本汇集了清康熙以前的古代文献;大型字典《康熙字典》,成为世界上最早的字数最多的字典;以及大型作品总集《全唐诗》、《全唐文》等。特别是大型丛书《四库全书》,共收入古书3 500多种,79 070卷,装成36 000余册,对清乾隆以前的书籍作了一次全面的总结,保存了许多有价值的古代文献,是我国规模最大的一部丛书,在中国文化史具有重要的地位。

二、鸦片战争至“五四”:文化的转型

明清以来,随着封建生产方式的日趋没落,统治集团也愈来愈故步自封、夜郎自大,原有的锐意进取、勇于开拓的精神明显衰减,他们对内实行文化专制,使文人学者只能埋头于古籍的考据,回避现实与政治,思想日益脱离社会实际;对外实行闭关锁国,排斥外来文化。而在西方,由于资本主义的飞速发展,努力要把整个世界卷入商品经济的大潮之中,中国传统文化已经面临着空前的危机。

鸦片战争以后,由于西方资本主义势力的侵人,中国逐步沦为半殖民地半封建社会,反映封建经济、政治并为之服务的传统文化已经无法适应这种变化的形势,中国传统文化的危机迫使它不得不进行自身的革新,以适应变化了的社会的需要,中国传统文化向近现代转型也自此开始。

中国传统文化向近代的转型大体经历了三个阶段:从鸦片战争后开始的洋务运动到1895年的甲午战争失败为第一个阶段;从甲午战争失败,中经戊戌变法,到1911年的辛亥革命为第二个阶段;从辛亥革命开始至五四新文化运动为第三个阶段。

第一个阶段是中国人从物质文化上认识西方文化的阶段,在“师夷长技以制夷”的急功近利思想的驱使下,中国人走向了向西方学习船坚炮利的道路,并兴起了洋务运动,揭开了中国文化转型的序幕。第二个阶段是在甲午战争之后,维新派认识到了西方船坚炮利的背后是政治体制的先进,于是将改良的矛头对准了封建制度;特别是后期出现的革命派,在大量介绍西方书籍的同时,推动了中国文化向制度层面转型。辛亥革命,宣告了2 000多年封建专制制度的结束。第三个阶段的新文化运动,是中国文化转型发展到精神层面的标志。这场运动,是中国人第一次从民主和科学的高度对中国的传统文化进行了全面的审视,为中国共产党人选

择新民主主义文化奠定了基础。五四新文化运动，是中华民族在内忧外患的情况下，对传统思想文化进行自我批判、救亡与启蒙并行的民族自救运动。从此，一批具有初步共产主义思想的人，将马克思主义介绍到中国，开始了中国文化全面发展的新时期。

本章小结

中国传统文化走过了悠远曲折的发展历程。大致分：雏型期(先秦时期)，定型及强化期(秦至明)，转型期(清至“五四”)。

中国文化的雏型期——先秦时期，其中又分：上古——中国文化的开端；夏商周——中国文化的勃兴；春秋中国——中国文化的“轴心时代”。

上古时期，文字尚未发明和使用，属于原始文化时期，可以分为旧石器文化、新石器文化，它是中国文化发端的初始阶段。中华民族最早出现在旧石器时代早期。大约在公元前7000年，中国古文明历史开始进入新石器时代，农业是这一时期最重要的发明，它使人类的生活由完全依赖自然的赐予过渡到改造自然的生产，成为人类文化创造上的巨大进步。随着原始农业生产水平的提高与剩余产品的产生，私有制开始出现，社会组织从母系氏族向父系氏族转变。与原始物质文化长足进展的同时，中国先民的原始精神文化亦日益丰富和发展起来，其主要存在的形态是原始宗教和艺术，为后世的文化和艺术的发展奠定了基础。

公元前21世纪，中国历史上第一个国家政权——夏王朝建立起来，中国文化进入了勃发阶段。在夏商西周时期，从文字的发明到青铜器具的普及，从宗法、礼乐制度的创建到人本精神的确立，使中国文化迈出了巨大的一步，为以后的更大发展奠定了基础。

春秋战国时期，中国社会开始由奴隶制度向封建制度过渡，这是一个“礼崩乐坏”的时代，思想文化领域出现了大变局，诸子百家学说竞起，成为历史上第一次学术文化大发展的时期。正是经由各具特色的诸子百家的追索和创造，中国文化精神的各个侧面得到充分的展开和升华，中华民族的文化走向大致确定。有鉴于此，文化史家借用德国学者雅斯贝尔斯的概念，将春秋战国称为中国文化的“轴心时代”。

中国文化类型的确定是从秦汉建立大一统文化开始，中经魏晋、隋唐时期的发展，到宋明时期得到强化，时间跨度很大，延续了近2 000年。

秦汉统一后，为了服从大一统政治的需要，统治者利用掌握的国家政权力量，开始致力于思想文化的统一。西汉董仲舒提出“罢黜百家，独尊儒术”的主张，被汉武帝采纳，使儒学由此获得了“定于一尊”的显赫地位，由民间学说一跃而为官方意识,成为汉代文化思潮的主流,并从此成为中国两千年封建社会的统治思想。

从公元220年开始,中国历史进入了分裂、动乱的三国魏晋南北朝时期。由于统治阶级的腐败以及社会大动乱,有力地宣告了儒学的“不周世用”和思想的虚伪,玄学、道教、佛教成了人们的精神支柱。

公元581年,隋文帝灭亡陈国,结束了四分五裂的局面,重新统一了中国。之后不久,唐朝建立,中国古代社会进入了盛世时代。隋唐时期发达的经济和科技是创造灿烂文化的雄厚基础,加之外域文化精华的不断注入,使隋唐文化取得了熠熠生辉的丰硕成果。文学百花盛开,争奇斗艳。诗歌取得了最辉煌的成就,唐诗成为我国古典诗歌的极致。史学盛况空前,成就非凡。艺术异彩纷呈,登峰造极。

宋代理学盛行。它是中国封建社会后期最完备的理论体系,是封建专制日益强化在文化上的反映。它是以儒家思孟学派为基础,渗入佛家和道家思想以后形成的一个新儒家学说。分程朱理学和陆王心学两派。宋代出现了细腻的士大夫文化和喧嚣的市井文化两种类型。前者以宋词为代表,后者以杂剧和小说为代表。

从清王朝建立到1919年“五四”运动之前,是中国文化的转型时期。清朝文化向两个方面发展:一方面盛行以文字狱为代表的文化专制主义;另一方面是古典文化的大总结。但由于背离世界近代大潮流,中国传统文化面临前所未有的危机,不得不开始痛苦的转型。

思　考　题

1. 了解中国传统文化发展的大致历程。
2. 春秋战国时期“百家争鸣”在中国文化史上占有什么地位?

第三章　语言文字:中国语言文字的特点与功能

语言是存在的家园。

——海德格尔

世界上有一个伟大的国家,她的每一个字,都是一首优美的诗,一幅美丽的画。我说的这个国家就是中国。

——印度前总理尼赫鲁

语言既是文化的载体,又是文化的重要组成部分。有些社会学家认为,语言是文化的基石——没有语言,就没有文化;从另一个方面看,语言又受文化的影响,反映文化。可以说,语言反映一个民族的特征,它不仅包含着该民族的历史和文化背景,而且蕴藏着该民族对人生的看法、生活方式和思维方式。语言与文化互相影响,互相作用。理解语言必须了解文化,理解文化必须了解语言。汉语汉字与中国文化密切相关,它们对中国文化的传承、发展和传播做出了重要贡献,要想对中国文化有较全面的认识,就不能不了解汉语汉字的历史、特点及其文化功能。

第一节　汉语的特点

语言产生在文字之前,它是人类利用发音器发出来的自成体系,约定俗成的语言符号。世界语言大约 5 000 种,但使用人口超过百万的语言只有 140 多种,其中汉语的使用人口最多,约占世界人口的五分之一。所以汉语是联合国指定的七种工作语言之一,另外六种语言是英语、俄语、法语、德语、西班牙语和阿拉伯语。我们可以从两方面定位汉语。按照语法结构,世界上的语言可以分成四种类型:孤立语、粘着语、屈折语、复综语,汉语是孤立语的一个代表。按照语言的亲属关系,世界上的语言可以大致分为汉藏语系、印欧语系、乌拉尔语系、阿尔泰语系、闪-含语系、高加索语系、达罗毗荼语系、马来-玻利尼西亚语系、南亚语系以及其他一些语群和语言,汉语属于汉藏语系。汉语是汉藏语系中最古老的一种语言,历史悠久,优美深邃,具有极其丰富的文化内涵。

构成一种语言,必须具备三个基本要素:语音、词汇、语法。语音是语言的物质外壳,词汇是语言的建筑材料,语法是语言的结构规律;汉语也毫无例外地由这三种要素构成,所以认识汉语、研究汉语必须从这三方面入手。

一、汉语语音的特点

汉语是一字一音的"单音节语"(monosyllable),而西方的拉丁语系和斯拉夫语系都是有很多音节拼连一起的"多音节语"(polysyllable)。所谓"单音节",是指汉语中有意义的"语位"绝大多数是单音节,即由一个字形构成的词(如天、地、山、水、人、马等),但不是说汉语中所有的词都是如此。无论在现代汉语还是在古代汉语中还有许多复音词和多音词。在古汉语中,这种复音词往往是作为联系词而出现,它是由两个有音声重叠关系的字组成,但只具有单一意义的语位。以其声、音的关系来划分,又可分为三种情况:一是重音联系词,如"翩翩"、"悠悠"、"滔滔"等。二是双音联系词,如"淋漓"、"参差"、"邂逅"等。三是叠韵联系词,如"逍遥"、"窈窕"、"婆娑"等。这些复音词在数量上和单音词相比,所占的比例并不大。因此基本上说,汉语是一种单音节性的语言。

一字一音的单音节语,使我们的文章能够排列整齐,朗朗上口易于背诵。像《三字经》,四字一句的《百家姓》、《千字文》,像五言诗、七言诗,像骈体文中的对偶句。如果汉语不是单音节语,就不可能出现这样的文体。

汉语的每一个音节都是由声母、韵母和声调组成的,一个字起头的音叫声母,其余的音叫韵母,字音的高低升降叫声调。如报(bào)告(gào)丰(fēng)收(shōu)四个字,b、g、f、sh 是声母,报和告的 ao、丰的 eng、收的 ou 是韵母。声调是分阴平、阳平、上、去四声,在报告丰收四个字中,报和告都是去声,丰和收都是阴平。由于欧美各国的语言是复音节,一个字不能同时代表多音,而汉语是单音节语,故容易出现一音多字的现象,因此汉语用发音的四种声调(阴平、阳平、入、去)来区分同音字。但是同音又同声的字有许多,所以把握中国文字,光靠听觉是远远不够的,必须同时用眼睛看,否则会产生许多误解,这也是中国文字没有能改用字母拼音的主要原因。以前,语言学家赵元任先生曾用同音字作了一个游戏,他作《试释》一文,让他的美国弟子读释。此文是:"石室诗史施氏嗜狮,誓食十狮。施氏时时适市视狮。氏适市时,适十狮适市,氏恃矢势,使是十狮逝世。氏始食是十狮。食时始识是十狮实十石狮。试释是事。"这十六个字,若不靠"目治"而靠耳闻,可能很难明白是什么意思。大家都熟悉的北戴河孟姜女庙的一副对联,是利用一字多音的特点组成的。其上联是:“海水朝朝朝朝朝朝朝落”;下联是:“浮云长长长长长长长消”。这副对联虽然字数不多,但没有一定中国文化修养的人也是难于读释出来的。

由于汉语的单音节性,导致许多同音字,就连带出现了同音字禁忌、谐音吉祥语、谐音谜语、谐音歇后语等饶有风趣的文化现象。所谓同音禁忌,就是一件东西或一件事,由于叫起来同音而被误会为另一件事或东西,而被误会的又是很不吉利的,致使原来的好事也不能提了。这最突出的例子就是由于“送钟”与“送终”同音,所以在中国不能把“钟”当做礼物送人。所谓谐音吉利语,有些与民俗相关,如过年吃鱼称“年年有余”,过年吃年糕称“年年高升”;有些用于菜名,如发菜猪舌称“发财顺利”(粤语称猪舌为猪利)。现代为保护生态,我国已禁止采发菜、出售发菜,于是广州餐饮界推出以生菜代发菜的“生财顺利”。谐音谜语为数不多,由于谜底中藏有一个谐音字,不置换这个谐音字,就难以解开这个谜底。例如,钻进被窝里看书(打一哲学名词)——概(盖)念;废品(打一《水浒》人名)——吴(无)用,等等。歇后语是中国特有的生活调侃语言,它把一句话分成前后两截来说,中间稍事停顿,前后两截存在一定因果隐喻关系,较之直截了当地说,更富有一种幽默、挖苦、调侃的意味。在大量的歇后语中,也有若干条在后半截话中隐藏着一个或几个谐音字。例如:老太太上鸡窝——笨(奔)蛋;和尚打伞——无法(发)无天,等等。

二、汉语词汇的特点

汉语的历史很长,它的基本词汇已使用了几千年,在商代的甲骨文中,不仅出现了“天”、“地”、“日”、“月”、“风”、“雨”“雷”“云”、“鸟”、“兽”、“鱼”、“虫”等名词,还出现了“出”、“入”、“来”、“射”等动词和“大”、“小”、“多”、“少”、“新”、“老”等形容词。这些基本词汇大都是单音节的,多数沿用至今,仍然活跃在现代汉语之中。但更多的是由基本词汇复合成的新的多音节的词汇,如“酒”与“杯”这两个单音节基本词汇复合成“酒杯”,以此类推还有“茶杯”、“保温杯”。汉语的复合词具有可解性,拆开后各有各的词意。因此,随着社会发展出现的许多新事物都可以用固有的基本词汇组合成复合此来称谓,不必再创造更多的新词。对一般人而言,只要掌握几千个单音节词(字),那日益增多的词汇也都不在话下了。而一部《英华大词典》收入 12 万多个词条,一个人要把英语学通,需要记住的词汇比学通汉语多得多。

单音名词的概括性强是汉语词汇的一大特点,当然这是经历了一定发展过程后形成的。如古汉语中称红色的马为“骍”,青黑色的马为“骐”,青白色的马为“骢”,苍白杂色的马为“骓”,但在现代汉语中这些词都已废弃不用了,只剩下一个概括一切马的“马”字。汉语的“鸡”、“牛”、“羊”也是概括一切的,不像英语公鸡称 cock,母鸡称 hen 小鸡称 chink。当你需要用汉语明确表示一只鸡的下位概念时,就要用“鸡”组成复合词，像“公鸡”、“母鸡”、“烧鸡”、“乌鸡”等。牛、羊在汉语和英语中的差异也是一样的。

美国著名语言学家萨皮尔(Edward Sapir)在其名著《语言论》中说：“语言的背后是有东西的，而且语言不能离开文化而存在。”我国的一位学贯中西的文化怪杰辜鸿铭，在用英文撰写的《中国人的精神》一书中说：“汉语是一种心灵语言，”“它难在深奥，难在能用简明的语句表达深沉的情感”。因此，谈汉语词汇的特点必然涉及一系列深层文化问题。这里所说的深层文化，主要指汉民族的一些独特的哲学观念：像“天人合一”的观念，“气”与“理”的宇宙观，追求和谐的价值观，重视“宗法”的伦理观等。这些深层文化在汉语中的积淀，衍生出大量的独具特色的词汇。

在汉语词汇中，有相当一部分词汇具有以物拟人的人性特征，这是其他语言所没有的，它来源于中国哲学中的“天人合一”论。在中国人看来，天地万物与人都是生生不息的生灵。所谓“人生一世”，“草木一秋”，“山水有致”，“草木有情”，而且万物的性灵和人的性灵都是可以相通的。因此人们长期地以己度物，将心比心地对待万物，这就使汉语的词汇中出现了一些拟人的词汇。像桌腿、椅背、床头、瓶胆、山腰、山头、山脚、美人蕉、西施蓝以及烟屁股、报屁股。这些词汇都是把人的形体、人的姿态、人的性格融入物的指称，使这些词汇中隐含着中国哲学特有的“天人合一”观念。

早在西周末年，我们的祖先就用“气”来解释自然现象，认为自然界起源于“气”，到了汉代更把“元气”作为构成风雨、天象及天人感应的本源，所以汉语中有很多与“气”有关的词汇。如说阴晴、冷暖、风雨变化时用的“天气”“气象”、“气候”，以至“天气预报”、“气象卫星”；言称人体机能和生理变化时用的“血气”、“精气”、“胎气”、“火气”、“气血两亏”、“气虚”；言称人的精神状态与性格、情感时用的“志气”、“勇气”、“神气”、“脾气”、“和气”、“怒气”、“杀气”、“官气”、“穷酸气”、“垂头丧气”；说明人的道德时用的“气宇”、“浩然正气”。如此丰富的由“气”衍生出的词汇是汉语所特有的。在英语词汇中，get angry(生气)、be irritated(怄气)、temperament(脾气)、courage(勇气)，没有一个与“air”(气)有关。

“理”本义指玉石的纹理，但它同时也被我们祖先认定为创造宇宙万物的一种规律性的哲学观念。所以汉语中也有很多与“理”有关的词汇。如说明事物本源和内在规律时用的“物理”、“医理”、“药理”、“生理”、“心理”、“乐理”、“法理”、“哲理”、“道理”；说明事物内在组织规律时用的“纹理”、“机理”、“条理”、“伦理”；表明对事物认识时用的“讲理”、“推理”、“说理”、“评理”、“理解”；表明对事物采取行动时用的“处理”、“办理”、“管理”、“治理”、“受理”、“审理”以及“理家”、“理财”等。

由于我们的传统观念中极其重视“和谐”，认为“和为贵”、“家和万事兴”、“天时不如地利，地利不如人和”，所以汉语中有关和谐的褒义词汇特别多，如“和睦”、“和好”、“和顺”、“和平”、“和颜悦色”、“和蔼可亲”、“惠风和畅”、“和风细雨”等。

中国经历了几千年的封建宗法制社会，亲缘关系决定着继承王位、承袭世职、继承遗产，以及继承各种罪与罚的“株连九族”，所以在亲缘关系上必须严格区分等级、区别远近，绝不能像英语一样含糊，不分远近。英语中的一个 uncel，在汉语中的对应称谓是“伯父”、“叔父”、“舅父”、“姑父”、“姨夫”；英语中的一个 aunt，在汉语中要区分成“伯母”、“婶母”、“舅母”、“姑母”、“姨母”，等等，诸如此类。

一般来说，对于一个民族越是重要的东西，该民族对它的“语言分割”就越是细密。阿拉伯语中有六千个词汇表示各种各样的骆驼，包括不同的性别、年龄、种类、各种行为方式，但没有一个泛指骆驼的词。墨西哥南部和危地马拉的马亚印第安语中有相当的词汇表示不同种类、不同生长阶段的玉米，它的各个部分，它的耕作、收割和烹调方式。英国一向重视畜牧业，以牧羊为主，所以英语里关于羊的称谓特别细致，正如汉语里亲属称谓特别发达一样。总之，属于文化中心的词汇比属于文化边缘的词汇详尽，反映文化现象的词汇其数量与它在文化上的重要性成正比。

三、汉语语法的特点

汉语语法上的特点表现为“孤立语”。所谓“孤立语”，是指汉语中很少有构词上的形态变化。在印、欧语系中，词语的形态变化比较丰富，可以根据一个词有哪些形态变化或没有哪些形态变化来决定它所属的词类。如性、数、格、位、时态等。汉语则不同，它的形态变化较少，对于词性、格位、数量、时间等的处理，既不增添附加语，也不表现在语形的变化上，而是用一种有系统的“词序”来解决。也就是说，词在句中的功用，主要取决于它们在句子中的次序，如“特别快车”与“车特别快”，“好人”与“人好”，“日本”与“本日”等等。由于词在句中的次序不同，从而引起整个含义的差异。西方人初学中国语言，由于不掌握词序的规则，常常引起笑话即是这个缘故。通常的词序都是主语在谓语之前或之中，动词在宾语之前，附加的区别词总在它的主语之前，等等。这种大体上固定的造句法，在汉语中主语或宾语往往可以省略而不致引起误解，并且从古至今很少改变，所以后人也比较容易阅读古书。

第二节 汉字的构造与特点

一、汉字的起源

关于中国文字的起源，根据先秦典籍的记载，都认为是仓颉造的。《吕氏春秋·守篇》说"仓颉作书"；《荀子·解蔽篇》说"作书者众矣，而仓颉独传者，壹也"。仓颉的时代，汉初人都说是"黄帝史"。班固《汉书·古今人表》也说"仓颉，黄帝史"；许慎《说文解字序》说："古者庖牺氏之王天下也，仰则观象于天，俯则观法于地，观鸟兽之文与地之宜，近取诸身，远取诸物，于是始作《易》，以垂宪象。及神农氏结绳为治而统其事，庶业其繁，饰伪萌生。黄帝之史仓颉，见鸟兽蹄迒之迹，知分理之可相别异也，初造书契。"由这段话说明了造字之源为八卦与结绳，至黄帝时，始由仓颉创具规模。

其实，最初的文字绝不可能出于一时一人之手，它是在漫长的岁月里由为数众多的人通过劳动和生活实践共同创造的。荀子所说"作书者众"，最有见地。仓颉不过是总结前人经验，把大家发明的字系统而已。因此可以说，在仓颉以前，应该已经有文字了。

随着地下考古文物的发掘，上述推论逐渐得到证实。大汶口陶器文字的发现，证明了我国文字的起源至少在 5 500 年以前，它是甲骨文的前驱，与殷商时代的象形文字是一脉相承的。所以说，在仓颉以前，在新石器时代的农业社会里，中国已有了原始图画文字的发生滋长，到了仓颉时代，才使之整齐划一。

二、汉字的构造

关于汉字的构成及其方法，在中国文字学的研究上有各种不同的看法，但基本上都是以汉代提出的所谓"六书"为基础，不断地加以发挥并给予新的解释。班固《汉书·艺文志》里说："古者八岁人小学，放周官保氏掌养国子，教之六书，谓象形、象事、象意、象声、转注、假借，造字之本也。"许慎《说文解字·序》谈"六书"说："一曰指事，指事者，视而可识，察而见意，上下是也。二曰象形，象形者，画成其物，随体诘诎，日月是也。三曰形声，形声者，以事为名，取譬相成，江河是也。四曰会意，会意者，比类合谊，以见指伪，武信是也。五曰转注，转注者，建类一首，同意相受，考老是也。六曰假借，假借者，本无其字，依声托事，令长是也。"班固和许慎对"六书”的说法，在名称和次序上都有不同，但节本上都是把对汉字的结构归纳为六种：

象形 是描摹事物的形状加以线条化，如日、月、水、火、山、鱼、鸟、车、马、耳、目等，尽管已经“楷化”了，但仍然不难发现它们的象形意义。象形文字是中国文字的基础，从起源上说，它应该是最早的。它是在图画的基础上发展起来的，后来简化成用线条表示，略存其形，用作符号，就成文字。

指事 指事字一部分是记号，一部分是在象形字上加以符号。如“上、下”“本、末”是用记号以表示出一件事物。如“刃”属于后一类，刀上加一点，表示“刃”。

会意 是利用已有的字，依据事理加以组合，表示一个新的意思。如“武”字为“止”、“戈”二字合成，新的意思是制止兵戈。因此“武”字的最初含义就是制止战争和兵戈纠纷。“信”字为“人”、“言”二字合成，新的意思是人言必须有“信”，否则与鸡鸣狗吠无异。还有如“日月为明”、“二火为炎”、“小大为尖”、“不正为歪”等。

形声 是字的一半表形(意)，一半表声(音)。如“江”“河”“湖”“海”“花”“草”“芬芳”“踢”“踏”“踩”“践”“狮”“狍”“狗”等。用水确定江河之形，用工、可谐江河之声。这一造字方法，突破了单纯表意的局限，完成了汉字发展史上一个的质的飞跃。从此，无须再造新的符号，只需要用已有的字作为形符、声符，就可以结合为一个新字。有了“形声”造字法，汉字发展非常迅速，至春秋时期，形声字就已占到汉字总量的80%以上。再加上“转注”(同义互训)“假借”(同音代替)，汉字的丰富性和灵活性更加增强。

转注 指“一义多字”，如“考”与“老”同义，可以互用。

假借 假借字是以不造字为造字方法，即不造新字而借用已有的同音字。如“道德”之道，可以借为“道路”之道；“县令”之令借为“发号施令”的令；“县长”之长，借为“长远”之长。假借可以解释为“一字多义”。

前四者是造字的基本方法，也是汉字的四种基本结构，后两者是文字构造的条例。转注可以解释“一义多字”现象，假借可以解释“一字多义”现象。我国文字在数量上以形声字为最多，据统计，形声字占《说文解字》9 353字的80%以上。

三、汉字的演变

我们今天所能见到的最早的汉字是殷商甲骨文，此后经历了西周金文、春秋金文、战国文字、秦代小篆、汉代隶书和魏晋的楷书。汉字的历史变化主要表现在书写和构造两个方面。

殷商甲骨文是刻在龟甲兽骨上的文字，内容多为占卜记录。甲骨文一般上是用刀刻的，因此线条瘦硬，多有方折。从结构来看，甲骨文已是相当成熟的文字体系，传统六书中的象形、指事、会意、形声等结构方式在甲骨文中已经具备，这说明当时人们已经懂得用已有的字作构件构成新的字，这为汉字系统的进一步完善奠定了基础。但是甲骨文毕竟还处在汉字发展的早期阶段，有些方面还比较原始。比如，有些字在书写时的置向还不固定，如“卜”字中的短线条或在左、或在右，或朝上、或朝下。有些字的构件还不固定，如“牢”字画的是一个牢圈形，牢圈中可以是一头牛，也可以是一只羊，还可以是一匹马。甲骨文的书写行款还很不固定，有直书，有横书，有右行，有左行，其中以直书左行为主。

金文是铸在钟鼎等青铜器上的文字。金文一般是先用毛笔书写，再翻铸在青铜器上的，因此线条肥厚粗壮、浑圆丰润，字形庄重美观，大小趋于一致，排列愈整齐。金文中形声字大量增加，结构趋于定型，这说明金文比甲骨文更成熟了。

战国时期，诸侯纷争，文字异形，离周王朝故地越远的地方，字形变异越大。但不管怎么变异，各国文字都是上承西周春秋金文而来，万变不离其宗，在内部构造上它们属于统一的文字体系，构件数量、结构方式等都没有明显的差异，它们的歧异是外部书写形态的不同。

小篆是秦始皇统一中国后推行“书同文”政策所采用的字体。小篆的书写完全线条化，象形性减弱。从构造来看，已经形成了相当严密的文字体系：一方面异体字大量减少，构件的写法趋于一致，同一个构件在不同的字中、在一个字中的不同位置写法基本一致；另一方面形声字大量增加。这些都增强了字和字之间的联系，使汉字在总体上形成一个相互联系的网络。

隶书是在汉代成熟且通行的字体。隶书打破了小篆的线条，实现了书写的笔画化，从此汉字完全失去了象形性。隶书对汉字形体的简化是符合汉字发展规律的，但它对形义关系的破坏，使通过字形讲解字义变得困难。

楷书流行于魏晋，成熟于隋唐，一直使用到今天。楷书吸收了行草书便于书写的优势，形成了相互配合的笔形系统。楷书的横笔改为收锋，“撇”改为尖斜向下。“点”是笔程最短的笔画，楷书的“点”比以往任何字体都更丰富。“提”和“钩”是在书写便利这一要求的促动下，笔画相互呼应而逐渐形成的。楷书结构严谨，便于识读，同时又笔形配合，便于书写，因此历千年而不变。

汉字从历史的演变出发，可以分成两大阶段：自甲骨文到秦代小篆，通称古汉字；自秦汉隶书以后，通称今汉字。古今汉字的重要区别是书写单位笔画的形成。在古文字阶段，汉字的书写单位是各种各样的线条，这些线条是随着事物形体的变化而或曲或伸形成的，由这些线条构成的汉字带有明显的图形性。而隶书、楷书阶段的今文字的书写单位则是各种类型的笔画。这些笔画经过自然发展和人为规范，逐渐变得样式固定、数量有限、书写规范，由这些笔画书写出的汉字，原始的图形性已经淡化了。当代正在使用的汉字，称作现代汉字，现代汉字在形制上也属于今汉字。

四、汉字的特点

世界上的文字分为两大类型：表意文字和表音文字。文字是记录语言的书写符号系统，意义和声音是语言的两个属性。世界文字大都起源于图画文字，表音和表意是图画文字发展的两大趋势。汉字和其他古文字一样，都经过由图画文字到表意文字的阶段；而它与其他古老文字不同的是，那些古文字在演变中有的停止使用而丧失了生命力，有的变成了拼音文字，有的甚至不可识读，被外来文字取代，唯有汉字，从未间断地被使用至今，并在数千年的历史发展中，顽强地维护着自己的表意文字特点，成为世界上最古老、最有严密系统的表意文字。

汉字同世界上其他文字比较，在形、音、义三方面都有自己的特性。

就字形来说，世界上所有的原始绘画文字，都已发展为拼音的音符文字了，只有我国文字还保存着比较原始的状态，每一个图画变成一个方块字。尽管以陶文、中经甲骨金文的演变以及“篆、隶、楷、草”的发展，但在字形上却仍保持着方块化的特点，表现出一种超稳定的固定结构。这种固定结构使中国几千年的文化发挥出“同文”的功能并保持强大的传统力量，因为它可以离开读音，无论古今方言、声韵如何转变，它的含义却保持不变或变化极小。这一特点对中国文化的发展、承传起着十分重要的作用。正因为在字形上保持方块的体形和结构上的平衡，使字形布局均匀，格调圆满，每个字都像一个建筑物一样，有平衡、对称、和谐的特征，因此具有较高的审美价值。中国文字的书法、雕刻艺术在世界各种文字中是独一无二的。专门研究字形的文字学，也是世界其他文字所没有的。

就字音来说，汉字是读音最动听的文字之一。汉字一字一音，每个音又分为四个音调，因此读起来响亮清晰，婉转动听，有节奏感，有音乐美，是世界上最美的语言。用这种语言写成的诗文，有铿锵悦耳、抑扬顿挫的美感，特别是诗。中文诗讲究平仄、对仗，所以，诗句可以特别整齐、节奏特别鲜明、读之特别朗朗上口。

就字义来说，汉字直观达意。汉字的字形和字义联系非常密切，具有明显的直观性和表意性。汉字的表意性使汉字成为世界上唯一能跨越时空的文字。只有中国的儿童，仍能读懂 2 500 年前的《诗经》，朗诵“关关雎鸠，在河之洲，窈窕淑女，君子好逑”；只有中国的教材，能把唐诗、宋词作为儿童必读的启蒙材料。而三四百年前的英文，除了专家之外，其他人很难读懂。可见，汉字更有利于读者形成“形—义”的直接联结。汉字的表意性使汉字成为世界上单位字符信息量最大的文字，因此容易辨识，利于联想，这也为加快阅读速度带来极大的便利。

从汉字的形、音、义三方面综合考察，我们可以从中窥见中国古代社会的制度、观念及生活等，甚至在文字中渗透着深奥的哲理。如前面提到的“武”字，为“止”“戈”二字合成，反映了我们的祖先在造字时对战争的基本看法。他们认为勇武的表现，不是侵略与征服，而恰恰相反，是对战争的制止，这表明了中国古人对和平的追求以及在武力勇敢等方面的价值标准。又如“怒”字，是“奴心”二字的合成，人失去理智，就会变成内心感情的奴隶，这种造字的动机，亦可反映对心、性、情、理的基本看法，表现中国古人对内心平和的追求以及在伦理、修养等方面的价值标准。所有这些都是与中国传统文化的特点协调和同步的。

第三节　汉语、汉字的文化功能

汉语、汉字的文化功能有以下几个方面：

一是汉语、汉字是中国文化的重要事象，是中国文化的有机组成部分。

汉语的诞生意味着中国文化的诞生。语言是人类区别于动物的主要特征，有了语言，人类才可以相互交流，才可以进入有组织的社会生活，成为“文化”的人。从这个角度讲，汉语这一文化事象在中国文化中的地位是相当重要的，汉语悠久的历史说明中国文化是源远流长的。汉语是汉民族智慧的结晶，是汉民族创造的宝贵文化财富。不同民族有不同的语言，不同的语言反映不同的文化。汉语以自身特有的文化形式，构成了中国文化的重要特征。例如，汉语同音字多，因此而形成的谐音吉利、谐音避讳等语言习俗就成为中国文化的重要内容。

汉字的出现是中国文化从“史前时期”走向“有史时期”的界碑。在汉字产生以前，汉民族经历了一个相当长的仅用口语进行交流的时期，人们迫切需要有一种能够将语言记录下来的东西，经过契刻记事、结绳记事等方法的探索后，人们终于找到了汉字这种最适合记录汉语的工具。有了汉字，汉民族才有书面的历史记录，从此进入了“有史时期”。汉字本身就是中国文化的一部分。每一个民族的文字都具有自己的特点，不同的文字构造反映着不同的文化内涵，并且各民族都会依据本民族的文字特点形成许多的文化现象。汉民族根据汉字可拆可合的形体特征，造成特有的字谜游戏和姓氏避讳；根据汉字二维构形的特点，形成了特有的汉字书法艺术和刻印艺术，这些由汉字直接衍生的文化事象，使汉字成为整个中国文化系统不可缺少的重要成分。

二是汉语、汉字是中国文化中其他文化项的主要载体，记录了中国文化，记载了中华民族的文明成果，在保存和传承中国传统文化方面功绩卓著。

汉语、汉字可以传达人们头脑中的观念，只有通过汉语、汉字的传播，文化才可能超越时间和空间，得到交流、发展和长存。我们说中国文化灿烂辉煌，从流传下来的浩如烟海的古代文化典籍就足以证明，而这种功劳应该是属于汉语、汉字的。中国文化是世代发展的，这种发展相当大的一部分是靠汉语、汉字的。

三是汉字对于中国十分复杂的方言具有规范作用，从而对语言的统一具有促进作用。

据语言学研究，中国共有七大方言：北方话（简称北语）、广东话（简称粤语）、江浙话（简称吴语）、福建话（简称闽语）、湖南话（简称湘语）、江西话（简称赣语）、客家话（简称客语）。以上众多的方言假如没有汉字的同一书写形式，是很难沟通交流的。

四是汉字对于增强中华民族的凝聚力，维系中国在政治、经济、文化上的统一，产生了并且继续发挥着巨大的作用。

在中国这样一个幅员辽阔，人口众多，多民族聚居，方言方语极其复杂多样，政治、经济、文化发展很不平衡的国家里，如果没有汉字加以维系，中国在几千年间能够如此统一和发展，恐怕是不可想象的。公元前 221 年，秦始皇统一六国之后，采用“书同文，车同轨”等政策，对于建立一个大一统的国家起了巨大作用。

本章小结

语言既是文化的载体，又是文化的重要组成部分。理解语言必须了解文化，理解文化必须了解语言。

构成一种语言，必须具备三个基本要素：语音、词汇、语法。语音是语言的物质外壳，词汇是语言的建筑材料，语法是语言的结构规律；汉语也毫无例外地由这三种要素构成，所以认识汉语、研究汉语必须从这三方面入手。从语音上看，汉语最突出的特点是它的单音节性，这样造成同音同声调的字很多，所以导致汉语一直没有走向拼音化。从词汇上看，许多词汇的出现与中国深层文化有关。这里所说的深层文化，主要指汉民族的一些独特的哲学观念：像“天人合一”的观念，“气”与“理”的宇宙观，追求和谐的价值观，重视“宗法”的伦理观等，这些深层文化在汉语中的积淀，衍生出大量的独具特色的词汇。从语法上看，汉语属于孤立语，指汉语中很少有构词上的形态变化。

汉字出现于 6 000 年前。汉字构造规则是所谓的“六书”，即象形、指事、会意、形声、转注、假借。前四者是造字的基本方法，也是汉字的四种基本结构，后两者是文字构造的条例。转注可以解释“一义多字”现象，假借可以解释“一字多义”现象。我国文字在数量上以形声字为最多。

我们今天所能见到的最早的汉字是殷商甲骨文，此后经历了西周金文、春秋金文、战国文字、秦代小篆、汉代隶书和魏晋楷书。汉字的历史变化主要表现在书写和构造两个方面。

世界上的文字分为两个大类型：表意文字和表音文字。文字是记录语言的书写符号系统，意义和声音是语言的两个属性。世界文字大都起源于图画文字，表音和表意是图画文字发展的两大趋势。汉字和其他古文字一样，都经过由图画文字到表意文字的阶段；而它与其他古老文字不同的是，那些古文字在演变中有的停止使用而丧失了生命力，有的变成了拼音文字，有的甚至不可识读，被外来文字取代，唯有汉字，从未间断地被使用至今，并在数千年的历史发展中，顽强地维护着自己的表意文字特点，成为世界上最古老、最有严密系统的表意文字。

汉字同世界上其他文字比较，在形、音、义三方面都有自己的特性。就字形来说，世界上所有的原始绘画文字，都已发展为拼音的音符文字了，只有我国文字还保存着比较原始的状态，每一个图画变成一个方块字。中国文字的书法、雕刻艺术在世界各种文字中是独一无二的。专门研究字形的文字学也是世界其他文字所没有的。就字音来说，汉字是读音最动听的文字之一。汉字一字一音，每个音又分为四个音调，因此读起来有节奏感，有音乐美，是世界上最美的语言。就字义来说，汉字直观达意。汉字的字形和字义联系非常密切，具有明显的直观性和表意性。汉字的表意性使汉字成为世界上唯一能跨越时空的文字。

汉语汉字具有巨大的文化功能：汉语汉字是中国文化的重要事象，是中国文化的有机组成部分；汉语汉字是中国文化中其他文化项的主要载体，它记录了中国文化，记载了中华民族的文明成果，在保存和传承中国传统文化方面功绩卓著；汉字对于中国十分复杂的方言具有规范作用；汉字对于增强中华民族的凝聚力，维系中国在政治、经济、文化上的统一，产生了并且继续发挥着巨大的作用。在中国这样一个幅员辽阔，人口众多，多民族聚居，方言方语极其复杂多样，政治、经济、文化发展很不平衡的国家里，如果没有汉字加以维系，中国在几千年间能够如此统一和发展，恐怕是不可想象的。

思　考　题

1. 从语音、词汇、语法三方面理解汉语的特点。
2. 汉字构造的“六书”规则是什么？
3. 从形、音、义三方面理解汉字的特点。
4. 汉语、汉字的文化功能是什么？

第四章　思想文化之一:儒家与传统文化

子曰:"人而不仁,如何礼?人而不仁,如何乐?"

——《论语》

古之欲明明德于天下者,先治其国;欲治其国者,先齐其家;欲齐其家者,先修其身;欲修其身者,先正其心;欲正其心者,先诚其意;欲诚其意者,先致其知。

——《大学》

由孔子创立的儒家思想是中国文化的重要内容,是中国文化价值系统的主干。儒家学派在中国封建社会一直享有独尊的地位,研究分析儒家思想的演变及其基本内容,有助于我们了解儒家思想对于中国传统文化诸方面的影响,也有利于我们科学评价中国传统文化。

第一节　儒家的产生及发展

一、先秦儒家

作为中国文化的核心和主流的儒家学说,诞生于先秦,其主要代表人物有孔子、孟子、荀子。

关于儒家的来源,有多种说法。汉代刘向、刘歆、班固等认为,诸子百家出自周官。其中,儒家是从周代主管教育的官员转化而来的。《汉书·艺文志》说:"儒家者流,盖出于司徒之官,助人君顺阴阳明教化者也。游文于六经之中,留意于仁义之际,祖叙尧舜,宪章文武,宗师仲尼,以重其言,于道为最高。"其他各家如道家出于史学之官,阴阳家则出于天文之官,法家则出于刑法之官,名家则出于礼乐之官,墨家则出于祭祀之官,等等。当代学者冯友兰先生按照这个架构进行了新的诠释,认为诸子百家均出自士人:儒家出自文士,墨家出自武士,道家出自隐士,名家出自辩士，阴阳家出自方士，法家出自法术之士。[1] 儒家前身为官，在周天子缺少足够的力量来豢养这些官员的时候，其后人便流落为江湖文士，是可以理解的。近代学者章太炎认为，儒者是指一种以宗教为生的职业，负责治丧、祭神等各种宗教仪式。他在《国故论衡》中说："儒本求雨之师，故衍化为术士之称。"当代学者李泽厚也同意这个观点，认为儒家是巫师演化而来的。孔子自己曾经说过，"吾与史、巫同涂而殊归也"。但同时，他也指出了自己与专门沟通鬼神的术士有所不同，"吾求其德而已"。

从孔子开始，"儒"的观念发生了变化，渐渐地脱离了巫的知识范围。孔子是中国历史上首开私学的教育家，人称"弟子三千，贤人七十二"，他及弟子把古代为贵族所垄断的礼仪和各种知识传播到民间，逐渐形成儒家学派。因此，儒家是承袭殷商以来的巫史文化，发展了西周的礼乐传统，是一个重血亲人伦，追求现实事功，礼教德治精神始终一贯的学派。

(一)孔子的主要思想及其影响

孔子(公元前 551—前 479)名丘，字仲尼，儒家学派创始人、中国古代最伟大的思想家和教育家。孔子的先人是宋国贵族，商人后代。其曾祖父孔防叔因避宋乱逃到鲁国，父亲孔叔梁纥为鲁陬邑宰。由于父亲早逝，孔子早年生活贫困，"少贫且贱，多能鄙事"，但是，贫贱而艰辛的家境，并没有压倒孔子，反而使他身上很少富贵子弟的纨绔气，萌生出积极进取的志向。他自述"吾非生而知之者，好古敏以求之者也"，"十五志于学"，即在 15 岁时就立下了学习的志愿，主要学习周代的礼乐。20 岁在鲁任委吏之职(管理仓库的账目)，第二年改做乘田(管理牛羊，祭祀用的牛羊)，都非常尽职尽责。三十而立，开始收徒设教办私学。孔子兴办教育的本意，是要弘扬周礼文化传统，"述而不作"——传述古代的文化传统而不标新立异。他想通过办教育来继承合发扬正在没落的以周礼为代表的文化传统，从而影响政治，间接参政。公元前 501 年，孔子 50 岁时开始从政，由中都宰到司空再到大司寇(中都宰是管理国都的长官；司空是管理工程建设的长官；司寇是主管司法的官吏)。公元前 497 年孔子离开鲁国，开始了 14 年的周游列国的活动，晚年又回到鲁国，以整理古代文献和聚徒讲学终其一生。孔子删《诗》、《书》，定《礼》、《乐》，赞《周易》，修《春秋》，对保存和传播古代文化作出了杰出的贡献。其学生将其思想言行记载在《论语》中。

司马迁在《史记·孔子世家》中讲到了孔子的人格和学说受尊崇的情况："《诗》

①冯友兰《中国哲学史》，北京大学出版社，1996 年，第 33 页。

有云：‘高山仰止，景行行止。’虽不能至，然心向往之。余读孔氏书，想见其为人。适鲁，观仲尼庙堂车服礼器，诸生以时习礼其家，余祗回留之不能去云。天下君主至于贤人众矣，当时则荣，没则已焉。孔子布衣，传十余世，学者宗之。自天子王侯，中国言六艺者折中于夫子，可谓至圣矣。”孔子的言行、人格及其学识成了自天子、王侯乃至庶民的榜样，不仅影响了当世，而且流传于后世。孔子伟大之处还在于创立了一个影响中国整个封建社会的儒家学派，培养了一大批“崇仁厉义”的弟子，对中国传统文化打下了深刻烙印。

孔子主要思想：仁与礼。他希望建立一个既存在君臣上下亲疏等级差别，同时各等级之间又和谐统一，充满亲情的社会。

1. 为国以礼，中庸和谐

礼是宗法制度下的行为规范。其实质是“尊尊亲亲”。主要指周礼，在周礼中，严格的上下等级、尊卑长幼的秩序规定与原始的民主性和人民性结合在一起。当时“礼崩乐坏”，人们都不照周礼行事，出现“犯上作乱”僭越礼制的情况。孔子十分推崇周礼，要求用周礼约束人们的行为，“非礼勿视，非礼勿听，非礼勿言，非礼勿动”。以祭祀为例，按照周礼的规定，只有天子才能举行郊祭（祭天），诸侯只能祭祀自己封国境内的名山大川。然而鲁国从僖公开始也举行郊祭，俨然以天子自居；地位更低的季氏也举行旅祭（祭泰山）。祭祀用的乐舞，按照规定只有天子可以用“八佾”（八个行列），诸侯用“六佾”（六个行列），大夫用“四佾”（四个行列）。后来不仅鲁国的诸侯僭用“八佾”，甚至季氏也“八佾舞于庭”了。孔子对此痛心疾首，愤然地说：“是可忍，孰不可忍？”孔子 36 岁时，齐景公问政于孔子，他对曰“君君，臣臣，父父，子子”，就是要每个社会成员都明白自己在社会上的位置，不为物欲所诱惑，不在其位，不谋其政。

“礼”的本质是“异”，即差异，用来显示社会中各等级之间的差异，也就是说，贵与贱、尊与卑、长与幼、亲与疏的各色人等之间，必须遵守各自的行为规范，用来显示贵贱、尊卑、长幼、亲疏之间的差异，绝对不可混淆。但是一个社会只讲差异，不讲和同，社会就无法和谐。因此周公在“制礼”的同时又“作乐”，使“礼”与“乐”相反相成。“礼”讲究差异，“乐”则讲究和同。“乐”当然是音乐，但是它超越了音乐，带上了浓厚的政治、社会色彩。“乐”的功能是，以音乐节奏激起人们相同的共鸣情绪——喜怒哀乐，产生同类感，仿佛四海之内皆兄弟。“礼义立则贵贱等矣，乐文同则上下和矣”。意思是说，有了“礼”，贵贱等级差别就显示出来了；有了“乐”，各色人等上下之间就和谐了。“乐至则无怨，礼至则不争”。意思是说，有了讲究和同的“乐”，人们就不会埋怨；有了讲究差异的“礼”，人们就不会相争。

孔子继承了周公的政治智慧，对僵硬的等级礼制作了调节，提出“礼之用，和为贵”。“礼”本来是用来显示不同等级之间人们身份差别的，强调“和为贵”，就是在承认有等级、有差别的前提下，协调与和谐社会上不同等级之间的关系。这种强调协调与和谐的观点，抛开其维护宗法等级制的内涵，乃是一切社会处理人际关系普遍适用的原则。“君使臣以礼，臣侍君以忠”，“父慈子孝，夫义妇听，兄良弟恭，长惠幼顺”，是一种双向关系，而不是后来的三纲中的那种“君教臣死臣不得不死，父教子亡子不得亡”单向关系。对于这种“中”与“和”的思想，孔子主张不仅要作为一种认识和处理事物的方法来看待，而且还应该通过修养和锻炼，把它融入自己的性行和品质中，成为人的美德。所以他提出：“质胜文则野，文胜质则史。文质彬彬，然后君子。”（《论语·雍也》）他自己在为人的风格上也做到了“温而厉，威而不猛，恭而安”（《论语·述而》），受到弟子们的尊敬。

“中庸”是孔子方法论的主要内容。孔子曾感叹道“中庸之为德也，其至矣乎？民鲜久矣”（《论语·雍也》），即说作为最高的道德——中庸，长久以来，人们却很少有这种道德了。中庸作为方法论是全面而又灵活的，其作用是防止专断和走极端。其要点有二：一是“中”，二是“和”。孔子赞赏尧所提出的“允执厥中”（《论语·尧曰》）。孔子所谓“中”，不是折中与调和，而是指在认识和处理客观事物时，要做到“适度”、“恰如其分”，而“适度”和“恰如其分”的基础就是从实际出发。所以，他既赞成要遵守一定的标准，又反对不顾条件去专守某一个固定标准，反对“意”、“必”、“固”、“我”。《论语·子罕》记载：“子绝四：毋意，毋必，毋固，毋我。”这四者讲的都是排除固执主观成见，尊重客观事实。《论语·子罕》记载孔子的话说：“吾有知乎哉，无知也。有鄙夫问于我，空空如也，我叩其两端而竭焉。”指的就是引导人们排除认识上的片面性，获得对事物的正确认识。孔子认为“君子和而不同，小人同而不和”（《论语·子路》），意思是说，君子在人际交往中能够与他人保持一种和谐友善的关系，但在对具体问题的看法上却不必苟同于对方；所谓“同而不和”则是指小人习惯于在对问题的看法上迎合别人的心理、附和别人的言论。但在内心深处却并不抱有一种和谐友善的态度。

2.“仁”的学说

孔子寻找“礼崩乐坏”、诸侯混战争霸、人民生灵涂炭的原因，发现人与人之间的同情心少了，人情淡漠，只剩下名与利，于是提出“仁爱”的思想。如何让人们去爱他人并遵守社会规范——外在的礼制呢？孔子首先从如何培养家庭亲情和建立家庭秩序开始下手，如果家庭里人与人之间有亲情和秩序，那么就可以推广到社会。“仁者爱人”，由爱家人到其他人。仁的含义：

一是孝悌为仁之本。“孝”是子女孝敬父母，“悌”是弟对兄的敬重和顺从。“孝悌”的要求非常符合人道。父母含辛茹苦，生你养你，兄长处处呵护你，幼时也帮助父母抚育你，从有恩须报的要求说，你也应该尊敬父母，敬重兄长。于是，孝悌伦理要求便有了深厚的情感基础。然而孔子的目的并不仅在于此，还要求人们忠于君主。由于中国社会家国同构，通过长期的培养与驯育，孝悌观念扎根于灵魂中的人，必然是敬重君主者，所以，孔子说：“其为人也孝悌，而好犯上者，鲜矣。”又说“君子务本，本立而道生。孝悌也者，其为人之本也！”。

二是从修养主体来看，能实行恭、宽、信、敏、惠五种品德，就实现了仁。“恭则不侮，宽则得众，信则人任焉，敏则有功，惠则足以使人”意思是说为人庄重，就不致遭受侮辱；待人宽厚，就会受到大家拥护；做人诚实，就会得到任用；办事敏捷，就会收到良好效益；待人慈惠，给人好处，就能够使唤人。要求人们做一个温良敦厚的君子。

三是从人我关系看，忠恕是为仁之道。要使仁的美德保存于每一独立的人，同时，又要使个体之间相互贯通，以使仁爱精神充溢于人间，就必须有一条由此达彼的桥梁。在孔子看来，这桥梁就是忠恕。“夫仁者，己欲立而立人，己欲达而达人。”即从积极方面讲，自己有某种需要满足，推想他人也有这种要求，这就是忠。恕即从消极方面讲，“己所不欲，勿施于人”。孔子指出仁者就是要将心比心，推己及人，设身处地为别人着想。

四是“克己复礼”为仁，仁带有政治目的。仁是礼的精神支柱，礼是仁的政治目的。

孔子作为一个伟大的教育家，还在教育理论、教学方法及学习方法、为人师表等方面提出了许多有价值的论述，仍值得吾人后辈学习继承。此外，在处理人与自然关系上，孔子主张“天人合一”；在关于神灵方面，孔子声言“未能事人，焉能事鬼”，“未知生，焉知死”，对超自然的信仰，采取存而不论的态度；孔子坚持以教育为本，主张国家要实行“富之教之”的德政，通过教育和文化来改造社会。孔子生活在礼崩乐坏的春秋末期，站在中国文化的历史性转折点上，他通过总结春秋以前的中国文化成果，成功地对中国社会的生活秩序进行伦理化道德化的提升，创造了以“仁”为核心，以“礼”为原则，以“中庸”辨证为方法，协调家庭、社会、国家，宗教、哲学、自然，以及政治、经济、教育等诸方面关系的博大精深的思想体系。这一思想体系经孔子终生倡导和历代儒家的发扬光大，成为中国封建社会的正统，成为中华文化的命脉。在海外，孔子和儒学成为中华乃至东亚文化的象征。

(二)孟子的主要思想

孟子(公元前372—前289),名轲,字子舆,战国中期邹人(鲁国附近附属于鲁国的一个小国),我国古代思想家、教育家。孟子三岁丧父,孟母艰辛地将他抚养成人。孟母管束甚严,其"择邻教子"、"断机教子"等故事,成为千古美谈,是后世教子的典范。孟子受业于孔子孙子思,他在《孟子》里说:"予未得为孔子徒也,予私淑诸人也。"他常说"自生民以来,未有盛于孔子也。""乃所愿,则学孔子也。"(《孟子·公孙丑上》)事实的确如此,孟子继承并发展了孔子"仁"的思想,被后人尊称为亚圣。孟子和孔子经历有些类似,曾周游列国,宣讲他的"王道"和"仁政"思想。历时约二十年,但当时各诸侯正忙于合纵连横的兼并战争,没有人采纳他的建议。于是孟子退而教学著书,用余生的精力整理自己的思想,和弟子万章、公孙丑等一起写成了《孟子》一书。孟子主要思想有:

1. 仁政学说

孟子所处的战国时期,诸侯国之间混战争霸,他反对用战争的办法建立统一的封建帝国,主张推行"仁政",即用慈爱之心对待老百姓,让老百姓得到幸福生活,最后人心所向,不战而王。他提出的仁政有以下几点内容:

一是制民以恒产,即给老百姓一定的产业,达到每户家庭都有"百亩之田,五亩之宅",使他们能够做到上足赡养父母,下足以抚养妻子儿女,好年景可以丰衣足食,坏年景也不至于饿死。在此基础上,再引导他们走上善良的道路,这样就可以使人心归服了,因为"有恒产者有恒心"。

二是他呼吁统治者重视百姓,提出了"民为贵,君为轻,社稷次之"的民本思想。他认为"天时不如地利,地利不如人和""得道者多助,失道者寡助"。在孔子"君君臣臣"的基础上重新申述君臣关系。他说:"君之视臣如手足,则臣之视君如腹心;君之视臣如犬马,则臣之视君如国人;君之视臣如土芥,则臣之视君如寇仇。"(《孟子·离娄》)

三是主张以德服人的王道,反对以力服人的霸道。

2. 人性论——人性善

孟子仁政说是建立在对人性本善的估价上的。在他看来,人人都有仁爱之心,他说:"仁义礼智,非外铄我也,我固有之也。"(《孟子·告子》上)孟子提出"四端"说。他说:"恻隐之心,仁之端也;羞恶之心,义之端也;辞让之心,礼之端也;是非之心,智之端也。"(《孟子·公孙丑上》)孟子发现人们都有同情心,而这种同情心不是名、利所引发的。他说,当一个小孩将要掉到井里时,人们会不顾一切地去救他。人们这种行为既不是为了沽名钓誉,也不是为了讨好、结交孩子的父母,而是出于人所固有的同情心,这种同情心便是仁。由此,孟子认为人的仁义礼智四德是生来就有的,所以他认为人性本善——人生来就具有怜悯同情之心、羞耻憎恶之心、恭敬辞让之心和是非之心。正因为人皆有“不忍之心”,所以先王行“不忍人之政”,即仁政。这样,他的性善论就成为其仁政的哲学基础,人性本善的情感伦理主张,便外化为治国平天下的社会实践。

3. 提出一套磨砺人格、修身养性的方法

为了发展“善端”,增长善性,孟子提出了一整套修身养性的方法。孟子主张“善养吾浩然之气”。所谓“气”,是指表现于肉体活动或实际运动中的精神力量。他认为士人应该有一种顶天立地的大丈夫人格,“威武不能屈,贫贱不能移,富贵不能淫”。他还认为人们常常“生于忧患死于安乐”,所以要磨炼意志,“故天将降大任于是人也,先必苦其心志,劳其筋骨,饿其体肤,空乏其身,行拂乱其所为,所以动心忍性,增益其所不能。”孟子还继承了孔子“杀身以成仁”的精神,主张“舍身而取义”,认为仁义比生命更重要。孟子的上述思想,对塑造中华民族注重气节和德操,注重社会责任与历史使命的文化性格,起到了积极的作用。

孟子发扬和光大了孔子的仁学思想精神:他讲仁义,求仁政,强调道德情操的修养和人格的磨炼,把民本思想发展到极致等等。从某种角度而言,正是由于孟子的努力,才使得儒学思想更趋完善,更具有实践意义,对于促成儒学成为中华文化的主流思想,孟子作出了巨大的贡献。孟子的许多激励人心、千古传诵的名言警句,在塑造传统知识分子的风骨,构建民族精神方面,所起的重要作用是不言而喻的。

(三)荀子的主要思想

荀子(约公元前298—前238),名况,字卿,战国末期赵国人。据《史记》记载,他曾多次出入齐,游于秦、赵,最后到了楚国,被楚宰相春申君任命为兰陵令(今山东)。后春申君被杀,荀子被免职,自此,定居兰陵,直至老死。他曾两次到齐稷下游学,三次任稷下学宫祭酒。他批判地继承了孔子以来的儒家思想,同时也吸收了道、墨、名、法诸家的长处,构建了自己的思想体系。其思想具有综合性,偏礼制,不是儒家的主流,后衰落。有韩非、李斯两个法家大弟子。荀子的思想集中在《荀子》一书中。

1. 在天人关系上,荀子主张天人相分

“天”在荀子那里有两层含义,一是指宇宙间存在的天体和天体运行之规律。他说:“天行有常,不为尧存,不为桀亡。”(《荀子·天论》)一是指“日月之有蚀,风雨之不时,怪星之倘见。”(《荀子·天论》)等自然现象。正是荀子还自然之天的本来面目,才使他区别了天和人,并在“明于天人之分”的前提下提出了一个伟大的命题："制天命而用之"，意思是人要顺应天道为人类造福。

2.人性恶论

与孟子人性本善相反，荀子认为人性本恶。荀子认为，"不可学，不可事而在天者，谓之性；可学而能，可事而成之在人者，谓之伪。"即说，性是先天生就的，伪是后天形成的。从范围和内容来看，"性"包括各种生理器官的自然的生理本能以及对于衣食声色的情欲，是脱离社会关系的个体的抽象的生物性。在荀子看来，人的这种本性是恶的。如果"从人之性，顺人之情，必出于争夺，合于犯分乱理而归于暴。"(《荀子·性恶》)因此，必须"化性起伪"。

"化性起伪"包含两层含义：一是道德行为是后天人为的结果，经过学习和教化，人性可以由恶趋善。一是强调圣人的作用。荀子说："今人之性恶，必将待圣人之治，礼仪之化，然后皆出于治、合于善也。"(《荀子·性恶》)荀子之所以强调人性本恶，须待教化才能为善，主要是为了突出圣人的作用和个人道德修养的重要性。荀子认为，君子和小人与生俱有的本性是一样的，而有的成为君子，有的成了小人，原因在于后天习惯。长期种地则为农夫，长期伐木则为工人，长期积累礼仪则为君子。本性虽恶，可以磨炼为圣人。这种理论，在逻辑上必然导致人人可以成为圣人的结论。所以，从强调道德修养看，荀子与孔孟是一致的，这也是他被划为儒家学派的原因。

与"性恶"论密切相关，荀子还提出了"礼法"并重思想。从孔子提倡以周礼治国以来，礼治成为儒家的重要政治主张。荀子继承了儒家的传统，对道德和法律的互补关系也有一定的认识，主张"隆礼重法"，强调礼在为人、做事、治国方面的作用，认为礼是法的根据、法的总纲，而法是礼的体现、礼的确认。如果只讲礼义、不讲法度，只重教化、不重刑罚，就不足以维护统治。

荀子的礼法思想继承了儒家传统的礼治思想，又具有法家法制思想的因素，这使荀子成为政治思想上从儒家到法家的过渡人物。他的弟子韩非、李斯发展了他的政治思想，成为法家的代表人物。

荀子是战国末年儒家中最有影响的儒学大师，其学说综合百家，自成一体，内容十分丰富。荀子接受了道家的自然观，但摈弃了其消极无为的态度，提出了"制天命而用之"的著名论点。荀子在人性问题上的见解，与孟子正相反，它主张人性本恶，认为经过后天的教育才能使人至善，以至变成圣人。他还综合了儒家和法家的治国主张，提出礼法并用。荀子的学说没有像孔孟之道那样受到后代儒家士人的尊崇。事实上，中国历代封建王朝的统治，都有荀学的痕迹，王道霸道兼用，恩威并施。不管如何，荀子作为先秦思想的集大成者，他在中国思想史上重要地位，是谁也无法否定的。

二、汉代儒学

先秦儒学，由于其“迂远而阔于事情”，始终没有成为占统治地位的思想。秦始皇焚书坑儒，更给了它致命的打击。秦亡汉兴，统治者鉴于前朝灭亡的教训，省刑薄赋，与民休息，并积极营构新的上层建筑，几经反复，选择了儒家思想为统治思想。其标志便是汉武帝采纳董仲舒的建议，“罢黜百家，独尊儒术”。从此，儒家在封建社会意识形态领域，独领风骚两千年。

董仲舒（公元前179—前104），广川（今河北枣强县）人，因治《公羊春秋》，景帝时为博士。他治学专精，弟子众多，曾“三年不窥园”，完成了经学巨著《春秋繁露》。汉武帝即位后，为完成由无为到有为的转变，连续三次下诏，策问古今治乱之道合天人之际等问题，董三次应对，即所谓“天人三策”，受到汉武帝称许。在第一次策问中，董就提出了“罢黜百家，独尊儒术”的主张。董仲舒的儒学以儒家思想为主干，兼采各家，其中包括道家的自然观，法家的集权思想以及阴阳家的阴阳五行之学等，构成神学式理论体系。

董仲舒思想核心是“天人感应”说，他宣扬天为万物之祖，百神之君，认为天制造了人，人为天的副本。天人之间声气相通，休戚相关，天是一个大宇宙，人是一个小宇宙。天对万物实行主宰，以阴阳五行的变化和符瑞、灾异对万物和人类社会发挥作用，产生影响。君主授命于天，是代天行事，须以天意为行为准则。董仲舒是想用神权来限制君权。但他编织了一张形而上的天人关系网，赋予君主承上启下，圆通万物的作用，君主成了事实上的天，天威神圣不可侵犯，把封建专制制度的理论系统化神圣化。所以这一思想是历代统治者都乐于接受，并鼓吹和利用的。

以“天人感应”说为基础，董仲舒又建立了一整套神学化的伦理道德观。他认为天有阴阳，人也有阴阳，“君为阳，臣为阴；父为阳，子为阴；夫为阳，妻为阴。”（《春秋繁露·基义》）天的意志是“阳贵而阴贱”（《天辨人在》），“亲阳而疏阴”（《基义》），所以君为臣纲，父为子纲，夫为妻纲，均出自天意，不可变更。董仲舒抛弃了先秦儒家提出的君臣、父子等互惠互动关系，以及在上者要身体力行、率先垂范的前提，把双向的人伦义务变成片面的等级服从，主张人臣要绝对服从君主。他的三纲学说是对君权、父权和夫权的肯定。“天不变，道亦不变”，把封建社会的统治秩序永固化。

董仲舒强调政治上“大一统”，维护当时已经形成的封建一统的政治局面。他说：“《春秋》大一统者，天地之常经，古今之通谊也。”（《汉书·董仲舒传》）他认为诸侯不得自专，必须服从天子的统治，这种大一统是天经地义，不可更改的，也是古今通行的。他还根据阴阳观念，指出在政治生活中阳表现为德，阴表现为刑，德主生，刑主杀，而“天”是欲生不欲杀的，天道是重阳轻阴的，故统治者应以德为主，以刑辅之。这样，便从理论高度为统治策略规定了模式。汉宣帝讲“汉家自有制度，本以霸王道杂之”(《汉书·元帝纪》)，便是证明。此后的封建王朝，基本上沿用了“汉家制度”。

总之，董仲舒改造过的儒家学说，就某些理论而言，是对先秦儒学的倒退。尤其是他的君权神授理论和“三纲五常”说，对后世影响最为深刻，长期禁锢着中国人民的头脑，桎梏着历史的发展。但是，董仲舒从宇宙论的高度确认了儒家学说的合理性，神化孔子和经书，把先秦儒学由一个学派的思想发展演变为全国性的封建统治思想，使儒学的地位“定于一尊”，又可谓是儒学发展的功臣。董仲舒创建新儒学思想体系时，正是封建社会处在蓬勃兴盛的上升阶段，其思想主旨是维护大一统封建秩序，适应了时代的需要，对于巩固国家统一，加强封建专制统治，防止暴政，促进当时社会的发展是有积极作用的。

三、宋明理学

魏晋时期，玄学流行，佛教昌盛，儒学受到冲击，几经磨合，儒学吸收道、释思想形成理学。孔孟只提出了简单的伦理规范，没有做理论的说明，到了董仲舒，用“君权神授”论证君权的合理性，虽比孔孟学说进了一步，但仍缺乏说服力。宋儒吸纳了道、佛的思辨性，创造出新儒学，为儒家伦理纲常提供了一个令人折服的哲学根据。

由北宋周敦颐“开山”，张载和程颢、程颐兄弟二人奠基，南宋朱熹集大成的理学唯心主义体系，人称“程朱理学”。和朱熹同时的陆九渊因本体论和方法论上与朱熹产生分歧，而建立了主观唯心主义体系。明代王守仁又发展了陆学体系，人称“陆王心学”。这期间，程朱派是主流，一直处于支配的地位。理学讲道统，本来应称“道学”，但是，由于他们把中国古代哲学中的许多重要哲学范畴，如道、太极、天命、心、气、性、物等都用“理”贯穿起来，把它们都说成是理，或认为它们都有理，所以约定俗成称之为“理学”。

理学的核心是性命、义理之学。理学是从理论上回答自然与社会现象的统一问题，以探讨道体和性命为核心。何谓道体？即指在自然、社会现象背后，有一个根本的本体，也就是理学家所追求的“所以然之故”。朱熹说：“理也者，形而上之道，生物之本也。”道体即理学家所说的理。理是第一性的，是创造万物的根本。而性命是指社会性与人性，是理的具体表现，因而性命统一于道体——理。无论二程还是朱熹，在对理的解释上有两重含义：一是事物的一般规律，二是封建道德(三纲五常)的抽象。理学主要内容有：

(一)“天地之性”与“气质之性”

张载之前的中国古代思想家往往从人性中寻找道德的起源,论证善恶。孟子认为人性善,荀子认为人性恶,董仲舒讲性三品,汉代杨雄讲性善恶混,都只是从一般的修养论着眼,停留在道德论的范畴,没有从世界观高度探讨。张载则从世界观高度,对人性善恶作了论证。认为人性分为“天地之性”与“气质之性”。天地之性是善的,气质之性有善有恶。天地之性就是仁义礼智,是人的形体未形成之前就已存在的。气质之性是人的形体形成之后而有的。

(二)“存天理,去人欲”

张载说“万事只一理”。何谓天理?二程把封建伦理纲常说成天理。他们说:“忠者,天理。”(《遗书》卷十一)“礼即是理也。”(《遗书》卷十五)“父子君臣,天下之定理,无所逃于天地间。”(《遗书》卷五)世界上万事万物,社会上所有关系,在二程看来,“皆只是一个天理”(《遗书》卷二上)。朱熹也强调说“‘未有这事,先有这理’。如未有君臣,已先有君臣之理;未有父子,已先有父子之理。”(《朱子语类》卷九十五)这样,理学家就把把封建伦理纲常变成了人人不可违犯的天理,封建道德原则被夸大成了宇宙的最高原则。

既然三纲五常是天理,是至善的天地之性,人人必须发扬光大,那么与此相对应的是什么呢?理学家说是人欲。人欲是恶,所以,存天理,灭人欲。有人问程颐说:生活孤苦无依的寡妇为了生存能否再嫁,他说:饿死事小,失节事大。就是要求妇女牺牲生存的“人欲”,保全封建道德——夫为妻纲的天理,他的这句话成为后人诟骂理学的根据,被认为是“以理杀人”。

道德本来是人内在的一种自觉,不靠外力强制,是限制人的欲望过度膨胀以致影响社会秩序,是为了限制人利己损人的规范。而到了理学这里,道德成了不可怀疑必须执行的天理,成了外在强迫,成了扼杀人的欲望的天条。

(三)理一分殊

朱熹在对张载《西铭》的解释中说过:世界万物都是天地的子女,天地则是由“理”派生出来的,这就叫“理一”;万物产生之后,就有了“大小”和“亲疏”之分,“亲疏异情,贵贱异等”,人们“各亲其亲,各子其子”,这就叫“分殊”。(《张横渠集》卷一)朱熹还用佛教“月印万川”的比喻来论证“理一分殊”。他说:“本只是一太极(理),而万物各有禀赋,又各自全具一太极尔。如月在天,只一而尔,及散在江湖,则随处可见,不可谓月已分也。”(《朱子语类》卷九十四)这是对佛教华严宗“一多相摄”思想的袭用。

理学创立之初，并未得到统治者的重视，甚至还曾被明令禁止，朱门弟子作鸟兽散，朱熹在凄凉中病死。然而，朱熹死后不久，统治者就意识到理学对维护封建统治的重要作用。于是，朱熹死后九年，被宋宁宗谥为“朱文公”。后来，朱熹的《论语集注》和《孟子集注》又被列入学馆，成为法定的教科书。元代以后，理学成为封建统治的官方哲学，朱熹的《四书集注》成了科举考试的依据。

在宋明时代，能在学术上与程朱理学相抗衡的只有陆王心学。从这一派的思想渊源来说，受孟子影响较大。心学的创始人陆九渊直接提出“宇宙便是吾心，吾心便是宇宙”(《象山先生全集·杂说》)。宇宙之“理”自然也只能是心之理，是由心构成的，社会伦理规范与主观道德观念都是根源于人心，心和理是一回事，“心即理也”(《象山先生全集·卷十一·与李宰》)。朱陆分歧的总根源是对“理”的认识有所不同。朱熹思想中的理是客观存在的、精神性的绝对实体，它在人心中的显现为“性”，其观点可用“性即理”来概括，性是心中之理，不等于“心”。陆九渊则把心与理绝对等同起来，认为“心即理”，使主观的自我本心与客观的天理达到不可分离的等同。陆九渊还提出了“良心”概念，认为它不但是道德的根源，而且先验地具有辨别善恶的能力，所以，人的道德修养不需要象朱熹那样“格物致之”，通过穷究事物的道理来推展扩充自己的知识，而只要自识本心，存心明性。把“心”作为本体，以“发明本心”为宗旨，陆九渊奠定了心学一派的理论基础。该学派的集大成者是明代王守仁。

王守仁早年信奉过朱熹的“格物致知”理论，企图通过观察竹子而“格”出竹子的道理。结果“格”了数日，不仅没有达到目的，反而因此生了一场大病。后来，他醒悟了，说“谬矣三十年，于今吾悔!”此后，他便改信陆九渊的理论，并发展了他的理论。王阳明将世界万物统一于人心，主张“心外无物，心外无事，心外无理，心外无义，心外无善”(《阳明全书·与王纯甫》)。王学的主要哲学命题是:心外无物、心即理、知行合一、致良知。强调心是宇宙的本体;肯定知行之间的相互关系、相互包含和动态统一;教人要扩充良知，要身体力行，在实践中追求人生理想。他肯定凡夫俗子也可以通过道德修养达到最高境界，“满街都是圣人”(《传习录下》)。由于他主理论上强调发挥主体的能动性，倡导怀疑精神，结果适得其反，造成了对封建道德的离心力，最后导致理学解体。

陆王心学的哲学价值在于它把宋儒之“理”从外部搬至人的内心，也就是说，人们可以根据自己的认识和理解去把握，而不是一味被动地去适应外部规范。这样突出了人的主观能动性，把人们的认识从现实的儒学礼教中解脱出来，使人们有了独立判断的可能。这不能不说是由程朱理学土壤中生发出的进步的思想之花。

宋明理学的产生和发展对中国社会产生了广泛而深刻的影响,其中,“存天理,灭人欲”、“饿死事小,失节事大”等的伦理异化,严重地毒害了中国社会和中国人民。另外,也应该看到,宋明理学强调通过道德自觉,达到理想人格的建树,也强化了中华民族注重气节和德操、注重社会责任与历史使命的文化性格。因此,对于宋明理学的精华与糟粕,正面与负面的效应,我们应当具体地、历史地加以分析批判。

四、现代新儒家

所谓“新儒家”有两个所指,一是区别于先秦原始儒家而专指宋明儒学,二是指近代“五四”前后出现的主张弘扬儒学会通中西的学派,亦被称为“现代新儒家”。现代新儒家一般分成三代:第一代是梁漱溟、熊十力、张君劢;第二代有牟宗三、唐君毅、徐复观、钱穆、方东美,国内一些研究者把冯友兰、贺麟等人也列为第二代新儒家;第三代有杜维明、刘述先、成中英、蔡仁厚等。他们大多是港台及外海华裔学者。

作为一个学术流派,“现代新儒家”在近百年的时间流程中,体现了一些共有的基本特征:一是尊孔崇儒,以儒家学说为中国文化的正统和主干、以继承儒家“道统”、弘扬儒家学术为已任。二是推重“心性之学”,注重人自身道德本体的建设,认为它是建立在道德实践基础上的道德主体性学说,即所谓“内圣”之学。人只有挺立了道德主体性,才能由“内圣”通“外王”。三是主张“文明对话”与“文化中国”,把儒家文化纳入世界文化架构中来平等地加以对话、研究、交流。四是“援西学人儒”,一方面认同传统儒学,一方面适应现代新潮,走融合中西、“返本开新”的特殊道路。

虽然新儒家的三代学人都是为了护卫儒家传统,光大中国人文精神而努力,但是由于他们分别处在三个不同的历史时期,针对中外不同的思想文化问题,其研究的范围和侧重点亦有所不同。现代新儒家的第一代是在20个世纪初全盘西化思潮的冲击下,传统儒学几乎遭到毁灭性打击时,挺身而出,高擎起儒学大旗,捍卫孔子学说。这些学者在政治上并不保守,只是在以同情理解的心态对待传统儒学,他们在对待西方文化的态度上仍持开放的立场。梁漱溟原本是出入于佛儒之间,“五四”时期首先站出来反对全盘西化的片面和极端,为儒学打抱不平。1922年由商务印书馆正式出版他的《东西文化及其哲学》一书,开始了他的跨文化研究。他认为,东西文化差异在于“人生路向”上的根本不同。他以“意欲”向前、向后、持中为标准,将西方、印度、中国三大文化系统归结为三条不同的路向,认为只有以儒家思想为基本价值取向生活,才能使人尝到“人生的真味”。因而儒家才是人类文化的理想归宿,“世界未来文化就是中国文化的复兴”。熊十力的学术地位是由他对传统社会和现代社会中人性异化的双向批判、双重扬弃所确定的。他以传统批导现代,以现代批导传统,为挺立和重塑中华民族精神,他创造了融合西方思想、继承东方精髓的"新唯识论"哲学体系。以张君劢为代表的"玄学派",在1923年发生的"科学与玄学论战"中,针对20世纪初从西方传入的科学主义思潮过分夸大科学的功能、鼓吹"科学是没有界限的"、"科学方法万能"等观点进行批驳。他认为,科学只在解释物理方面有效,至于更高层次的宇宙本体、人生道德的真实等,只能靠认识主体的直觉体悟。现代新儒家哲学显然是沿着这一条道路发展的。所以这场论战在现代新儒学思潮形成和发展史上有十分重要的意义。

现代新儒学的第二代传人,以唐君毅、牟宗三、徐复观三人为代表,他们被誉为"新儒家三大师",他们都是直接受惠于熊十力的门人弟子,故在学理学脉上更相通契。他们的"道统"和"学统"意识似乎也更强,他们刻意要给自己找到一个历史的位置,也就是所谓"返本开新"之位。1958年初,张君劢和熊门弟子唐君毅、牟宗三、徐复观三人,在香港《民主评论》杂志联名发表了一篇题为《中国文化与世界》的"宣言",提出了当代新儒家"返本开新"的思想纲领。他们把中国文化的未来放在全球意识与寻根意识大背景下考察,强调中国历史文化为一活的精神生命存在,儒家的道德理想和宗教精神对人类社会具有普遍意义,它与现代科学、民主非但不矛盾,而且相反,科学与民主正是中国文化中的道德精神自身发展之必然的内在的要求,这就是所谓由"内圣"开出新"外王"。这是当代新儒家的基本立场,也是新儒家以传统文化为根基,架构适应新时代需要的思想体系的主要特征。这一代新儒家学人,多在1949年以后,退居港台,或流域海外,苦苦地支撑着"不绝如缕"的局面。借用唐君毅的"花果飘零"之比喻,最能体现出他们的悲悯情怀。他们在精神生命上似不及前辈自信,但在文化认同上却似更为自觉,真正称得上是复兴当代儒学的重将。

20世纪70年代,东亚工业文明崛起,欧洲中心主义和"韦伯主义"(曾断言正是由于儒学导致了中国资本主义没有发展起来)失势。对此,当代新儒家的第三代,著名教授杜维明、刘述先、成中英、蔡仁厚等人,就"儒学第三期发展的前景"等提出构想,继而又提出了"文化中国"的概念。他们都是开放的儒家,以光大儒家精神为职志,在对文化问题的反思中,有许多精卓的见解,他们反对欧洲中心主义,反对现代化只有一种模式的观点,他们认真研究东亚工业文明的文化背景、文化动力,主张把儒学未来的命运放在"认同"与"适应"的理论中加以考虑,他们重视探讨儒学作为世界文化的一种精神资源对于现代人生活和西方、全球可能发生的影响等等,为现代新儒学的新发展起到了积极的推进作用。

新儒家对传统儒学中包含的许多普遍性的、跨时代的积极内容进行研究,将大大裨益于思想界的健康发展及与世界上各种思潮的对话、沟通，也将有助于活化中国传统的精神遗产，促进全球化与本土化的互动。

第二节　儒家的主要经典、主要思想及其对中国文化的影响

一、儒家的主要经典

何谓经？古人称某些权威著作为"经"。段玉裁《说文解字注》："织之纵丝为之经。必先有经，而后有纬，是故三纲、五常、六艺，谓之天地之常经。"此说以"织之纵丝"为"经"之本义；经典的"经"是引申义，有典则法规、通用常行的意义。在中国古代，儒家、墨家、道家、法家、医家及其他诸家都有自己的"经"或经典，这种意义的"经"或经典是泛称。自汉武帝"罢黜百家，独尊儒术"之后，一般知识分子所称"读经"则专指《诗》、《书》等儒家重要典籍而言。

孔子以六艺教人。这六艺指诗、书、礼、乐、易、春秋，它们被后儒尊为经。战国时期，儒家为显学，因而有了"六经"的说法。① 其中，《乐经》失传，故汉代以后，只有五经流传。至宋代，发展为十三经。所谓"十三经"，除原来的《诗》、《书》、《易》以外，《礼》衍为三：《仪礼》、《周礼》和《礼记》；《春秋》有三传：《左氏传》、《公羊传》和《谷梁传》；再加上《论语》、《孟子》、《孝经》和《尔雅》，共13部著作。其中，《诗经》是中国最早的诗歌选集，属于文学；《书经》和《春秋》三传属于历史；"三礼"基本上属于典章制度、仪节规范；《孝经》是伦理学著作；《尔雅》是近似字典的工具书；《易》、《论语》、《孟子》三部属于哲学著作。

二、儒家的主要思想及其对中国文化的影响

纵观儒学发展的历史，构成中国文化主干并影响至今的儒家思想，主要有以下几个方面：

（一）刚健有为、积极入世的人生态度

儒家与道家、佛家遁世、出世的人生观相反，具有强烈的淑世情怀。《易传》讲：

①《庄子·天运》："丘治诗、书、礼、乐、易、春秋六经。"

"天行健,君子以自强不息","天地之大德曰生"。孔子既是刚健有为思想的倡导者,也是这一思想的实践者。他在礼乐崩坏的春秋乱世,不顾个人安危,周游列国,宣讲仁学,期望天下太平,人民过好日子,尽管他历尽艰辛,但至死不渝,为崇高的理想而努力。孔子"知其不可而为之"的悲壮气概,与庄子的"知其不可奈何而安之若命"截然不同。《史记》作者司马迁有段话:"西伯拘而演《周易》;仲尼厄而作《春秋》;屈原放逐,乃赋《离骚》;左丘失明,厥有《国语》;孙子膑脚,《兵法》修列;不韦迁蜀,世传《吕览》;韩非囚秦,《说难》《孤奋》;《诗》三百篇,大抵圣贤发愤所作为也。"反映了中华民族愈挫愈奋、刚强进取精神。

坚持独立的人格是刚健有为思想的重要表现。孔子认为,如果一个人的理想与生命发生冲突,只有选择前者,不能苟且偷生。他的名言是:"志士仁人,无求生以害仁,有杀身以成仁。"他在自己的治国平天下方略不为统治者接受的时候,并不改变初衷,而是实行"道不行,乘桴浮于海。"(《论语·公冶长》)始终坚持"天下有道则现,无道则隐"(《论语·泰伯长》)的人生准则,绝不向黑暗统治妥协。这种思想在孟子那里演变成为至大至刚的"浩然之气",有了这种正气,就能做到"富贵不能淫,贫贱不能移,威武不能屈"。这种坚持独立人格和气节,不为物质利益或暴力所诱惑、所屈服的顶天立地的精神,成为烛照中华民族奋然前行的精神力量。

正是这种刚健有为自强不息的精神,凝聚、增强了民族的向心力,培育了中华民族的自立立人以及不断学习、不断前进的精神,成为中华民族"苟日新、日日新、又日新"的泉源活水。这种思想不仅在我们民族兴旺发达时期起过巨大的积极作用,而且在我们民族危难之际,也总是成为激励人们抗击侵略,反对压迫的强大精神动力。这一精神至今仍是激励人们为国家民族建功立业的重要精神力量。

(二)内圣外王的修身治国之道

"内圣外王"是儒家修身治国的原则,最早出于《庄子·天下篇》。内圣指主体的内在修养,对善的领悟,对仁义道德的把握。外王指把主体内在的修养所得推广于社会,使天下道一风同。用儒家自己的话来说,就是通过修身来齐家,进而治国平天下。

儒家注重个人道德修养,不仅指士人、普通人,还指统治者。《大学》里说:"自天子以至于庶人,壹是皆以修身为本。"儒家认为榜样的力量是无穷的,统治者倘若以身作则,那么老百姓就好管理。《论语》有几则记载就很说明问题。一次季康子问政于孔子,孔子说:"政者,正也。子帅以正,孰敢不正!"又有一次,季康子说:"如杀无道,以就有道,何如?"孔子回答说:"子为政,焉用杀?子欲善而民善矣。君子之德风，小人之德草，草上之风必偃。”这里的君子、小人是指统治者和被统治者。统治者不仅是良好社会风气的倡导者，更应该是践行者，上梁正，下梁则不歪。

何谓“王道”？儒家的“王道”是指以德服人，相对于法家以力服人的“霸道”。如果说儒家的“内圣”是针对“人人”所讲，那么，“外王”则是专指封建统治者，特别是封建皇帝。儒家的王道不仅包括发展经济和发展教育，也就是在提高百姓物质生活水平的基础上，不断地提高人民的文化素养和道德情操；也包括封建朝廷要接受监督，选用贤能和听取臣民的批评。尽管儒家学者已经意识到没有监督的政权是危险的，但是，由于封建政权的大一统，他们的“王道”主张并没有受到封建帝王的重视。所以，儒家的“内圣外王”从一开始就是个“跛脚儿”，它长于“内圣”而短于“外王”。尽管如此，儒家在 2 000 年前所提倡的“内圣外王”的思想毕竟对中国的整个封建社会起了极大的影响。换句话说，时至今日，儒家的这一思想仍未失去其社会效用。

（三）纲常名教的伦理秩序

为了达到、保持社会的和谐和统一，儒家的思想家们在社会实践中不断地增益着儒家创始人孔子的礼制思想。汉代，董仲舒把孔子的“君君、臣臣、父父、子子”发展为“三纲”，即君为臣纲，父为子纲，夫为妻纲；把孟子的“四端”仁、义、礼、智，发展为“五常”，即仁、义、礼、智、信。“三纲”、“五常”便是我们所讲的“纲常”。

纲常已经确立，但未必人人皆按纲常去做，于是需要行教化。教化虽不是从汉代开始，但汉代的教化已非孔孟的自觉修身，而是将纲常作为必须普遍遵循的原则推广到大众中去，于是名教生。

所谓“名教”，即是以正名分为本的封建礼教。晋代袁宏关于名教说：“夫君臣父子，名教之本也。然则名教之作，何为者也？盖准天地之性，求自然之理，拟议以制其名，因循而弘其教，辨物成器，以通天下之务者也。是以高下莫尚于天地，故贵贱拟斯以辨物；尊卑莫大于父子，故君臣象兹以成器。天地，无穷之道；父子，不易之体。夫以无穷之天地，不易之父子，故尊卑永固而不渝，名教大定而不乱。置之六合，充塞宇宙，自今及古，其名不去者也。”（《后汉书》卷二十六）名教所宣传的无非是用封建纲常原则教化百姓，以达到整个社会的和谐统一。但是，这种僵化的、绝对的教条仍未挽救封建社会崩溃的命运，这是儒家的失误。任何原则一旦被绝对化，势必违背它的初衷。

(四)“和为贵”的文化精神

和为贵,作为儒家文化的最基本精神之一,曾在中华民族和中国文化的发展过程中起过十分重要的作用。中西文化传统的一个显著差异,就是中国文化重和谐与包容,西方文化重分别与对抗。

历史上,最早对和谐理论进行探讨的是西周末年的史伯和春秋齐国的晏婴。史伯强调以不同元素相配合,才能使矛盾均衡统一,收到和谐的效果。五味相和,才能产生香甜可口的食物;六律相和,才能形成悦耳动听的音乐;善于倾听正反之言的君王,才能造成“和乐如一”的局面。史伯说:“和实生物,同则不继。以他平他谓之和,故能丰长而物归之。若以同裨同,尽乃弃矣”(《国语·郑语》)。不同事物之间彼此为“他”,“以他平他”即是把不同事物结合在一起;不同事物相互结合而达到平衡,就是“和”,“和”才能产生新事物。如果把相同的事物放在一起,就只有量的变化而不会有质的变化,就不可能产生新事物,事物的发展就停止了。春秋末年齐国的晏婴进一步用“相济”、“相成”的思想丰富了“和”的内涵。

孔子继承了史伯和晏婴的和谐思想,并将其具体化为“和而不同”的文化观。他的明言是“君子和而不同,小人同而不和”(《论语·子路》)“和”作为儒家思想中内涵最丰富的概念之一,它不仅是处理人与自然,人与社会关系的基本准则,也是处理人自身问题的基本准则。在人与自然和谐统一方面,儒家主张不以征服自然为满足,不以破坏自然为乐事,而是顺应自然、因势利导。孔子赞成用渔竿钓鱼,反对用大网拦河捕鱼,以防止鱼资源枯竭;孟子主张在适宜的季节伐木,以免妨害树木的正常生长;《淮南子》的作者们明确反对“涸泽而渔”、“焚林而猎”,等等。这些例子都反映了维护生态和谐、重视人与自然和谐的可贵思想,至今仍有现实价值。在人与社会方面,儒家强调人际关系的和谐。孔子主张“礼之用,和为贵。”儒家理想的社会是一个存在君臣上下贵贱亲疏等级差别的社会,但是,它又是一个各等级间和谐统一亲如一家的社会。同时儒家还把尚“和”的思想应用于国际间,《尚书·尧典》说“协和万邦”,即主张各民族、各诸侯国之间要互相团结,和睦共处。这对促进中华民族的多元一体格局的形成发挥过重要作用。

在人自身方面,为了达到内心世界的和谐,儒家提倡对人的欲求予以道德节制。与世界其他民族相比,中华民族特别重视道德的教化作用,重视通过节制欲望来净化心灵,以提高人的情感素质与理性能力,使社会朝着更加完善和谐的形态发展。儒家认为人之所以异于禽兽者、人之所以为人者在于人有道德。“父慈、子孝、兄友、弟恭”,“父子有亲,君臣有义,夫妇有别,长幼有序,朋友有信。”从个体到家庭,从家庭到社会、国家,伦理道德规范成为维持家庭和睦国家有序的重要保证。

“和为贵”的文化精神对中国文化的影响极为深远,它滋养出了中华民族崇尚和谐统一的博大胸怀,使得中国人十分珍惜和谐局面的实现和保持,这对于社会的稳定和发展是极为有利的。同时坚持和而不同的矛盾观也促成了中国人做事不偏执,不极端,顾全大局,求同存异的文化传统,这对于凝聚民族精神,维护多民族国家的统一,无疑有着十分重要的意义。

儒家思想对中国文化的影响是全面而又深刻的,作为中国传统文化的正宗,儒家思想贯穿于中国社会的各个阶层,构成了中国传统文化的主干内容,规定了中国传统文化的基本走向。它从人性和情感出发,建构了一套植根于人心深处血缘亲情之上,和谐家国、社会、自然、人生的学问。它彰显了“仁爱”、“和谐”、“秩序”的价值,它弘扬道德精神,追求刚健有为的人生,向往大同盛世。它不仅塑造了我们民族的昨天,它的某些思维方式和价值观依然鲜活地生长在现代社会中,成为我们民族文化的源头活水,潜移默化地影响着我们民族的未来。

本章小结

由孔子创立的儒家思想是中国文化的重要内容,是中国文化价值系统的主干。古代儒家发展分三个阶段:第一阶段是先秦儒家,主要代表人物有孔子、孟子和荀子;第二阶段是汉代儒学,其代表人物是董仲舒;第三阶段是宋明理学,其又分程朱理学和陆王心学两个流派。近代“五四”前后,出现了主张弘扬儒学会通中西的现代新儒家。儒家经典有所谓“四书”、“五经”、“十三经”之说。

儒家学派创始人孔子主要思想:仁与礼。他希望建立一个既存在君臣上下亲疏等级差别,同时各等级之间又和谐统一,充满亲情的社会。孔子生活在礼崩乐坏的春秋末期,站在中国文化的历史性转折点上,他通过总结春秋以前的中国文化成果,成功地对中国社会的生活秩序进行伦理化道德化的提升,创造了以“仁”为核心,以“礼”为原则,以“中庸”辨证为方法,协调家庭、社会、国家,宗教、哲学、自然,以及政治、经济、教育等诸方面关系的博大精深的思想体系。

孟子继承并发展了孔子“仁”的思想,明确提出了“仁政”学说,并为之找到了人性善的心理基础,还提出一套磨砺人格、修身养性的方法。正是由于孟子的努力,才使得儒学思想更趋完善,更具有实践意义。孟子的许多激励人心、千古传诵的名言警句,在塑造传统知识分子的风骨,构建民族精神方面,所起的重要作用是不言而喻的。

荀子批判地继承了孔子以来的儒家思想,同时也吸收了道、墨、名、法诸家的长处,构建了自己的思想体系。其主要思想有:天人相分、人性恶论、礼法并用。中国历代封建王朝的统治,都有荀学的痕迹,王道霸道兼用,恩威并施。

先秦儒学，由于其“迂远而阔于事情”，始终没有成为占统治地位的思想。秦始皇焚书坑儒，更给了它致命的打击。秦亡汉兴，统治者鉴于前朝灭亡的教训，省刑薄赋，与民休息，并积极营构新的上层建筑。几经反复，选择了儒家思想为统治思想。其标志便是汉武帝采纳董仲舒的建议，“罢黜百家，独尊儒术”。从此，儒家在封建社会意识形态领域，独领风骚两千年。董仲舒的主要思想有：天人感应、三纲五常、德主刑辅。

魏晋时期，玄学流行，佛教昌盛，儒学受到冲击，几经磨合，儒学吸收道、释思想形成理学。宋明理学的产生和发展对中国社会产生了广泛而深刻的影响，其中，“存天理，灭人欲”，“饿死事小，失节事大”等的伦理异化，严重地毒害了中国社会和中国人民。另外也应该看到，宋明理学强调通过道德自觉达到理想人格的建树，也强化了中华民族注重气节和德操、注重社会责任与历史使命的文化性格。

现代新儒家产生于20世纪初，当时全盘西化思潮盛行，传统儒学遭到毁灭性打击。他们一方面认同传统儒学，一方面适应现代新潮，走融合中西、“返本开新”的特殊道路。新儒家对传统儒学中包含的许多普遍性的、跨时代的积极内容进行研究，将有益于思想界各种学说和世界上各种思潮的对话、沟通，也将有助于活化中国传统的精神遗产，促进全球化与本土化的互动。

纵观儒学发展的历史，构成中国文化主干并影响至今的儒家思想，主要有以下几个方面：刚健有为、积极入世的人生态度；内圣外王的修身治国之道；纲常名教的伦理秩序；“和为贵”的文化精神。

思 考 题

1. 简述儒家发展历程及主要经典。

2. 孔子、孟子的主要思想有哪些？如何评价？

3. 儒家主要思想有哪些？如何分析并评价？

4. 儒家思想中哪些还有现实意义和价值？

第五章　思想文化之二:道家与传统文化

人法地,地法天,天法道,道法自然。

——老子

穷则独善其身,达则兼善天下。

——孟子

道家是中国古代思想史上一个极其重要的学派,它源远流长,内容丰富,对中国传统文化的形成和发展产生过重大的影响,凝聚着中华民族独特的民族性格和民族精神。儒家思想和道家思想是中国传统文化的两大主流,但各有侧重互有长短。儒家思想在历史上是长期占统治地位的意识形态,在社会政治思想、伦理道德观念、教育理论等方面往往占据主导地位,而道家思想则在文学艺术、自然科学特别是哲学方面往往占据主导地位。儒家、道家是中国传统文化的两极,形成鲜明的对立和有效的互补,给予中国传统文化以深刻且长久的影响。

第一节　道家的产生及演变

道家思想及其学派,由老子创立,后被庄子发扬光大。其思想发展大致经历了两个阶段:以老子、庄子为代表的先秦道家阶段,秦汉以后的演变。

一、先秦道家

道,本义为道路,引申为规律、准则、道理等。春秋战国时期,以老子和庄子为代表的学派,认为“道”是宇宙的本原、万物的始祖,以对“道”的体认为根本目的,“道”是他们思想体系的核心和最高范畴,所以被称为道家。

(一)先秦道家思想产生的渊源和背景

1. 原始母系社会的遗风

由于女性在母系氏族社会发展中所做出的贡献和拥有的权力,使女性崇拜意识成为远古原始文化的重要内容。女性崇拜意识使女性的思维和行为方式得到了推崇,如贵柔、守雌、水德,用温柔、慈爱的方式统治社会等。而且由于女性孕育了人的生命,对女性崇拜的中心内容实际上就成了生殖崇拜。而生殖崇拜则表现了人类对自身生产和繁衍的重视与神往,也表现了对生命本身的热爱与肯定。由女性崇拜、生殖崇拜演化到对生命的重视和对宇宙万物生命起源的探求。

2. 对重建社会秩序的思考

春秋战国时期,社会秩序大动荡,“礼崩乐坏”,诸子百家纷纷提出自己重建社会秩序的主张:儒家主张“礼治”,法家主张“法治”,而道家认为他们都是用人为的办法重建社会秩序,而这是违背自然规律的,主张“无为而治”,恢复清净无欲、原始质朴的“小国寡民”社会。

3. 对个体价值尤其是对个体生命价值的思考

道家一般不看重人的外在社会价值,如儒家、法家看重的道德品格、功业成就、政治权力等,而是人的生命价值、人的个性及不受任何外在束缚的自由境界。老子说“飘风不终朝,骤雨不终日。孰为此者?天地。天地尚不能久,而况于人乎?”于是得出“身重于物”的结论,表现出对个体生命的有限的忧患和“贵生”思想。庄子曰“吾生也有涯,而知也无涯,以有涯逐无涯,殆矣”,故庄子主张“无己、无功、无名”,超然物外,淡泊名利,在有限的人生中,体会无限的自由。这些思想在诸子百家中是别具一格的,成为人生烦恼和痛苦的解脱剂。

(二)老子其人及主要思想

老子,又称老聃,道家创始人,约生于公元前571年,曾长期担任春秋末期周王室掌管典籍的史官,精通典章礼制,因此,才有孔子向其请教之说。后见周王室衰微,弃官隐遁,不知所终。老子总结了历代王朝兴衰成败及百姓安危祸福的经验教训,反对德教礼制,倡言自然无为,并把自己的思想写成《老子》一书。《老子》一书5 000余字,思想博大精深,与《周易》、《论语》一起,成为中国在世界上影响最大的三部古代文化典籍。

老学的基本特征,以道本体的自然主义哲学为基础,以“道法自然”为根本规律,主张取法于道的自然性和自发性,使人性返璞归真,使社会无为而治,实现和谐、纯朴、安宁的美好社会和人生。因此，老子的思想并不是人们所理解的消极厌世，而是对社会人生取积极的辨证态度。他主张贵柔守雌、谦下居后、无为不争，只是教人更好地遵循事物的本性和发展规律，做到顺应自然而不妄为，从容自得以养生，绝圣弃智以治国。

老子主要思想如下：

1.道本体论

在哲学史上，试图对世界的统一和发展原理作出哲学的解释、探求多样性世界的共同基础，这是大多数哲学家都共有的形而上追求。道家哲学也不例外，老子的“道”论即是一种形而上学。老子道本体论的深刻含义是“道生万物”，即“道”是世界万事万物之宗。老子认为，世界的生成模式是“道生一，一生二，二生三，三生万物。”(《老子》四十二章)这里的“一”，是阴阳未分之前，宇宙混沌一体；“二”指宇宙剖分为阴阳；“三”是阴、阳、和。所谓“三生万物”，即通过阴阳对立生成新的统一体。老子认为，阴阳未分的“一”，并不是事物的本原，它是由“道”产生的，“道”比“一”更根本。

那么“道”有什么特点？是实还是虚？老子说：“道可道，非常道。”(《老子》一章)即能用语言表述的道，不是永恒的道。而他自认其“道”是永恒的，故是不可用语言表述的。它无形、无声，“视之不见”、“听之不闻”、“搏之不得”(《老子》十四章)。一句话，是虚、无。所以，道生万物，又表述为“天下万物生于有，有生于无”(《老子》四十章)。“有”为有形有象的具体事物，“无”为先于具体事物的无形无象的本原，“无”与有的关系，就好比车轮能够转动，车子之所以有用，是因为车轮辐条所集中的车轴圆木中心是空的，可以穿过车轴。陶器、房屋之所以有用，也都是由于其中存在空虚，即有“无”。所以，“无”比有更重要、更有用。

在老子那里，道不仅是世界的本原，也是普遍法则。他认为，“道常无为而无不为”。即说“道”创造了万物，但它从来不强制、不干预万物的成长，而是顺其自然，让万物按照各自的本性充分自由地发展，而万物却又都不期然而然地遵从“道”的法则去运行，万事万物没有一样不是“道”的所为。老子还把“无为而无不为”作为社会和人的一切行动所应遵循的法则，说：“人法地，地法天，天法道，道法自然。”(《老子》二十五章)这里老子以天道作为天、地、人的共同法则，强调一切要合乎自然，顺从万物的自然本性，不要随意妄为，以人为的造作扭曲了事物的本性。

2.朴素辩证法

老子哲学对中国哲学的另一个重大贡献是其朴素辩证法。一是关于事物运动变化的思想。“飘风不终朝，暴雨不终日”、“社稷无常奉，君臣无常位”。二是事物有它的对立面。“有无相生，难易相成，长短相较，高下相倾，声音相和，前后相随。”对立面相互依存，相反相成。三是对立面互相转化。“祸兮福之所倚，福兮祸之所伏”“物极必反”“反者道之动”。他提倡贵柔、守雌、勿强、勿壮、无为，反对刚强和进取，以此防止向对立面转化，就是因为“物极必反”“柔弱胜刚强”。四是量变引起质变。“合抱之木，生于毫末；九层之台，起于累土；千里之行，始于足下。”“天下大事，必作于细”。老子在一定程度上认识到事物和它的对立面相互依存，及其互相转化。这是辩证法的根本规律即对立统一规律的“统一”方面，但他忽略了对立面的斗争。

3. 无为而治的政治观

老子认为，“道”的“无为而无不为”既然是人类社会活动应遵循的基本法则，那么，统治者治理国家也应顺其自然，像“道”那样不将其主观意志强加于社会生活，实行“无为而治”的政治主张。老子说：“道常无为，而无不为。侯王若能守之，万物将自化。”（《老子》五十七章）并说：“其政闷闷，其民淳淳；其政察察，其民缺缺（《老子》五十八章）。”即说统治者采取宽厚的政策，民风就会淳朴；统治者若采取严厉的苛政，民心就会“不古”。只有实行“无为而治”，就不会过多的干扰老百姓，“治大国，若烹小鲜”，“我无为而民自化；我好静而民自正；我无事而民自富；我无欲而民自朴。”（《老子》五十七章）老子认为政治混乱、人民贫困，都是由于统治者干涉过多引起的。

在老子看来，“无为而治”的政治主张，最适合于“小国寡民”的理想社会。他所描绘的“小国寡民”社会理想模式是“小邦，寡民。使什佰之器毋用，使民重生而不远徙。有车舟无所乘之；有甲兵无所陈之。使民复结绳而用之。甘其食，美其服，安其居，乐其俗。邻国相望，鸡犬之声相闻，民至老死，不相往来。”（《老子》八十章）老子厌恶人世间的钩心斗角和尔虞我诈，鄙视仁义礼智纲常名教，幻想回到“小国寡民”的社会里，去享受关系单纯、情感质朴、生活自足的恬淡乐趣，反映了他对现实的不满和消极抗议，但用这种倒退的办法解决现实矛盾是不可能的。

4. 见素抱朴的人生观

老子认为，人应该按照自然的本性生活，任何物质文明和精神文明都是腐蚀人心、败坏风气的。他说：“大道废，有仁义；智慧出，有大伪；六亲不和，有孝慈；国家昏乱，有忠臣。”（《老子》十八章）“故失道而后德，失德而后仁，失仁而后义，失义而后礼。夫礼者，忠信之薄而乱之首也。”（《老子》三十八章）可见，老子是把仁义、智慧、孝慈等伦常理教和人的才智看成“道”的对立物，看成理想人生的绊脚石。为此，他主张“绝圣弃智，而民利百倍；绝仁弃义，民复孝慈。绝巧弃义，盗贼无有。”（《老子》十九章）就是要取消知识道德、仁义礼智、一切新的器具和财货，社会就没有了争夺，人们也就没有了名利欲望，放弃了物欲，就可以恢复人的本性生活。

老子把天下的一切祸乱都归因于争，而人的贪欲则引起了争，所以他既强调寡欲，又力主不争。他要人们“见素抱朴，少私寡欲”（《老子》十九章），鄙视名利，淡泊其志，知足知止。他认为只有这样，才能按照人的自然本性正常地生活，人际关系才能协调，社会才能正常运转。而能少私寡欲，就自然不与人争；不与人争，则一切祸乱自然消除。因此，他要求统治者不要“尚贤”，以“使民不争”（《老子》三章）。

不争，自然不会走在他人前面；不走在他人前面，自然要不为天下先。这种“不敢为天下”的思想，销蚀人的锐气，阻碍人的进取精神，造成了民族心理中的畏缩、谦卑、不敢出人头地的消极方面。

（三）庄子其人及主要思想

庄子（约公元前369—前286年），名周，宋国蒙（今安徽蒙称县，有说是河南商丘）人。庄子出身贫寒，只当过家乡管理漆园的小吏，后隐居不出，终身不仕。庄子才华横溢，不贪求名位厚禄，拒绝楚王的重金高位之聘，对当时的统治者表示了坚决的不合作态度和对社会现实的强烈批判精神。“千金，重利；卿相，尊位也。子独不见郊祭之牺牛乎？养食之数岁，衣以文绣，以入太庙。当是之时，虽欲孤豚，其可得乎？子亟去，无污我。我宁游戏污渎之中以自快，无为有国者所羁，终身不仕，以快吾志焉”（《史记·老子韩非列传》）他在贫困中度过了一生，但在精神上却非常富有和自由。《史记》称“其学无所不窥，然其要本归于老子之言。”庄子留下的著作就保存在《庄子》书中。《庄子》一书表明了他既具有浩瀚恣肆、意蕴深广的惊人思辨力，又具有奔放飘逸、恢弘谲怪的艺术风格，可谓“吐峥嵘之高论，开浩荡之奇言”（李白《大鹏赋》）。庄子藉此表达他的那种傲视诸侯，衣被万世的独特思想和感情，在哲学和文学领域都发生了深久的影响。庄子无疑是中国文化史上乃至世界文化史上最具创造性的思想家之一。

庄子主要思想如下：

1. 天道自然观

庄子继承了老子“道”的思想，同样认为“道”是宇宙的本原，并对其做了进一步的发展。他说：“夫道，有情有信，无为无形；可传而不可受，可得而不可见；自本自根，未有天地，自古以固存。神鬼神帝，生天生地。”（《庄子·大宗师》）即“道”是第一性的超感知的精神本体，没有任何质的规定性，纯属想象出来的抽象玄奥的主观意识，它先天地万物而生，自满自足，周流不殆，永生长存。

2. 相对主义的认识论

庄子把老子的辩证法思想发展为相对主义的认识论。庄子发现世俗世界中，无论是非、大小、贫富、穷达、美丑等观念，都是在特定时空下的相对差别，这些相对的差别只有相对的价值。他在《齐物论》中就说是非完全是相对的，在《秋水》中认为贵贱、差别、功能、意趣……都不是绝对的，都变幻无常的。例如，潮湿好不好？庄子说人睡在潮湿的地方就会风湿腰疼，而泥鳅却喜欢潮湿；什么是美女？蔷、丽姬（传说中的美女）人都认为是美女，可是鱼见了她们逃到深水，鸟见了她们吓得高飞，麋鹿见了她们赶快跑开。所以，庄子认为任何认识和判断都是相对的，这对于打破思想界的独断论和自我偏执是很有价值的，但庄子由此否认事物之间的差别、否认客观标准，则走向了荒谬。

3. 逍遥自适的人生观

庄子哲学的核心是人生哲学。庄子认为，人之所以有许多苦恼和不自由，其根本原因是在于"有待"、"有己"。"有待"就是指人的某种愿望和要求的实现，需要一定的外界条件，好比大船在江中航行，须依赖水；大鹏奋飞，直冲云天九万里，但离不开风。这些条件往往成为对人"自由"的束缚。"有己"就是指人总是有自我意识，总去区分是非、苦乐，计较得失，从而引起种种苦闷，心灵不自由。在庄子看来，个体的身心健康和精神自由是无比宝贵的，人要想达到没有痛苦，实现真正的自由，就必须做到无待、无己，就是要不依赖外界条件的束缚，忘却自己而顺从事物，超脱于一切自然和社会的限制，从精神上彻底解脱自己，就可以"逍遥"于绝对自由的无限世界。

庄子还提出了一套进入这种绝对自由精神境界的具体方法：无为自然、除去成心、断绝欲望、"心斋"、"坐忘"等，其中最主要的是"心斋"、"坐忘"。"心斋"就是要心志纯明，涤除杂念，即"虚者，心斋也。""坐忘"就是遗忘肢体，心神安静，即"堕肢体，黜聪明，离行去知，同于大通，此谓坐忘。"（《庄子·大宗师》）坚持"心斋""坐忘"，就能使人排除一切欲望，内心完全空寂，淡泊虚静，超然物外，"离形去智"，体悟到绝对的"道"，与"道"合一，保持内在精神的自由与平和。

庄子还以达观的心态坦然面对死亡，视生命为"道"的运行的有机部分，认为人生出于自然，死也出于自然，人应该顺应自然变化规律，以平常心对待生死。庄子妻死，箕踞鼓盆而歌；庄子将死，欲"以天地为棺椁，以日月为连璧，星辰为珠玑，万物为赍送。"（《庄子·至乐》）这就是庄子超然生死、追求"逍遥游"精神境界的绝妙写照。

二、道家的发展与演变

秦汉统一之后，道家思想继续发展。先是被作为挽救时弊而用之的黄老之学兴起及其衰落，继而是逆经学潮流而动的魏晋玄学的出现及争鸣，最后是统治者当局三教并用形势下与道教纠结不清的隋唐道家思想的演变。

(一)汉初黄老之学

黄老之学是战国时期兴起的尊黄帝和老子为道家创始人的哲学政治思想流派。战国后期,随着中国社会愈来愈明显的统一趋势,诸子百家也试图以自己的学说统一思想,其中齐国稷下道家假托黄帝之名,以老庄的“道”为思想核心,兼容其他各家思想,形成了道家黄老学派,并在西汉时期得以盛行。稷下道家主要代表人物有宋钘、尹文、田骈等。

汉高祖刘邦统一天下之初,社会经济凋零,“民失作业而大饥馑”。如何恢复经济、吸取秦王朝二世而亡的深刻教训以达到长治久安,不得不引起政治家、思想家们的思考和反省。一些思想家认为秦亡于法家思想的严刑峻法,故有“倾扑缺履之祸”;儒家学说的仁义道德,也“博而寡要,劳而少功”,他们依据老庄的思想,提出了“无为而治”的主张,黄老之学便适应了时势的要求而大得人心。黄老之学的经典是《黄帝书》和《老子》。1973 年长沙马王堆三号汉墓出土的帛书《经法》、《十六经》、《道原》等古佚书,以及汉初黄老之治之后,淮南王刘安及其门客编写的《淮南子》、史学家司马谈的《论六家要旨》,对黄老之学在理论上进行了系统的概括和总结,都是黄老学派的重要著作。

汉初黄老之学的主要代表有汉景帝、汉文帝、窦太后、曹参、盖公、陆贾、司马谈、刘安等人。汉初由于实行“无为而治”的黄老政策,使战后经济得以恢复、社会趋于稳定,及至出现了“文景之治”的太平景象,为以后的王朝树立了一个榜样。

汉武帝之后,由于统治者推行“罢黜百家,独尊儒术”的文化专制政策,道家黄老之学从此在政治上失势,变成一支时隐时显的学术流派,儒家学说成了占统治地位的意识形态。在此背景下,谶纬经学兴起,神学信仰主义弥漫全国,道家黄老之学乃向黄老养生术乃至黄老道信仰转化,并由此在东汉末年,进而演化为神仙道教。

(二)魏晋玄学

自汉末至魏、晋、南北朝,是中国历史上大分裂、大动荡,充满了战乱、恐怖和黑暗的时期,战乱和割据打破了集权帝国的一统化政治秩序,瓦解了定型于西汉中期的以儒学独为内核的文化模式,出现了儒、道、佛多元发展的新局面。魏晋玄学就是在这一时期崛起并盛极一时的思潮。魏晋玄学致力于建立一套思辨性很强的形而上学哲学体系,它的代表人物有何晏、王弼、阮籍、嵇康、郭象等,大致经历了"正始"、"竹林"、"元康"三个发展时期。到东晋末年,玄学进入其尾声并让位于佛学。

魏晋玄学的创始人是何晏和王弼,他们侧重注解《老子》,发挥老学,通过有无之辨,以道释儒,致力于名教与自然的结合。后来的阮籍、嵇康等,则着重发挥了《庄子》思想,要超越名教而纯任自然。此为玄学的两大流派。从思想来源上看,魏晋玄学上接汉代道家的自然无为和"以无为本"的基本思想,以《周易》、《老子》、《庄子》所谓的"三玄"为主要的经典依据,企图用道家学说来调整失衡的社会关系和知识分子的内心世界,其玄学之名亦来自《老子》的"玄",故玄学基本上属于道家思潮,是道家思想在新的历史时期下的复兴。正因此,玄学作为一种致力于超脱经验世界而玄思本体的形而上学,其宗旨虽然是"贵无",但其最高主题乃是对个体人生意义和价值的探寻,其现实意蕴是对魏晋人所亟亟追求的理想人格做理论上的建构。在魏晋玄学的熏染下,老庄之学轻人事、任自然的价值观以前所未有的规模进一步推入中国知识分子的心灵世界,进而铸造了中国士人玄、远、清、虚的生活情趣。

"玄"这一概念,最早出现于《老子》第一章:"玄之又玄,众妙之门。"魏晋时期,士大夫把道家的经典《老子》、《庄子》和《周易》合称为"三玄",他们由此所建立的理论体系亦被称为"玄学"。魏晋玄学是以老庄道家思想为本,"祖述老庄立论",以口谈玄虚、清淡评议为阐述和表现形式,用道家的自然无为学说,来论证儒家倡导的贵贱等级制度的合理性,用老子的虚无哲学来解释世界的本体,通过自然与名教之辨,以调和儒、道两家的思想,从而结束了汉代"儒道互黜"的局面,实际上就是糅合儒、道两家思想而形成的一种新的统治思想体系。

(三)绵延不绝的道家思想

隋唐以后,道家学说的发展呈现出两种特点:一是道家作为一个学术派别,从此再没有出现过独立和强大的社会思潮,也没有产生纯属本学派的大思想家。另一是道家和道教日益交融难分,在一般人的观念中二者几乎混为一谈;道家学说借助于道教的兴起和发展,在上至君王士大夫下至一般民众那里都获得了更普遍的尊崇,不少文人学士更是与道家道教结下了不解之缘,大批的道家、道教学者热心于诠注《老》、《庄》,形成道家的章句之学,不断深化和改造了道家学说。因此可以说,隋唐以来以至近现代,道家学说始终在中国传统文化和民族精神中发挥着重大的影响。

第二节　道家对中国文化的影响

道家思想特别是其哲学思想以其博大精深、隽永多义的思辨内涵，超迈豁达、反对独断的开放胸怀以及古朴恢宏、神奇玄妙的独特魅力，通过几千年的传承繁衍而辐射到中国传统的各个领域，对中国传统文化的形成发展和对中华民族思维方式民族精神的形成产生了重大影响。

一、对中国古代哲学的影响

（一）开创了中国古代哲学本体论的先河

形上学的核心是对作为一切存在的根本和依据的本体的探求。从哲学史上看，中国古代哲学中并没有西方哲学中的那种“本体”(substance)概念，本体论思想也不够发达。但是，如果由此否认中国哲学有本体论的观点则是不合乎历史实际的。事实上，道家学派创始人老子就提出并建构了中国哲学史上第一个本体论模式。

老子哲学的整个理论系统是围绕“道”这个观念展开的。老子区分了两种“道”：“道可道，非常道，名可名，非常名。”(《老子》第一章)即他区分了一般可以用语言来表达的“道”和那种无法用一般的语言来描述和指称的“常道”。那么，什么是“常道”呢？老子认为道是万物之本、天地之根，他说：“道者，万物之奥也，”“渊兮似万物之宗。”(《老子》六十四章)道为其他事物所依托而其自身却不需依托，它可以生成万物而自身却不可被生成，它是自因自性的最高本体，是超越一切具体事物的终极存在。而作为一切有限存在物的无限本体，道是不能有任何实际规定性的，也是无法用语言去界说的。因此，老子强调道不可道、道无名，反对用任何正面的、肯定的方式去说明“道”，而常用反面的、否定的方式去勉强描述，如“无”、“玄”、“奥”、“浑”、“无名”、“无象”等。实际上，老子有时干脆把这个道本体称之为“无”。他说：“天下万物生于有，有生于无。”(《老子》四十章)“无，名万物之始。”(《老子》第一章)说这个道的本体是“无”，是因为道作为本体不能是某种具体实存的“有”，但它又不能是绝对的“虚无”，因为本体又是确实存在的。所以老子一方面说道是“视之不见”、“听之不闻”、“搏之不得”的“无状之状”、“无物之象”(《老子》十四章)，另一方面又说：“道之为物，惟恍惟惚。惚兮恍兮，其中有象；恍兮惚兮，其中有物。”(《老子》二十一章)这种似乎有些矛盾的说法正是为了说明道既是无形的、超感觉的、超具象的,又是客观存在的。这样,老子就把“道”从常识的经验世界里提升了出来,使之成了一个具有形上学的高度抽象性意义的本体概念。这一事实表明了老子的道论已超越了各种单纯的宇宙本原论和生成论,而在中国哲学史上第一次深刻地探讨了形而上的存在本体问题,开创了中国古代本体论思想的先河。

(二)构建了否定辩证法模式

所谓“否定的辩证法”,主要是运用逆向思维的手段,注重从否定的、负的方面去认识和描述对象,通过“否定之否定”揭示对象的辩证本质。老子的辩证法以其深刻的否定性思想极大地推进了中国古代辩证思维的发展。

在老子的形上学中,作为本体的“道”本身就蕴涵着否定性。道作为本体,是一种终极存在,在这个意义上说,它是绝对的肯定性存在,即“有”。但是,绝对肯定性的“有”不是一般的“有”,而是等于绝对否定性的“无”,故老子说道是“无”。说道本体是无,意味着道是没有任何具体规定性的、超验的、不可言说的。老子始终不愿从正面的角度出发对道做肯定性的界说,而只从负面对道作否定性的描述,如他说道“无形”、“无状”、“无象”、“无名”、“无为”、“不言”、“不争”等,目的都是为了通过一步步的不断否定,来否定掉道的具体性、有限性,以最终肯定道的整体性、无限性和超越性。老子的上述思想,明显地反映出他已经具有了“通过否定达到肯定”的辩证思维方法。

“反者道之动”是老子哲学的另一个极为重要的命题。其义有两层。其一,“反”为相反,道的运动是向相反方向的运动。老子认识到,“万物负阴而抱阳”(《老子》四十二章),矛盾是普遍存在的,矛盾总是相反相成,既对立又统一,矛盾对立面,总要互相否定,向相对立的方向转化,因此,世间一切事物都要向自己的对立面转化,“物极必反”是“道的运动”的普遍法则,体现了否定与肯定相统一的“否定的辩证法”原理。其二,“反”为“返”,为“复”,道的运动归根结底是一种返回到最初的原始状态,即向作为本体的“无”的复归过程。老子虽然承认矛盾,但他认为矛盾只存在于世间万物,而作为其原初状态的“道”是没有矛盾的,是混沌纯朴的“无”,因而是最理想的状态,道的运动、万物的归宿都应是复归于这种“无”的原初状态。老子反复说的“复归于无物”就是这个意思。然而,如何实现这种道的运动呢?老子强调了“反”,即用否定的方法,他提出贵柔、守雌、勿强、勿壮、无为,反对刚强和进取,就是用否定的方法以防止向对立面转化,达到无矛盾的“无”的状态。

老子的上述辩证法思想,就其否认本体矛盾的存在并主张道通过否定性的运动复归于这个无矛盾的本体等观点来说,具有明显的不彻底性,这是老子哲学的一个重要缺陷。但是,老子的“否定的辩证法”在中国思想史上第一次超越了经验和直观的范围，在理论思维水平上实现了一个巨大的飞跃，达到了理性思辨形态，成为先秦和中国辩证法史上的一座高峰。

(三)开拓了直觉思维方式

直觉思维是以经验为认知基础、以体悟为认知方式的整体直观的思维类型。中国儒道释三家都主张直觉地去把握宇宙人生之本体，体现了中国古代思维方式具有善于穿透形象而领略其背后之意蕴的特点。而道家最先提出了直觉思维的问题，并以独到的认识将其推到极致。

与儒家的道德直觉、佛家的宗教直觉不同，道家倡导的是心灵直觉、艺术直觉。道家认为，只有心灵的虚寂状态，才能最容易引发直觉思维，因此，人们要尽可能地摆脱欲望、烦恼的困扰，保持心境的平和、宁静，以使直觉思维真实呈现。老子说："不出户，知天下；不窥牖，见天道。其出弥远，其知弥少，是以圣人不行而知，不见而名，不为而成。"(《老子》四十七章)认为对事物的认识不能依靠语言、概念、逻辑推理等认知方法，而应该靠直觉、顿悟就能够把握。对于"大象无形"、"道常无名"的那个"万物之宗"的"道"，它玄之又玄，更不能用语言、概念所认识，老子提出要用"涤除玄览"的方法。"涤除"就是否定、排除杂念，"玄览"就是深入静观，这是在高度精神修养的前提下才能具备的一种直觉思维状态，没有玄思冥想、灵感悟性是不可能体会到的。

庄子发展了老子直觉思维的思想，主张"心斋"、"坐忘"。"心斋"即保持心境的虚静纯一，以便直接与道契合。"坐忘"即心灵空寂到极点。忘却了自然、社会、甚至忘却了自己的肉身和智慧，物我两忘，浑然冥同大化之境。

二、对中国文学艺术的影响

(一)求自然之趣

在中国文学艺术的创作中，追求超越世俗社会、不受任何束缚、回归自然之中，最终进人物我合一的自由境界，是它的一个基本性格倾向。而这一倾向与道家所倡导的生活情调、人生态度，以及所追求的人与自然相互融洽的思想密切相关。

在道家崇尚自然、钟情素朴思想的影响下，中国古代文学都强调要以大自然为真善美的源泉，以不饰雕琢浑然天成、自然本色为美学原则。如刘安的《淮南子》主张重"自然"、"白玉不琢，美珠不文"；王充的《论衡》强调惟"真美"；刘勰要求"标自然为宗"；唐代司空徒的《诗品》中，所列的冲淡、高古、典雅、自然、含蓄、飘逸、清奇、旷达等创作手法，基本上都可以归于自然素朴之美的范畴；宋代大文豪苏轼也极力推崇诗词的创作要“天成”、“自得”，能“发纤秾于简古，寄至味于淡泊”；连元曲名家汤显祖也借杜丽娘之口唱出“一生爱好是天然”。近代学者王国维对此的结论是“古今之大文学，无不以自然胜”。正因为此，中国一代又一代的诗人、文学家及艺术家都热情地投入大自然的怀抱，去和自然万物交流对话，主客相融物我一体，创作出大量讴歌自然景物、寄兴自然且天然率真的文艺作品，为中国古代文艺史留下了许多光辉的篇章。

(二)重意境之美

中国古代文学艺术还有一个基本特征是利用艺术想象，注重意境的创造，即所谓“超言绝象”或“言外之意”的理论，这也是从道家思想中推衍出来的。意境作为一种美学范畴，它强调的不是客观景物的真实再现，而注重的是作者思想感情的充分抒发，它使审美主客观相互联系在情景交融之中，使精神得以升华，给读者以回味想象空间，这成为中国古代文学艺术创作的共同追求。

老庄从“道”的无形无象、不可言喻的角度出发，认为言是不能尽意的，人应该尽量去体会“言外之意”，并对它进行深入的了悟和玄思，使之升华为一种高超的艺术精神。这种观念在后世得到了许多文人的认同和阐释，如唐代诗人刘禹锡说：“境生于象外”，认为作者只有创造出“象外”悠远无际的艺术精神空间，才能收到“言有尽而意无穷”的神奇效果。唐人张彦远论画应该是“意存笔先，画尽意在”。明人解缙论书法应为“书之精神，运动于形似布置之外。”因此，中国古代优秀的艺术作品都能有情有景，或情由景生，或借景言情，特别重视利用虚实相生的创作手法，绘画、书法等讲究空白美，戏曲表演明显虚拟化，从而为人们去体味实景之“象”外的意境提供了思维驰骋的广阔天地，以达到言外之意、弦外之音、象外之象、余味无穷的艺术效果。

中国古代文学在内容上受儒家思想的影响，虽然十分注重现实，强调教化，但是在表现方法上却不重写实而重写意，极强调以小见大，以虚写实，从有限中见出无限，运用的是“超言绝象”、“言外之意”的创作手法。像陶渊明的“采菊东篱下，悠然见南山”、王维的“空山不见人，但闻人语响，返景入深林，复照青苔上”等著名诗句，都是以抒情手段虚化了即目所见的景象，是他们宁静心境和淡泊志趣的外化，表现的是对超现实理想世界的追求和憧憬。正是由于中国古代文学所追求的境界不是真实而是空灵，不是形似而是神似，那种为历代文学家所向往的变化莫测、知其妙而不知其所以妙的艺术化境，也只有在这种含蓄超象的表现形态基础上才可能达到目标，而这种文学艺术创作手法对于世俗的污浊起到了一种净化的作用，显示了浓厚的道家风格。

第三节 儒道互补——中国文化的基本格局

先秦诸子学说自汉代以来先后衰竭，真正在历史上流传久远、影响深刻、构成传统文化之核心的学说，实际上只有儒道两家，以后又逐渐形成了儒道佛三家并立互补的格局。然而在这多元并立互补的文化格局中，实以儒道互补为主。儒道两家自产生之日起，就有着不同的思维方式、价值系统和人生哲学，在中国社会历史嬗变的过程中，它们相互砥砺、相互刺激、相互吸收，推动着民族智慧的发展和民族精神的演进，共同构成了传统文化的主流。儒道互补是中国传统文化的一个主要特征。

儒道互补文化格局形成的原因，主要源于自汉代以来，儒家思想虽在社会中占有统治地位，但是它的存在和发展，一直面临着来自内部的理论困惑和外部的现实挑战。从理论上看，儒家把仁义礼智视为人性的基本内涵，结果使道德良知降格为人性低层次的自然本能；还片面地强调社会整体而忽视了个体，片面地强调社会秩序而忽视了个人的精神解放和个性自由。从现实上讲，由于仁义礼智之说主要是针对"君子"而设立的，并没有能够为更多的众庶之人提供一种安身立命之道和切实可行的行为方式，他们往往以一种过高的行为标准去斥责芸芸众生，结果造成芸芸众生表面上接受儒家仁义礼智之说，而暗地里却常常越轨和有阳奉阴违的行为。儒家思想也由此而受到道家等诸子的批评与谴责，需要借用道家思想来帮 助解开理论困惑和迎接现实挑战。当然，就道家思想来说，其体系中的出世退隐、避世无为的观念也需要儒家思想的矫正和补充。正是这些原因构成了儒道两家互补的必要性，使道家对儒家的补充和纠正也成为现实可能。

道家对儒家思想的补充、调节、纠正和补救，大致可分两类情况：一是补儒家之缺；一是纠儒家之偏。

道家补儒家之缺，即补充儒家学说中原本不具有的内容。儒家长于伦理而疏于哲理，难以从思辨的高度和深度上给人以理性的满足。而先秦的老庄学说却以其深邃的哲理、缜密的思辨、新奇的道论、卓异的境界、高超的辩证法倾倒了诸子百家。

道家纠儒家之偏，即调节、纠正儒学因某些方面的侧重而导致的忽略、不足和偏激，使人的行为和心理得到调适而获得良好的分寸感和平衡感。表现如下：

一是儒家对人类文明和社会进步持乐观态度，以"修身齐家治国平天下"为人生理想，主张尽可能多地为国家和社会做贡献，他们为中国人（主要是士人君子）设计的是一条进取型的人生道路。然而儒家对于人类为文明所必须付出的代价和社会进步的曲折性估计不足，对人类在不断进取的过程中可能造成的问题和对人性本身的扭曲与伤害缺乏思想准备或不予重视，因而也没有提出解决这些问题的办法。

在这方面，以老庄为代表的道家人物倒是慧眼独具，他们及早地观察到了这些我们今天称之为异化的现象，予以了高度的重视，并且提出了自然主义的原则，力图用回归自然的方法来避免、克服和矫正。道家的这一思想是深刻的，道家理论中的许多内容都是针对社会和人性的异化现象提出来的。道家主张人类社会应该不断地进行复归本位的运动，以保持和谐宁静，而要使社会和谐宁静，关键在于净化人类的心灵，使人性返璞归真。

我们认为，道家是这一思想是合理的，也是必要的，不应该视为保守或倒退。人性的真朴永远是人生进取的出发点，社会发展和人生进取都不应该以丧失自然本性为代价，而应经常地回头看看，提醒自己不要偏离得太远，如此才能避免和净化异化造成的污染，使社会和人生得以健康发展。在中国历史上，唯独道家思想始终担当着这一重任。

二是儒家崇尚弘毅，注重有为和力行，这无疑是一种正确的人生态度。然而社会是复杂的，人生也必须适应复杂多变的社会现实，儒家在指导人们争先向上的同时，没有为人们留下足够而必要的回旋余地，只提供了争先向上的动力，没能提供与之相配套的缓冲装置。

因而从整体上来看，儒家式的人生刚性有余而韧性不足，借用荀子的术语，儒家可以说是“有见于伸，无见于屈”，“蔽于刚而不知柔”。道家则提供了另外一种人生见解，提倡柔弱、无为、知足、谦下，崇尚“不争之德”，他们相信柔弱优于刚强。道家这种人生见解，可以说是对人生进行了持久的观察，并对儒家式的人生观进行了深刻的反思之后得出的。因为尚刚强者未必了解柔弱之妙用，而尚柔弱者必是建立在对于刚强的充分认识之上的，有见于刚强之不足，故能反其道而用之。

道家式的人生见解可谓匠心独具，为人生提供了另一种有效的指导：一方面，使士人君子的生命更具有韧性，增强了人们自我调节以适应社会变故的能力，在激烈的社会竞争中，主动地后退一步，庶几可获得天宽地广、如释重负的感觉。另一方面，它不失为一种获胜的手段。人们通常只知从正面争强争胜，道家则提供了从反面人手的竞争方式，往往可获得奇效。“守柔曰强”，“不争而善胜”“无为而无不为”。道家哲学中诸如柔弱、无为、知足、知止、淡泊、居下、处顺、静观、谦让、取后、不争等观念都体现了高度的人生智慧，在社会实践中常用常新，自古及今永远都不失其新鲜感。

在儒道互补的人生模式中，中国知识分子大多如孟子所说："穷则独善其身，达则兼善天下"，在顺境中多以儒家为指导，建功立业，以天下为己任，在困境中则多以道家为调适，超然通达，静观待时。儒道互补构成一种完整的、艺术的人生观，使得中国知识分子刚柔相济，能屈能伸，进退自如，心态上和行为上都具有良好的分寸感和平衡感。

三是儒家注重社会伦理，表现出强烈的群体意识，强调个人应当全身心地投入于社会事业，而对人的个体或个体生命的处境却缺乏足够的关注。换言之，儒家式的人生价值必须置于社会群体中才可以实现，人生只有投身社会事业才有意义；而且此种关系是单向的，即只讲个人对社会应该如何如何，而不考虑和计较社会应该对个人如何如何。

儒家看待人际关系，始终贯穿着以他人、对方为重的原则，似乎每个人皆为了他人而存在，为了社会而存在。儒家式的人生，其精神生活虽然丰富，但却没有留下多少真正属于自己的空间，其精神世界淹没在群体之中了。对于中华民族，儒家所注重和培养的这种群体意识无疑是积极的、极为重要的，然而我们同时也不能不承认，儒家重群体轻个体，在人的个性、独立意志、个体意志方面留下了许多空白。

而在这方面，道家思想正好可以填补儒家遗漏的精神空间。道家较为注重人的个体性，倡导"自然""自在""自适""自得""自乐""自事其心"。他们善于站在大道的立场上，以超然的态度观察人生与社会，主张人不应该被世俗的价值和规则所拘泥，应该保持自己独立自主的意志和自由思想的能力，所以他们往往能够我行我素，并提出不落俗套的见解。

汉代以降，儒家的群体意识在官方的倡导和扶持下，逐渐成为历代社会占主导地位的价值观念，投身社会事业、名垂青史成为知识分子理想的人生模式和主要的精神寄托。而道家思想对个性的张扬和对自由精神的推崇却成了另外一种传统，这种传统的存在使得人们始终能够听到另一种声音，它为中国知识分子开辟和保留了另一片真正属于自己的精神天地，使得他们在投身于社会公众事业的同时，又能做到不随波逐流，不为名教所羁縻，保持着鲜活的个性。儒家的群体意识和道家的个体意识正好形成了一种互补的机制，尽管后者在历史上远不如前者那样势力强大和传统深厚。

中国近代作家林语堂说"道家及儒家是中国人灵魂的两面。"不仅过去如此，现在亦如此，儒道互补的人生观具有永恒的价值。

本章小结

道家是中国古代思想史上一个极其重要的学派，它源远流长，内容丰富，对中国传统文化的形成和发展产生过重大的影响，凝聚着中华民族独特的民族性格和民族精神。

道家思想及其学派，由老子创立，后被庄子发扬光大。其思想发展大致经历了两个阶段：以老子、庄子为代表的先秦道家阶段；秦汉以后的演变。

先秦道家思想产生的渊源和背景：原始母系社会的遗风；对重建社会秩序的思考；对个体价值尤其是对个体生命价值的思考。

老子，道家创始人，约生于公元前 571 年，曾长期担任春秋末期周王室掌管典籍的史官，精通典章礼制。后见周王室衰微，弃官隐遁。老子总结了历代王朝兴衰成败及百姓安危祸福的经验教训，反对德教礼制，倡言自然无为，并把自己的思想写成《老子》一书。

老子的主要思想有：在本体论上，提出道生万物，道法自然；哲学上，提出了朴素的辩证法思想；政治上主张无为而治；人生观上主张见素抱朴。老学的基本特征，以道本体的自然主义哲学为基础，以"道法自然"为根本规律，主张取法于道的自然性和自发性，使人性返璞归真，使社会无为而治，实现和谐、纯朴、安宁的美好社会和人生。因此，老子的思想并不是人们所理解的消极厌世，而是对社会人生取积极的辩证态度。他主张贵柔守雌、谦下居后、无为不争，只是教人更好地遵循事物的本性和发展规律，做到顺应自然而不妄为，从容自得以养生，绝圣弃智以治国。

庄子(约公元前 369—前 286 年)，终身不仕。庄子才华横溢，不贪求名位厚禄，拒绝楚王的重金高位之聘，对当时的统治者表示了坚决的不合作态度和对社会现实的强烈批判精神。《庄子》一书表明了他既具有浩瀚恣肆、意蕴深广的惊人思辨力，又具有奔放飘逸、恢弘谲怪的艺术风格，可谓"吐峥嵘之高论，开浩荡之奇言"。庄子藉此表达他的那种傲视诸侯，衣被万世的独特思想和感情，在哲学和文学领域都发生了深久的影响。庄子无疑是中国文化史上乃至世界文化史上最具创造性的思想家之一。他继承并发展了老子的道家思想，其主要观点有：天道自然观、相对主义认识论、逍遥自适的人生观、豁达的生死观等。

秦汉统一之后，道家思想继续发展。先是被作为挽救时弊而用之的黄老之学兴起及其衰落，继而是逆经学潮流而动的魏晋玄学的出现及争鸣，最后是统治者当局三教并用形势下、与道教纠结不清的隋唐道家思想的演变。

道家思想特别是其哲学思想以其博大精深、隽永多义的思辨内涵，超迈豁达、反对独断的开放胸怀以及古朴恢宏、神奇玄妙的独特魅力，通过几千年的传承繁衍而辐射到中国传统的各个领域，对中国传统文化的形成发展和对中华民族思维方式民族精神的形成产生了重大影响。道家对中国古代哲学的影响：开中国古代哲学本体论先河；构建了否定的辩证法模式；开拓了直觉思维方式。道家对中国古代文学艺术影响重大：求自然之趣；重意境之美。

儒道两家自产生之日起，就有着不同的思维方式、价值系统和人生哲学，在中国社会历史嬗变的过程中，它们相互砥砺、相互刺激、相互吸收，推动着民族智慧的发展和民族精神的演进，共同构成了传统文化的主流。儒道互补是中国传统文化的一个主要特征。

道家对儒家思想的补充、调节、纠正和补救，大致可分两类情况：一是补儒家之缺；一是纠儒家之偏。

道家补儒家之缺，即补充儒家学说中原本不具有的内容。

道家纠儒家之偏，即调节、纠正儒学因某些方面的侧重而导致的忽略、不足和偏激，使人的行为和心理得到调适而获得良好的分寸感和平衡感。表现如下：儒家对人类文明和社会进步持乐观态度，然而对于人类为文明所必须付出的代价和社会进步的曲折性估计不足，道家在这方面有所补充；儒家尚进取，然而刚性有余韧性不足，道家主张以柔克刚，以退为进，增强了人们自我调节以适应社会变故的能力；儒家重群体，道家重个体、个性。儒家的群体意识和道家的个体意识正好形成了一种互补的机制。儒道互补的人生观具有永恒的价值。

思　考　题

1. 简述先秦道家产生的背景和原因。

2. 老子有哪些思想观点？结合具体实例谈谈你对他思想的理解？

3. 你知道《庄子》里有哪些寓言、成语吗？他们说明了什么道理？谈谈你对庄子思想的认识。

4. 道家对中国传统文化有哪些重要影响？

5. 儒道互补的原因和内涵是什么？结合古代某一文人谈谈儒道互补的表现。

第六章　思想文化之三:墨家与传统文化

诸侯不相爱,则必野战;家主不相爱,则必相篡;人与人不相爱,则必相贼;君主不相爱,则不惠忠;父子不相爱,则不慈祥,兄弟不相爱,则不和调……

——《墨子·兼爱》

夫爱人者,人必从而爱之;利人者,人必从而利之……

——《墨子·兼爱》

墨子是世界历史上第一位最系统反映下层劳动人民利益的平民思想家,也是世界历史上第一位最系统创建反战理论和防御战略的军事家,还是世界历史第一位在科学贡献上能与古希腊先贤相媲美的东亚科学家。墨子创立的墨家文化在战国时期曾经兴盛一时,与儒家并称“显学”。儒墨两家思想观点不同,相互辩驳,揭开了先秦百家争鸣的第一幕。秦统一后,由于统治阶级独尊儒术及其墨家思想内部的悖谬,墨学逐渐衰落,成为绝学。但是,墨学中的平等、互利和博爱思想仍有现实价值。

第一节　墨家主要思想及儒墨之争

墨子(约公元前 468—前 376 年)名翟,战国时期宋国人。关于墨子及其追随者的出身,冯友兰认为他们出自游侠,“在周代,帝王公侯都拥有自己的军事家,这些人是世袭的武士,是当时军队中的骨干。周朝后期统治权力解体,这些军事家丧失了权力和爵位,散落全国,只求有人雇佣,得以维持生计。他们被称为‘侠’或‘游侠’。《史记·游侠列传》中称他们:‘其言必信,其行必果,已诺必诚,不爱其躯,赴士之厄困。’这是他们的武士道德。墨学中,有一大部分便是这种武士道德的延伸。”[①]“墨子及其追随者与当时的其他游侠有两点不同。首先，其他游侠只是雇佣兵，谁雇佣，便为谁卖命。墨子和他的追随者们则反对任何侵略战争，他们只为防御性战争效劳。其次，通常的‘侠’只是墨守武士的职业道德，墨子和他的追随者则对武士的职业化道德进行理性化的解释，因此，他创立了一个新的哲学流派。”[①]

战国时期，诸侯争霸局面更加惨烈，政治更黑暗，人民更痛苦，对此墨子非常激愤，四处奔走，大声呼号，提出了他著名的十大主张——兼爱、非攻、尚贤、尚同、节用、节葬、非乐、非命、天志、明鬼。其思想概要如下。

一、伦理思想——兼爱

墨子认为当时社会上存在“国之与国之相攻，家之与家之相篡，人之与人之相贼，君臣不惠忠，父子不慈孝，兄弟不和调”（《墨子·兼爱中》）的现象，原因在于人们“不相爱”，“交相亏贼”，只顾自己，自私自利。墨子把这叫“别”，只顾自己不顾他人的人叫“别士”，只顾自己不顾全国的君主叫“别君”。“别”是天下之大害，应予以消除，办法是“兼以易别”：“以兼相爱、交相利之法易之”。所谓“兼”，是相互彼此的意思，即不分人我，“视人之国，若视其国；视人之家，若视其家；视人之身，若视其身”（《墨子·兼爱中》）。墨家认为，“兼”是“圣王之道”，是使王公大人的统治得以安稳，万民衣食得以丰足的根本办法，所以，必须以兼易别。以兼易别的根本内容就是兼爱。

从理论上讲，墨子的说法完全可以成立，但伦理学是一门实践性极强的理论，仅仅理论上说得通还不行，还得能操作。如何劝说人们去相爱呢？劝说人们去像看待自己的国家那样看待别人的国家、去像看待自己的家族那样看待别人的家族、去像看待自己的身心那样看待别人的身心？墨子回答说，兼爱是有回报的。因为你爱别人，别人也会反过来爱你——“爱人者，人必从而爱之”；你帮助别人，别人也会反过来帮助你——“利人者，人必从而利之”。这样利人利己、两全其美的事，怎么会做不到？但事情恐怕不这样简单。

就其救世良方而言，儒墨两家都主张从人人相爱着手，都主张对人以爱，亦即从情感心理上打动人，使人我一体。不过，墨家和儒家在“爱人”问题上，仍有着根本的区别。

首先，墨家讲“兼爱”是“爱无差等”（《墨子·滕文公上》），对宗法道德和等级制度是一种否定，一种突破。儒家讲“泛爱”，讲“仁者爱人”，是爱有差等，是“亲亲有术，尊贤有等”（《墨子·非儒下》）。所以，孟子指责墨子是无君无父的禽兽。

---

①冯友兰《中国哲学史》，新世界出版社，第45～46页。

儒家主张有差等的仁爱，就是从亲情出发，从身边做起，由此及彼，推己及人。具体说，就是先爱自己人，后爱别的人；先爱父母子女，后爱父老乡亲；先爱华夏族人，后爱少数民族。墨家主张“兼爱”，就是不分亲疏、贵贱、等级、差别，一视同仁的爱。无论父母子女、国君国人、贵族平民、华夏夷狄，统统一样地爱。这两种爱，哪种更好？从理论上说，当然是兼爱好，人人平等，四海一家，天下大同，所有人都得到同样的爱，所有人也都有同样爱别人。没有矛盾，没有怨恨，没有战争，大家都相亲相爱，团结互助，亲如兄弟，这不正是全人类的共同追求吗？但是，面对中国这样一个家族宗法观念特别强大的社会现实，儒家的仁爱有更大的可能性，墨家的兼爱则显得理想化些。不过，反过来说，道德之所以为道德，就在于它的超越性。只讲可能性，不讲超越性，就没有道德；只讲超越性，不讲可能性，就不是道德。不是道德是什么？弄得好是宗教，弄不好就是伪善。正确的做法是以兼爱导仁爱，以仁爱行兼爱。

其次，墨家讲相爱，强调相互的义务。“夫爱人者，人必从而爱之；利人者，人必从而利之；恶人者，人必从而恶之；害人者，人必从而害之。”（《墨子·兼爱中》）儒家讲相爱，虽强调推己及人，但主要是从主体修养的角度要求人们尽义务，并借以完善自己的人格，是不需要对方回报的一种道德境界的自我升华。这反映出儒家的重义轻利，墨家则义利并举；儒家高尚，墨家功利但又真实可行。

再次，墨家讲的兼爱，与物质利益相联系。墨子说：“仁人之事，必务求兴天下之利，除天下之害，将以为法乎天下，利人者乎即为，不利人乎即止。”（《墨子·非乐下》）兼爱的目标，是“万民和，国家富，财用足，百姓皆得暖衣饱食，便宁无忧”（《墨子·天志》）。儒家讲泛爱，是以“君君、臣臣、父父、子子”为政治前提，以对仁的追求和体认为目的，以“谋道不谋食”相标榜，与物质利益无关，并往往以牺牲物质利益来成全其“爱”。

二、政治思想——非攻、尚贤、尚同

墨家厌恶诸侯混战，不仅主张“非攻”，甚至研制出许多防御战争的器械，这在《墨子·公输》里有清晰的记载。他从维护小生产者利益的立场出发，反对那些攻伐兼并的战争，他指责“王公大人天下之诸侯”，为了一己之私利，“攻伐无罪之国”，侵入别人国境，割掉其庄稼，毁坏其城池，杀害其牲口，焚毁其祖庙，屠杀其人民，搬走其国家的宝器，给人民造成了深重的灾难：“春则废民耕稼树艺，秋则废民获敛，今唯毋唯一时，则百姓饥寒冻馁而死者，不可胜数”（《墨子·非攻中》），因此，墨子坚决反对攻伐他人之国的战争，以消除“民之三患”，给人民以起码的生存条件，使“饥者得食，寒者得衣，劳者得息”，这反映了对人民的深切同情。

政治上,墨子还抨击宗法制的世卿世禄制度。他揭露说:“今王公大人,其所富,其所贵,皆王公大人骨肉之亲,无故富贵,面目美好者也”(《墨子·尚贤下》)。只要是骨肉之亲,那么,即使是“不能治百人者”,却“使处乎千人之官”(《墨子·尚贤》),这属于“赏不当贤”。赏不当贤,就必然“罚不当暴”。由此导致做好事的贤人得不到勉励,做坏事的恶人得不到制止。墨子说:“古者圣王之为政,列德而尚贤,虽在农与工肆之人,有能则举之,高予之爵,重予之禄,任之以事,断之以令。”总之,举贤是不分门第出身,“不党父兄,不偏富贵,不嬖颜色”(《墨子·尚贤中》),做到“官无常贵,民无终贱,有能则举之,无能则下之”(《墨子·尚贤上》)。墨子还以历史上尧推举舜、汤推举伊尹、武丁推举付说的传说故事为例,说明举贤的意义。墨子这种不分亲疏贵贱,以贤能为用人标准的思想,是对传统的“亲亲有术”的宗法制度的否定,是小生产者希望参与政权、改变自身政治经济地位要求的反映。这种能力面前人人平等的思想,是对儒家以“人皆可为尧舜”为标榜的、道德面前人人平等的说教的一种否定,是一种思想上的进步。

墨子认为,欲要治理好社会国家,除有贤能之人外,还需要有一个行政长官。“天下之所以乱者,生于无政长”(《墨子·尚同》),即动乱的原因是由于没有行政长官来管理。因此,人们选择天下的贤良而可以当政的人,“立以为天子”;天子又依照尚贤原则,选择天下的贤良而可以当政的人,“置立之以为三公”。如此类推,设立里长、乡长、家君等各级行政组织的官员。这样,就可以消除天下之乱。但是,仅有行政上的保障还不够,墨子认为,要从根本上消除社会动乱,还得从思想上加强统制。不同的人、不同的家庭以至不同的诸侯国,都以统一的思想为行为准则,用墨子的话说,就是“尚同”,“一同天下之义”,“一同其国之义”(《墨子·尚同下》)。老百姓应该做到“闻善与不善,皆以告其上。上之所是,必皆是之;上之所非,必皆非之”(《墨子·尚同上》)。尚同的根本标准,在人世间,是天子;在人世以外,是天。墨子自己说:“天下之百姓,皆上同于天子”,而“天子又总天下之义,以尚同与天”(《墨子·尚同下》)。这显然是一种层层隶属、唯上是从的心理状态,是以上级之是非为是非的价值标准。这种价值标准,在墨子看来,是“治民一众之道”,是为政之本。墨子的尚同思想反映了小生产者对自己命运的无能为力,对统治者的依赖心理,在客观上会成为集权主义、专制主义的思想基础。

墨家上述非攻、反对战争的思想与重用贤人的思想与儒家没有大异,但是尚同思想与儒家的尚和思想差异很大,也正是这点差异导致了二者后来不同命运。

三、经济思想——节用、节葬、非乐

墨子非常明白物质生活资料的生产劳动的重要性，认为这种物质生产劳动是人类社会生存的基础，也是人类和其他动物的根本区别。如果说，动物只能被动地依赖自然的食物资源以维持生命，人类则必须通过生产劳动才能获得衣、食、住、行等生活资料。“今人固与禽兽、麋鹿、蜚鸟、贞虫异者也，这禽兽、麋鹿、蜚鸟、贞虫，因其羽毛以为衣裘，因其蹄蚤以为绔屦，因其水草以为饮食。故唯使雄不耕稼树艺，雌亦不纺绩絍，衣食之财固已具矣。今人与此异者也，赖其力者生，不赖其力者不生。”(《墨子・非乐》)墨子认为社会的每个人都必须努力劳动，人才能生存，社会才能存在、发展。“今也农夫之所以早出暮入，强乎耕稼树艺，多聚叔粟，而不敢怠倦者何也？曰，彼以为强必富，不强必贫。强必饱，不强必饥。故不敢怠倦。今也妇人之所以夙兴夜寐，强乎纺绩织絍，多治麻统葛绪，捆布缘而不敢怠倦者何也？曰，彼以为强必富，不强必贫。强必暖，不强必寒。”(《墨子・非命下》)

墨子非儒的一个根本点就是反对儒者轻视物质生产劳动的态度，反对儒者对物质财富的浪费。墨子认为，儒者“倍本弃事而安怠傲，贪于饮食，惰于作务”(《墨子・非儒》)，这必然会使人们“陷于饥寒，危于冻馁”。墨子非乐就是因为乐只能娱人身口耳目，却要耽误农夫耕田、农妇织布、官吏办事。儒者执有命，服久丧，行厚葬，享声乐，墨子认为这些既荒废了社会的物质生产，又浪费了已生产出来的物质财富。墨子认为，这样不仅影响了人们的衣、食、住、行，而且妨碍了社会的进步。墨子提出的非命、节用、节葬、非乐等一系列主张，其基本的出发点和原因，正是从不能妨碍物质生产劳动考虑的。

墨子上述思想，反映了他对底层劳动人民深切的同情和关怀，值得肯定。但是，其狭隘的功利主义又有致命的弱点。在墨子那里，人类似乎只有一种需求，这就是物质需求；只该有一种生产，这就是物质生产；也只该有一种文明，这就是物质文明。除此之外的一切，包括精神需求、精神生产和精神文明，都是多余的和不必要的。正是这一缺陷导致了其思想的不可持久。

四、宗教思想——天志、明鬼

为使人们实行兼爱，墨子除了告诉人们这样会有回报外，还采用一些宗教和政治的教诲。在《墨子》书中有《天志》篇和《明鬼》篇讲有神，神爱世人、神的心意就是要世人彼此相爱。神经常监察世人的言行，特别是君主的言行。凡不遵守神意的人就会受到神的降灾惩罚，凡遵行神意的人，神就报以好运。在神之下，还有无数神灵，也同样奖赏实行兼爱之人，惩罚实行交相别的人。

《墨子·公孟》篇里有一个与此相关的墨子的故事很有趣。其中说："子墨子有疾，跌鼻进而问曰：'先生以鬼神为明，能为祸福，为善者赏之，为不善者罚之。今先生圣人也，何故有疾？意者，先生之言有不善乎？鬼神不明知乎？'子墨子曰：'虽使我有病，鬼神何遽不明？人之所以得于病者多方，有得之于寒暑，有得之劳苦，百门而闭一门焉，则盗何遽无从入？"如果使用现代逻辑学的术语，墨子将会说：人之所以得病，由于神灵惩罚，是一个充分原因，但不是一个必然原因。

在对待神灵的问题上，儒家和墨家似乎都有自相矛盾的地方。墨家既信奉鬼神，却反对丧葬和祭祀祖先时要献大量祭牲的繁文缛节；儒家强调祭祀的重要性，却不信有鬼神。墨家对儒家在这方面的自相矛盾，毫不客气地予以指出。《墨子·公益》篇里所记的公孟子是个儒家人士。他说："'无鬼神'，又曰，'君子必学祭祀。'"子墨子曰："执无鬼而学祭祀，是犹无客而学客礼也；是犹无鱼而为鱼罟也。"

其实，儒家和墨家这种似乎自相矛盾的地方只是表面上的不一致。丧葬祭祀在古代受到重视，起初是源于对鬼神的信仰，但儒家重视丧葬礼仪，不是由于信奉鬼神，而是由于重视去世的祖先。可以说，儒家重视礼仪，是一种诗情，而不是出自宗教。因此，对于儒家来说，这种表面上自相矛盾的地方，实际上并不存在。墨家也是如此。墨子论证鬼神的存在，只是为了教人相信，实行兼爱将得到上天奖赏，如不实行则受到上天的惩罚，而不是对超自然有什么特别的兴趣。

第二节　墨家的衰落

墨子和墨家的命运，让人扼腕叹息。想当年，这个学派显赫一时。《吕氏春秋》就说，当时孔子和墨子都是"从属弥众，弟子弥丰，充满天下"(《吕氏春秋·情欲》)，就连所谓"万乘之主"和"千乘之君"，也"不能与之争士"(《吕氏春秋·诚廉》)。然而曾几何时，墨家学派就几乎销声匿迹。汉武以后，儒家从焚坑废墟中东山再起，并且被独尊为官方意识形态，墨家却再也没能翻过身来。墨子本人在《史记》中也只有寥寥二十四个字。墨学成了绝学。

那么，导致墨家这种悲剧性命运的原因是什么？千百年来人们各主一说。司马谈认为是墨学"俭而难尊"(《论六家要旨》)，有一定道理。《庄子·天下》里说，墨家之人以苦为乐，穿粗布衣服(以裘褐为衣)，着草鞋木屐(以跂蹻为服)，整天干活，晚上也不休息(日夜不休)，弄得小腿上没有粗毛，腿肚子没有细毛(腓无胈，胫无毛)，非如此不足以为"禹道"，不足以为"墨者"。这种做法"反天下之心，天下不堪"

(《庄子·天下》),即说墨家的主张违背人性,人们不能忍受,故行不通。现代学者认为墨学衰败的原因有:统治者反对(墨学代表人民利益);儒家的攻击(孟子指责"兼爱"是无父无君);法家的打压(韩非称游侠为"五蠹"之一,"以武犯禁",违背法制);太过节俭等,都有一定道理,不过都是指外部原因。其实,姑且不论外在原因,单就墨家学说本身来看,它就具有不可克服的内在矛盾,这种内在矛盾决定了它的必然湮没。

一、尚同对平等的内在否定

墨子兼爱学说,本是一种原始的大同平等观念。所谓"交相利",也只不过是从物质利益的落实上,来充实爱的内容,归根结底,还是要人人都能享受到饥则得食,寒则得衣,劳则得息的均等机会。墨子所谓尚贤,只是"尚同"的手段。而所谓"尚同",却又是达到兼爱的途径,墨家的悲剧正由此产生。

小生产者的力量是薄弱的,然而他们兼相爱的社会理想又很崇高。现实和理想之间有着很大距离,靠墨家自身力量不可能化乱为治,易别为兼。因而,他们只得寄希望于上面。他们尚同,要"一同天下之义","一同其国之义"(《墨子·尚同下》),使全社会服从最高统治者的思想和意志,以上面的意见为意见,"上之所是,必皆是之;上之所非,必皆非之"(《墨子·尚同上》)。最后做到"天下之百姓,皆上同于天子"(《墨子·尚同上》)。只有如此,天下才能大治。这样,墨家虽然用"尚贤"否定了世卿世禄的贵族制,但却又用一个富于理想色彩的"兼君"来拯救万民。这反映了经济根基极为脆弱的小生产者阶级对贫富悬殊、战乱灾乱的本能恐惧,而甘愿将命运交给幻想中的明君圣主。

从表面来看,尚同是实现兼爱的途径。天下尚同,就可使天子"治天下之国,若治一家;使天下之民,若使一夫"(《墨子·尚同上》)但实际上,尚同的实现刚好是对兼爱本身的否定。让天子统一天下思想,治国如治一家,使民如使一人,众人以天子之是非为是非,哪里还有兼爱可言?从政治统治的角度看,集权主义、专制主义是根本不可能实行兼爱的。"天下尚同于天子"的尚同思想成了以平等为特征的兼爱思想的内在否定;小生产者盼救星靠长官的思想,往往成为专制主义存在的重要社会条件。因此,墨子学说的衰败成了历史的必然。

二、"和"胜于"同":墨衰儒盛的内在原因

在思维方式、人际关系、文化观念等诸方面,儒墨差异较大,儒家主"和",墨家主"同"。孔子说"君子和而不同,小人同而不和"(《论语·子路》),便是儒家重"和"思想的典型表现。

儒家从宗法血缘关系的角度看待人际关系。他们着重的是整个家族利益，推广到社会，便是看重国家利益。个人价值是在维护整体利益中实现的。因此，儒家强调“和”。仁爱学说，推己及人的忠恕之道，杀身成仁、舍生取义的思想，都是提倡为了整体利益而牺牲个体利益，以维持和谐。从思维方式看，儒家注重个别、特殊与一般之间的“和”。孟子“尽心、知性、知天”的天人合一论，是由个体的人的修养，推导到把握同一族类的善性，进而领会涵盖万物的天意，到达物我一体、心性统一的境界。荀子“人与天地参”的主张，也是这种重整体和谐的思想的反映。在文化观方面，儒家重“和”的思想也特别突出。荀子出于儒家，推尊儒学，但又援法入儒，以法释礼，丰富和发展了儒家思想，反映出儒家吸纳别家学说，又不苟同的思想原则。董仲舒以儒学为宗，兼采墨、法、阴阳诸家学说，构筑了一个庞大的思想体系，也是儒学重“和”思想的表现。

儒家的重“和”思想，强调的是矛盾对立的统一，以承认事物的多样性和要求保持世界的和谐性为前提。这反映出儒家思想是一个具有自我调节机能和适应性较强的文化体系。因而，在社会变革的激烈阶段，它可以提出某些改良主张；而在社会处于稳定阶段时，它可以奉献出“守成”政策。在秦汉以后，中国社会进入封建社会的常规，儒家“守成”的功能得以全面发挥，重“和”思想体系大畅其用，儒学变成为占主导地位的思想。

与儒家一样，墨家也注重维护整体利益。但二者具有明显的区别：儒家以整体利益的实现为个人价值的实现，墨家则以个体价值的实现为整体利益的完成。然而，墨家又把个体价值的实现最终归结为天下“尚同”，靠明君圣主来引导自己奔向理想境界。而且，墨家的尚同思想有强调简单同一的色彩，它不靠兼宗各家，理论缺乏应有的弹性和宽容。一方面，它用自己的学说力排其他学说，用个性拒斥共性；另一方面，它又用尚同为武器，在自己学说所延及的范围内，用共性去制约、规范、消融个性。这样，它就自我堵塞了进一步发展的道路，限制了自己的视野。特别是它简单求同的思想，缺乏自我调节、因时制宜的机能。因此，秦汉以后，儒盛墨衰成了不可逆转的历史趋势。

墨学衰落以至成为绝学，是指作为学派的墨家而言的。但是，墨学作为代表小生产者的思想学说，在以小农经济为基础的封建社会里，没有也不可能绝迹。事实上，正如有的研究者所指出的：历次爆发的、在无路可走的情况下、以平均平等为旗帜的农民起义，由于农民阶级的经济力量的脆弱，即使靠平均、平等思想打下了天下，还须将命运寄托于圣明天子，依靠王权的庇护求得平安的生活。这种以“同”为特征的思想，无墨学之名而有墨学之实。它使我们看到了墨学可悲的“二律背反”的重演——农民阶级以“大同”作为最高理想，然而到达“大同”的途径本身就是对

“大同”的无情否定。只要农民阶级不能创造出实现“大同”的社会条件，则农民起义所要实现的“大同”理想，就永远只能在失败或蜕变这两条路上化为泡影。

本章小结

墨子创立的墨家文化在战国时期曾经兴盛一时，与儒家并称“显学”。儒墨两家思想观点不同，相互辩驳，揭开了先秦百家争鸣的第一幕。秦统一后，由于统治阶级独尊儒术及其墨家思想内部的悖谬，墨学逐渐衰落，成为绝学。但是，墨学中的平等、互利和博爱思想仍有现实价值。

战国时期，诸侯争霸局面更加惨烈，政治更黑暗，人民更痛苦，对此墨子非常激愤，四处奔走，大声呼号，提出了他著名的十大主张——兼爱、非攻、尚贤、尚同、节用、节葬、非乐、非命、天志、明鬼。其思想概要如下：

一是伦理思想——兼爱。就其救世良方而言，儒墨两家都主张从人人相爱着手。不过，墨家和儒家在“爱人”问题上仍有着根本的区别。首先，墨家讲“兼爱”是“爱无差等”，是对宗法道德和等级制度是一种否定和突破。儒家讲“仁者爱人”是爱有差等，是“亲亲有术，尊贤有等”。面对中国这样一个家族宗法观念特别强大的社会现实，儒家的仁爱有更大的可能性，墨家的兼爱则显得理想化些。正确的做法是以兼爱导仁爱，以仁爱行兼爱。

二是政治思想——非攻、尚贤和尚同。在反对战争、主张任用贤德之人方面，儒墨一致且有合理性，但是尚同思想与儒家的尚和思想差异很大，也正是这点差异导致了二者后来不同命运。

三是经济思想——节用、节葬、非乐。墨家认为物质生产劳动是人类社会生存的基础，也是人类和其他动物的根本区别。如果说动物只能被动地依赖自然的食物资源以维持生命，人类则必须通过生产劳动才能获得衣、食、住、行等生活资料。墨子提出的非命、节用、节葬、非乐等一系列主张，其基本的出发点和原因，正是从不能妨碍物质生产劳动考虑的，这种观点很有合理性，但是又带有狭隘的功利主义色彩。

四是宗教思想——天志、明鬼。墨子论证鬼神的存在，只是为了教人相信实行兼爱将得到上天奖赏，如不实行则受到上天的惩罚，而不是对超自然有什么特别的兴趣。

墨学由先秦的“显学”跌至秦汉以后的“绝学”，主要原因如下：“俭而难尊”“反天下之心，天下不堪”，即过于俭苦，很难被大众接受；统治者反对（墨学代表人民利益）；儒家的攻击（孟子指责“兼爱”是无父无君）；法家的打压（韩非称游侠为“五蠹”之一，“以武犯禁”，违背法制）；学说内在的矛盾。其学说内在矛盾表现为：尚同思想对平等的否定；尚同思想缺乏弹性和自我调节机能，容易导致专制主义。

墨学衰落以至成为绝学，是指作为学派的墨家而言的。但是，墨学作为代表小生产者的思想学说，在以小农经济为基础的封建社会里，没有也不可能绝迹，在历代农民起义中时有闪现。

思考题

1. 简述墨家主要思想观点。
2. 儒墨之争表现在哪些方面？你怎样看待二者的差异？
3. 分析墨家学说衰落的原因。

第七章　思想文化之四：法家与传统文化

尺寸也，绳墨也，规矩也，衡石也，斗斛也，角量也，谓之法。

——管仲

为了得到自由，我们才是法律的臣仆。

——西塞罗

在春秋战国时期的“百家争鸣”中，最有影响的是儒、道、墨、法四家。秦汉以后，墨学沉沦，直到近代才被重新发现。因此，四家只剩三家。在 2 000 多年的传统中国社会里，儒家对国人的道德生活和精神生活影响最大；对艺术、科学，道家的影响最大；而对于政治生活，尤其是现实的政治运作，法家的影响最大。当然，这种影响是以“阳儒而阴法”的形式存在的。法家学说在中国传统社会里可谓浮沉不定、悲喜交加，既有战国时期在秦国的兴盛，又有汉代以后的由显转隐和儒家化；人们对法家人物的评价也褒贬不一，有的说他们公正务实，有的说他们刻薄、寡恩。不管如何，法家学说以及儒法并存的中国古代法律制度和思想是中国传统文化的一部分，并且沿袭积淀为文化传统在当今中国时有表现。清理这份遗产、辨别其良莠，对于建设现代法治中国很有价值。

第一节　中国古代法家代表人物及其思想

春秋战国是我国由奴隶社会向封建社会转型的动荡时期，封建土地私有制逐渐发展普及，新兴地主阶级的力量随之壮大，他们不仅要求全面发展地主经济，而且要求改变贵族世卿世禄制及维护他们特权的“礼制”，要求参与、分享政治权力。为此，一些代表新兴地主阶级的政治家、军事家或思想家先后在各诸侯国内发动了变法革新运动。由于他们积极主张法治，要求变法革新，加强君权，用法治原则取代“礼制”来治理国家和处理人际关系，以封建官僚等级制和郡县制取代贵族世卿世禄制和分封制，提倡富国强兵，奖励耕战，故被称为法家。法家分前期和后期两段。前期代表人物有管仲、子产、李悝、吴起、商鞅、慎到、申不害等，并形成了以商鞅为首的重法派、以申不害为首的重术派和以慎到为首的重势派；后期法家代表人物是韩非，主张法、术、势并重。

一、前期法家

管仲（？—公元前645），名夷吾，字仲。少时贫寒，跟鲍叔牙一起做生意。后来，鲍推荐他为齐国宰相。管仲相齐，是春秋时代的一件大事，它使齐国强盛而成为最早的霸主。正如司马迁所说："管仲既用，任政于齐，齐桓公以霸，九合诸侯，一匡天下，管仲之谋也"（《史记·管晏列传》）现存《管子》一书，论者公认为是后人托管仲而作，并非完全是他本人所为。但其中确有许多思想属于法家观点，与后来的韩非子存在着一致性。

首先，对法的看法。管仲说："法者，尺寸也，绳墨也，规矩也，衡石也，斗斛也，角量也，谓之法"（《管子·七臣七子篇》）。法即衡量人们行为善恶的标准。又说"有生法，有守法，有法于法。夫生法者，君也；守法者，臣也；法于法者，民也。"（《管子·任民》）管子的这些说法被后来的法家所采用。

其次，对于运用赏罚的看法。管子认为，要保证法令的贯彻，必须"劝之以赏赐，纠之以刑罚"（《国语·齐语》）。他要打破任人唯亲的原则，主张"匹夫有善，可得而举"。另一方面，对于那些"不用上令"、"寡功"和"政不治"的官吏也敢于处罚。后来的法家，也继承了这些观点。如韩非主张"刑过不避大臣，赏善不遗匹夫"（《韩非子·有度》）。

再次，对于人性与治国的关系的看法。管子说"民利之则来，害之则去；民之从利也，如水之走下，于四方无择也。故欲来民者，先起其利，虽不召而民自至。设其所恶，虽召之而民不来也。"（《管子·形势解》）显然，这是以好利恶害的人性来作为治国的根据。后来，韩非也有类似的看法："凡治天下，必因人情。人情有好恶，故赏罚可用。"（《韩非子·八经》）韩非所说的人情，就是管子所说的喜利恶害的人性。法家的治国之道，就是要利用这种人性或人情。

比管仲稍晚的子产（公元前380—前322），出身于郑国的贵族之家。他执政郑国20年，取得出色成绩。在法家发展史上，子产最富有意义的创举是"铸刑书"，即把刑法铸于铁鼎上，从而促成了中国历史上最早的成文法。此举改革了全凭统治者之意判刑的旧制度，使法具有了客观性和公开性。法家所说的法，均指成文法。韩非"法者，编著之图籍，设于之官府，而布之于百姓者也。"（《韩非子·难三》）后来，邓析"作竹刑"，晋国也"铸刑鼎"。古代中国奴隶社会有所谓"刑不可知，则威不可测”,成文法的出现打破了统治者的随意性,限制了奴隶主贵族的特权。在古罗马的奴隶社会中,原来也没有成文法,只有习惯法。奴隶主对奴隶和其他劳动人民可以随意判罪。平民要求成文法,贵族长期抵抗无效,不得已制订成文法,于公元前451年把成文典刻于十二个铜牌之上,树立在城市中的主要广场。子产还主张为政宽猛结合,但以猛为上。他在临终前对其继承者子大叔说:“我死,子必为政。唯有德者能以宽服民,其次莫若猛。夫火烈民望而畏之,故鲜有死焉;水懦弱,民狎之而玩之,则多死焉。故宽难。”(《左传·昭公二十年》)猛政如火,百姓畏之,故少死;宽政如水,百姓喜而玩之,故多死,即说猛政的效果比宽政的要好。

李悝(公元前455—前395),被认为是法家严格意义上的开山祖。他任魏国相,主持变法。变法的主要内容:经济上,进行了“废沟洫——废井田”、“尽地力”、“善平籴”三项改革;政治上,主张无功不受禄,打击享有世袭特权而又无所事事的新老贵族,剥夺他们的俸禄,奖励能者和有军功者;军事上,建立了常备正规军。他对法家和中国古代法律的最大贡献是编著《法经》,这是我国历史上第一部完备的成文法典。它包括六篇:《盗法》、《贼法》、《囚法》、《捕法》、《杂法》、《具法》、《法经》,为此后的封建法典创立了模式,成为秦汉以来封建立法的滥觞。秦汉以后,各朝编制的成文法典,无不以《法经》为蓝本。商鞅便是怀揣《法经》入秦的,除增添一二条目外将《法经》全部照搬,改称《秦律》,此后的《魏律》、《晋律》等,全部一脉相承下来。《法经》以刑法为主,而后来法家所说的“法”,也是以刑法为主。

与李悝几乎同时而稍后的吴起(?—公元前381),是兼法家和兵家于一身的人物,与孙武齐名,著有兵法,但失传。他在魏国曾经协助魏文侯推行奖励军功的法家政策。但后被人谗害诬陷,弃魏而往楚。他在楚国大刀阔斧地进行改革,将无能的官吏和冗员一律裁掉,使楚国生机勃发,但他严重损害了权贵的利益,楚国贵族对他怀恨在心。在支持他变法的楚悼王死后,贵族们准备杀害他,他便跑去伏在悼王的尸体上,想利用楚法中“丽(加)兵于王尸者,尽加重罪,逮三族”的规定来免祸,但仍被害。法家只有借助于君权之势才能推行变法,一旦君权不在,则改革难以继续,这是法家在历史初期的隐痛和悲哀。

商鞅(约公元前390—前338),姓公孙,名鞅,亦称卫鞅。因受秦孝公封商邑,号商君,故称商鞅。现存《商君书》,反映了他及其后学的思想。商鞅在秦国的变法,历史上太有名了。它包括奖励耕战,废井田,开阡陌,废除“卿世禄”,强化君权,实施“连坐”、“告奸”等。商鞅继承了李悝、吴起变法的一些内容,同时又大大超越了他们。在战国时代各国的变法中,商鞅主持的秦国变法最彻底,使秦国富强起来,雄居六国之上,奠定了秦统一中国的基础。

商鞅重法,认为“法也者,民之命也,为治之本也”。圣明的君王“不贵义而贵法，法必明，令必行。”（《商君书·画策》）商鞅的法制思想具体有：壹刑论，即“刑无等级，自卿相将军以至大夫庶人，有不从王令，犯国策，乱上制者，罪死不赦。”（《商君书·赏刑》）这体现了法律面前人人平等的精神。商鞅对太子老师公子虔和公孙贾的处理，为后世的严明执法树立了榜样。商鞅还主张严刑峻法，是“重刑论”者。重刑论包括两方面：一是“刑多赏少”，“刑九赏一”、“先刑后赏”。二是轻罪重刑，“重其轻者，轻者不至，重者不来，此谓以刑去刑”。轻罪重刑，人民由此惧法、畏法、守法，自然就逐渐消除了犯罪，从而达到“无刑”的社会。他还提出“重刑爱民”论，他断定“德生于刑”，对刑的运用正是君主对人民爱心的体现。但法家的这一套“重刑爱民”论，有一个致命的弱点，即谁定罪？谁来量刑？谁来监督？法家定罪量刑的标准是出自君的法（管子说“法自君出”），如果君重法，则官员们自然不敢轻法，而愈重法，则愈爱民，既然爱民又何须监督？于是为滥杀滥刑找到心安理得的依据。这样，便在秦出现了不受约束的重罚，“劓鼻盈累，断足盈车，举河以西，不足受天下之徒”。商鞅曾在渭水之滨，一天处死七百多人，“渭水尽赤，号哭之声动于天地”。实施重刑，容易导致主观用刑、偏离法制甚至演变为暴刑、暴政，这是法家历来被人非议的一个重要原因。

慎到（约公元前 390—前 315），赵国人，著有《慎子》。他是从道家分化出来的法家，以重“势”著称。但他的重势与重法有内在的联系：重势是为了推行法治，而要推行法治，又离不开君主拥有绝对的权势。因此，慎子注重君权。君权，用他的话就是“势”。在他看来，君主要想臣民服从法令，实行法治，唯一有效的办法就是掌握使臣民不得不服从的权势。他将君主和权势的关系比喻为飞龙和云雾的关系。有了云雾，飞龙才能高飞；一旦云雾消散，飞龙与地上的蚯蚓无别。君主有了权势，即使像桀那样的昏君，也能做到令行禁止。如无权势，即使像尧那样贤智，老百姓也不会听从。他说：“尧为匹夫不能治三人，而桀为天子能治天下。吾以此知势位之足恃，而贤者之不足慕也”（《韩非子·难势》）。

申不害（公元前 395—前 337），是与慎到差不多同时的法家代表人物。《史记》记载：“申不害，京人也，故郑之贱臣。学术以干韩昭候。昭候用为相，内修政教，外应诸侯十五年。终申子之身，国治兵强，无侵韩者。申子之学，本于黄老而主刑名，著书二篇，号曰《申子》”。（《史记·老子韩非子列传》）他同慎到一样都是从道家分化出来的法家。与慎到相提并论的是他的重“术”。他所说的术包括两个方面：一是“循名责实”。这是一种考核大臣之术，要求君主查明臣下实际上所做的（实）是否符合他们的职责（名）。二是装聋作哑，藏而不露。这是指君主不要让臣下觉察自己的意图，装着看不见，听不到，使臣下觉得高深莫测，从而无法投其所好，也无法隐藏自己的缺失。申不害的“无为而治”即上述第二点源自老子，但改变了老子的原意——君主不干具体工作，不沉溺于琐事缠绕等，而变为阴险狡诈之术。术的主要作用，在于辨别群臣的忠奸，考核其能力，衡量其功过，以加强法制和君主专制。

二、法家集大成者——韩非子

韩非子(前280—前233)，出身于韩国贵族之家，曾与李斯一起师从荀子。二人都在秦王嬴政手下谋事，"斯自以为不如非"(《史记·老子韩非列传》)，后韩非被李斯陷害致死。韩非虽有口吃的生理缺陷，但写作能力极高。今读《韩非子》，仍会惊叹于其敏锐的眼光和严密的推论，为其文采折服。后代世人经常把他和意大利文艺复兴时期著名政治思想家马基雅维里(代表作《君主论》)相比较。当时，秦王嬴政读了韩非的《孤愤》、《五蠹》等文章后大发感慨，激动地说："寡人得见此人与之游，死不恨矣"，于是就导出了中国历史上一幕有趣的"秦攻韩国索要韩非"的独幕剧。韩非总结了前期法家的法、术、势的思想，建立了一个以法为本，法、术、势三者结合的君主专制政治理论学说，为秦统一中国奠定了思想基础。其思想主要有如下几方面：

(一)实行法制的理论根据

一是进化的历史观。儒、道都厚古薄今，认为古人道德品质高，而随着历史发展，人们的道德品质愈来愈低，所以主张法古。韩非则坚持"世异则事异"、"事异则备变"的历史进化论。他在《五蠹》中说："古者丈夫不耕，草木之实足食也；妇人不织，禽兽之皮足衣也；不事力而养足，人民少而财有余，故民不争。是以厚赏不行，重罚不用，而民自治。今人有五子不为多，子又有五子，大父未死而有二十五孙。是以人民众而货财寡，事力劳而供养薄，故民争。虽倍赏累罚而不免于乱。"(《韩非子·五蠹》)历史的发展表现为一个人类社会由不争到争的过程，而物质财富的多寡则是决定争斗的最根本的原因。韩非将历史分为上古、中古、近古和当今四个发展阶段，并认为"上古竞于道德，中世逐于智谋，当今争于气力。"(《韩非子·五蠹》)今世有不同于前代的主题，因而也就必须有新的治国之道。所以，韩非主张治国措施不要一味师法古代，那是守株待兔的愚蠢之举，要根据变化的情况变法革新、实施以法治国。

二是趋利避害的人性论。法家的人性论是其学说的理论基础。法家大都认为人性是趋利避害的，故主张以法治国。管子说"其商人通贾，倍道兼行，夜以继日，千里而不远者，利在前也。渔人入海，海深万仞，就彼逆流，乘危万里，宿夜不出者，利在水也。古利之所在，虽千仞之山，无所不上；深渊之下，无所不入焉。"商鞅则说

"民之性,饥而求食,劳而求佚,苦则索乐,辱则求荣,此民之情也","民之性,度而求长,称而求重,权而索利"(《商君书·算地》)。到了韩非,则把社会生活中人们的趋利性推广到家庭亲情关系中,父母与子女之间"产男则相贺,产女则杀之",君臣之间"臣买力气,主买官爵","故舆人成舆,则欲人之富贵;匠人成棺,则欲人之早死。非舆人仁而匠人贼也。人不贵,则舆不售;人不死,则棺不售。情非憎人也,利在人之死也。"(《韩非子·备内》)

在这样一种"人人皆挟自为之心"而斤斤计较的社会里,君主应如何统治?商鞅、韩非主张君主手握刑杀、赏赐两权,而这两权正好可以对人性的趋利避害的弱点加以利用,从我者赏,不从者杀。用刑罚为手段禁止人们做不利于君主的事,以爵禄为诱饵鼓励人们去做有利于君主的事。法的内容就是赏和罚,"凡治天下,必因人情。人情者有好恶,故赏罚可用;赏罚可用则禁令可立,治道具矣。"(《韩非子·八经》)

(二)功利主义的价值观

法家主张富国强兵,追求霸业,必然形成实用功利的价值观,形成与儒家鲜明对比的轻德尚力、轻文重质的价值取向。

韩非继承了法家讲求实效,不务空谈的传统。他说:"夫言行者,以功用为之的彀者也。"(《韩非子·问辩》)"的彀",原意指箭靶,这里引申为目的。在韩非看来,衡量一切言行的标准就是功用。符合这个标准的言行,才是可取的;违背这个标准,就是不可取的。这正如射箭必须以靶为准。由此类推,韩非认为君王对臣下的选拔、赏罚,都应以他们的实际政绩为依据,不能光靠他们的言辞。

法家确立了功效标准以后,便用它来对所有人进行分类,分为两大类:有用之人和无用之人。能够增进功利的人,就是有用的人;不能够增进功利的人,就是无用之人。什么人能够增进功利呢?最重要的农人和战士。法家素以推行耕战政策出名,自然认为农人和战士最有用。商鞅认为,"国之所以兴者,必战士","国待农战而富,主待农战而尊"。(《商君书·农战》)除了农人和战士以外,推行法制的君王和官吏当然也能够增进功利。那么,什么是无用之人呢?大体上,上述三类人以外的人均属于此列。韩非子把这些无用的人分为五大类:学者(以儒者为主,兼包墨者等)、言谈者(纵横家)、带剑者(游侠)、患御者(逃兵役者)、商工之民。这些人不仅无用,而且有害,故韩非子称之为"五蠹",即五种害国之虫。

儒者被列为五蠹之首。虽然韩非子是大儒荀子的学生,但他对以孔、孟为首的儒者展开了猛烈的批判。他说:"今巫祝人曰:'使千秋万岁。'千秋万岁之声聒耳,而一日之寿无征于人,此人所以简巫祝也。今世儒者之说人主,不言今之所以为治，而语已治之功；不审官法之事，不察奸邪之情，而皆道上古之传誉、先王之成功。儒者饰辞曰：'听吾言，则可以霸王'，此说者之巫祝。有度之主不受也。故明主举实事，去无用，不道仁义者故，不听学者之言。"(《韩非子·显学》)巫，是以歌舞降神，为人祈祷的人；祝，与巫相似是为人祝福的人。在韩非子心目中，儒者正如那些巫祝一样，说得漂亮，但所说的没有任何实际效果。因此，他们没有用，君王决不能听其言。显然，韩非子是以实效论来批判儒者的。在五蠹中排列第二的，是纵横家。韩非子指责他们"伪设诈称，借于外力，以成其私，而遗社稷之利。"(《韩非子·五蠹》)纵横家假托旧说，妄举古事，并借助外国的力量，以求一己之私利，而遗弃国家之大利。第三种无用之人为游侠。他们"聚徒属，立节操，以显其名，而犯五官之禁。"(《韩非子·五蠹》)"五官之禁"，即司徒、司马、司空、司士、司寇这五种官的禁令。这些无法无天之徒，当然会是推行法制的法家的眼中钉。第四种无用之人为逃避兵役者。他们"积于私门，尽货贿，而用重人之谒，退汗马之劳。"(《韩非子·五蠹》)这些人积于权贵门下，利用行贿和 权贵们说情等手段，千方百计逃避兵役。他们自然为尚战的法家所不容。最后一种无用之人是商工之民。他们"修治苦窳之器，聚弗靡之财，蓄积待时，而侔农夫之利"(《韩非子·五蠹》)由于古代中国是以农立国，故许多思想家和政治家都崇本抑末。作为耕战政策的鼓吹者，法家人物更会相信崇本抑末的正当性。

韩非子认为："上古竞于道德，中世逐于智谋，当今争于气力。"随着人口剧增，货源锐减，你争我夺，弱肉强食。在这样的时代，仁义道德便派不上用场，而唯恃气力。战国时代的严酷现实，使韩非深感实力之可靠和道德之不可靠，这是导致法家主张轻德重力的主要原因。韩非子不仅强调国与国之间的争斗要依靠实力，而且，在家庭中对子女的教育，也是威严的法律比柔性的道德更有效。"严家无悍虏，而慈母有败子，吾以此知威势之可以禁暴，而德厚之不足以止乱也。"(《韩非子·显学》)"母之爱子也倍父，父之令行于子者十母。吏之于民无爱，令之行于民也万父母。父母积爱而令穷，吏用威严而民听从，严爱之策亦可决矣。"(《韩非子·六反》)韩非反对君主滥施仁慈，君王只要做到令人可畏而不要令人可爱。这与儒家主张的施仁政，重教化截然相反。

韩非子从战国时期各国争斗的现实出发，看重实用和功效，尚力轻德自有其合理性，但如果控制不好，则容易走向政治上的高压强权和文化上的专制粗鄙，秦国历史上的"焚书坑儒"就是例证。韩非子说："明主之国，无书简之文，以法为教，无先王之语，以吏为师"(《韩非子·五蠹》)，即认为治理国家只要有法家的学说和法官就行了。后来，秦始皇搞"焚书坑儒"把韩非的设想变成了现实，开了中国历史上文化专制主义的滥觞，被后人诟病。

（三）加强统一的君主集权，实施法、术、势并重

中国古人不论是立法，用法，还是废法，都是唯君权的需要是从，法律所体现的也正是维护君主专制的精神，这同现代法治精神（约束权力，保障权利）有着根本的区别。韩非子主张君王治国要法、术、势并重，法、术、势作为统治国家的手段，目的只一个，即加强统一的君主集权。韩非子比较了前期法家"法"、"术"、"势"三派的特点与得失，认为必须以法为本，使法、术、势三者紧密结合，采三派之长处，才能实现法制，完成统一天下的霸业。他认为商鞅"无术以知奸"，尽管商鞅变法使秦国强盛，但不能防止臣下扩充私利。申不害虽然强调了"术"，却"徒术而无法"，法令不统一，使奸臣有机可乘，使韩国不能强大起来。慎到重势，但国君虽有权势却治国乏术，仍不能成功。因此，治国必须把法、术、势结合使用。

韩非子首先指出治国必须有法，那么法是什么？法的本质是什么？法家认为法具有以下几个特点：第一，法是一种公正的标准。管子说："尺寸也，绳墨也，规矩也，衡石也，斗斛也，角量也，谓之法。"（《管子·七法》）韩非子也说："释法术而任心治，尧不能正一国；去规矩而妄意度，奚仲不能成一轮……使中主守法术，拙匠守规矩尺寸，则万不失矣。"（《韩非子·用人》）法正像量长短的尺寸、正曲直的绳墨，称重量的称等一样，是一种公正的标准。第二，法是向公背私的。韩非子这样解释私和公"自环者谓之私，背私谓之公"（《韩非子·五蠹》）自环，是指自营，专为个人打算，私的反面就是公。又说"能去私曲就公法者，民安而国治；能去私行，行公法者，则兵强而敌弱。"（《韩非子·有度》）第三，法是公开的。韩非"法者，编著之图籍，设之于官府，布之与百姓者也……法莫如显……是以明主言法，则境内卑贱莫不闻知也。"（《韩非子·难三》）法是指由国家制定并公布于众的成文法。法要向所有的人公开，使家喻户晓，尤其是要让卑贱者知法，否则，就无法保证法的公正性。第四，法律面前人人平等。法家反对儒家的"刑不上大夫，礼不下庶人"的说法，坚持同样的法适用于所有的人。韩非子说"法不阿贵，绳不挠曲。法之所加，智者弗能辞，勇者弗敢争。刑过不避大臣，赏善不遗匹夫。"（《韩非子·有度》）第五，法律是确定不移的、唯一的。唯有"一法"，才能保证法的公正。如果法律彼此矛盾，前后不一，或者对法律随心所欲地任意解释，这些都会损害法律的公正性。韩非子说"法莫如一而固"，"明主之国，令者，言最贵者也；法者，事最适者也。官无二贵，法不两适，故言行而不轨于法令者必禁。"（《韩非子·问辩》）但后来由于儒家"援礼入法"，在尊卑、长幼之间执法差距很大。

法家法律理论与西方法律理论有一定的差距。西方法律自古及今千变万化，但是，其中一些基本理念是不变的，即秩序、公平和个人自由。在西方法律中，三者

构成一个相互制衡的整体，整体中，秩序和公平为一方，二者经常与个人自由产生紧张。如过分强调社会的秩序和公平，则容易伤害个人自由。西方人特别警惕这一点，故强烈要求掌握权力的人守法，在行使权力时不能越过规定的界限。而且，如果一个公民感到自己的自由受到不正当的妨碍时，即使加害人是当权者，前者也有权求诸法律的帮助。在西方法律的三项基本原则中，前两个法家都有，但自由很少。西方的法律与自由息息相关。古罗马时杰出的法学家西塞罗有一句名言：为了得到自由，我们才是法律的臣仆[①]。近代法国启蒙思想家洛克说："法律的目的不是给出或限制自由，而是扩大和保护自由。"[②]，孟德斯鸠则说："自由是做法律所许可的一切事情的权利。如果一个公民能够做法律所禁止的事情，他就不再有自由了，因为其他人也同样会有这个权利。"[③]法家之法，主要是君王治理国家的手段，或者说是维护社会秩序和公平的工具。法家人士多考虑君王以法来做什么，而少考虑百姓以法来做什么；多考虑治者以法来限民、禁民，而少考虑民以法来维护自己的权益。但是，西方的法律既用来维护秩序和公正，也用来维护个人自由；既用于限民、禁民，也用来扬民、弘民。两相比较，我们不难发现法家法律观的缺陷。

在法、术、势三者中，韩非子论述最多的是术与法的结合。术即权术，是指君王驾驭臣下的特别技巧和技术。韩非子认为人与人之间包括亲子和君臣之间都是赤裸裸的利害关系，故君王为了巩固自己的权势和使臣下奉公守法以实行法制，就必须有一套驾驭臣下的"术"。"人主无术，则群臣易欺之……明主操术任臣下，使群臣效其智能，进其长技。"(《管子·明法解》)韩非子继承并发展了申不害的术，"术者，因任(能)而授官，循名责实，操杀生之柄，课群臣之能者也。"即把考察臣下、实施赏罚作为术的一个重要内容，并认为刑赏二柄是"国之利器"，只能为君所独握，不可以示之于臣下。韩非子所说的术多种多样，不过总的来说可归为两大类：阳术和阴术。阳术即前面所说的君王掌握刑赏二柄考察大臣。阴术则是指"术者，藏之于胸中以偶众端，而潜御群臣者也。……用术，则亲爱近习莫之得闻也。"即君王把自己真实的想法隐藏起来，以防止被臣下利用和控制。为此，韩非子提出了各种阴术，如挟知而问——君王先掌握了某种真实情况，然后再问不知此情的臣下，使臣下觉得君王有先见之明、因此敬畏而不敢为非。倒言反事——指君王故意说反话，以此试探臣下，从而察得奸情。还有什么以明求暗、暗杀等。以上几种阴术，虽然都是用来对付奸臣的，而且奸臣也确实应受到惩治，但是，惩治的方法必须正当合

①张宏生主编《西方法律思想史》，北京大学出版社，1983年，第65页。

②张宏生主编《西方法律思想史》，北京大学出版社，1983年，第25页。

③孟德斯鸠《论法的精神》上册，商务印书馆，1961，第154页。

法。韩非子对人性的看法太悲观了,认为凡臣必奸,任何臣下都不可靠,因此处处设防,这极容易导致君臣互相猜疑。君臣不和,很难进行真正的合作,也就不能实现所谓的天下大治。韩非子思想中的这些阴暗面,我们今天应该抛弃。

韩非子除了强调治国必须有法、术之外,还强调重势。所谓势,即指君主的权势。"凡人君之所以为君者,势也。故人君失势,则臣制之矣。"(《管子·法法》)他在《难势》篇中指出:君王行使法和术的前提即势。没有权势做后盾,君王就不能驱使臣民服法。"势者,胜众之资也。"(《韩非子·八经》)"万乘之主,千乘之君,所以制天下而征诸侯者,以其威势也。"(《韩非子·人主》)韩非子还认为,势只可由君主独处,而不可与臣下共之。虽然势在韩非子眼里非常重要,但是,它不能离开法。既不可屈法以从势,也不可改法以随势。法与势必须结合,"抱法处势则治,背法去势则乱,"。有势无法,只能是人治,而不是法制。国家管理模式是人治还是法制,这是儒法的根本区别之一。故我们认为,韩非子思想中,还是以法为本,兼用术、势,不同意学术界有人认为韩非子是以势为主或以术为主。法家之所以重术、重势,是因为法的推行离不开术与势。

第二节　儒法之争和法律的儒家化

一、儒法之争

在春秋战国时代的"百家争鸣"之中,儒家与多个学派之争构成了一条学术发展的主线,儒墨之争、儒道之争、儒法之争等,其中,儒法之争表现在:

(一)法的特殊主义与普遍主义之争

儒家主张法的特殊主义,即针对不同的人、不同的情形,法律要有伸缩性、灵活性。而法家则主张发法的普遍主义,即同样的法律要适用于所有的人、所有的情形,不能通融、不能改变。例如,同样是杀人罪,儒家认为要分具体情况采取不同的刑罚。具体情况根据三种主要原则划分,第一是看杀人动机,根据杀人动机的不同,杀人可分为故意杀人、过失杀人、自卫杀人及为忠孝杀人、为守节杀死奸夫奸妇等。我国在西周时期就确立了"原心论罪"的原则,到了汉代,董仲舒等人又进一步系统化。董仲舒说:"《春秋》之听狱者,本其事而原其志,志邪者不待成,首恶者罪特重,本直者论轻"。(《春秋繁露·精华》)《盐铁论·刑德》中亦有:"法者,缘人情而制，非设罪以陷人也。故《春秋》之治狱，论心定罪，志善者而违于法者免，志恶者而合于法者诛”。可见，所谓“原心论罪”，其本意为：故意和一贯为恶的犯罪人，危害性大，应当从重处罚；过失和偶然为恶者，危害性小，可以从轻或者免予处罚；如果主观上有邪恶之念，即使没有实施任何犯罪行为，也应予严惩。这一原则要求分清犯罪的故意与过失，偶犯与惯犯，首恶与胁从，顽固不化与悔罪改过，无疑具有相当的合理性。但由于它过分强调犯罪动机的善恶对定罪量刑的作用，从而也就忽视甚至抛弃了犯罪构成的客观要素，也就为统治者的任意擅断提供了理论基础。区别对待的第二个原则是杀人者相对于被杀者的社会地位和血缘身份。例如，《大清律例》中仔细区分了杀父母、杀官吏、家庭中卑幼杀尊长和尊长杀卑幼、父亲杀儿子、妻杀夫和夫杀妻、家长杀奴婢和奴婢杀家长等情况，并根据这种区分采取不同的刑罚。第三种标准是杀人手段或实施杀人行为的具体情况。

（二）法的不平等与平等性之争

从法的特殊主义出发，儒家必然坚持法的不平等性原则。从法的普遍主义出发，法家必然坚持法的平等性原则。秦汉以后中国法律儒家化，使儒家的法的特殊主义和不平等原则得到贯彻，使儒家的别亲疏贵贱之礼变为法。瞿同祖先生在其经典著作《中国法律与中国社会》中指出：“儒家讲贵贱上下有别，本为礼之所以产生，于是八议（指议亲、议故、议贤、议能、议功、议贵、议勤、议宾；如果亲、故、贤等八种特权人物犯罪，他们享有减刑或免刑的约定特权）入于法，贵贱不同罚，轻重各有异。礼，贵贱之服饰、宫室、车马、婚姻、丧葬、祭祀之制不同，于是这些都分别规定于律中。儒家视尊卑、长幼、亲疏的差别，讲孝悌伦常，于是听讼必原父子之亲，宜轻宜重，一以服制为断。”① 与礼所倡导的别亲疏贵贱精神相适应，法律规定的刑罚，根据犯罪者与受害人相互之间社会身份的不同而截然有别。我们以《大清律例》为代表来看看是怎样处理殴打行为的。《大清律例》规定，如果罪犯与受害人社会身份相同（平民殴平民、奴婢殴奴婢）则对罪犯处以笞二十的刑罚。这也就是常人相殴的处罚标准。但如果是一名奴婢殴打平民，则加重一级处罚，笞三十；反过来，如果是平民殴打奴婢，则减轻一级处罚，笞十。又如，奴婢殴打家长，不论有伤无伤，皆处斩刑。但若是家长殴打奴婢，除非殴打致死，否则不负任何刑事责任。另外，根据家族内成员的地位尊卑、长幼辈分及亲疏程度，法律也区别对待。例如，《大清律例》规定，儿子告发父亲，若所告不能成立，儿子要被处绞刑；若所告成立也必须受到杖一百、徒三年的处罚。妻子告发丈夫，或告发翁姑（丈夫的父母），与儿

---

①瞿同祖《自己国法律与中国社会》，见《瞿同祖法学论著集》，第353页。

子告发父亲两种情况同样对待。告发者与被告的亲属关系越远，对告发者的处罚越轻。

在量刑方面，除了根据罪犯与受害人的相对身份而区别对待之外，法律还允许某些人适用特别的审判程序。通过这种特别程序，形成一个区别于平民的特权团体。这一特别程序名之为“八议”。“八议”一词起源于《周礼》，在曹魏时期入律。曹魏以后各朝法律都保留了“八议”制度。八议的对象（如前所述），包括皇帝的家庭成员、前朝帝王的后裔及功勋卓著者，但最突出的，应是那些高级官吏及其近亲属们。根据八议制度，没有皇帝的特别批准，官吏及其近亲属不受逮捕、审问及拷打；官吏及其近亲属犯罪，可由皇帝特准，减轻处罚；官吏被处以笞、杖、徒、流、死等刑罚时，常常可易以罚金、降级或革职等处分。这样，在广大未受过教育的平民和少数受过教育、从理论上说非世袭的文人官僚之间，法律以另一方式正式划定了一条区别其地位的鸿沟。

（三）法律与道德之争

儒家重道德而不重法律，法家则相反，重法律而不重道德。因此，儒家以德治天下，而法家以法治天下。儒家认为，法律的作用只是暂时的、表面的，而道德的作用才是长久的、深刻的。孔子说：“导之以政，齐之以刑，民而无耻。导之以德，齐之以礼，有耻且格。”（《论语·为政》）“治之所以为本者，仁义也；所以为末者，法度也。……先本后末，谓之君子；以末害本，为之小人。”（《淮南子》卷二十，这一卷属于儒家理论）“法家不别亲疏，不殊贵贱，一断于法，则亲亲尊尊之恩绝矣。可以行一时之计，而不可长用也，”（司马谈在《史记》中所论）而法家则认为，道德的作用是有限的、很不牢靠的，法的作用才是确定不移、效果昭然的。韩非子指出：“今有不才之子，父母怒之弗为改，乡人谯之弗为动，师长教之弗为变。夫以父母之爱，乡人之行，师长之智，三美加焉而终不动，其胫毛不改；卅部之吏，操官兵，推公法而求索奸人，然后恐惧，变其节，易其行矣。故父母之爱不足以教子，必待卅部之严刑者，民固骄于爱，听于威矣。”（《韩非子·五蠹》）对照韩非子和孔子所言，可见儒、法的立场相反。法是外在的，而德是内在的；法具有强迫性，而德具有自愿性。德治具有理想性，法制具有现实性。孔子希望以德去刑，希望通过人人都守德而达到“无讼”的境界。但是，由于人性的不完善，无讼的境界很难实现，而法家的以法之威来阻止犯罪的方法似乎更为有效。对付一个屡教不改的顽童，父母之怒、乡人之谯、师长之教都不会见效，但是，如果卅部之吏派人抓他，准备对他绳之以法，他就会因畏惧而改其恶行。

(四)人性设定之争

除个别儒家(如荀子)之外,大多数儒者都主张人性是善的,其中,以孟子的性善论最有代表性。虽然孔子未明确说到性善的字样,但他对仁的看法隐含着性善论。孟子说:"所谓人皆有不忍之心者,今人乍见孺子将入水井,皆有怵惕恻隐之心,非所以内交于孺子之父母也,非所以要誉于乡党朋友也,非恶其声而然也。由是观之,无恻隐之心,非人也。"(《孟子·公孙丑上》)孟子所说的恻隐之心,就是指一种同情心。假如人看到一个小孩将要掉到井里,人必然为此深感不安,而马上去救他。当人们这样做时,并没有想到要结交这个孩子的父母,也没有想到要在乡里朋友中得到好的声誉,也不是怕不这样做名声不好,而纯粹是一种超越任何功利考虑的本然之心,即人生来性善。另一方面,法家尤其是韩非不赞成性善论(他也未明确主张性恶论)。法家对他人的充分不信任,可见他们对人性的不信任。对求利本性的多方面的透视,使法家人士深信德治不可靠而唯有法治才可靠。而儒家对人性的乐观看法,则使他们相信德治是行得通的。

冯友兰曾经说过,"儒家的观念是理想主义的,法家的观念是现实主义的。正是由于这个缘故,所以在中国历史上,儒家总是指责法家卑鄙、粗野,法家总是指责儒家迂腐、空谈。"(冯友兰《中国哲学简史》)儒法之争的结果是儒家胜利,但获胜的儒家并不完全排斥对手的思想,而是将它们融进自己的思想体系中,以刑辅教。

二、法家思想由显转隐和法律儒家化

秦王朝的兴起与法家思想有着密切的联系。秦国从公元前356年孝公任用商鞅实行变法,到公元前221年秦始皇统一中国,一直以法家思想立国,推行耕战政策,富国强兵。秦的由贫转富,由弱变强,最后统一天下,得力于法家思想。然而秦的速亡也与法家有着相当的关系。关于这点,学术界有不同的看法。多数人认为,秦始皇的独裁专制,以至秦二世、赵高的倒行逆施,终于导致了秦的速亡,是推尊法家,特别是韩非法制理论的结果。另外一些学者认为,上述观点是片面的。他们认为,秦始皇虽敬佩韩非的法制理论,但实际行事中并非不折不扣地照办。而且,毋宁说,有些行事与韩非的法制精神是相违背的。韩非法制思想中,至少有三点为秦代君臣所忽视:一是反对"刑过";二是以赏作为刑的补充;三是君主不能"释法而任智"或"释法任私"。我们同意后一种观点,秦王朝确实因恣意施法、滥用暴力、忽视奖赏而导致天怒人怨,不亡何待!

秦亡汉兴,人们纷纷讨论秦速亡的原因,以期从中吸取教训。汉代的大政论家贾谊作《过秦论》说:"秦以区区之地致万乘之势,序八州而朝同列,百有余年矣。然后以六合为家,淆函为宫。一夫作难,而七庙堕,身死人手,为天下笑者,何也?仁义不施而攻守之势异也。”贾谊问题提得尖锐,结论作得正确。结论的意思是说,在秦朝统一以前,秦国的战略是攻;在统一以后,形势变了,秦朝的战略应该是守,守就应该施仁义。秦朝不知道形势变了,还是专凭暴力。战略和形势不相符,所以很快就失败了。汉初统治者接受了前朝倾覆的惨痛教训,先是采纳了主张清静无为的黄老之道,后独尊了主张施仁政、擅守成的儒家学说。汉武帝时,“为儒者宗”的董仲舒建议汉武帝“罢黜百家,独尊儒术”,使儒学成为思想领域占统治地位的官方思想。然而,儒学独尊,并不是也不可能使别的学说销声匿迹。就统治策略而言,董仲舒主张“阳德阴刑”、德主刑辅。董仲舒说:“阳为德,阴为刑,刑主杀而德主生。”又说:“天之亲阳而疏阴,任德而不任刑也。……德教其与刑罚,犹如此也。故圣人多其爱而少其严,厚其德简其刑,以此配天。”(董仲舒:《春秋繁露·基义》)可见,董仲舒并非不要法家思想,只是不公开宣扬,而使其作为一种德教的补充而已。从此,法律儒家化、援礼入法、德主刑辅、儒法并用,成为中国古代法律的基本模式。

儒法之争为什么是儒家胜利呢?我们觉得主要是儒家适应了中国传统社会的结构,即家族主义的社会结构。在这种社会结构里,讲究尊卑长幼差序有别,突出血缘亲情,故主张“一断于法”不别亲疏贵贱、坚持无情公正的法家不符合民众心理,为大家所厌恶。

第三节 中国古代法律制度的特征及缺陷

一、中国古代法律发展概况

自从有了人的群体性组织,便有了约束人之行为的法律制度,古代的世界各国皆是这样,中国也不例外。从上古的文献得知,中国的夏、商、周三代就已有立法活动。

西周时期形成了系统的刑罚文书《九刑》、《吕刑》等。这些法律文献相当于今天的刑法,内容包括在刑事政策、刑罚原则、诉讼制度、法官责任以及赎刑等方面的规定。当时的刑罚分墨、劓、剕、宫、大辟等五种,法律条文 3 000 条,其中墨刑、劓刑各 1 000 条,剕五百条,宫刑 300 条,大辟 200 条。然而这些刑罚都是用于庶民与奴隶的,“刑不上大夫”,对贵族一般不依法律去惩治。贵族犯了罪,如在“八议”的范围之内,会从轻发落。若非刑不可,也与庶人、奴隶的处置方法不同,首先他们不用亲自出庭受审，而是由下属或子弟代为出庭，其次加于其身的刑罚，一般以不伤残身体、不加侮辱为原则，故而惩罚方式有扑、鞭、赎、流、死几种。除非犯造反弑君之罪，是不能割裂身体的。

春秋战国时期，我国的法制建设有了大的进步。刑法第一次以文字的形式向全体百姓公布。公元前536年，郑国的子产把《刑书》铸在鼎上予以公布，打破了奴隶制国家刑书藏于官府，不向百姓公布的惯例。后来晋国铸刑鼎，邓析制《竹刑》。成文法的公布具有划时代的意义。战国时期，魏文侯任命李悝为相，主持制定了中国法制史上第一部封建刑法法典——《法经》。《法经》有六篇：盗法、贼法、囚法、捕法，杂法、具法。法律文件的公布，使法律条文能在较长时间内不变化，而不会因权势者的需要而随意改动。法律条文的细密，使断案的官员有法可依，也能有效地禁止犯罪者钻法律的空子，对于维护社会治安，保护百姓的生命财产安全有着积极意义。

秦朝的法律基础是商鞅奠定的，而商鞅根据的又是李悝的《法经》。后又颁布了一系列新法令，如废除井田制，实行户籍制，奖励耕战，严禁私斗与游民，实行连坐，奖励告奸等。1975年在湖北云梦县睡虎地秦墓中所发掘的大批秦简中有大量的法规性文件，注明律名的就有30多种。秦始皇为了加强皇权，维护君主专制的绝对权威，采用严刑峻法，轻罪重判，反对赦宥，并实行连坐法，"一人有罪，坐其全家"，"一家有罪，十家连坐"。军队中也是这样，"一人在逃，一伍连坐"。秦始皇还加强对思想言论罪的惩治，如"有偶语诗书，弃市；以古非今者，族"，"敢有挟书者，族"，"诽谤者，族"。焚书坑儒就是在这样的法律背景下发生的。秦朝的刑罚手段是历史上较为严酷的，死刑的处罚有绞、戮、磔、坑、族、枭首、弃市、腰斩、车裂、定杀、凿颠、抽筋、镬烹、具五刑等；肉刑则黥、劓、出笞、斩左趾与宫等；徒刑有旦舂、鬼薪、白桀、隶臣妾、司寇与侯。流刑则有迁、谪、削籍等。

汉初，汉高祖刘邦宣布废除秦朝的繁律酷刑，提出了著名的约法三章，即"杀人者死，伤人及盗抵罪，余悉除去秦法。"刘邦与民约法三章为西汉立法的开端，它不仅体现了"约法省禁"的立法思想，也为汉初大力废除苛法严刑奠定了基础。后汉惠帝除挟书律，吕后除三族罪、妖言令，文帝除宫刑、收孥相坐律令、诽谤妖言法、肉刑(断脚、黥、劓之类)等。在废除了残暴的刑律和行刑方式后，建立了周密完备的汉律。汉王朝建立不久，高祖便命相国萧何参考秦律制定汉律。萧何在秦代施行的《法经》的盗、贼、囚、捕、杂、具六篇之后，增加了关于户籍、赋税和婚姻礼制的《户律》，关于征发徭役、城防守备规定的《兴律》及关于牛羊畜牧、驿传规定的《厩律》，共三篇，合为九章，史称《九章律》。之后，叔孙通又制定了《傍章律》18篇，以补《九章律》之不足。汉武帝时张汤作有关朝仪的专律——《越宫律》27篇，御史赵禹作

《朝律》六篇。综上，汉律总计 60 篇。汉代的法律文件明显地表现了对皇权的维护，任何削弱和损害皇权的思想、言论、行为都会受到严厉的惩罚，这方面的罪名有"欺谩"罪、"诋欺"罪、"诬罔"罪、"非议诏书"罪、"毁先帝"罪、"不敬"罪、"大不敬"罪、"腹诽"罪、"非所宜言"罪、"矫制"罪等。

魏晋南北朝时期每一个王朝的政权都不稳定，所以刑罚严酷，尤其是北朝。北齐律第一次把"重罪十条"(后称"十恶")写进法律，所谓十条重罪，一是反逆，二是大逆，三是叛变，四是降敌，五是恶逆，六是不道，七是不敬，八是不孝，九是不义，十是内乱。"反逆"就是造反，把矛头直指皇帝，被列为十恶之首。其刑处也是十分严厉的，要夷灭三至五族。其他罪状的处罚也较重，且许多罪名没有多少可衡量的标准，随意性较大。

隋朝在文帝杨坚的主持下，制定了《开皇律》。其律分 12 篇 500 条，篇名依次为：名例、卫禁、职制、户婚、厩库、擅兴、盗贼、斗讼、诈伪、杂律、捕亡、断狱等。这部法典在中国法制史上有着重要的地位，之后的唐、宋、明各代，基本上沿用此法。隋朝还开创了"五刑"的方式，即把之前繁杂而残酷的行刑方式定为笞、杖、徒、流、死五种方式。笞刑即用三尺五寸长的笞杖捶打犯人的臀部与腿部，分五等，为十、二十、三十、四十、五十笞。杖刑，用"常行杖"捶打犯人的背、臀与腿，从 60 始到 100，据罪之大小来定杖击之数量。徒刑为强制犯人戴着枷锁从事劳作。等级分为一年、一年半、两年、两年半、三年半等。流刑是将犯人押送到指定的荒远地区，并强制其服劳役的刑罚，是一种仅次于死刑的重刑。其刑根据这一档中罪行之大小分为流两千里、两千五百里与三千里等。被处流刑者，刑满后一般不准回原籍，在流放地落户为民。死刑又分为绞与斩两种，绞可使尸首完整，故比斩轻。这种"五刑"处罚一般为之后各封建王朝所接受。隋朝对于死刑较为慎重，并允许有冤屈的百姓逐级上告。法律明确规定，定死罪者必须"三奏而后快"。并采用晋代的"登闻鼓"制，有枉屈之百姓，县不理可告到州、郡，再不理可告到皇宫午门前击鼓上闻。

唐朝在法制史上多承袭隋制，唐初颁行的《武德律》和《贞观律》。大体以《开皇律》为准。唐高宗时朝廷令长孙无忌等修订颁行《永徽律》和《律疏》，即流传至今的《唐律疏议》。该文献总结了汉魏以来的立法和注律的经验，寻根溯源主要的法律原则和制度，引经据典，表述各条律文的理论依据。唐律与以往的各王朝的法律一样，将刑法、行政法、民法、经济法、婚姻法汇在一处，以刑法的形式公布出来。唐律对后世法律的影响极大。唐以后的历代法律大多尚存，虽然各具时代特点，而篇目的繁简、律条的内容和体例，量刑的轻重都是由唐律一脉相承而来。除此以外，唐律对中国周边各国法律也产生了很大影响。日本、高丽、越南、琉球及西域诸国的法律莫不以《唐律》为蓝本编撰而成。

宋太祖建国之初，就命窦仪、苏晓等人制定了大宋法典——《宋刑统》。宋朝也和前代一样，将皇帝的敕令当做法律来用，甚至以敕代律。宋代法律之多，超越前代，并且惩处十分严厉。如对造反的老百姓，即使是小喽啰也一律处以死刑。并在腰斩、弃市之外，增加凌迟的酷刑。偷满五贯的，即可处死。宋代中央的司法机关有刑部、大理寺、御史台和宫中的审刑院。路一级有中央派驻的提点刑狱公事，其任务是加强对地方司法机关的监督。

元朝建立后，元世祖制定了第一部法典《至元新格》，后英宗年间编纂《大元通制》和《元典章》。元代的民族不平等政策在司法上有着最明显的表现。法律竟然明确规定：蒙古人打汉人，汉人不得还手；蒙古人打死汉人只流放北边充军。而汉人、南人杀了人则要处死。又规定汉人、南人不得聚众畋猎和迎神赛会，不得执弓矢，甚至连养狗、养鹊都不允许。汉人、南人犯盗案在臂上刺字，蒙古、色目人则免刺。

明太祖朱元璋极为重视法律的规定，用了30多年的时间，集中了许多法学方面造诣较深的人才，制定了明朝最重要的法典《大明律》。朱元璋在制定《大明律》的同时，又于洪武十八年亲自采集官民犯罪的事例，编成《大诰》一书。该书除了作为官员断狱时的重要参考书外，还是府、州、县和社学学生的必读书。太祖还要求家家户户都购置一套，经常学习，以做一个遵纪守法的良民。明代对谋反者的处罚是极为严厉的，即使是皇亲国戚，故旧勋臣，也一律严惩不贷。朱元璋为贫民出身，从小饱受贪官之苦，所以他最恨贪官，“朕昔在民间，见州县官吏多不恤民，往往贪财好色，饮酒废事。凡民疾苦，视之漠然，心实怒之。”因此，在他统治期间，一直以最严酷的手段惩治贪官污吏，当政十多年，凌迟、枭首者成百上千，处弃市以下刑罚者有数万之多。按照法律规定，贪污公款60两白银，罪当处死。有的竟然被剥皮后充以草絮之物，植立于官衙之前，以警戒官员。

明代在惩处手段上对于社会文明的发展来说，是一次大倒退。它恢复了碎而剐之的凌迟刑罚，这种刑罚使受刑者往往“身具白骨而口眼之具尤动，四肢分落而呻痛之声未息”(《宋文鉴》卷二十四)。明代在正常的刑罚“五刑”之外，又增加了“充军”刑。所谓“充军”，即是强迫犯人到戍守之地服军役，按遣放地的远近分为极边、烟瘴(4 000里以外)、远边(3 000里)、边卫(2 500里)、沿海附近(1 000里)五等，又称为“五军”。充军又按期限分为“终身”和“永远”两种，前者服役到本人死亡为止，后者罚及子孙。在遣送充军地时，要带着120斤的重枷，犯人带上此枷，往往在数日之后就活活累死，充军实际上变成了一种死刑。

清代的法律基本沿用明律，但法制建设一直未间断进行，经过从顺治到乾隆约100年时间，终于完成了比较成熟的《大清律例》。清代的司法审判，地方分为四级。县为第一级，府为第二级，省的按察使为第三级，这三级有权决定笞、杖、徒刑等案件。总督、巡抚为第四级，可决定流刑以下的案件。流刑以上也就是死刑的须报中央刑部审理。刑部审判的结果须经大理寺复核，受都察院监督。一般来说，死刑案件由刑部、都察院、大理寺组成的"三法司"共同审理，说明对死刑比较慎重。

清朝末年，随着西方帝国主义入侵，西方法律思想也传入中国。以沈家本为首的法学家们开始仿效西方法律进行法制改革，传统的中华法系走向解体。但是，中国传统法律文化并没有完全死亡，它通过沉淀、凝结，潜入中华民族心理的内核，在现代时有闪现。

二、中国古代法律制度的特征

中国古代法律制度经过 2 000 多年的演变发展，形成了独具民族特色的中华法系，与世界上著名的英美法系、大陆法系、伊斯兰法系、印度法系等并列为世界五大法系。其突出特征有如下几点：

（一）法自君出（立法方面）

"君者，法之源也。"在古代中国，一切法律都是由君王制定的。尽管君王在立法时会听取大臣，尤其是宰相的意见，但是这种立法程序远远不够规范。相比之下，古罗马时代由元老院立法的制度比中国古代的由君王立法的制度规范。中国古代立法一般分为两类：一是编纂法典，这是一朝一代的基本法律，有较强的稳定性；二是编纂皇帝的诏敕令及案例，作为追加法。这种立法不仅灵活性强，而且更能成分体现皇帝的意志。"天子诏所增损，不在律上者为令"（《汉书·宣帝纪》）皇帝的诏令可以左右法律，也可以创制和取消法律。随着封建专制主义中央集权制度趋于极端化，在诸种法律形式中，皇帝的敕令和"钦定例"，越来越占居突出地位。唐格、宋敕、明诰、清例无不如此。

（二）法是君主统治、治理国家的工具，只约束臣民，不制约君主

法律严厉制裁侵犯皇权统治，威胁皇帝人身安全的犯罪（不论是行为还是言论，曾有人因"腹非"定罪）。在"十恶"大罪中，涉及皇帝的有谋反、谋大逆、谋叛、大不敬等。谋反对皇帝的统治危害最大，因此处刑最严且连坐。在中国古代法律是控制臣民的，为了治民，也要治吏，以发挥官僚机构的职能。但是，在古代浩如烟海的法律典籍中，从来未见治君之法。故管子说："有生法，有守法，有法于法。夫生法者，君也；守法者，臣也；法与法者，民也。"

(三)君主专制,集权中央

皇帝一人集中立法、行政、司法大权。地方行政长官郡守、县令都兼有司法权。司法不独立,司法带有人治主义。人治主义的基本内涵:在权力与法律的关系上,强调权力大于法律,主张权力是法律产生的依据和法律存在的基础,法律受权力的支配和制约,法律是君主专制的工具。古代中国的基本政体是君主专制,皇帝处于政治结构的金字塔顶峰,维护皇帝的权力、地位及个人尊严,树立皇帝至高无上的独尊地位,乃是中国古代社会一切法律制度的圭臬。不仅如此,在法律与皇权之间,法律成为皇权的附庸而丧失独立存在的地位,法律的至高无上性被皇权的绝对神圣所代替。人治主义在中国传统司法上的典型表现就是"御笔断罪",即皇帝亲自审理和裁决刑事诉讼案件,不受普通法律和普通司法机关的约束。沈家本认为,皇帝亲处断狱,偶尔为之尚不失"勤政"之举,如果每每以"御笔"干预司法机关执法,岂不带头破坏法律?何况,办案是一门专门的学问,并不是人人都能依法办案。皇帝往往自认为是最圣明不过的人,其实喜怒无常,定案未必正确。

(四)诸法合体,重刑轻民

历代法典都是刑法、行政法、民法、经济法混为一典,其中又以刑法为主。刑法实质是规定什么行为是犯罪,该用何刑来惩处的"律",因此,自古以来,老百姓养成了畏"法"心理,怕与法律发生关系,即使自己的利益受到了侵犯,不敢也不会利用法律的武器去维护自己的利益。因为法律都是惩罚人犯罪的,没有或很少保护个体权利的条款。

(五)礼法结合,法有差等

由于中国古代的宗法社会结构,先秦法家的"刑无等级"、"一断于法"思想很难实行,而儒家的尊卑贵贱有别的礼治思想却溶进法律,并且占据上风。"天有十日,人有十等"的礼教观念反映在法律上,就是法有差等。首先表现是"尊君",维护皇权的神圣不可侵犯。其次,维护其他贵族特权。一方面严惩以下犯上的各种罪行,另一方面赋予贵族法律上的特权,贵族犯罪不但可以议、请、减、免、赎、当,而且对贵族犯罪执行刑罚的方法也有优惠,"黥劓之罪不及大夫","大臣有罪,皆自杀,不受刑"。第三,维护家庭范围内的不平等关系。既严惩以卑凌尊的不孝行为,又根据尊卑上下之序来决定罪行之轻重。

(六)强调和谐,追求无讼

作为中华法系立法指导思想的儒家思想,主张“礼之用,和为贵”,和睦无争即为“合礼”,即为理想的社会秩序。法律为盛世所不能废,但也不为盛世所崇尚。“以德去刑”,方为上策。告状打官司即为“失礼”,是“教化不行”的结果。而理想的社会应是“无讼”的。孔子曾说:“听讼吾犹人也,必也使无讼乎。”“无讼”是儒家的理想境界。由于崇尚无讼,随之而来的必然是厌讼、贱讼,以至讼师一类的职业,在中国古代是为人们所鄙弃的。唐代以后,历代法典都严惩讼棍滋讼的行为。《大清律例》规定:“凡教唆词讼,及为人作词状增减情罪诬告者,与犯人同罪”。厌讼与贱讼所带来的后果是人们不明法律、鄙视法律、漠视法学。但是,儒家这种尚和睦的价值取向反映到司法领域,便形成了独具中国特色的调解制度,并且有效地沿用至今。调解适用的对象是轻微的刑事案件与民事案件,调解的主持者包括地方州县官、基层小吏和宗族之长。调解措施若能把握好分寸,既能节省诉讼成本,又能维持人际和睦,作为一种具有中国特色的法律制度应该保持下来。

(七)重视实体,轻视程序

法律规范按照其规定的内容是反映事实关系的权利和义务,还是保证这种权利和义务得以实现的程序,可以分为“实体法”和“程序法”。实体法规定人与人或人与组织之间的实体权利、义务关系,如民法规定平等主体之间的权利义务关系,而刑法则主要规定人与国家之间的权利义务关系。程序法主要指诉讼法,是规定实现实体法有关程序手续的法律。实体法与程序法的关系,实体法处于主导地位,程序法处于帮助实现实体法的地位。但程序法亦有相对独立性,即程序法一旦定出来,执法或者司法者不应为了实现实体法而破坏程序法规范。

在中国古代法律制度中,实体法同程序法相比,具有举足轻重的地位,明显带有重实体、轻程序的特点。这在立法和司法领域均有表现:在立法领域,程序法未从实体法中独立出来,大部分程序法规范见于刑法典,而且程序法内容较为简单。在司法领域,表现为程序规范经常不被遵守。形成这种重实体、轻程序特点的主要原因是工具主义的法律意识,即法律是统治阶级实现统治的工具和手段,法律历来是国家用来稳定社会秩序的工具,不是人民权利的保护伞。人们极少将法律与权利、公平、正义联系到一起,法律也基本不会赋予人们权利及规定保护权利的手段,这样的法律主要是为人们设定义务及不履行义务可能受到的刑罚制裁。因此,以义务性规范为主的刑法和行政法规在中国古代相当发达,而以权利性规范为主的民法、程序法等则落后许多。

（八）谨刑慎狱

谨刑慎狱是指司法官员在办理刑事案件中，应当秉公持正，谨慎而认真地查明案件真相，准确适用法律，做到不枉不纵。突出表现有：听讼回避制度，要求司法官员如与当事人有亲属、师生或仇嫌关系时，应回避对该案的审判，以保证案件的公正审理。会审制度，是指在刑事案件的审理过程中，由于案件比较重大，案情复杂，主审的司法官员不能单独作出判决，必须邀请其他相关机构的人员参加审理。死刑复议制度，指已判决死刑的案件，在执行前再奏请皇帝核准的制度。中国古代刑事司法制度中的"谨刑慎狱"观的形成，主要受制于儒家"德主刑辅"的正统法律思想。战国时期，法家思想在秦国占据统治地位，法家的重刑主义成为秦统治者的治国方略，德礼之说被弃若敝履。广泛的实施连坐、族刑等重刑措施造成了秦的速亡，这给后代的统治者敲响了警钟。汉代大儒董仲舒在先秦儒家德治思想中杂糅了阴阳五行说，提出了大德小刑的德主刑辅思想，并为汉武帝所采用。这一思想后来成为占统治地位的法律思想，延续了整个封建社会。按照德主刑辅的思想，刑罚在治国时虽然必不可少，但只是处于辅助地位。既然如此，为了不至于因实施刑罚而破坏德治，最好的做法就是慎重刑狱，把刑罚作为推行教化的手段。在这种思想支配下，如果统治者不认真对待刑狱，经常出现冤假错案，刑罚又怎么能成为推行教化的工具。

本章小结

法家对于中国古代政治生活，尤其是现实的政治运作，影响最大。而这种影响是以"阳儒而阴法"的形式存在的。

法家代表新兴地主阶级利益，主张法治，要求变法革新，加强君权，用法治原则取代"礼制"来治理国家和处理人际关系，以封建官僚等级制和郡县制取代贵族世卿世禄制和分封制，提倡富国强兵，奖励耕战，故被称为法家。法家分前期和后期两段。前期代表人物有管仲、子产、李悝、吴起、商鞅、慎到、申不害等，并形成了以商鞅为首的重法派、以申不害为首的重术派和以慎到为首的重势派；后期法家代表人物是韩非，主张法、术、势并重。

法家集大成者韩非，首先依据"世异则事异"、"事异则备变"的历史进化论和趋利避恶的人性论指出必须实行法制。其次，他主张富国强兵、追求霸业，形成了与儒家鲜明对比的轻德尚力的实用而功利的价值观。韩非为帮助秦国完成统一天下的霸业，比较了前期法家"法"、"术"、"势"三派的特点与得失，认为君王必须以法为本，使法、述、势三者紧密结合。法、述、势作为统治国家的手段，目的只一个，加强统一的君主集权。

儒家与法家在治国主张方面有着明显纷争。儒家主张法的特殊主义,法家主张法的普遍主义。从法的特殊主义出发,儒家必然坚持法的不等性原则,从法的普遍主义出发,法家必然坚持法的平等性原则。儒家重道德而不重法律,法家则重法律而不重道德。儒家大多主张人性善,法家则不赞成性善论,反倒对人性趋利本性有着深刻的认识。

儒法之争的结果是儒家胜利,但获胜的儒家并不完全排斥对手的思想,而是将其融进自己的思想体系中,以刑辅教。儒法之争为什么是儒家胜利呢?我们觉得主要是儒家适应了中国传统社会的结构,即家族主义的社会结构。在这种社会结构里,讲究尊卑长幼差序有别,突出血缘亲情,故主张"一断于法"不别亲疏贵贱、坚持无情公正的法家不符合民众心理,为大家所厌恶。

中国古代法律制度经过两千多年的演变发展,形成了独具民族特色的中华法系,与世界上著名的英美法系、大陆法系、伊斯兰法系、印度法系等并列为世界五大法系。其突出特征有如下几点:法自君出;法是君主统治、治理国家的工具,只约束臣民,不制约君主;立法、行政、司法权集中于从中央到地方的行政一把手;诸法合体,重刑轻民;礼法结合,法有差等;强调和谐,追求无讼;重视实体,轻视程序;谨刑慎狱。

思　考　题

1.简述韩非的主要学说。

2.儒法之争表现在哪些方面?结果如何?为什么?

3.中国古代法律制度有哪些特征?与现代法治相比有什么缺陷?

第八章　宗教文化:中国古代宗教

宗教是人类精神之梦。

——费尔巴哈

菩提本无树,明镜亦非台,本来无一物,何处惹尘埃。

——慧能《坛经》

第一节　中国原始宗教及其特点

在中国文化中,宗教所占的地位并不像西方那样显著,宗教情绪也不如西方那样强烈,但这并不等于说宗教在中国没有广泛影响。在我国历史上,曾经流传过原始宗教、佛教、道教、基督教、回教等,宗教文化也是中国文化的一个重要组成部分。研究中国古代宗教的教派流布、教义特点及在中国文化史上的重大影响,有助于我们更进一步理解中国古代文化的丰富内涵。

一、中国原始宗教的形式

宗教是人类进化到一定历史阶段的产物。到目前为止,在我国发现的最早的宗教遗迹是距今约25 000年的山顶洞人留下的。考古学家在山顶洞人的公共墓地发现了随葬品和赤铁矿粉末。据古人类学家分析,红色代表血和生命,是火与温暖的象征,撒红色铁矿粉可能表示给死者以温暖,希望死者和生前一样地生活,这说明他们已经有了关于灵魂的观念。灵魂不死的观念是宗教的重要标志,表明原始人开始思考人的生死问题,从现实生活推想死后生活,它是由人们对睡眠、做梦、生病、死亡等生理现象和心理现象的不理解以及对亲人的怀念而引起的。认为人死后,他的躯体停止了活动,而他的灵魂还照常活动。实际上,自然崇拜作为原始宗教的萌芽,可能比灵魂不死的观念产生还早些。

中国原始宗教的主要形式有自然崇拜、灵物崇拜、图腾崇拜、祖先崇拜、英雄崇拜、灵魂崇拜等。

自然崇拜是最早的崇拜形式,它把和人们生活息息相关自然物和自然力神化作为崇拜的对象。如对天、地、日、月、山、石、水及动物的崇拜。其中天神崇拜非常突出,从周代开始,历代统治者都经常举行大规模的祭天活动。北京现存的天坛、地坛、日坛、月坛,说明中国人一直把这种自然崇拜延续到近代。

灵物崇拜是相信一些很平凡的东西上附着一种魔力,对人可以起一定的保佑作用,人们将它作为护身符加以珍爱,时时佩戴在身上。

灵魂崇拜是相信在人身上存在着某种纯粹的精神实体——灵魂,它可以和肉体结合,主宰肉体的活动,也可以脱离肉体而单独存在。人死后,骨消肉烂,但灵魂却永远不朽,而且对活人有一定的影响。

图腾是印第安语"totem"一词的音译,原意是有血缘关系的人的一种标志。原始部落中的人相信他们的祖先是某种动物或植物,把它神化作为部落的图腾、保护神。龙是中华民族的图腾。

祖先崇拜是中国原始先民中影响最久远的崇拜形式(现在一直存在)。原始人相信和自己有血缘关系的前辈死了以后,其灵魂对自己的生活仍然有一定的影响,赐福或者降灾。

英雄崇拜是把真实存在或幻想出来的历史人物加以神化作为崇拜的对象。这些人生前强壮有力,聪明无比,死后其灵魂也可以保佑后辈。中国原始英雄崇拜的对象有两类:一类是部落首领,如炎帝、黄帝、尧、舜等;另一类是生产和技术的发明者,如神农氏、燧人氏等。

二、中国原始宗教的特点

中国原始宗教与其他民族一样,也是自然崇拜,反映了人与自然之间的矛盾,崇拜的是自然物和自然力;大陆文明决定了中国先民以农业为主要的经济运作方式,农业文明又决定了中国原始宗教集中在对日、月、山川、风雨、雷电、大地等这样一些对农业生产有明显影响的自然现象上;农业耕作是以一家一户为生产单位进行的,家庭在生产中的重要位置,导致了它成为社会生活的核心,因此,祖先崇拜在中国原始宗教占有核心地位;由于农业耕作抵抗天灾人祸的能力很弱,所以人们渴望英雄人物的护佑,从而使英雄崇拜在原始宗教中也占据了相当重要的位置。

第二节 佛教及其中国化

佛教是一种外来文化，它于汉代传入我国，经过与本土文化的排拒、吸纳、依附，最终融为一体，成为中国文化的一个组成部分，推动了中国文化的发展。佛教是世界性的宗教，它创立于公元前 6 世纪至公元前 5 世纪的古印度，开始主要流行于恒河上游一带地方。到公元前 3 世纪孔雀王阿育王时，开始向外传播，先是印度各地，然后是周边国家。何时传入我国，有很多说法，一般认为在汉明帝永平十年(公元 67 年)。据史籍记载，汉永平七年(公元 64 年)，明帝夜梦金人飞行殿庭，于是派遣使者十二人前往西域访求佛法。永平十年，所派之人同两位印度僧人迦叶摩腾和竺法兰回到洛阳，带回经书和佛像，还翻译了第一部佛教典籍《四十二章经》。之后汉明帝为安置西来的佛教徒，于京都洛阳城外修建白马寺。于是白马寺就成了中国汉地第一座佛教寺院。

一、佛教产生的原因

首先是因为印度的种姓制度。印度历史，自古至今，向来有极其严格的等级观念。在印度居民被分为四个等级。第一等级是婆罗门，指传播婆罗门教的僧侣。他们地位最高，专司祭祀，垄断知识，受人供养，享有精神特权。第二等级是刹帝利，指军事贵族。他们掌握军事行政权力，但受僧侣监视，缴获的战利品应分给僧侣一半。第三等级是吠舍，指农民、手工业者、商人。他们是身份自由的人，但僧侣可以任意夺占他们的财产。第四等级是首陀罗，指奴隶、雇佣劳动者和某些被雅利安人征服的土著居民。他们地位最低下，受剥削、受压迫。这种严格的种姓制度对人的日常生活、从事的职业、宗教生活，乃至于婚姻等，都规定了不可逾越的界限，无疑是对人性的一种严重的束缚。在当时，普遍存在着反对僧侣特权和专横的情绪。在军事贵族和商人中，这种情绪尤其强烈，佛教就是在这种社会气氛中创立起来的。释迦牟尼成道后，极力宣扬“四姓平等”，宣称无论出身什么阶级和阶层，从事什么样的职业，在宗教实践和觉悟佛道方面，人人都有平等的权利，因此吸引了大量信徒。其次，是由于印度恶劣的自然条件。印度地处恒河之畔，湿热多病，寿命短暂，故人们往往欲逃避今生苦难。第三，佛陀释迦牟尼面临着人生困境。佛陀释迦牟尼在未出家前，本是迦毗罗卫国的王子，那时他虽然过着衣食不愁的生活，而且还受着良好的教育，但在他的生活中同样存在着烦恼，存在着种种不如意的情况。佛陀时代的印度，正是一个列国纷争的时期。迦毗罗卫只是诸多城邦国家中的一个小国，常常感受到来自邻国的压力。作为一国的王位继承人，他必然感受到这种压力，引发他心理上的种种忧虑和烦恼。为了减轻心中的苦恼，他的父亲曾经鼓励他出游，希望通过游玩能消除他的烦恼。但他在出游过程中，亲眼目睹了人的生、老、病、死等痛苦，也看到出家修行者在摆脱种种烦恼后获得精神自由时的种种快慰状态。为了寻求能解脱种种痛苦和烦恼的方法和途径，释迦牟尼经过长期的思考，在29岁时，决定抛弃王位、离妻别子出家修行，最终创立了佛教。

二、佛教教义的基本内容

佛教教义的核心，是宣扬人世充满痛苦，只有信仰佛教，视世界万有和自我为"空"，才能摆脱痛苦。要解脱痛苦，必须熄灭一切欲望，达到"涅槃"的境界。这样，就必须长期修道，办法是：约束身心，即所谓"戒"；要磨炼受苦的耐力，即所谓"定"；要通达事理，不自作聪明，即所谓"慧"。它主张不论哪一个等级，都可以修道，而且能够修成"正果"。佛教这些说教，在当时印度社会中，适应了人们特别是军事贵族和商人等级反对僧侣特权和专横的要求。它所宣扬的悲观主义论调，也很容易引起下层人民的共鸣，得到他们的拥护。

佛教教义的基本内容有：

(一)四谛说

四谛是指苦谛、集谛、灭谛，道谛。谛，即真理。四谛说即"四个真理说"。

苦谛是讲包括人在内的众生的生命、生存就是苦。苦的含义，主要不是专指情感上的痛苦，而是泛指精神的逼迫性，即逼迫恼忧的意思。佛教认为，一切都是变化无常的。大千世界，只不过是痛苦的汇集。由于众生不能自我主宰，为无常患累所扰，所以没有安乐性，只有痛苦性。人生八苦：生、老、病、死、怨憎会苦(被迫与自己讨厌的人在一起)、爱别离苦(愿意在一起却又必须分离)、求不得苦、五蕴取苦。五蕴取苦，被认为是一切痛苦的汇合点。五蕴包括身心两方面：色、受、想、行、识。"色"指人的肉体。"受"指感官引起的苦、乐、喜、忧等情感、感觉。"想"，是理性活动、概念作用。"行"，专指意志活动。"识"，统一前几种活动的意识。五蕴与取(指一种固执的欲望、执著贪爱)联结在一起就产生种种贪欲，称为"五取蕴"。佛教说求不得苦是前六种苦的总原因，而求不得苦之所以成为痛苦，又是由于五取蕴。在八苦中，五取蕴苦既是其他苦的根源，又是一切苦的聚集。

集谛，讲造成痛苦的原因和根据。佛教认为，产生痛苦的原因，在于"无明"，即心智迷惑。佛教认为，众生生命在开始诞生的一刹那，就已经伴随着欲望和冲动。

由于这种欲望和冲动的作用，使有情众生在生命开始之初就处于一种蒙昧、无知的状态，这就是“无明”。在生命成长过程中，由于无明的活动，其所产生的作用就是使众生心中产生种种贪欲之念，沉溺于追求欲望的满足。但欲望是无止境的，永远无法得到满足，于是就会产生种种烦恼，因此人生充满痛苦，并且这种欲望、痛苦和烦恼不停地啮咬着人的心灵，驱使众生一直处于永无止境的轮回之中。

灭谛，讲佛教最高理想的无痛苦状态。灭，指人生苦难的灭寂、解脱。灭谛是指灭尽贪欲，灭除痛苦，不再生起的道理。要脱离人生苦海，就必须从根本上摆脱生死轮回，进入涅槃境界。涅槃是指佛教修行所要达到的最高的、无苦的理想境界。它不仅指死亡，更指永不在轮回于生死苦海。

道谛，讲实现佛教理想境界应遵循的手段和方法。佛教修行要做到“五戒”和“八正道”。五戒指不准做的五件事：戒杀、戒盗、戒淫、戒妄语、戒饮酒。八正道指八条正确道路，包括正见（正确理解佛教道理）、正思维、正语、正业（正确的行为）、正命（正确的谋生方式）、正精进（努力向正确的目标进取）、正念（正确地忆念佛理）、正定（正确地修持禅定）。其中最重要的是正见。

苦、集、灭、道四谛中，苦谛是关键，它是佛教人生观的理论基石。正因为佛教把人生设定为一个苦难重重的历程，从而奠定了超脱世俗的立场。

（二）缘起和轮回说

“四谛说”所依据的根本原理是缘起说，它被视为佛教的根本思想。佛教认为，一切事物的存在，包括一切众生生命的产生、成长和消亡，都有一定的依据、条件。这在佛教称之为“因缘”。佛教看来，缘起的意思是指事物的因果关系。“缘”指条件、起因，“起”表示“缘”的一种功用。一切事物都由缘而起，有因必有果，有果必有因。佛教的缘起说，主要以人生问题为中心展开的。它认为人生由十二个环节（十二因缘）构成，即无明、行、识、名色、六处、触、受、爱、取、有、生、老死。其中，前两个是指前生的；中间八个是指今生的，而前五个又指现在的果，后三个指现在的因；最后两个是指来生的。在人生的流转轮回中，十二因缘涉及过去、现在、将来三世。其中，现在的果必有过去的因，现在的因，必将发生未来的果。

十二因缘中的因果理论，逻辑地包含着轮回思想。由无明、行两个环节作为“过去因”，识、名色、六处、触、受五个环节作为“现在果”；由爱、取、有三个环节作为“现在因”，生、老死则成为“未来果”。而在佛教看来，任何一个有生命的个体，在未获解脱前，都必然因此因果律而生死轮回，永无终期。佛祖认为业力是众生所受果报的前因，是众生生死流转的动力。众生的行为和支配行为的意志，从本质上说就是业力。由于业（行动、作为）的善恶性质不同，就会得到不同的报应，来世就会在六种不同的境遇中轮回，即“六道轮回”。六道是指地狱、饿鬼、畜生、阿修罗（魔神，多怒、好斗）、人、天（天神），境遇依前后次序由坏渐好，但佛教认为最好的境遇是超脱这六道轮回。佛教的轮回说，强调了个人言行的自我责任，强调一切都是自作自受，客观上对人们的行为有一定的劝诫和约束作用。它主张人们的活动与其后果有一定的联系，会得到报应，所谓善有善报，恶有恶报，这在一定意义上有其合理性，但它把这种理论强调到无条件的地步，则又流于荒谬。特别是它把人们受苦的根源完全归结于个人的主观行为，把现世的状况说成是前世的言行造成的，掩盖了客观存在的自然压迫和社会压迫带给人们的痛苦，并且要人们放弃反抗、忍受现世痛苦，去追求虚无缥缈的涅槃境界，的确具有很大的欺骗性。

（三）无常、无我和涅槃

佛教认为，无明即无知，是人生痛苦的总根源。而所谓无明，就是不懂得人生“无常”、“无我”的道理。为了论证人生无常、无我，使人们皈依佛教，修成正果，佛教提出了“三法印”说。即“诸行无常”、“诸法无我”、“涅槃寂静”。

诸行无常，指世界万有是变化无常的。佛教认为，世间一切事物都是因缘合和而生，都是变动不居的，故称“行”（流转变化）；世界万物万象，故称为“诸行”。“常”指恒常。诸行无常，即世间一切事物现象都是变化不已，没有常住不变的。

诸法无我，指一切现象皆由因缘和合而成，没有独立的实体或主宰。世界上没有单一独立的自我存在、自我决定的永恒事物，一切事物都是因缘凑合而成的、相对的和暂时的。诸法无我的核心，是为了破除“我执”。执著于自我，叫“我执”。人生无常，必然无我。其他一切事物也在时刻变化，没有自体。所以，佛教认为万物皆空。

涅槃寂静，指超脱生死轮回，进入熄灭一切烦恼、内心寂然不动的境界。这种境界不是语言和思维所能把握的，只能凭借神秘的、内省似的直觉，才能证悟。

三、中国化佛教——禅宗

（一）佛教在中国的传播

佛教自汉代传入我国，它在中国的发展大致分为三个阶段：

第一阶段，自汉代经三国两晋到南北朝，是传入并扩展的时期。这个时期以佛经翻译、解说、介绍为主，译的主要是禅经和《般若经》。

从汉至三国，佛教发展缓慢，不大为人注意。教派主要有两个：一是由安世高为代表的小乘禅学；一是以支谶、支谦为代表的大乘般若学，即空宗学说。佛教在印度主要分小乘和大乘两派。乘是“乘载”或“道路”的意思,大乘是变化了的佛教,自称能运载无量众生从此岸到达光明的彼岸,以成就佛国。小乘是大乘教派对固守原始佛教者的贬称。大小乘之间的区别是很明显的,约有如下几点:一是对宗教领袖的认识上,小乘仅把释迦牟尼看做是一个现实的教祖与传教师,而大乘则把他看成是无所不能、大慈大悲的人格神。二是在修持的方法上,小乘进主张修“三学”(戒、定、慧)、“八正道”,而大乘则要求修布施、持戒、忍辱、精讲、禅定、智慧等“六度”与布施、爱语、利行、同事等团结众人的“四摄”。三是在修行目标上,小乘追求个人自我解脱,以求得阿罗汉果为最高目标,而大乘则以普度众生、让大众都修持成佛,从而建立佛国净土为最高目标。中国老百姓常说的“菩萨”,就是指大乘佛教修行到一定阶段而获得的果位。大乘佛教认为菩萨应该具有“大慈大悲”,怜悯一切众生的博大胸怀,有为解救受难众生而甘愿下地狱的无畏精神,这就是为什么中国会有那么多善男信女崇拜菩萨的原因。

自三国至魏晋南北朝,中国社会长期陷于动荡不安,民不聊生,朝不保夕,就连豪门士族也常常觉得世事多变,岁月无常。在这种社会环境中,提倡“诸行无常、诸法是苦”的佛教,特别容易引起人们的共鸣,因而被人们接受。同时,伴随政治动荡,自汉武帝以来形成的儒学独尊的局面不复存在,清虚无为的魏晋玄学兴起,其中悲观厌世的基调与佛教大有相通之处,所以造成这一时期佛教的迅速发展。据记载,北魏末年,各地寺院已达 3 万有余,僧尼约有 200 万人。唐朝诗人杜牧说:“南朝四百八十寺,多少楼台烟雨中”,也反映了佛教在这一时期的繁荣。

佛教在中国发展的第二阶段是隋唐时期,这是佛教的全盛期,也是它中国化的时期。唐代统治者实行儒、佛、道三教并行的政策,充分发挥儒学治世、佛学治心、道教养身的不同功能。唐朝 20 个皇帝,除唐武宗外,个个信佛。这种情况,使佛教得以昌盛,同时促进了儒、佛、道的融合。佛教终于与中国本土文化融为一体,形成了中国化的佛教宗派,如天台宗、华严宗、禅宗、净土宗、律宗、密宗等。这些教派的特点在于它们都一致主张“心性本觉”,从而与主张“心性本净”的印度佛教在教义核心问题上划清了界限。在修行上主张简约的成佛原则,一反印度佛教教理,表现出典型的中国式风格。

佛教发展的第三阶段是宋、元、明、清,由盛转衰。佛教与中土固有文化和民俗日益融合,在民间信仰上树立了广泛而牢固的基础,但并无新的宗派产生,理论方面也无创新。其间,主要是禅宗还在流传,其次是净土宗。自宋代儒学开始了复兴运动,儒学吸收了佛、道思想形成了理学,理学从此成为中国封建社会后期统治阶级的意识形态,佛学风光不再。

（二）佛教与中国传统文化的冲突

佛教在中国传播时，与中国文化尤其是主干儒家思想在很多方面发生了冲突。主要表现有以下几方面：

首先，在世界观方面，佛教讲世事无常，万法如幻。除了佛教所说的终极真理，所追求的至高之精神境界即涅槃之外，认为世界万事万物都处于流转变化状态中，任何事物都不是固定不变的，任何事物都不是永恒的。儒家思想相对而言则比较偏重强调社会秩序的稳定，主张“天不变，道亦不变。”两者比较，佛教教义具有更多的辩证因素，而儒家哲学比较强调社会伦理关系以及封建社会秩序的稳固。

从人生观来看，佛教从无常、无我的基本教义出发，认为人生充满了痛苦。佛教的基本教义就是围绕着关于人生是苦，以及如何才能解脱这一问题而展开的。佛教最后得出的结论是，要彻底解脱人生种种痛苦，必须按佛教教义的要求，放弃世俗生活，追求宗教修行。与佛教人生观不同，中国传统思想则往往以豁达乐观的态度及积极进取的精神来看待人生。《易·乾·象》中言：“天行健，君子以自强不息。”这种以“自强不息”的精神来对待人生，对待生活，正是中华民族数千年来不折不挠，与自然与社会顽强奋斗精神的概括。儒家思想中虽然有重天命的一面，但更多的是“敬天命而尽人事”。孔子本人周游列国四处碰壁，但却“知其不可而为之”，表现了一种悲壮、顽强精神。老庄思想虽主张无为不争，但更多表现的是对世俗名利的超越洒脱。

从道德理想来看，佛教追求精神解脱，追求寂然不动。这种目标是个人的精神解脱，是以放弃现实生活为代价的。中国传统儒家所追求的道德理想是成圣贤君子。何谓圣贤君子？儒家认为是才智道德极高者，而且这种极高的道德修养必须与齐家治国平天下联系起来。《大学》中说：“古之欲明明德以天下者，先治其国；欲治其国者，先齐其家；欲齐其家者，先修其身。”儒家把个人的道德修身与齐家治国平天下的社会责任紧密地结合在一起，这与佛教提倡的个人修行出家，得道解脱大不相同。

在道德修行和道德规范方面，佛教与中国传统思想也有许多不同：第一、古代印度各宗教流行乞食制，它们认为肉体是欲望和罪恶的产物和载体，是精神的枷锁，因此肉体的苦行有利于精神的修炼。人的物质生活，应当越简单越好，而乞食正是为了有利于宗教修行。早期的印度佛教也流行乞食制，佛教徒几乎都是以托钵乞食为生。但这种乞食习俗在崇尚勤劳俭朴的中国社会却很难被接受。中国社会长期以来一直是一个以农业经济为主体的社会，因此注重农业生产、提倡勤劳耕作成为中国社会上下所认同的风气和美德。在这样的社会环境下，佛教徒那种不事劳作、甘愿乞食的生活方式，被中国人看做是好吃懒做、好逸恶劳。佛教传到中国后，为了适应中国人的观念，大多数寺庙兴建庙产以维持生计。禅宗则创立了“农禅”的生活方式，即既要“参禅”又要进行生产劳动，后来禅宗大师百丈怀海制定《禅门规式》把“农禅”的生活方式制度化。第二、出家弃俗与孝敬父母、“不孝有三，无后为大”等儒家孝道观的矛盾。佛教修行要求修行者出家弃亲，这在以血亲关系为基础的中国封建宗法社会里很难被接受，这也是儒佛斗争的一个重要内容。佛教为了能融入中国社会，也大力宣扬孝道，甚至编写讲孝的佛经，如《父母恩重经》。后来在中国出现了在家修行的居士，也说明了佛教的中国化。第三、沙门不拜王者与忠君思想的矛盾。按佛教仪规，佛陀是世间最尊者，其地位远远高于人间统治者。佛教徒出家修行脱离了世俗生活，以佛陀为尊师，只能礼拜佛陀，除此之外，对于世间其他一切位尊者，即使贵为天子，亲如父母，也不应对之行礼跪拜。这种教规，在重视“忠孝”礼法制度的中国封建社会，几乎是不可想象的。封建士大夫对此极为反感，在佛教发展史上，这是儒佛之争的重要焦点。斗争的结果是，佛教徒低下了高昂的头。到了唐代中期时，佛教徒既拜父母也拜君王。

最后，在思维方式和修行方式上，佛教所反映的印度人重缜密的逻辑推理的思维方式和提倡禁欲苦行等以长期艰苦的磨难为解脱途径的修行方式，与中国士大夫喜直觉体悟的思维方式和追求自然适意、乐观豁达的生活方式发生了冲突。

正是在以上这些背景下，产生了简便易行、注重体悟、在现世中达到超凡入佛界的中国式佛教——禅宗。

（三）中国式佛教——禅宗

禅宗是中国佛教中流传最长、影响最大的宗派，是不同于世界上任何宗派的、典型的中国式佛教。

“禅”是梵语“禅那”的简称，意为“静虑”、“禅定”，以沉思、思悟佛教真理、静息一切欲念为修养方法。禅宗强调“不立文字，直指本心”、“见性成佛”，实际上是主张放弃繁琐的修持方式——念经、坐禅等，顺其自然，只要主观上觉悟到心中的佛性，就可以成佛，因为人人心中皆有佛性。

佛教禅宗的起源，按传统说法，谓佛法有“教外别传”，即除佛教经典的教义之外，还有“以心传心，不立文字”的教义。传说，当年佛祖释迦牟尼在灵山会上，对着众人，默然不说一句话，只自轻轻地手拈一枝花，普遍地向大众环示一圈，大家都不了解他的寓意，只有大弟子摩诃迦叶，会心地展颜一笑。佛祖知道他已领悟，对这个聪颖的弟子格外赏识，于是便当众宣布：“吾有正法眼藏，涅槃妙心，实相无相，微妙法门，不立文字，教外别传，付嘱摩诃迦叶。”这便是印度禅宗的开始，而摩诃迦叶也就成了禅宗的开山祖师。禅宗历代相传,到了第二十八代达摩大师,正当中国南北朝时期,此时印度佛教衰微,大师听说东土震旦(中国)有大乘气象,便渡海东来,先从广州上岸,与南朝的梁武帝见面。但这位曾舍身同泰寺、笃信佛教的天子,没有领会禅宗的妙旨,二人话不投机,大师便渡江北去,寓止嵩山少林寺,面壁九年,默坐冥想,成为中国禅宗第一代祖师。后来,达摩把禅宗奥旨传给了一个中国高僧神光即慧可,慧可又传僧璨,僧璨又传给道信,道信又传给弘忍,弘忍最后传给了慧能,于是,影响中国千年之久,在中国思想文化上留下深深痕迹的禅宗,便兴盛起来。

其实,中国禅宗的真正创始人应该是六祖慧能,他的言行被弟子编成了《六祖坛经》一书。六祖慧能(638—713),俗姓卢,祖籍范阳人,在唐高祖武德年间,因为他的父亲宦于广东,便落籍于新州。三岁丧父,其母守志抚孤至于成年。因家境贫寒,靠卖柴为生。一日,因负薪到市上,听到别人读《金刚经》到"应无所住而生其心"一段,便有所领悟。别人告诉他这是黄梅(湖北)的禅宗五祖弘忍平常教人读的佛经,他便设法到黄梅去求学习禅。五祖弘忍初见他时,便问:"汝自何来?"他答道:"岭南。"五祖说:"欲做何事?"他答:"唯求做佛。"五祖说:"岭南人无佛性,怎么做佛?"他答道:"人地有南北,佛性岂有东西?"五祖听了,便叫他去做舂米的苦工。八个月后,五祖宣布要传授衣钵,叫大家呈述心得。这时,跟从五祖学禅的僧人有七百多,有一位首席的上座师,名叫神秀,学通内外,素来为大家敬仰。他知道众望所归的意旨,便在走廊上的墙壁上,写了一首偈语:"身是菩提树,心如明镜台。时时勤拂拭,莫使惹尘埃。"五祖看了神秀偈语后说:"后代依此修行,亦得胜果。"慧能从同学那里听到了这首偈语,说:"美则美矣,了则未了。"同学笑他说:"庸流何知,勿发狂言。"他答道:"你不信吗? 我愿和他一首。"同学们相视一笑,却不理睬。到了晚上,他请人在神秀偈语旁边写了一首偈语:"菩提本无树,明镜亦非台。本来无一物,何处惹尘埃!"弘忍认为其见解透彻禅宗旨意,遂将法衣传于慧能。并预言:"自古传法,气如悬丝,若住此间,有人害汝,汝即须速去。"于是,这个樵夫便南下大庾岭,躲过了神秀一派的暗算,在岭南隐居十五年后,在广州曹溪开始了禅宗"顿悟"一派即南宗的活动。而留在北方以"渐悟"为特点的神秀一派,则被称为"北宗"。

禅宗(南宗)的主要观点:

一是见性成佛与凡夫即佛。六祖慧能认为,现实世界的一切,都依存于心。"心生,种种法生;心灭,种种法灭"。"诸法在自性中,佛性也在自性中"(《坛经》)。禅宗把人心看做是万物产生的根源,是为了强调佛性在人性中,只要能认识自我意识这个本体,就是认识了佛性,也即完成了成佛的工夫。所以,慧能说:"万法尽在自心，何不从心中顿见真如。”他提出成佛的道路是向内心寻觅，“菩提只向心觅，何劳向外求玄？听说依此修行，西方只在眼前。”“一切般若知，皆从自性而生，不从外入。”(《坛经》)这就是说，心即佛，只要认识本心，即可成佛，所谓“见性成佛”。“自性迷，佛即众生；自性悟，众生即佛”，这其中蕴涵了“凡夫即佛”，人人皆可成佛以及反对偶像崇拜等观点。禅宗以前的各佛教派别，为了抬高佛性的尊严，往往把佛说成是在遥远的“西方极乐世界”，在彼岸；把修行成佛的道路和方法，弄得十分艰难和繁琐，很容易使人们丧失信心。禅宗把佛性由遥远的彼岸移到现实的、此岸的“凡夫”心中，打破了天国与人世的界限。只要你能认识自我本性，本性不迷失，就可以成佛。成佛以后，一切照旧，“人境俱不夺”，但你已从“凡夫”变成“解脱”了的自在人。

二是顿悟成佛。以慧能为代表的南宗，反对坐禅念佛，不要累世修行，不搞布施财物、拜佛修庙等外在方式，而是主张“不立文字，直指本心”、顿悟成佛。所谓顿悟，指无需长期修行，不用自己苦读或禅师传授佛教经典，而是在禅师的点拨、启发及至棒喝下，凭借自己的智慧，刹那间把握佛教“真理”，便达到了成佛的境界。在慧能看来，本心即佛，佛即本心，何必绕那么多弯子，时时拂拭，日日坐禅多难啊！只要直指本心就行了。“若起正真般若观照，一刹那间，妄念俱灭，若识自性，一悟即至佛。”(《坛经》)慧能的弟子怀让与弟子的弟子道一有一段著名的对话：“(怀让)一日将砖于庵前磨，马祖亦不顾，时既久，乃问曰；作什么？师云：磨作镜。马祖云：磨砖岂得成镜？师云：磨砖既不成镜，坐禅岂能成佛？”马祖道一顿时恍然大悟，放弃了苦苦坐禅的旧法，后来他还对大众宣传：“若是上根众生，忽遇善知识指示，言下领会，更不历阶级地位，顿悟本性。”禅宗的确为大众提供了一种简便易行的成佛方式。

三是无念为宗。既然人人都具有佛性，只要一转念即可成佛，那么，为何人人不能随时成佛呢？慧能说，人的本性是清净的，如同日月常明。但由于有妄念遮盖，使清净的佛性不能显示出来，好像清澈的天空，皎洁的日月被浮云遮盖住了。因此禅宗强调，要想把人人皆可成佛的可能性变成现实，还要把妄念浮云吹散。那么怎样把妄念浮云吹散呢？慧能认为只要“无念”就可以了。他把“无念”说成禅宗的最高宗旨：“我此法门，从上以来，先立无念为宗，无相为体，无住为本。”所谓“无念”，即“见一切法，不著一切法”，“于诸境上心不染”。就是说，在与外界的接触中，不受外界的影响。对于美味、美色等诱惑虽见之却不动心，“终日吃饭，未曾咬着一粒米；终日行，未曾踏着一片地。”总之，不为现实生活所迷惑，不“著境”。所谓“无相”，即“外离一切相”。这并不是说不要与外界接触，而是要“于相而离相”，即在与外界的接触中，不产生任何表象，以保持本心的虚空寂静。所谓“无住”，就是要心不执著于外物，把持住心，不被周边的浮光掠影所牵引。在这“三无”之中，“无念”是最主要的，“无相”“无住”归根结底就是“无念”。慧能认为，凡夫与佛，此岸与彼岸的区别，只在一念之间，“前念迷即凡夫，后念悟即是佛；前念著境，即烦恼，后念离境即菩提”（《坛经》）所谓“无念”，是指身在尘世中，而心在尘世之外，精神超脱，就是进入了佛的境界。相反，如果深受外界影响，执著于外物，必然就会产生妄念，烦恼丛生，陷入地狱。据《坛经》记载，慧能为其弟子神会讲“无念为宗”的教义时，曾用拄杖打神会三下，问他痛不痛。神会回答：“亦痛亦不痛”。这种既痛又不痛的境界，就叫做“无住”，不执著外境。如果说痛，就着了痛的相，即受痛的假象迷惑；一说不痛，就着了不痛的相，这都不是“自性真空”。

综上，禅宗主张不读经、不礼佛、不坐禅，甚至呵佛骂祖，反对偶像崇拜，采用通俗说教，来宣扬佛教的基本精神，得到了广大群众的支持，为中国化的佛教开拓了新的领域。禅宗对佛教理论的革新，实质上是把中国传统哲学中诸如孟子的人性善，人人皆可成尧舜和庄子的自然适意等思想融入佛教，把宗教进一步精炼化、哲学化、世俗化；摆脱烦琐的修炼过程和经论词句的解释，由思辨推理转入神秘直觉，用“顿悟成佛”的天国廉价门票，来增强佛教法力，吸引广大群众。但是，作为一种提倡在成佛方面人人都有平等的权利和机会——“凡夫即佛”的宗教，禅宗所说的平等是指来世、彼岸，而不是现实世界的平等，这种来世的平等实际上掩盖着现实世界的不平等，具有麻痹性。同时，禅宗过多地论述所谓成佛即是身在尘世而精神超脱的境界，否认了神圣世界与世俗世界的根本界限，在一定意义上也就否认了禅宗的宗教本质，这导致了禅宗后来的衰落。

第三节　道　教

一、道教的产生和发展

道教是中国唯一的土生土长的系统宗教，其思想渊源有原始巫术鬼神信仰、神仙方术和老庄哲学。道教产生于汉魏两晋时期，当时社会动荡不安，人民生灵涂炭。哪里有苦难，哪里就会滋生宗教的土壤。道教的产生也是这样。张陵、张角等人利用人们痛苦的灵魂需要抚慰的时候，创造了道教。

道教开始不叫此名，而称为“五斗米道”与“太平道”。“五斗米道”的创始人是张陵，他生于东汉顺帝时，原籍江苏丰县，客居四川，学道于鹤鸣山，自称“天师”。

据《后汉书·刘焉传》、《三国志·张鲁传》的记述，因为“从受道者，出五斗米”，所以人们称其为“五斗米道”。张陵奉老子为教主，以老子《道德经》为主要经典，并自称出于太上老君的口授而造作道书。张陵死后，其子张衡继续行道，张衡死，子张鲁又继之。张鲁割据汉中，创建了一个政教合一的地区政权，使道教在这一地区获得了迅速发展。后张鲁投降曹操，被封侯，五斗米道得到官方保护。

“太平道”起始于巨鲁人张角，以崇奉《太平经》而得名。张角自称“大贤良师”，通过符水咒语为人治病而传教。十余年间，信徒发展到数十万人，设立教区组织共有 36 方。当组织健全后，张角等人散布谣谚：“苍天以死，黄天当立。岁在甲子，天下大吉”，以鼓动人们造反。灵帝中平元年，张角率众起义，因起义军皆头裹黄巾为标志，被史称“黄巾起义”。黄巾起义被朝廷镇压，太平道也受到了致命打击，继而转为民间信仰。

五斗米道和太平道属于早期道教派别，带有浓厚的原始宗教性质和巫术迷信色彩。其信徒大多是农民，不依赖官方传播，故被称为民间道教。

魏晋时期，随着早期道教的衰落与分化，道教开始走上了理论化、上层化的道路。自汉至唐，数百年战乱频仍，民不聊生，道教适应人们求安的心理，同时邀宠朝廷，所以逐渐兴盛。东晋葛洪系统地总结了战国以来神仙方术的理论，在他的《抱朴子·内篇》中为道教构造种种修炼成仙的方法，创立了道教丹鼎一系。南北朝时道士陆静修、陶弘景从符箓角度发展了天师道，创立了道教符箓一系。重符箓的天师道，史称“南天师道”。北魏时期的嵩山寇谦之改革“五斗米道”，创立了“北天师道”。唐朝皇帝以老子为李氏祖先，道教得到了官方青睐，一度位列三教之首，道教发展到顶峰。宋时统治者仍提倡道教。元朝南北天师道合流形成了“正一道”。同时，道教内另一支——全真道兴起，反对正一道注重符箓禁咒，强调识心见性的内修功夫。明代中叶以后，道教走向衰落。

二、道教经典和基本教义

由于道教是在各地民间分散出现的，所以一开始就没有统一的组织、经典和教义。在道教的历史发展过程中，出现了许多不同的道派，这些不同的道派都信奉自己的经典，所以道教的经典十分庞杂。道教经典总汇称为《道藏》，现保存最完整的是明代修订的《正统道藏》，这部道教经典卷帙宏大，内容繁多，共有 5 485 卷。一般道士必读之书，主要有《道德经》、《黄庭经》、《真诰》、《正一经》等。

道教的基本教义是追求长生不死，肉体成仙。它不像许多宗教那样，把现世的人生看做是极为痛苦的，要人们追求死后的天国生活，而是认为生存是极美好的，死亡才是痛苦与可怕的。因此，它的最高理想是长生不死，羽化成仙。为了长生不老,道教徒们的一项重要工作就是探索不死之方。他们认为,欲长生不老,必须安神固形,性命双修。性功修心,命功练形。其养身之术不外内养功与外养功两种。所谓内养功,即相信按一定的方法,运用人体固有的"精气神"为丹药,以身体为丹鼎,修炼内丹,聚成圣胎,便可延年益寿。具体说包括内观、守静、守一、存思、服气、行气。内观是内视自身澄澈其心。守静、守一、存思是使思想集中于一点,身心俱静。服气、行气则是吐纳天地真气攻击体内疾病以养身。所谓外养功,是指采集各种矿物和动植物作为药物,用丹鼎炮炼成丹药,相信服丹药可以长生。

第四节　中国古代宗教的特点

一、宗教观念淡薄

中国人特别是其中占大多数的汉人,与世界其他民族相比,如欧洲人、印度人、阿拉伯人,可以说相当淡薄,几乎没有任何一种宗教令所有的中国人垂青。中华民族的祖先主要生活于黄河流域,主要以农耕稼穑为生。大自然对中国人的赐予并不丰厚(也不过于吝啬,过于丰厚和吝啬都容易产生宗教),人们不得不付出巨大的辛苦谋求生存,这就迫使人们将更多的精力集中于衣食住行,而无暇过多玄想。农业文明中,生活变化小,平淡,少风险,生活有规律可循,也易于使人循规蹈矩。一分汗水,一分收获,使中国人更重实际,轻幻想。黄河中下游多是平原、丘陵,平坦的地貌也不如奇山异水更刺激人们的想象力。在这种环境中成长起来的中国人更看重实实在在的东西,而不喜欢虚无缥缈。中国古代社会的宗法特点也阻碍了出世宗教的产生,却导致了发达的祖先崇拜。中国古代神话(少于其他民族)中的神与世界其他民族神话中的神相比,也是人性多于神性。许多民族中都有神创宇宙的神话,可是,在中国开天辟地的盘古不是被作为至高无上的神,而是作为中华民族的祖先而受到崇拜。在其他民族神话中,多是神向人传授文化知识和生活技术,而在中国神话中多是人自己发明创造。古希腊神话中是天神普罗米修斯从天庭盗来神火,而在中国则是燧人氏钻木取火。除燧人氏外,还有像构木为巢的巢氏、制八卦的伏羲、尝百草的神农氏,以及民间各行业所拜的行业神,英雄人物如大禹、关公、岳飞等,这些神话人物,与其说是神不如说是人,对人类有重大贡献的伟人,是"人而神",而不是西方的"神而人"。神而人的宗教特点决定了基督教文化的超越性;人而神的宗教特点决定了中国文化的人间性。

二、王权始终高于教权

世界许多民族的历史上都曾出现过宗教统治意识形态的现象。在欧洲封建社会，基督教占据意识形态领域长达千余年，基督教超越哲学、科学和政治之上，统治了人类生活的各方面。教权高于皇权，国王登基必须由教皇行加冕典礼。在阿拉伯、印度，国家的最高统治权也都长期掌握在僧侣阶层手中。而在中国几千年的文明发展史中，宗教一直都是政治统治者利用的工具，中国没有出现过政教合一的王朝，没有明确地实现过国教制，宗教从未凌驾于政权之上，而只是依附于王权，任何宗教和教派都必须邀得皇帝的恩宠才可以在社会中有所作为，任何宗教若与朝廷作对，其发展必然受到巨大的限制或打击。佛教、道教、基督教、伊斯兰教以及各种民间宗教莫不如此。

道教创立初期，太平道和黄巾起义结合在一起，被汉统治者扼杀在摇篮里，而五斗米道由于天师张鲁降曹被封为阆中侯，得到朝廷恩宠逐渐发展起来。历代道士都有献媚朝廷以邀圣宠的。北周道士张宾对杨坚说自己洞晓星历，夸杨坚非人臣之相。隋朝道士徐则又对杨广说自己八十将为帝师，暗示杨广拜他为师则可登帝位。唐时道士们又说老子显灵自称是李唐祖先，李氏统治者一度使道教位列三教之首。

自汉武帝采纳董仲舒的建议“罢黜百家，独尊儒术”，历代统治者沿袭以德治天下的儒教传统。因此，任何外来宗教对儒家思想是顺之者昌，逆之则亡。佛教初入，中国僧人翻译佛经时就故意将佛经中违背忠孝思想的内容剔除，其后，佛教的许多派别甚至将儒家忠孝思想纳入其中。清初，因为中国天主教内的多明我会认为耶稣会支持祭祖拜孔是卖主求荣，惹恼了清廷，康熙将多明我会教士逐出中国，多明我会教士到梵蒂冈状告耶稣会，罗马教廷遣使来华谴责耶稣会，使者被康熙杀死，西教遂遭严禁。

三、重实用轻超越

许多学者喜欢说西方文化是“罪感文化”，中国文化是“乐感文化”，有一定道理。基督教认为上帝创造了宇宙和人类，人的始祖亚当和夏娃背叛了上帝，所以人人有罪，人类生活的目的在于向上帝赎罪，人征服自然、改造自己以邀神宠，方可回归上帝怀抱。基督徒是以灵与肉的分裂为基础，在现实生活中默默地忍受痛苦，以求死后灵魂升入天国。所以，现实生活是为了赎罪，人生的意义和幸福在于彼岸。

中国人则不把幸福放到遥不可及的彼岸世界，追求的是现实世界的快乐。所以他们不喜欢那些肉体和精神上的自我折磨，他们也有痛苦和忧患，但他们担忧的是“譬如朝露，去日苦多”，“又恐流年暗中偷换”。执著此生，不喜欢把现世生活彻底粉碎而叫人撕心裂肺的悲剧，喜欢大团圆的喜剧。中国诗人的名句是“人生得意须尽欢，莫使金樽空对月”，“有花堪折直须折，莫待无花空折枝”。思想家的明言是“未知生，焉知死”。而西方许多哲人却认为生命的价值在于学习死亡，死是生的目的，生为了死后世界。

中国人少有对死的极端恐惧，也就缺乏对彼岸天国的热望。中国人重实用轻幻想，信教主要不是为了拯救灵魂，解决精神痛苦，而是解决生活中的实际问题。谁能满足人们的需要，人们就信谁，即“唯灵是信”，对中国人来说几乎不存在信仰的纯粹性问题。中国人宁愿祈求所有的神灵都保护他们，而不笃信诸神中的一种。“灵验”的神灵，人们会趋之若鹜；相反则置之不理，甚至痛加指责。久旱不雨，且祈之不灵的话，中国人会将龙王置于街中鞭打。中国人平时不信佛，事到临头才临时抱佛脚，见庙就烧香，见神就磕头。因此，在中国救苦救难的观世音成了送子娘娘，基督教中人神沟通的弥撒被用来求子、求雨，其宗教信仰的实用功利性是显而易见的。

道教提供的是典型的中国人的生活理想。世界上几乎所有的宗教都将理想的世界置于彼岸，把来世作为灵魂的归宿，而只有中国的道教不强调来生来世的重要，它给人们提供的人生理想是长生不老，白日飞升，得道成仙。道教中的巫术色彩十分浓厚，因为巫术具有实用功利性而且不相信超自然力量的绝对性。被西方许多宗教学家称之为准宗教行为，神学家更视之洪水猛兽的巫术，却被中国道教纳为自己的一个合理的组成部分，符箓、神水、禁咒、占卜、驱鬼降魔、祈福禳灾是最典型的道教行为。道教将中国原始巫术保存下来而且发扬光大，道士们都精于各种巫术。中国人信仰道教，延请道士也往往就是为了要用以上方法解决生活中的实际问题。

佛教的理想是涅槃，成佛，灭度，脱离一切痛苦和烦恼，达到自由无碍。原始佛教及小乘佛教认为只有焚骨扬灰方可涅槃，而大乘佛教却认为只要领悟到一切事物皆是非有非无的毕竟空，就已涅槃，所以在大乘佛教中此岸和彼岸之间并不存在鸿沟，这也是大乘佛教适合中国民众心理之处。但是，佛教强调的是万事万物都是因缘和合的产物，变幻莫测，没有恒常的自我，人生一切皆苦，要想解脱只有皈依佛法僧三宝，必须舍弃世间的一切享乐，做到四大皆空，恪守严格的清规戒律，这又不适合中国人的口味。所以佛教在中国自两晋开始，其禁欲主义思想便开始被改造。首先与老庄“虚静恬淡，寂寞无为，适意自由”的生活情趣相融合，进而禅宗倡导“本心即佛”，反对苦修坐禅读经念佛，否定一切清规戒律，相信只要顿悟本心即是成佛；顺应自然，饭来即吃，困来即睡就是成佛。他们嘲笑俗人“吃饭时不肯吃饭，百种须索；睡眠时不肯睡眠，千般计较”。而禅僧则是“终日吃饭未曾咬着一粒米，终日穿衣不曾挂得一缕丝”。心无挂碍，顺应自然。至此，禅宗僧人并未止步，他们又把适意发展为纵欲，有些禅僧不守清戒，“酒肉穿肠过，佛祖心中留”成了他们达到口头禅，强调只要顿悟本心，则有情无情没什么差别。佛教的中国化，说明了注重超越的印度佛教向注重现世功用的中国人的妥协。

四、信仰包容

如上所述，中国人信仰的目的不是为了灵魂解脱，而是解决现世中的实际问题，所以，大多数民众抱着“唯灵是信”的态度，对各路神灵皆兼容并取，而不会像基督徒、穆斯林那样将异教徒视为洪水猛兽和妖孽，也就不会发生大规模的宗教战争。在中国，各种宗教信仰可以和睦相处。中国古典文学中常见这种描写，《红楼梦》中一僧一道形影不离，《西游记》中太上老君、玉皇大帝和如来佛祖、观音菩萨同时存在。

中国历代统治者官方也大多采取宗教兼容政策。中华民族长期共居，历史上未曾出现过大规模民族外移或异族迁入，中华文明保持了一以贯之的传统。加之中国长期的农业文明，适宜用伦理道德来调节社会关系，儒家文明因之发达，统治者赖以作为治国之本，从而也就没有利用宗教来统一人们思想的迫切性和必要性。在中国历史上，虽然也有某些帝王偏爱一种宗教（如梁武帝佞佛，唐初皇帝将道教位列三教之首），但总的来说，历代统治者对各种宗教基本上是一视同仁，不过分抬高也不过分贬低某种宗教。中国古代官方宗教政策的这种兼容性，使各种宗教在中国基本上相安无事，和睦相处，从未出现过大规模的宗教徒相互残害，也未发生过纯粹宗教意义上的战争。

第五节　宗教对中国传统文化的影响

中国宗教与世界其他宗教一样创造了灿烂的文化，对中国传统文化的各方面影响很大。

一、对哲学的影响

宗教从某种意义上说是关于自然、社会、人生的哲学思考，尽管其中有明显的错误，但仍不失为哲学园地中的一朵奇葩。佛教对中国哲学的发展影响很大。

首先，表现在本体论方面。佛教得以在中国流传，是和它能为中国哲学提供、补充新东西直接相关的。中国传统哲学尤其是儒家哲学，比较重视现实人生，侧重经验认识，而对人生本源、世界本体和和彼岸等问题探讨较少。佛教则很重视世界本体的探讨，提出了各种各样的本体说，对中国哲学特别是儒家哲学产生深刻影响。早期儒学所讲的"理"本来是准则、规律的意思，而到了宋代儒家那里，"理"提高为宇宙的本原和本体，显然是接受了佛教的影响。如二程依据张载的《西铭》提出了"理一分殊"的命题，何谓"理一分殊"？"理"是一，而"理"体现出来的世间万物，则其"分"自"殊"，呈千差万别。朱熹还借用佛教的"月印万川"的比喻来说明"理一分殊"的道理。他说："'一月普现一切水，一切水月一月摄'。这是那释氏也窥见得这些道理。"(《朱子语类》第十八卷)佛教尤其是禅宗对陆王心学的本体论学说影响更大。陆九渊不讲理气之分、理心之分，他认为它们都是统一的，从而提出了"宇宙便是吾心，吾心即是宇宙"的命题。王守仁进一步指出"心即理也"、"心外无理，心外无事"。这可说是直接导源于禅宗的理论"万法尽在自心，何不从心中顿见真如。"儒家吸收佛、道学说，把儒家发展到哲理化的理学阶段。

其次，表现在心性论方面。与本体论一样，心性论也是传统儒家学说较为薄弱的环节。传统儒家更侧重于社会政治伦理而较少言及心性，佛教对心性则阐发甚多，尤其是中国化的佛教禅宗论及心性最多。禅宗的"我心即佛"、"见性成佛"以及身处尘世灵魂超脱的玄妙境界深深吸引了中国传统士大夫。在中国传统社会，士大夫们深受儒学经世伦理的影响，总是企望"治国平天下"，实现人生价值。然而，受内外条件的限制，真正在人生舞台上挥洒自如，实现人生理想的人为数毕竟不多。大多数士大夫因仕途狭窄或官场风云变幻而在现实世界中节节败退下来，困顿一生。在这些失意的士大夫中，看破红尘、皈依佛门者虽大有人在，但更多的士子却往往在痛苦中彷徨。禅宗之妙，就在于它把人向外追求的欲望导向内在修悟，从而平息种种世俗引起的内心躁动。禅宗倡导的"心无所念，念无所求"，很有效地引导人们抑制欲望，使之转移或升华为一种人格自我完善力量。这与儒家的"性善论"有异曲同工之妙，但是佛教的心性论更精致些，因而更具诱惑力。

二、对文学的影响

(一)佛、道与中国人的审美趣味

人生哲学是审美情趣的基础。佛教传入中国后，特别是禅宗产生后，对中国人尤其是士大夫阶层的生活情趣产生了巨大影响，进而影响了中国人的审美情调。禅宗倡导的是内心宁静、清净恬淡、超凡脱俗的生活情调，追求的是清、幽、寒、静的审美趣味。佛教的这种审美趣味渗透到中国艺术的各方面，使自然适意、不加雕饰、浑然天成、平淡幽远的闲适境界成为中国古代艺术追求的最高境界。远山深谷、荒寺深院、寒松暮雪、月夜静林、花鸟鱼虫成为中国绘画的主题，宁静恬淡、悠远含蓄成为中国诗歌音乐的主旋律。道教对中国人的审美趣味的形成，特别是对普通民众审美趣味的形成同样有很大影响。道教保持了原始宗教神灵崇拜，道教中有一系列的既贴近生活同时又杂糅着许多奇异幻想的神灵形象，如八仙，这影响了中国人追求绚丽神奇的审美情趣。

(二)对中国文学的思想渗透

佛教宣扬的人生无常、消极厌世的颓废人生态度，在古典小说中表现得尤为突出。如《三国演义》的开卷题词："滚滚长江东逝水，浪花淘尽英雄。是非成败转成空，青山依旧在，几度夕阳红，白发渔樵江渚上，惯看秋月春风，一壶浊酒喜相逢，古今多少事，都付笑谈中"。表现出人生虚幻的思想。《红楼梦》也受佛教消极思想的影响，小说以梦开始，以梦终结。书中描述儿女爱情，缠绵悱恻，荣华富贵，洋洋大观，但结果是零落枯槁，穷困潦倒，分崩离析，人财两空。主题歌《好了歌》："世人都晓神仙好，惟有功名忘不了！古今将相在何方？荒土一堆草没了……"反映了道教的清心寡欲、看轻名利思想以及佛教的人生如梦的虚无思想。

佛教尤其是禅宗思想深深影响了古代中国文人。在中国古代，以禅入诗、为诗注入特有的禅趣的代表人物，唐有王维，宋有苏轼。王维，字摩诘，平生奉佛，素服长斋，仰慕和崇拜维摩诘居士。他是唐代著名诗人、画家，因其诗充满禅趣，被后世称为"诗佛"。他的诗篇主要是山水诗，通过日月山水的描绘，宣扬隐居生活和佛教禅理。如《鹿柴》："空山不见人，但闻人语声。返景入深林，复照青苔上。"远山的人语衬托着山的空寂，黄昏时分落日微光返照在深林里的青苔上，象征着世界的无常。这是依据禅宗的"返照"、"空寂"的义理，通过描绘鹿柴深林中傍晚的景色，表现寂灭无常的心境。宋代文豪苏东坡，因受佛道思想的影响，诗词极富禅味。《和子由渑池怀旧》说："人生到处知何似？应似飞鸿踏雪泥。泥上偶然留指爪，鸿飞那复计东西！老僧已死成新塔，坏壁无由见旧题。往日崎岖还知否？路长人困蹇驴嘶。"这首诗所体现的人生无常、虚空悲凉的心境，正是禅宗所提倡的。

(三)宗教文学成就

道教的文学成就很突出。道士们创作了绚丽多姿的文学作品，诗词、歌赋、散文、小说各种文学形式无不具备。道教最早的经典《太平经》就是优美的散文。魏、晋、南北朝时道士们的游仙诗、步虚词流行。唐代,道士杜光庭的小说《虬髯客传》很著名。宋词中有许多词牌源于道教神话,如《解佩令》、《瑶池宴》等。明朝朱权将元杂剧分为12科,其中第一种就是神仙道化戏。明清时期道士的神怪小说如《吕仙飞剑记》、《东游记》等影响很大。道教文学提供了许多神奇瑰丽的意象,大大刺激了中国人的想象力,对后来文学作品早成了久远的影响。《西游记》、《聊斋志异》、《红楼梦》中关于神仙、仙境、妖魔鬼怪、诸种法术的描写大多来自道教文学作品。

佛教传到中国后,推动了中国俗文学的发展。中国历来视诗歌、散文为正统文学,而说唱文学、小说则被视为不登大雅之堂的俗文学。自南北朝以来,佛教为了进一步在民间吸引信徒,开始用说唱方式宣传经文,这直接导致了弹词、鼓书等说唱文学的产生。这种说唱方式,又影响产生了唐代的"话本小说"。由"话本小说"进一步发展为章回小说,分回标目,故事连接,段落整齐,成为明清时代小说的主要形式。

佛教对中国文学的影响,除上面所述几方面外,还表现在,它为我国文学语言宝库增添了许多新鲜词汇。赵朴初先生说:"没有佛教,中国人的嘴只有半开半合,因为汉语里三万五千多个词汇来源于佛典的翻译。"[①]随着佛教著作的翻译和流传,佛教典籍中不少优美的典故和具有艺术美的新词被引进了后来的文学作品。在汉语史上外来成语的90%源出于佛教。我们今天常用的,如世界、方便、众生、烦恼、三头六臂、不即不离、五体投地、功德无量、大慈大悲、生老病死、心猿意马、快马加鞭、皆大欢喜、昙花一现、大千世界、"苦海无边,回头是岸"、"放下屠刀,立地成佛"、"种瓜得瓜,种豆得豆",等等。

三、对艺术的影响

(一)佛教对雕塑的影响

随着佛教在中国的广泛传播,僧侣们在寺院、石窟中雕刻了许多佛像。中国的佛教艺术,大体经历了一个从模仿印度佛教雕塑,到与中国传统雕塑艺术融合,再到中国化的过程。这可以从始于魏晋,经历代开凿的敦煌、云岗、龙门等著名的石窟艺术中,看出它艺术风格的流变。

早期的佛教造像,大多以印度佛教艺术为母范,印度气息浓厚,如大同云冈的石佛洞,西部昙曜五洞佛像宏大,高达数丈,庄严巍峨,其造像风格与表现雄健、华

①李觉明,林沁《与佛陀对话》,北京宗教文化出版社,1988年,第345页。

丽及人体肉感美的印度艺术相似。中部六美人洞的乐舞伎六美人，是印度古美人的面影，婉丽肥硕，且衣着单薄，偏袒右臂，裸露胸脯，形象体现了热带印度民族生活习俗和审美意识。后来印度佛教慢慢被汉文化同化，表现在雕塑上，无论是云岗、敦煌、龙门还是麦积山石窟，雕塑形象秀骨清朗，长脸细颈，衣着繁复而飘动，已经深深带有中国文人所崇尚的那种飘逸空灵之美。

（二）佛教对绘画的影响

汉初佛教绘画传入中国，用于宣传佛教教义，当时擅长作佛教画的中国画家不多。魏晋南北朝时，善于佛教画的名画家相继出现，如东晋的大画家顾恺之，相传他在建康瓦官寺壁上绘维摩诘居士图，光彩耀目，轰动一时。南朝张僧繇、北齐曹仲达等都善于画佛画并形成了各自的风格。到了唐朝，佛画特别是壁画的发展，可谓空前绝后。当时的壁画大多出于名家之手，如吴道子，集诸画家之大成，为古代佛画第一人，素有“画圣”之称。他曾在长安、洛阳寺观作佛道宗教壁画三百余幅，绘画笔迹磊落，洗练劲爽，其画风对后来人物画影响很大。佛教绘画不仅丰富了中国绘画题材，而且深化了中国绘画的主流——山水画的意境。中国山水画虽由来已久，但六朝时所谓山水，主要作为人事环境的背景、符号存在，并无独立性格。唐中叶以后，尤其是宋元时期，山水画由附庸走向独立，其中既有老庄哲学的影响，更有禅宗的影响。因为它们都要求自身与自然合为一体，希望从自然中吸取灵感或了悟，来摆脱人事的羁縻，获取心灵的解放。佛教禅宗思想的影响使中国山水画走向成熟，并使之具有丰厚与深刻的人文内涵。

佛教对中国艺术的影响，除了以上对中国雕塑、绘画的影响之外，在建筑、音乐等方面也有较大的影响，如精致的佛寺建筑，融入了中国建筑风格，它注重与周围的山水自然环境相协调，影响了我国建筑艺术的审美意趣；佛教音乐的流行并与我国宫廷音乐、民间音乐融合，逐渐形成了以“远、虚、淡、静”为特征的中国佛教音乐，成为民族音乐的一部分。

四、对科学技术的影响

宗教无疑具有反科学性，但绝不等于说宗教与科学是无缘的。中国的道教和佛教在养生学、医药学、化学和天文学等方面很有成就。

道教倡导的顺应自然的人生哲学，成了中国养生学的理论基础。道教主张淡泊自守，视功名利禄富贵如浮云，不逞强冒险，人若如此自然就减少了在社会生活中毁伤身心的可能。不仅如此，道教还创造了一套系统健体强身的功法，包括守一、行气、服气、导引、房中、内丹等，并在此功法的基础上创造了独成一家的气功武术，其特点是以柔克刚、以静制动、以弱胜强，习练这种气功武术自然也能强身健体。同时，在养生方面道教还特别重视饮食起居的调节，强调素食，禁止饮酒和食用荤辛食物，还发明了药膳，形成了独具中国特色的养生学。佛教传入中国，禅定、瑜伽等健身功法也随之而来。以此为基础，中国僧人创造了以阳刚为特点，以硬功为主的气功武术，从另一个侧面丰富了中国养生学。

道教自产生之日起，宗教传播与治病救人就结合在一起，所以它在医药学方面的贡献也很大。道教史上许多著名的道士如葛洪、陶弘景、孙思邈等人都是大医药学家。葛洪认识到尸瘵（即肺结核病）病变有 36～99 种，病人死后仍有传染性。南朝道士陶弘景在其著作中记载了肺痨、天花、肝炎、伤寒、脚气、腹水、肿瘤等多种疾病的治疗方法。唐代道士孙思邈，后世人称药王，他编纂的《千金方》是中国药学史上具有划时代意义的作品。道士们为追求长生不死，寄希望于服用仙丹，而炼丹确实为道士们找到了许多可以治人疾病、延年益寿的药物。如小灵丹、红升丹、白降丹、金龟下海丹等现在仍很有用的中药都是道士炼丹时发明的。

炼丹不仅促进了中国药学的发展，也促进了中国化学的进步。东汉道士胡罡子最早发现了用下火上凝烧丹砂成水银的方法，从朱砂中提炼水银，回收率达到 90％。另外他还发现了用蒸馏硫酸铜制硫酸的方法，葛洪通过处理雄黄提炼出了硫黄，为火药的发明打下了基础。陶弘景还发现钾盐烧灼时产生紫色光焰，他是世界化学史上最早用火焰反应对碱金属盐进行定性分析的人，后世对碱金属盐进行定量分析的火焰光度法直接来源于他的做法。隋、唐时道士苏元朗、张果、孙思邈对前人的炼丹术进行了总结，使之更加精确。

本章小结

在中国文化中，宗教所占的地位并不像西方那样显著，宗教情绪也不如西方那样强烈，但这并不等于说宗教在中国没有广泛影响，宗教文化也是中国文化的一个重要组成部分。

宗教是人类进化到一定历史阶段的产物。中国原始宗教的主要形式有自然崇拜、灵物崇拜、图腾崇拜、祖先崇拜、英雄崇拜、灵魂崇拜等。中国原始宗教与其他民族一样，也是自然崇拜，反映了人与自然之间的矛盾，崇拜的是自然物和自然力；大陆文明决定了中国先民以农业为主要的经济运作方式，农业文明又决定了中国原始宗教集中在对日、月、山川、风雨、雷电、大地等这样一些对农业生产有明显影响的自然现象上；农业耕作是以一家一户为生产单位进行的，家庭在生产中的重要位置，导致了它成为社会生活的核心，因此，祖先崇拜在中国原始宗教占有核心地位；由于农业耕作抵抗天灾人祸的能力很弱，所以人们渴望英雄人物的护佑，从而使英雄崇拜在原始宗教中也占据了相当重要的位置。

佛教是一种外来文化，它于汉代传入我国，经过与本土文化的排拒、吸纳、依附，最终融为一体，成为中国文化的一个组成部分，推动了中国文化的发展。佛教主要教义有四谛说、缘起和轮回说、三法印说。佛教在中国传播过程与中国文化发生了巨大冲突，体现在世界观、人生观、道德理想、道德修行和规范、思维方式和修行方式等诸多方面，为了适应中国文化环境并在大众中迅速普及佛教，中国化的佛教——禅宗应运而生。禅宗的真正创始人是唐代的六祖慧能，他认为：人人皆有佛性，见性成佛，凡夫即佛；他反对坐禅念佛，主张"不立文字，直指本心"，顿悟成佛；虽人人皆有佛性，但清净的本性被妄念遮盖，故应无念为宗。

禅宗对佛教理论的革新，实质上是把中国传统哲学中诸如孟子的人性善，人人皆可成尧舜和庄子的自然适意等思想融入佛教，把宗教进一步精炼化、哲学化、世俗化；摆脱烦琐的修炼过程和经纶词句的解释，由思辨推理转入神秘直觉，用"顿悟成佛"的天国廉价门票来增强佛教法力，吸引广大群众。

中国本土宗教——道教的基本教义是追求长生不死，肉体成仙。它不像许多宗教那样，把现世的人生看做是极为痛苦的，要人们追求死后的天国生活，而是认为生存是极美好的，死亡才是痛苦与可怕的。因此，它的最高理想是长生不死，羽化成仙。为了长生不老，道教徒们的一项重要工作就是探索不死之方。他们认为，欲长生不老，必须安神固形，性命双修。性功修心，命功练形。其养身之术不外内养功与外养功两种。

中国古代宗教深受中国传统文化影响，带有鲜明的中国特色：宗教观念淡薄；王权始终高于教权；重实用轻超越；信仰包容。

中国宗教与世界其他宗教一样创造了灿烂的文化，对中国传统文化的各个方面，诸如哲学、文学、艺术、科学技术、语言等影响很大。

思 考 题

1. 中国原始宗教有哪些类型？其特点是什么？
2. 印度佛教产生的原因是什么？其基本教义是什么？
3. 佛教与中国传统文化的冲突表现在哪些方面？
4. 禅宗的主要观点是什么？你是怎样理解的？
5. 中国古代宗教有哪些特点？

第九章　文学传统:中国古代文学

《诗》可以兴,可以观,可以群,可以怨。迩之事父,远之事君,多识于鸟兽草木之名。

——孔子

诗者,志之所之也,在心为志,发言为诗。情动于中而形于言,言之不足故嗟叹之,嗟叹之不足故永歌之,永歌之不足,不知手之舞之,足之蹈之也。

——《毛诗序》

中国古代文学植根于中国传统文化的丰沃土壤中,像其他文化部类一样,有着自己悠久的历史、丰富的内容、独特的风格、鲜明的个性,以及与整个中国文化息息相关的多种层次的联系。一个民族的文学,往往是这个民族整体文化的形象而具体的表现,是社会生活的具体反映。因此,透过这种形象思维所描写的个体行为、个体的精神、心理和感情,能够更直接捕捉这个民族文化所反映的社会群体的心理意识及其共性。从这个意义上说,文学不仅是文化的主要部分,而且是文化的一面镜子。

第一节　中国古代文学的辉煌成就

中国古代文学有着丰富的内容和宽广的领域,若以朝代和体裁来分,先秦有诗经、楚辞、诸子散文,汉代及以后有汉赋、汉乐府、六朝文、唐诗、宋词、元曲、元杂剧、明清小说,等等,可谓群星灿烂,为后人提供了思想上、艺术上用之不绝的文化遗产和创作源泉。

一、中国古代诗歌

诗歌是最早产生的文学样式,也是中国古典文学中最为发达的部分,故人们习惯说中国是诗的国度。中国古典诗歌不仅包括近体诗和古体诗之类狭义的古典诗歌，也包括词、曲之类广义的古典诗歌。中国诗歌的真正源头是《诗经》和《楚辞》。

(一)《诗经》和《楚辞》

《诗经》是我国最早的一部诗歌总集，又称《诗》，收集了大约从西周初年至春秋中叶约500年间的诗作305篇，简称诗三百。汉代独尊儒术，《诗经》被列为儒家经典，与《礼》、《乐》、《书》、《易》、《春秋》合称“六经”，遂称《诗经》。《诗经》包括风、雅、颂三部分内容。“风”包括十五“国风”，有诗160篇，主要是民间歌谣。朱熹说：“凡诗之所谓风者，多出于里巷歌谣之作，所谓男女相与歌咏，各言其情志者也。”“国风”不仅有健康而热烈的爱情篇章，如《周南》中的《关雎》、《桃夭》等，《召南》中的《草虫》，《郑风》中的《溱洧》、《褰裳》等，《秦风》中的《蒹葭》，《邶风》中的《静女》，《陈风》中的《月出》，《卫风》中的《氓》、《木瓜》等，还有对现实的讽刺和对社会不公正的揭露，如《邶风》中的《式微》、《击鼓》等，《魏风》中的《伐檀》、《硕鼠》等。无论歌颂还是批评，都是风土之音，发自真情实感，表现常人的喜怒哀乐。所以，国风是《诗经》中具有很高文学价值的部分。“雅”分“大雅”、“小雅”，有诗一百零五篇，主要是贵族宫廷宴乐的乐歌。如《湛露》写宫廷贵族“厌厌夜饮，不醉不归”，《鱼丽》则描写了他们筵席的丰富。《鹿鸣》中的“呦呦鹿鸣，食野之苹，我有嘉宾，鼓瑟吹笙”，表现了社会景象的繁荣太平。“颂”分“周颂”、“鲁颂”、“商颂”，有诗四十篇，为春秋前期周王室和鲁国、宋国用于宗庙祭祀的乐歌。

《诗经》所反映的主要是政治、社会事件和人的日常生活，没有超现实的想象，因此它奠定了我国古代文学现实主义的传统。《诗经》中最为后人称道的是《国风》中的大量婚恋诗篇，由于周王朝的衰落，周礼的作用日渐式微，深藏于人们心底的爱情无拘无束地发出来，“中春之月，令会男女。于是时也，奔者不禁”。(《周礼·媒氏》)如《郑风·溱洧》就描写了这样的风俗，春光明媚之日，青年男女徜徉水边，相约游嬉，互赠信物，自由地表达爱慕之意。《诗经》的爱情诗风格多样，有的大胆、泼辣，如《召南·摽有梅》。另外一些爱情诗则温文典雅，如《邶风·静女》。《诗经》还有几篇作品，是被丈夫无情抛弃的妇女的咏唱，如《邶风》的《日月》、《谷风》，《卫风》的《氓》等，最早开启了诗歌史上的“弃妇诗”题材。

《诗经》开创了赋、比、兴的艺术表现手法。“赋者，铺陈其事而直言之者也”；“兴者，先言他物以引起所咏之辞也”；“比者，以彼物比此物也”。这三法成为以后诗歌创作的金科玉律。另外，《诗经》在篇章结构和语言运用上也很有特色。其突出的叠章、叠字的用法最为后人称道。叠章的运用，造成了一唱三叹的抒情效果，不断重复的韵律，似乎在合唱或轮唱。叠字的使用，也增加了声韵效果。方玉润曾描述其效果说："恍听田家妇女，三三五五，于平原旷野、风和日丽中群歌互答，余音袅袅，忽断忽续。"（方玉润《〈诗经〉原始》）总之，《诗经》对中国文学有着重大而深远的影响，它在审美追求、表现方式等诗歌的基本品格方面为中国诗歌奠定了基础，它是四言诗的鼻祖，后代的许多题材类型的诗歌——诸如田园诗、讽刺诗、爱情诗、征戍诗、隐逸诗、送别诗、悼亡诗、宫怨诗、闺怨诗、田猎诗、咏怀诗等都从中取法，它不愧是中国诗歌乃至整个中国文学的最为重要的源泉之一。

《楚辞》是先秦时期的另一部著名的诗集。相对于代表中原文化的《诗经》而言，《楚辞》则是楚文化的典型代表。在春秋战国时期，楚文化具有鲜明的特征，为浪漫瑰丽的《楚辞》提供了丰厚的历史文化基础。首先，楚人信巫好祀。《汉书·地理志下》记载，楚国有江汉川泽之利，物产富饶，民用丰足，而其俗"信巫祀，重淫祀"。其次，楚地的国家制度和伦理思想较为宽松。虽然楚地经济条件比北方较好，但由于开发得晚，也由于山川阻隔，与北方相比，其国家制度尤其是维护等级秩序的政治观念和伦理思想不完善、不发达。因此，人们就较少重视社会理性，而是倾向于发挥自由的想象。《楚辞》的主要作者，是我国古代伟大的爱国主义诗人屈原。

屈原（约公元前 340 年—前 277 年）名平，字原，是楚国的同姓贵族，他"博闻强记"，善于外交辞令，洞察政治风云。屈原曾身居要职，参与楚国内政外交方面的重大政治活动，但后来被谗失宠，遭到放逐，满怀悲愤，自投汨罗江而死。屈原的作品有《离骚》、《九歌》、《九章》、《天问》、《远游》、《卜居》、《渔父》等。其中影响最大的是长达 373 句、共有 2 490 字的《离骚》。

《离骚》共分三段。第一段，从政时期。诗人叙述了家世出身、志愿抱负和辅君治国的政治主张，并且表达了盼望美政理想早日实现的急切心情："日月忽其不淹兮，春与秋其代序。惟草木之零落兮，巩美人之迟暮！"然而不仅不能实现美政，反而遭谗被贬。第二阶段，流放与行吟泽畔时期。诗人在极度的苦闷、彷徨中"上下求索"。"路漫漫其修远兮，吾将上下而求索"，为了追求美政理想，屈原是不畏艰难险阻的。第三阶段，以死殉国。诗人的热情和理想最后幻灭，面临着"去"与"留"的情感抉择。诗人虚构了"问卜灵氛"、"决疑巫咸"两个情节，灵氛和巫咸都劝他离开，另寻施展抱负的场所："日勉远逝而无狐疑兮，孰求美而释女？何所独无芳草兮，尔何怀故宇？"诗人乘龙驾象，在空中飞翔了一阵！忽于阳光中，看见了自己的故乡楚国，"忽临睨夫旧乡！仆夫悲余马怀兮，蜷局顾而不行。"仆从悲伤，马也不走，于是，诗人决定留在自己多灾多难的祖国，"既莫足与为美政兮，吾将从彭咸之所居"！以死来捍卫自己的理想成了他唯一的现实选择。《离骚》写了诗人思想、感情、抱负、理想幻灭的悲剧：在政治黑暗、国家危急的形势下，一颗清醒而苦闷的灵魂，看到天下熙熙、众人皆浊，进行了最大的努力和抗争，但努力化为泡影，情感付诸流水，终于感到无望和幻灭。尽管充溢着悲剧气氛，《离骚》却是一篇积极浪漫主义的作品，诗人为实现理想而顽强奋斗的精神深深影响了后世文人，其“虽九死其犹未悔”“路漫漫其修远兮，吾将上下而求索”的执著信念，成为后代士大夫重要的精神源泉。

与《诗经》所表现出的“中和”之美相比，《楚辞》之美首先表现在对于生命情感的自由表达。《楚辞》的着眼点不在社会秩序的稳定与和谐，而在美政理想能否实现。当污浊的现实与理想发生冲突时，屈原不是向现实屈服，而是坚持理想。但是英雄报国无门，上天入地无知遇，诗人郁愤的情感如山洪激荡，欲罢不能，于是便冲破心灵的堤防，一泻而出。这种呼天抢地的“发愤抒情”是冲破一切现实羁绊的，是生命意志的自由挥洒。其次，《楚辞》追求的是一种惊彩绝艳、瑰丽神奇的美。在巫风盛行的文化氛围中，人们更容易与神灵对话，在文学艺术上的直接表现就是突破现实的桎梏，创造出一个更能体现人的本真生命的惊彩绝艳、瑰丽神奇的艺术世界。屈原驱遣着神话中的日月、云风、神祇、雷电、龙凤、山川，建构了一个人神合一的艺术境界。《楚辞》浪漫主义的想象和直胸臆的审美追求为后世文学提供了不竭的源泉。《楚辞》还广泛应用“比兴”手法，如以香草象征诗人的高洁；以男女关系比君臣关系；以众女妒美比群小嫉贤；以婚约比君臣遇合；以驾车比治理国家等。这样，使诗文生动形象，极富感染力。在中国古代文学史上，《楚辞》以它那华彩篇章、独特意象倾倒了无数后人。

（二）汉代诗歌

1. 汉乐府

“乐府”是古代掌管音乐的行政机关，先秦就有。西汉初期，已设有乐官。乐官分为太乐令、乐府令，前者掌管雅乐，后者掌管民间俗乐。魏晋以后，把汉乐府机关采集的可入乐的诗歌也称为乐府，于是乐府遂由官府名称而成为继《诗经》、楚辞之后的又一诗体。

乐府民歌是“街陌”之间无名氏的产物，大都出自社会下层群众之口，“感于哀乐，缘事而发”，自由、真实地表达了民间大众的喜怒哀乐。汉乐府民歌所表现的思想内容有以下几类：第一类，反映民间疾苦。《妇病行》、《孤儿行》、《东门行》等，真实、细致地描写了下层劳动人民的苦难生活。第二类，反映战争和徭役给人民带来的灾难。《战城南》是一首描写人民被迫从军，战死疆场、暴尸荒野，而家国荒芜、禾稼不收的悲惨景象。《十五从军行》用白描的手法，通过一个终生服役的士兵的悲惨遭遇来控诉统治者穷兵黩武政策的罪恶。第三类，描写对美好爱情的向往和对不合理的婚姻制度的抗议。《上邪》表现了对爱情的执著，“上邪，我欲与君相知，长命无绝衰。山无陵,江水为竭,冬雷震震,夏雨雪,天地合,乃敢与君绝!”对于不合理的婚姻制度,《孔雀东南飞》提出了最为生动和强烈的抗议。与《孔雀东南飞》浓烈的悲剧色彩相反,汉乐府中另一首精彩的叙事诗——《陌上桑》富有喜剧色彩。作品用侧面烘托的手法、极度夸张的笔触描绘了采桑女罗敷的外貌美:“行者见罗敷,下担捋髭须。少年见罗敷,脱帽著帩头。耕者忘其犁,锄者忘其锄。来归相怨怒,但坐观罗敷。”同时,也表现了罗敷不畏权贵、不图富贵的高贵品质。

“感于哀乐,缘事而发”,不仅决定了汉乐府民歌的内容,也决定了其艺术特征。汉乐府民歌与以抒情为主要艺术特征的《诗经》相比,相对增加了叙事成分。其次,乐府民歌多来自下层群众,所以情感真挚、坦露,语言也大都质朴浅白、生动活泼。

2.《古诗十九首》

在乐府诗歌盛行的同时,文人诗创作也取得了很大成绩。它的标志是被刘勰称为“五言之冠冕”的《古诗十九首》。“古诗”的原意是古人所作的诗。《古诗十九首》指的是约在魏末晋初,流传着一批魏晋以前文人所作的五言诗,既无题目,也不知作者,其中多是抒情诗,具有独特的表现手法和艺术风格,被统称为“古诗”。梁代昭明太子萧统将汉代无名氏所作的19首五言诗作为一组收入他遍的《文选》当中。所以《古诗十九首》就成为一个专有名词。

这19首诗歌,大多表现离情别绪、人生失意和生命无常。离人相思尤其是思妇诗在19首中占了9首之多。对游子的深切思念和真挚的爱恋,表现的最充分且被后人称道的是古诗《迢迢牵牛星》:“迢迢牵牛星,皎皎河汉女。纤纤擢素手,札札弄机杼。终日不成章,泣涕零如雨。河汉清且浅,相去复几许?盈盈一水间,脉脉不得语。”这诗表面写牛郎织女,却无一处不是写思妇自己的情事,终日心神不宁、悲叹流泪,是织女,也是自己,可以想见她思念游子的深切和痛楚。《古诗十九首》另一个重要的主题是,生命无常、人生短促、及时行乐。“生年不满百,常怀千岁忧。昼短苦夜长,何不秉烛游!为乐当及时,何能待来兹。……”这是怎样的绝望与希望啊!人何必想那么多呢,人生苦短,何不秉烛而游、及时行乐呢?然而,这似乎又不是颓废,而是对生命充满了深情的留恋。

《古诗十九首》的出现在许多方都面着重要意义。首先,自汉人解诗以来,诗歌基本上是政教的工具,这造成了汉代诗歌发展的迟滞。但《古诗十九首》在很大程度上突破了政教的藩篱,自由地抒写性灵,歌唱情感,不以功利为念,不以世用撄怀,主情任气,尤重感兴,为文学在魏晋时期的自觉唱出了先声。其次,作为文人诗,《古诗十九首》在艺术上有重大的进展,钟嵘在《诗品》中把古诗十九首列为上品第一,并评之曰:“文温以丽,意悲而远,惊心动魄,可谓几乎一字千金。”《古诗十九首》的出现标志着汉代五言诗的成熟,也标志着中国诗歌走向成熟。

3.建安诗歌

公元196年,曹操挟汉献帝移都许昌,改元"建安"。在文学史上,习惯于把建安时期和其后若干年的文学称为"建安文学"。建安文学以诗歌成就最为显著。建安诗歌是我国古代文人创作的第一个高潮,对后代诗歌发展影响深远。其代表作家有三曹、七子等。三曹即曹操、曹丕、曹植父子;七子是孔融、陈琳、王粲、徐幹、阮瑀、应玚和刘桢。三曹、七子中曹操和曹植的成就最高。

汉末建安时代,社会动荡不安,这种状况一方面给建功立业提供了可能,激发起士人们积极进取的强烈愿望,一方面又是人命危浅朝不保夕,给士人带来岁月不居、人生无常的深沉叹息。因此形成慷慨任气,以悲凉为美的风尚,被后人称为"建安风骨"。作为政治家、军事家和文学家的曹操首开建安风气。他的《蒿里行》真实地描绘了汉末的战乱和人民的苦难。他的四言诗《短歌行》,一方面继承了《古诗十九首》的人生忧思,另一方面又表达了建功立业的政治包袱和雄心壮志,使其在人生忧思的大背景上烘托出了新的价值观,这区别于汉诗仅停留在人生苦短的消沉一面,而缺乏令人振奋的昂扬进取精神。

在曹氏父子中,文学成就最高的还是曹植。曹植自幼聪颖过人,深得曹操钟爱,曾被认为是"儿中最可定大事"(《三国志·陈思王植传》)者,但最终因其才情外露,无帝王之器,未能登上王位。曹植的诗歌以曹丕称帝为界分为前后两期,前期诗作多表现个人的志趣与抱负,诗风雍容华贵,意气昂扬,如《白马篇》等;后期因受到猜忌、压制与摧残,诗风转为深沉悲凉,曲折地表现自己的痛苦和哀怨,如《美女篇》等。

(三)魏晋诗歌

魏末晋初,司马氏专权,大肆杀戮异己,"天下多故,名士少有全者"(《晋书·阮籍传》)在这种极端黑暗的政治恐怖下,士人建功立业的理想归于破灭,发之于诗,建安诗歌中昂扬的气概没有了,代之以如履薄冰的忧生之嗟。以"竹林七贤"和后来的陶渊明为代表的魏晋名士,不满黑暗现实,但迫于政治高压不敢正面抵制,为了坚守文化理想,只好采取与统治者不合作的姿态,隐迹山林,从而发展出中国古代最重要的诗型之——田园、隐逸诗。

1.陶渊明与田园、隐逸诗

陶渊明(365—427),又名潜,字渊明,号五柳先生,浔阳柴桑(今江西九江)人,著有《陶渊明集》。陶渊明少有高趣,博学,善属文,好读书,不求甚解,每有会意,欣然忘食。他性情率真,颖脱不羁,嗜酒,闲静少言,不慕荣利,不计得失,常著诗文自娱。他曾连续五次出仕,皆因不堪束缚而辞职。第五次任彭泽县令,在任仅

80天,因不愿为五斗米折腰辞职而去,此后再未出仕,开了他长达20多年的隐逸生活。陶渊明流传下来的诗有100多首,大多是咏怀之作,主要写田园的风光、闲居的适意、稼穑的艰难、饮酒读书的乐趣以及游历山泽的见闻等。

陶渊明承续了老庄、阮籍、嵇康等人的传统,将林泉之隐发展到完备阶段,因而被推为"古今隐逸诗人之宗"。古代隐逸诗及隐逸诗人的出现是中国文化的必然产物。自孔子为士人确立了一条学而则仕的人生道路后,大多士子从此便走上了仕途的不归路。然而由于内外原因的限制,只有很少的士人能真正实现自己从政和美政的理想。由于王权的强大,在没有民主制度的传统社会中,代表社会良心的士人遭到王权的压制则是他们必然的命运。在这种情况下,士人选择了"天下有道则现,天下无道则隐"的人生模式,在山林泉石之间坚持文化理想。陶渊明也是在与黑暗政治的冲突下,选取择了归隐田园,在与自然的亲近中消解生命悲剧。然而,陶渊明对田园的回归,绝不是历史的倒退,倒退到小国寡民的原始社会,其根本意义在于对污浊现实的审美超越。宁静、质朴的田园生活是作为黑暗现实的对立面和理想生活出现的。他的那篇著名的《桃花源记》,在一定意义上可以说是我们整个民族的理想甚至乌托邦,其意义在于对理想世界的追求,用理想来批判现实、抗衡现实和校正现实。

陶渊明在中国文学史上的贡献,在于他把田园生活的题材带进了诗歌中,开拓了一个全新的文学表现领域。在此以前,田园、自然和农村生活从未成为诗歌表现的主题,只是作为衬托而存在,是陶渊明的隐逸人格使他把自然美和农村的淳朴生活当做审美对象,此后吟咏田园成为中国诗歌的重要内容之一,这在一定程度上也是文学摆脱政教,走向自觉的体现。并且,他还创造了中国诗歌意境中一种新的类型,一种韵味极为醇厚而又朴实无华的冲淡之美,如《饮酒》(其三):"种豆南山下,草盛豆苗稀。晨兴理荒秽,带月荷锄归。道狭草木长,夕露沾我衣。沾衣不足惜,但使愿无违。"把自己的劳动生活写得那样的平淡自然,没有任何的雕琢痕迹,但这又是"豪华落尽"后的真淳和厚朴,与一般民歌的朴素有着本质的区别。陶诗以其特有的审美风貌——自然、平淡、真淳,奠定了文学史上不朽的地位。

2. 山水诗

大约比陶渊明晚20年,谢灵运的山水诗开始兴起。在陶渊明那里,由于他是隐士而诗人,因此,田园风光与自然景色往往是内化为他的人格内涵;而在谢灵运那里,山水则显得比较外在,往往注重对山水自然的生动描摹。

谢灵运,出身东晋世家,自幼天资聪颖,志向远大,但由于性格外露,在政治上一直很不得意。性情接近名士,却偏又喜欢政治,这最终导致了谢灵运的悲剧命运。从谢灵运个人来讲,他之所以成为重要的山水诗人,是他投身山水以消解悲剧意识的结果。《宋书·谢灵运传》载:“(永嘉)郡有名山水,灵运素所爱好,出守既不得志,遂肆意遨游,遍历诸县,动逾旬朔,民间听讼,不复关怀。所至辄为诗咏,以致其意焉。”谢灵运只有离开官场,回到自然,才能真正体现他本真自然的生命状态。他的山水诗雕琢细腻,刻画逼真,气韵生动,有许多名句千古流传,如“池塘生春草,园柳变鸣禽。”(《登池上楼》)“野旷沙岸静,天高秋月明。”(《初去郡》)等。

谢灵运之后,对山水诗有所继承的是谢朓,他是谢灵运的族侄,后人将他与谢灵运合称“大小谢”。与谢灵运相比,谢朓的山水诗趋于格律化,更精致、圆润。

(四) 唐诗

唐代是中国诗歌发展的黄金时代,诗人之多,作品之丰富,都是空前的。仅《全唐诗》所录,就有 2 300 多人,近 5 万首诗,其中有数以千计的名篇家弦户诵。所谓“熟读唐诗三百首,不会作诗也会吟”,唐诗成了后代文人士子甚至市井百姓学诗、吟诗、寄情、抒志的典范之篇。唐诗分为初、盛、中、晚四期。

1. 初唐诗歌

初唐诗坛有两大潮流,一股是以上官仪和杜审言、沈佺、宋之问等宫廷文人为代表。他们继续着六朝诗人未走完的路,将近体诗的形式进一步完善,内容上大多是歌功颂德,而声调格律十分精工。另一股是以四杰、陈子昂为代表,他们自觉地批判六朝文风,有意识地在拓展诗歌内容、开创新的风格上下工夫。

“初唐四杰”是指王勃、杨炯、卢照邻、骆宾王。他们都属于一般士人中官小位卑却才大自负的诗人,心中充满了博取功名的幻想和激情,郁积着不甘居人下的雄杰之气。当他们以才子齐名出现于文坛而崭露头角时,怀着变革文风的自觉意识,明确地反对纤巧绮靡,提倡刚健骨气。如王勃的《杜少府之任蜀州》:“城阙辅三秦,风烟望五津。与君离别意,同是宦游人。海内存知己,天涯若比邻。无为在歧路,儿女共沾巾。”这是“四杰”送别诗中最有名的一首。虽意识到羁旅的辛苦和离别的孤独,但没有伤感,没有惆怅,只有真挚的友情和共勉,心境明朗,感情壮阔,流露出好男儿志在四方的英雄气概。又如杨炯的《从军行》:“烽火照西京,心中自不平。牙璋辞凤阙,铁骑绕龙城。雪暗凋旗画,风多杂鼓声。宁为百夫长,胜作一书生。”边塞是士人幻想建功立业的用武之地,尽管“四杰”中的王、杨、卢都未到过边塞,然而他们在诗中表现的立功边塞的志向和慷慨情怀,却显得十分强烈,这种激扬文字的书生意气是构成其诗歌“骨气”重要因素,也是“四杰”与宫廷诗风迥然有别的内在原因。此外,卢照邻的《行路难》、骆宾王的《在狱咏蝉》等也很著名。

但“四杰”之诗并没有完全摆脱当时流行的宫廷诗风,真正有意识地改变前朝诗风和从理论与实践上呼唤盛唐之音的是陈子昂。他指出了南朝诗歌缺乏现实内容的缺点，提倡“兴寄”、“风骨”，并且在其作品中实践了自己的主张。他的《感遇诗》三十八首，大多豪迈俊逸、悲壮慷慨。其千古绝唱《登幽州台歌》，更是震动了诗坛。

2. 盛唐诗歌

唐代开元、天宝年间，经济繁荣，国力强大，唐诗也出现了全面繁荣。这时期出现了以孟浩然、王维为代表的山水田园诗派和以高适、岑参为代表的边塞诗派。我国诗歌史上两颗巨星李白、杜甫也产生在这一时期。

王维、孟浩然以清新秀丽的语言描绘宁静的田园和优美的山水，写农家生活简朴而亲切，写故人情谊淳淡而深厚，写自然景色空灵而美丽。孟浩然早年隐居家乡鹿门山，读书作诗，并漫游各地。四十岁时到京城长安考进士不中，失意而归，寄情山水，著有《孟浩然集》。其诗以写田园隐逸生活为主，诗风恬静淡远。代表作有《夜归鹿门山歌》、《过故人庄》、《宿建德江》、《春晓》等。王维被后人称为“诗佛”，既精通音乐，又擅长绘画，在描写自然山水的诗里，创造出“诗中有画，画中有诗”的明秀诗境。王维是盛唐诗人中极为特殊的一个，他的诗风在四十岁前后迥异，其人生态度也由前期的锐意进取转为后期的吃斋奉佛。王维前期的诗秉承了盛唐诗歌的一般主题，多表现对游侠生活的向往和对建功立业的强烈的渴望。他在《少年行》中说：“孰知不向边庭苦，纵死犹闻侠骨香。”其《送张判官赴河西》诗则云：“沙平连白雪，蓬卷入黄云。慷慨倚长剑，高歌一送君。”声调高朗，气魄宏大。王维赴河西节度使幕时到过塞外，为此，他写下了许多歌颂塞外雄浑壮阔风光的诗篇，如著名的《使至塞上》。但是，王维最受人重视和对后世影响最大的并不是他前期的诗作，而是他隐居终南、辋川时的“入禅之作”。

王维的“辋川绝句，字字入禅”。的确，这些禅意盎然、如孤鸿落照，灭没于江天之外，创造了清幽静谧的诗歌意境，读来使人身心两忘。如：

飒飒秋雨中，浅浅石溜泻。跳波自相溅，白鹭惊复下。（《栾家濑》）

独坐幽篁里，弹琴复长啸。深林人不知，明月来相照。（《竹里馆》）

空山不见人，但闻人语响。返景入深林，复照清苔上。（《鹿柴》）

木末芙蓉花，山中发红萼。涧户寂无人，纷纷开且落。（《辛夷坞》）

如果把这四首诗按照精神流程编排出来，我们会看一条由喧嚣的尘世潜入自然，在自然中抒解而获得心灵的宁静，在宁静中反观默照而得到解脱，最终因解脱而与自然浑然融合的心灵轨迹。诗人由纷扰的朝堂进入秋风中的栾家濑，心灵一层层地展开，最终与山中的红花同开同落，无复有人花之别了。在这里，没有生命的寂灭，反而呈现出一派生命的盎然。深林明月，水流花开，无一不是自然造物生生不息的原生状态，不受人为的干扰，没有孤独，也没惆怅，只有一片空灵的寂静，而美的意境就产生于对这自然永恒的空、静之美的感悟之中。

盛唐边塞诗派以高适、岑参为代表。他们抒写了边疆的大漠风光，塑造了边关健儿戍边保国的形象：有英雄气概的激昂豪迈，也有缠绵婉转的儿女柔情；有开拓疆土的昂扬进取，也有对战争残酷的控诉揭露。高适的《燕歌行》、岑参的《白雪歌送武判官归京》和《走马川行奉送封大夫出师西征》等最为著名。除他们二人外，以边塞诗闻名的还有王昌龄、王之涣、王翰等人。如王昌龄的《从军行》其一："青海长云暗雪山，孤城遥望玉门关。黄沙百战穿金甲，不破楼兰终不还。"还有七绝《出塞》："秦时明月汉时关，万里长征人未还。但使龙城飞将在，不教胡马度阴山。"都是千古流传的佳作。

盛世自然应该有盛世的代表人物，对于盛唐文学来说，李白无疑应该是其典型的代表。盛唐文学如果失去了李白，将不可想象，甚至连整个中国文学都会黯然失色。

李白的一生是在追求功名、漫游山水和求仙学道中度过的，他的思想抱负、生活情趣和性格气质在这几方面都得到了不同侧面的表现。与一般盛唐士人一样，李白是个功名心很强的诗人，可又不愿意走科举入仕之路，想象古代策士那样，"编于诸侯"、"历抵卿相"寄希望于风云际会一鸣惊人；要么如豪侠之士行侠仗义，建立盖世功名后再隐居江湖。所以他一方面接受了儒家"兼善天下"的思想，想要"济苍生"、"安社稷"；另一方面又接受了道家特别是庄子那种遗世独立的思想，追求绝对精神自由，超越世间一切；他还深受游侠思想的影响，敢于蔑视封建秩序，敢于打破传统偶像。但李白的一生是悲剧的一生。他虽有天纵之才，却过于高傲自负，从不委曲求全、低眉俯首；他渴望功名，却又过于天真狂放，对皇帝老子尚不买账，何况王侯？杜甫曾为他这样画像："李白一斗诗百篇，长安市上酒家眠。天子呼来不上船，自称臣是酒中仙。"（杜甫《饮中八仙歌里》）所以，他在现实的碰壁是必然的。然而，李白之为李白，就在于他的天真、傲骨、狂放与不羁。李白在现实中是孤独的、抑郁的，于是酒和月光成了他排遣郁闷、倾诉情志的对象："花间一壶酒，独酌无相亲。举杯邀明月，对影成三人"。

李白诗歌的各个阶段有着不同的特色。天宝之前为第一阶段，此时李白尚未感受到现实的黑暗，老庄的思想对他影响很大，因而诗风俊才逸发，清新自然中带有浓厚的书卷气，《蜀道难》是其代表作。第二阶段是天宝时期，此时李白被"倡优畜之"，因不满朝廷的腐败，醉酒狂言，被赐金放还。李白陷入了屈原式的欲做忠臣而不得，欲做隐士而不甘的窘境，因而也发出了屈原式的悲号，如《梦游天姥吟留别》、《宣州谢朓楼饯别校书叔云》、《远别离》等。安史之乱后为第三阶段，血腥的现实和个人遭遇使他的诗风神光内敛，由绚烂趋于平淡，由飘逸转向沉雄，以《古风》（十九）、《经乱离后天恩流夜郎忆旧游书怀赠江夏韦太守良宰》等诗为代表。

李白对后世影响巨大，首先是他诗歌作品中反映出来的人格力量和个性魅力。他那"天生我才必有用"的非凡自信，那"安能摧眉折腰事权贵"的独立人格，那"戏万乘若僚友，视同列如草芥"的凛然风骨，那与自然冥一的潇洒风神，曾经吸引过无数士人。在中国传统社会那种个体人格意识备受压抑的环境下，李白狂放不羁的、纯真的个性风采，无疑有着巨大魅力。他诗歌的那种豪放飘逸的风格、变化莫测的想象、清水出芙蓉的美，对后来的诗人也有很大的吸引力，苏轼、陆游等大家都曾受到他的影响。在中国诗歌史上，李白是一位旷世奇才，有着不可替代的不朽地位。

盛唐之盛，在于其包容一切的气概。在盛唐诗坛上，中国的儒、道、佛三家文化都得到了充分的发展：王维被称为"诗佛"，其作品空灵清寂，呈现出佛释境界；李白号为"诗仙"，其作品飘逸超迈、自然清新，流溢着丰厚的老庄精神；而杜甫被称为"诗圣"、"诗史"，其诗稳健典雅、沉郁顿挫，包蕴着深沉的儒家情怀。杜甫是唐代社会转折时期继往开来的伟大诗人，他的前半生是在唐朝的鼎盛阶段度过的，在他身上可看到盛唐士人的狂放精神和开阔胸襟；可他的后半生历经战乱、四方漂泊，对普通百姓受苦受难的人生有极真切的现实体验。这种特殊的经历，使他的诗风前后判然有别——由前期的昂扬明朗到后期的沉郁悲伤。从总体上看杜甫受儒家思想影响较大，尽管他也曾与道教、佛教中人有来往，但他不可能成为像李白那样的"道士"，佛教对其影响也是次要的。作为诗圣，杜甫是中国传统知识分子心中的偶像，是儒家文化理想人格的化身，他对于国家、人民具有强烈的责任感，对现实生活有深邃的洞察力，因而能够极其敏锐地觉察到当时政治、社会中各种形式的隐患，代表着当时的"社会良知"。

杜甫以浓厚的忧患意识融入诗歌，写下了大量反映当朝者穷兵黩武却不顾百姓死活及朝廷权贵与普通百姓生活对比悬殊的诗作，如"三吏"、"三别"、《兵车行》、《丽人行》、《自京赴奉先县咏怀五百字》等，表现了他对人民的深切关怀和对残暴政治的批判，这正是儒家思想的精华。由于杜甫把这种精神深深地沉积到他的诗歌中，所以，他的诗歌才有着恒久的魅力。儒家文化极重人伦情感，在这方面，杜甫表现得十分突出。杜甫对他的妻子感情至笃，在他的诗中，"妻"、"老妻"、"妻孥"等出现过几十次。对待兄弟也是如此，如"尔到江陵府，何时到峡州？乱离生有别，聚集病应瘳"（《得舍弟观书》）等。但是，杜甫的人情并不是仅仅限于亲情，而是极大地扩展开来，形成了"大庇天下寒士俱欢颜"博大慈爱的胸怀。

3．中唐诗歌

中唐约七十年，这期间诗人众多，诗歌数量和流派也多。以白居易为首，元稹、张籍、李绅等为羽翼的元和新体，继承了杜甫的写实传统，主张“文章合为时而著，歌诗合为事而作”，掀起了轰轰烈烈的新乐府运动，即倡导以新乐府反映现实的诗歌革新运动。

白居易诗今存3 000余首，分为讽喻、闲适、感伤、杂律四类。其中成就最高、影响最大的是《新乐府》五十首、《秦中吟》十首及感伤诗中的《长恨歌》、《琵琶行》。他最看重的是讽喻诗，因之能反映国事，可发挥政治上的美刺作用。他在《观刈麦》中说：“复有贫妇人，抱子在其旁。右手秉遗穗，左臂悬敝筐。听其相顾言，闻者为悲伤。家田输税光，拾此充饥肠。”对贫苦的劳动人民充满了同情，又如《卖炭翁》、《红线毯》，前者揭露了苛政猛于虎的悲惨现实，后者对统治者的奢侈享乐进行了抨击。白居易的讽喻诗艺术上很有特色，大多语言通俗晓畅，对比鲜明，情感强烈。

白居易感伤诗中有两首杰作，即《长恨歌》和《琵琶行》两篇叙事长诗。《长恨歌》取材唐明皇和杨贵妃的爱情，具有双重主题，一是讽刺唐明皇重色误国，一是歌颂了他们的真挚爱情。诗歌语言清丽流畅，叙事层次清楚，情感细腻真挚，又兼取材于重大的历史事件，将历史巨变与个人爱情结合起来，所以取得了很大的成功，对后世的许多文艺作品产生了影响。《琵琶行》是白居易被贬江州后写的，表现了对一个妓女不幸命运的同情。在艺术上融入了自己的身世之感，描写细腻生动，比喻清新，情景交融。总之，白居易的诗歌由于切近现实、通俗易懂，在当时流传很广，甚至远播海外。

与白居易、元稹诗派同时，中唐还出现了韩愈、孟郊诗派和柳宗元、刘禹锡、李贺等诗人，使中唐诗歌呈现出一片繁荣的局面。

4. 晚唐诗歌

晚唐约七十年，这一时期的文学主要向两方面发展，一是随着唐代社会的进一步衰微，杜牧、李商隐等人忧生念乱，感慨身世，追求诗歌的形式美，这是主要潮流；一是在黄巢起义前后，皮日休、杜荀鹤等人对白居易的现实主义诗歌传统有所继承，写出了一些反映现实的诗歌。

李商隐是唐诗发展到晚期最有成就的诗人，以其独具特色的美轮美奂诗歌，登上了晚唐诗歌创作的顶峰。无题诗是李商隐最为人传诵的作品，其范围包括以《无题》为题的十五首，和以句首二字为题的“准无题”诗近三十首。他的无题诗多数与爱情有关，但性质和内容并不单一，有的寄托痕迹比较明显，有的则似有似无。因其所抒写的是交织着希望与失望的爱恋心理，总是隐约和诗人的不幸身世及人生体验有着某种联系，不能截然排除其中蕴涵着更深的隐痛。如以下两首：

锦瑟无端五十弦，一弦一柱思华年。庄生晓梦迷蝴蝶，望帝春心托杜鹃。沧海月明珠有泪，蓝田日暖玉生烟。此情可待成追忆，只是当时已惘然。（《锦瑟》）

相见时难别亦难，东风无力百花残。春蚕到死丝方尽，蜡炬成灰泪始干。晓镜但愁云鬓改，夜吟应觉月光寒。蓬山此去无多路，青鸟殷勤为探看。（《无题》）

这些爱情诗，似有所寄托而又无可索解。近人梁启超说："义山的《锦瑟》、《碧城》、《圣女祠》等诗，讲的什么事，我理会不着。拆开一句一句叫我解释，我连文义也解不出来。但我觉得他美，读起来令我精神上得一种新鲜的愉快。须知美是多方面的，美是含有神秘性的，我们若还承认美的价值，对于此种文字，便不容轻轻抹煞。"（《中国韵文内所表现的情感》）

李牧是晚唐时期与李商隐齐名的杰出诗人，史称"小李杜"。他秉性刚直，有济世之志，性情与李商隐有很大不同。其诗如其人，具有"雄姿英发"的特点。他是第一个大量采用七绝形式写作咏史诗之人，创作出许多享有"二十八字史论"之誉的七绝诗。如：

折戟沉沙铁未销，自将磨洗认前朝。东风不与周郎便，铜雀春深锁二乔。（《赤壁》）

烟笼寒水月笼沙，夜泊秦淮近酒家。商女不知亡国恨，隔江犹唱后庭花。（《泊秦淮》）

通过对历代曾有过的繁盛转瞬即逝的伤悼，以及揭露统治者的荒淫误国，抒发自己的政治感慨和见识，其中深寓对现实的不满和讽刺，往往有立意高绝的议论，表现出横溢的才气。

（五）宋词

词的全称叫曲子词，简称词，又叫"近体乐府"、"乐章"、"长短句"、"诗余"等，是继诗以后兴起的新的诗歌题材。它最早萌芽于南朝，在初唐时已有明确的记载。词的发展与南北朝、隋唐时期清乐和燕乐的流行有很大的关系，尤其是燕乐，乐器以琵琶为主，琵琶有 28 调，音律富于变化，形式过于规整的五、七言诗不易于配合，所以更为自由的长短句就应运而生。词本来是可以配乐演唱的，后来音乐消亡，词便成为脱离音乐而独立存在的新诗体。

词的重要组成部分是词调，俗称"词牌"，如"菩萨蛮"、"念奴娇"等。每个词牌都有自己特定的格式，句数、每句的字数、用韵都有明确的限定。一般词牌分为上下两阙，以便反复吟唱。

词最早产生于唐代之前，后被唐代前期文人张志和、韦应物、白居易、刘禹锡等引入诗坛，至晚唐五代时期，出现了词的专门作家和专门的词集，如温庭筠是第一个大力填词的词人，现存其词 70 多首，名为《金荃集》。后蜀赵承祚把唐至五代的词编成集子，称《花间集》，共收作者 18 人，词 500 首。从此在中国文学史上词成为独立的一体，与诗并行发展。大约到了南唐冯延巳、李煜时期，“樽前”、“花间”之风由盛而衰，至宋，词达辉煌时期，终于由“之余”上升到宋代文学的主流。

古人有“词至北宋而大，至南宋而深”之说，认为北宋词尤争骨气，南宋词则专精声律，故可将宋词划分为北宋与南宋两个时期。

1. 北宋词

北宋初期，词人承袭南唐五代词风，内容上多离怨别恨、风花雪月之作，代表人物有晏殊、晏几道父子和欧阳修等。晏殊，著有《珠玉集》，收有词122首，多表现优游的生活和幽微的心境，在艺术上既珠圆玉润，又清新自然。如《浣溪沙》：“一曲新词酒一杯，去年天气旧亭台。夕阳西下几时回？无可奈何花落去，似曾相识燕归来。小园香径独徘徊。”对时光流逝的怅惘和对春意衰残的惋惜之情，圆润流畅，大有“富贵闲人”的韵味。

欧阳修，存词二百多首，多描写爱情，但生动自然，富有民歌特征。如《生查子》。另一些写离情闲愁则深婉含蓄，富有文人词的气息，如《蝶恋花》。柳永是宋代第一个专力写词的作家，他大量填写长调慢词，在词体和词调方面作出了创造性贡献。柳永早年曾热心于功名，但由于屡争不得，遂失意无聊，流连烟花巷陌，偎红倚翠，变成了违俗背礼的失意文人。他在《鹤冲天》一词中说：“忍把浮名，换了浅斟低唱！”可以视之为自我深刻写照。柳永虽大多写歌妓生活，但由于他平等对待她们，且具备深厚的文学修养，故词文写得也深情雅致。如《雨霖铃》：

> 寒蝉凄切，对长亭晚，骤雨初歇。都门帐饮无绪，留恋处、兰州催发。执手相看泪眼，竟无语凝噎。念去千里烟波，暮霭沉沉楚天阔。多情自古伤离别，更哪堪、冷落清秋节！今宵酒醒何处？杨柳岸，晓风残月。此去经年，应是好景虚设。便纵有千种风情，更与何人说？

词的中心写的是宦途奔波与浓情欢聚的矛盾。柳永在艺术手法上吸收了辞赋和骈文的长处，极善铺叙，并在铺叙中渲染感情，将情景层层展开，层层推进，从而大大地扩展了词的叙事言情空间。这在柳永的羁旅行役词里体现得很充分。就意境而言，词境原较诗境要窄小得多，因传统的相思离别词多以女性口吻来写，所写环境往往仅限于楼阁庭院。而柳永的羁旅行役词直接以男性口吻写离愁，所写背景为士人漂泊时行踪所到的江河湖海，以及辽阔的关塞荒野，自然多了一份浩瀚雄浑的气势，扩大了词境的容量。柳永词雅俗并陈，大俗大雅。他或用俚俗的语句直露地表现艳情，或抒发诗人漂泊的情绪。他除了写都市词、歌妓词外，尤以擅写羁旅行役词著称。创制和推动慢词艺术的发展，是柳永对词的特殊贡献。

北宋中后期，词坛上出现了一位重要的革新人物，即苏轼。他把词从花前月下和香软丽蜜中解放出来，使词雅化，开创了“豪放”词派。苏词使词雅化的方式主要表现在三个方面：一是以词来表现深厚的时代意识；二是“以诗为词”；三是词中富有哲理。南宋胡寅说：“词曲至东坡，一洗绮罗香泽之态，摆脱绸缪婉转之度，使人登高望远，举首高歌逸怀浩气超乎尘垢之外，于是《花间》为皂隶，而耆卿为舆台矣。”在苏轼之前，词为应歌的曲子词，以男女相思为主题，写花间酒下的伤别，写孤独寂寞惆怅，婉约而细腻。至苏轼做词，始摆脱花间词婉转绸缪之态，改为激越声调，抒发纵横豪放之情怀，充分展现作者的人格个性，如《江城子·密州出猎》、《念奴娇·赤壁怀古》。苏轼之后，北宋后期的词主要向婉约和注重声律方面发展，出现了秦观、贺铸和以周邦彦为代表的大晟派词人。

2.南宋词及元散曲

词在南宋继续发展，出现了一些杰出的词作家和流派。南宋前期的词人主要有李清照、张孝祥等人，接下来便是著名的爱国词人辛弃疾和辛派词人。南宋后期的词人主要有以姜夔为代表的格律派，金代则有元好问将词的创作推向高潮。

李清照，自号易安居士，是文学史上著名的婉约大家。她的词以南渡为界分为前后两期。前期主要写她天真烂漫的少女生活和夫妻间的爱情，后期则多表现国破家亡的哀痛。前期的词，如《点绛唇》塑造了一位顽皮活泼而又心思细致的少女形象：“蹴罢秋千，起来慵整纤纤手。露浓花瘦，薄汗轻衣透。见客人来。袜刬金钗溜。和羞走，倚门回首，却把青梅嗅。”又如描写她与丈夫的爱情和离情的《醉花阴》：“薄雾浓云愁永昼，瑞脑销金兽。佳节又重阳，玉枕纱橱，半夜凉初透。东篱把酒黄昏后，有暗香盈袖，莫道不销魂，帘卷西风，人比黄花瘦。”这种思念丈夫的心情比任何男性词人的代笔不知要高出多少倍。尤其是“莫道不销魂，帘卷西风，人比黄花瘦”三句，已成为思念爱人的经典名句。

南渡后，李清照用词诉说迭遭丧乱、受尽磨难以后的凄惨心境，如《声声慢》：

寻寻觅觅，冷冷清清，凄凄惨惨戚戚。乍暖还寒时候，最难将息。三杯两盏淡酒，怎敌他晚来风急？雁过也，正伤心，却是旧时相识。满地黄花堆积，憔悴损，如今有谁堪摘？守着窗儿，独自怎生得黑！梧桐更兼细雨，到黄昏、点点滴滴。这次第，怎一个愁字了得！

故国之痛、乡土之思、亡夫之哀、飘零之苦，一时俱发，在低回婉转中，喷薄而出。在艺术表现上，选用入声韵，易为凄厉之声，奇想天开。连用七组迭词，极度渲染了气氛。相识的旧雁，满地的黄花，细雨梧桐，更营造出凄清愁苦的意境。全词核心在于一个“愁”字，但这“愁”已不是“飞红万点愁如海”的“闲愁”，而是国亡家丧的深重的悲剧命运。

除婉约风格的词外，李清照还有部分豪放风格的词，如《夏日绝句》："生当做人杰，死亦为鬼雄。至今思项羽，不肯过江东"豪放悲壮，掷地有声，气概不让须眉。但总的来看，李清照词继承了秦观等人的婉约词风。

南宋影响最大的是爱国词人辛弃疾。他一生肝肠似火，以英雄自许。稼轩词为其英雄抱负的充分表现，襟怀磊落，慷慨淋漓，一洗儿女情态。《稼轩词》有六百多首，虽然有闲适词、农村词和艳情词，但抗战词是其最主要的部分。他以词为武器来表达自己强烈的爱国热情，将苏轼开启的豪放词发展到了一个新的高峰，如《永遇乐·京口北固亭怀古》。另外，辛弃疾的闺情词也写得十分出色，如《青玉案》。

辛弃疾出现之后，立即吸引了一批追随者，他们成为一个声势浩大的爱国词派，历史上称为辛派词人。主要人物有陈亮、刘过、刘克庄等。南宋中后期，词坛上有清雅派崛起。所谓"清雅"是指"清空"、"骚雅"，主要用洗练空明的语言、清新刚健的笔调，来写徘徊不尽的心境。姜夔是清雅派的开山之祖。其代表人物有史达祖、吴文英、周密等。他们讲究音律技巧，有着相当高的艺术水平。

词至元代被曲所代替。元曲实际上包含着性质不同的 两种文体，一是所谓"散曲"，是一种配合音乐可歌的长短句，和词差不多，是属于诗歌一类性质；一是歌剧，又称杂剧，是一种以曲词为主，但有说白、有故事、有人物动作、可以扮演的戏剧，属于歌剧一类性质。

二、中国古代散文

散文的概念，古今不同。现代散文是指与诗歌、小说、戏剧并称的一种文学体裁，而古典意义的散文指一切和韵文、骈文相区别、相对应、不押韵、不重排偶的散体文章，所涵盖的范围远比现代宽广。我国古典散文，开始于先秦，发展于两汉、魏晋，到唐宋达到历史高峰。文学史上，中国古代散文是仅次于诗歌的一种主要文学样式，为我国古典文学宝库增添了绚丽的一族。

(一)先秦散文

春秋战国时期是我国散文的奠基时期，同时也是散文创作的一个辉煌时期。这一时期的散文分为两大类：一是历史散文，一是诸子散文。前者主要是由各诸侯国的史官对当时重大历史事件和著名人物的重要言论加以记录整理而成；后者则主要记述儒、道、墨、法等各个学派代表人物的言论。

先秦历史散文主要有《尚书》、《春秋》、《国语》、《左传》、《战国策》等。《尚书》是中国古代第一部兼记事和论述的散文集，是我国上古历史文件和部分追述古代事迹的著作的汇编，相传为儒家创始人孔子所编，所以自汉以来，便被视为儒家经典之一，又称《书经》。《尚书》今存28篇，依朝代编为《虞书》、《夏书》、《商书》、《周书》四部分，它记载了从传说中的唐虞时代一直到春秋前期的一些重要史事，基本上是诏令奏议等政事的记录，所以有人称之为“殷商政治文件汇编”。《春秋》是中国最早的编年体史书，它记载了鲁隐公元年至鲁哀公十四年（公元前722—前481）共242年间周朝及各诸侯国的史事，记事比较清楚简洁，语言洗练准确。孔子曾经修订过此书，据说《春秋》因此而“暗寓褒贬”，能够“微言大义”，后来成为儒家经典之一。《国语》是一部国别体史书，全书分为21卷，分别记载了周、鲁、齐、晋、郑、楚、吴、越等八个诸侯国的历史片段。

在先秦历史散文中，最重要的应是《左传》和《战国策》。《左传》又称为《左氏春秋》，或被后人称为《春秋左氏传》，作者左丘明，曾为鲁国太史，与孔子同时并有过交往。因《春秋》记事太简，后人难窥个中的事理奥妙，于是阐释《春秋》的《左传》应运而生。《左传》是一部文学性很高的历史散文著作，它的艺术特点首先表现在非常注意敷设故事情节。其次，《左传》还善于塑造人物形象，往往把各色人物置于尖锐复杂的矛盾冲突中进行描写，通过人物不同的言行来刻画人物的性格特征。

《战国策》是一部记录战国时期纵横家言行的书。就史学价值而言，《战国策》因其有不少“增饰非实”之辞，似不如《左传》、《国语》更加信实可靠；但从文学角度观之，自有独到的特色。首先，表现在它的语言风格上，渲染夸张、犀利直率且气势恢弘。如苏秦说赵王、张仪说秦王、司马错论伐蜀、范雎见秦王等都非常典型。其次，善于通过叙写人物的语言、神态和起伏跌宕的故事情节以及具体的细节来展现人物的内心世界和性格特征。如秦策中写苏秦游说秦王不成，落魄还家，家中的亲人不予理睬，后来苏秦合纵成功，身兼六国相职，家里的亲人又卑躬相迎。通过苏秦的颓丧和得意以及家人的“前倨后恭”，十分形象地展示了当时庸俗的世态人情，刻画了苏秦利禄之徒的嘴脸。

诸子散文是先秦诸子的著作的统称，先秦诸子按其学术流派和政治观点可以分成若干派别，但其中最重要的只有儒、道、法、墨四家。先秦诸子散文的发展可以分为三个阶段：第一阶段以《论语》、《墨子》为代表，基本上是语录体散文；第二阶段以《孟子》、《庄子》为代表，已经发展成了论辩体散文；第三阶段以《荀子》、《韩非子》为代表，发展到了先秦议论文的最高阶段。

（二）汉代史传散文

西汉司马迁所著的《史记》是我国历史上最伟大的历史著作和杰出的文学作品，被鲁迅先生称为“史家之绝唱，无韵之《离骚》”。它的出现，标志着中国历史散文的全面成熟并取得了辉煌的成就。

司马迁，汉代史官，其父司马谈是学识渊博的太史令，生前立下写史宏愿，但这一理想至死未能如愿，临终将此重任托付于子。司马迁年轻时曾游历祖国的名山大川，考察古人遗迹，后在国家图书馆阅读整理古籍四年。正当他全力以赴，为实现父亲的遗愿而著述《史记》时，因为替李陵投降匈奴一事辩护，惹怒了汉武帝，被残忍地处以"宫刑"。极大的耻辱和痛苦没有把他压垮，他从先贤发愤著述的精神中汲取力量，忍辱负重，终于完成了震烁古今的《史记》。

《史记》是我国历史上第一部纪传体通史和第一部传记文学总集，它记载了上起传说中的黄帝，下至汉武帝时代约 3 000 年的历史。全书共 130 篇，由十二本纪、十表、八书、三十世家、七十列传五个部分组成。"本纪"记载历代帝王的政绩，"书"是记载天文、历法、水利、经济、文化等方面情况的专史，"世家"主要记述贵族王侯的事迹，"列传"则是不同类型、不同阶层人物的传记。在这五种体例中，以本纪为中心，其他体例与之配合，使之成为一部"究天人之际，通古今之变，成一家之言"的伟大著作。

《史记》在思想上、艺术上都有着很高的成就。首先，是不虚美、不隐恶，不"为尊者讳"的著史原则。《史记》忠实地再现了直至当代的社会历史图景，丝毫不因为牵涉到现实的政治乃至当时最高统治者而有所回避，表现出难能可贵的实录精神。如他在《高祖本纪》和《项羽本纪》等篇章中真实地记录了汉高祖刘邦的流氓无赖面目。后代史家都高度评价并崇尚司马迁这种尊重史实、秉笔直书的史德。其次，司马迁开创了以人物为中心的传记文学写作方法，并刻画了许多栩栩如生的人物形象。如在《项羽本纪》和《汉高祖本纪》中，年轻气盛、好勇斗狠的项羽与世故老成，狡诈机智的刘邦形成鲜明对比。

（三）唐宋古文

中国古代散文经汉赋、六朝骈文虽然在艺术技巧上有了很大提高，但越到后来越偏向追求声韵的和谐整齐，追求辞藻典故的华丽堆砌，内容空洞无物，文字晦涩难懂，走进了形式主义的死胡同。时至中唐，由韩愈、柳宗元等人倡导掀起了一场声势浩大的散文改革运动，运动的主要目的是反对六朝以来的骈俪文风，提倡古文。古文概念的提出开始于韩愈，他把自己所写的有意继承先秦两汉文体、奇句单行、自由抒写的散文称作古文。古文运动不仅仅是文风的形式改革，更是思想内容的改革，它要求形式服务于内容，文以载道，道即孔孟的正统儒家思想。这是韩愈等士人面临中唐安史之乱后的社会动荡以及佛老二教的盛行，期望重建儒家思想的意识形态地位，以达到重振朝纲、整饬社会风尚、重振唐朝的根本目的。古文运动延续到宋代，形成了著名的"唐宋八大家"——韩愈、柳宗元、欧阳修、王安石、苏洵、苏轼、苏辙、曾巩。

作为古文运动的倡导者，韩愈和柳宗元以他们丰富的创作实践充分证实了自己的文学主张。韩愈继承和阐发了司马迁《太史公自叙》中发愤著书的思想，提出了不平则鸣说。他认为“大凡物不得其平则鸣”，“不得已者而后言，其歌也有思，其哭也有怀”（韩愈《送孟东野序》）。“物不平则鸣”说奠定了中国散文乃至中国文学的创作和评论的基础理论，其中蕴含了对不合理现实的批判精神和对理想的追求精神。韩愈的散文敢于面对现实，情感真挚，气势磅礴，雄奇奔放，代表作有《原道》、《张中丞传后序》、《祭十三郎文》、《马说》、《师说》等。苏轼称赞韩愈“文起八代之衰，道济天下之溺”（《韩文公庙碑》），概括了韩愈在文学史上的地位。柳宗元不仅积极响应韩愈的古文运动，并对其理论作了重要的补充，他倡导的道是“施事”、“及物”、“济生民之困”等，并非简单的孔孟之道，故其思想比韩愈更进步和开放。在他的散文中最有成就的是那些短小精悍的讽刺寓言，如《黔之驴》、《永某氏之鼠》等。

晚唐，古文运动后继乏人，经五代至宋初，骈文又重霸文坛。直到欧阳修出，接过唐代古文运动的旗帜，后有王安石、苏轼等人相继脱颖而出，从而使北宋的古文运动出现了新的局面。

欧阳修继承了韩愈的古文运动理论，明确提出“道”对“文”的决定作用。《答吴充秀才书》是欧阳修集中阐述自己有关理论的代表作，在文中，他提出了“道胜者文不难而自至”的著名观点，反对文士只沉溺于文而“弃百事不关心”的态度，指出文士只有“道充”才能写出“纵横高下皆如意”的文章。当然，欧阳修并没有重道轻文，他的一些游记性散文小品也非常著名，如《醉翁亭记》。欧阳修以自己的理论、文章和师长的身份全方位地推动了新古文运动，经过苏轼等人的努力，终于获得了巨大的成功。苏轼是我国文学史上杰出的、多才多艺的文豪，他的散文，体现了北宋运动的最高成就，成为后世散文家学习的楷模。苏轼的散文大致分两类：一类是政论和史论，一类是书信、记、序等抒情文和记叙文。前类的代表作有《上神宗皇帝书》、《策论》、《留侯论》等，后类的代表作有前后《赤壁赋》等。前后《赤壁赋》艺术成就极高，诚如后人评价：“赋到此翁无古人”，“不是当年两篇赋，为何赤壁在黄州？”。

三、中国古代小说

中国小说最早起源于上古时代的神话传说，先秦、两汉的历史散文，在写人、叙事方面对后代小说的创作产生了积极的影响；魏晋南北朝时期，出现了“志怪”“志人”小说，标志着小说的萌芽时期；经过唐代传奇的发展，到宋代，“说话”的兴盛和话本的产生，实现了“中国小说史上的一大变迁”（鲁迅《中国小说史略》），白话小说成了我国小说的主流；在此基础上，小说这一文学样式得到充分发展，明清两代，小说几乎独霸文坛，产生了令世人瞩目的中国古典小说的四大名著，从而确立了小说的历史地位。

(一)文言小说

小说最初产生与上古的神话传说、先秦两汉的诸子散文和历史散文有很大渊源关系。现今我们能见到的保存神话资料最多的是《山海经》和《淮南子》等书，其中记载的神话有“女娲补天”、“后羿射日”、“精卫填海”、“鲧禹治水”等。神话中那些奇异的想象，让后人看来简直达到了荒诞的程度，极大地刺激了后来的志怪小说的产生。先秦诸子中有许多寓言片段，几乎都是一些短小精悍的小故事，如庖丁解牛(《庄子》)、拔苗助长(《孟子》)、齐人偷金(《列子》)、守株待兔(《韩非子》)等，开启后世的笑话林和寓言等小说文体。

中国真正意义上的(文言)小说，开始于魏晋时期。这一时期，由于社会动乱造成人命朝不保夕，人们在现实中无安全感，只好到彼岸和来世中寻找心理的平衡，于是神仙、鬼怪之说盛行，佛教也普遍流行，便产生了大量的“志怪”“志人”小说。前者多取材于神仙鬼怪，代表作为《搜神记》，后者则主要记录名人的轶闻琐事，代表作是《世说新语》。

唐代在魏晋志怪、志人小说基础上发展为传奇小说，中国小说从此进入了成熟阶段。唐传奇不同于六朝小说的地方主要表现在：首先，六朝小说以若干条合成一个集子才有一个书名，唐传奇则每篇都有一个题目，以“传”、“记”或名人标之，因而不能与其他杂记性片段混淆。其次，唐传奇已有了明显的叙述者，甚至出现了“余”的第一人称。小说是叙事文学，没有叙述者的存在，故事便无从体现，这是唐传奇与六朝小说的实质性区别。唐传奇内容以表达作者的人生理想和感悟为依据，大体分为：其一，以爱情婚姻为题材，肯定和赞美不同身份、不同地位的女子对爱情的理想和追求，歌颂他们的人性之美和人格力量。如《柳毅传》、《任氏传》、《霍小玉传》、《李娃传》、《莺莺传》等。其二，以梦幻为题材，揭示富贵荣华不过是过眼烟云、转瞬即逝的人生哲理。如《枕中记》、《南柯太守传》等。其三，以盛唐衰微为题材，说明帝王的荒淫腐败是国家衰落的直接根源。如《长恨歌传》、《东城老父传》等。其四，以义士侠客为题材，歌颂他们助善除恶的智勇之举。如《红线出》、《昆仑奴》、《聂隐娘》、《虬髯客传》等。

传奇小说一直延续，在清代蒲松龄的《聊斋志异》中达到了高峰。蒲松龄(1640—1715)，字留仙，号柳泉，山东淄川人，19岁应童子试，以县、府、道三个第一的成绩获得生员资格。但自中秀才后，乡试屡试不中，直到71岁才成为岁贡生，四年后去世。蒲松龄科场上的屡战屡败的惨痛遭遇以及当时清统治者实施的文化统治政策,使他满怀孤愤却又无从诉说,只有借谈狐说鬼,嬉笑怒骂来一抒胸臆。《聊斋志异》虽不是现实主义文学,但却恰恰是现实的最真实和最深刻的反映。作者对科举制度的弊端有深切体验,用讽刺的笔触描写了科场考试中好坏不分、考官舞弊的丑恶行径,如《司马郎》《贾奉雉》等篇。《聊斋志异》中塑造了一个花妖狐鬼的世界,并非花妖狐鬼比人可爱,而是文人士子们无论精神上还是在体魄上都无力在现实世界中追求爱和承受爱,才为自己创造出了一个花妖狐鬼的世界。

(二)白话小说

我国古代小说发展到宋元时期,出现了一种崭新的体裁——话本。所谓话本,就是勾栏瓦市中说话(说书)艺人用的记录故事梗概的底本。最初的话本内容简单粗糙,后经文人专门替说话人记录、整理和编写,话本便逐渐脱离口头文学创作而成为独立的文学形式。话本小说比起六朝的志怪和唐代的传奇来,内容更趋于现实,大部分以当时城市的现实生活为题材,广泛地描写了城市下层人民生活,表达了他们的思想情感和愿望。其中以爱情和公案两类题材为最多,而以明中叶的冯梦龙的《三言》和清初凌蒙初的《二拍》最为著名。

元末明初,我国古典白话小说发展到它的顶峰——长篇章回小说。章回小说的特征在于:标明回目、分章叙事、文备众体、有固定的格式和一些套语、评点的介入等。如果说《三国演义》、《水浒传》等作品的出现标志着章回小说的初步形成,而《金瓶梅》的出现标志着章回小说的转折,那么《红楼梦》则代表了古典章回小说的最高成就。

《三国演义》是世代累积型作品,其成书过程经过了史料记载、民间传说和文人加工三个阶段。加工者罗贯中,约生活于元末明初。《三国演义》的主要情节流程包括:逐鹿中原、赤壁鏖战、三足鼎立、南征北战、三分归一。其主题历来众说纷纭,有"正统说"、"拥刘反曹说"、"仁政"说、"忠义"说、"讴歌贤才"说、"反映三国兴亡"说等。其实,如果从文化的角度讲,《三国演义》是以悲剧的形式表现了历史与道德的冲突。中国人的历史观是一种十分纯粹的道德史观。所谓道德史观,就是按照道德的逻辑来要和审视历史的发展。在这种道德史观的支配下,明君贤相和仁政理想就成了最高的历史和政治准则。与此相连的,就是一旦这种理想遭受挫折或不能实现,就会产生强烈的历史悲剧意识。作者按照这种道德观来写三国的兴衰,必然会"拥刘贬曹",而这种把政治道德化的做法现在看来是有其局限性的。

《水浒传》也是世代累积型作品,由北宋宋江起义的史实,到南宋的民间和戏曲传说,最后由文人加工而成书面作品。关于作者学界有所争论,但一般不出施耐庵或罗贯中或二人合作。关于《水浒传》的主旨,有替天行道说、忠义两全说、天罡地煞历劫说等。《水浒传》反映了北宋时期的社会现实,可以用“乱自上作”和“逼上梁山”来概括。但《水浒传》更深层次的文化意蕴主要不在这里,而在于它通过对起义悲剧的描写显示了社会理想与现实伦理之间的悖谬关系。这种悖谬的表现即忠义不能两全。“义”分两重,一是属于社会理想层面上的“替天行道”的大义,一是一般性的社会道德伦理规范,是小义。“忠”也有两重含义,忠道不忠君,忠事而不忠人,是大忠;而忠君不忠道,忠人不忠事,是愚忠,是小忠。由于中国古代君主专制的政治体制,决定了大忠不仅难以实现,还往往被视作大逆不道。所以宋江等人的忠只能是小忠,他们所“忠”的封建王朝绝不可能容纳义军所追求的社会理想意义上的“义”,故宋江和义军的悲剧是无法避免的。虽然宋江等人的命运是悲剧性的,但悲剧艺术的伟大之处不仅在于暴露人的生存困境,促生人的清醒而坚强的理性,更在于通过对反抗悲剧命运的人们的热情摹仿和赞美而唤起人们美好而崇高的情感。明知无路可走却又奋然前行,这是悲剧艺术的伟大之处,也是人之为人的根本。

吴承恩的《西游记》是根据大唐僧人玄奘去天竺求取真经的历史事件加以改造的神魔小说。其创作主旨与当时流行的王阳明心学紧密相关。作者主观上是想通过孙悟空的形象,来宣扬“三教合一”化了的心学,要求人们收束放纵之心,以维护社会的正常秩序。但大闹天宫和西天取经的故事却和心学中张扬个性的倾向结合在一起,通过孙悟空的形象,在客观上赞扬了一种与明代中后期进步文化思潮相协调的追求个性解放和自我价值的时代精神。

《金瓶梅》是世情小说的开山之作。所谓世情小说,即鲁迅所说的“不甚言灵怪,又缘描摹世态,见其炎凉,故或亦谓之‘世情书’也。”《金瓶梅》书名是由小说中的潘金莲、李瓶儿、庞春梅三人的名字合成。作者至今不祥,只署名兰陵笑笑生。小说借用《水浒传》的“武松杀嫂”的故事生发开去,主要写西门庆的发家史和衰败史,是以宋写明,描写了明代中叶后期社会生活的各个领域,由一家而写及天下国家;通过对世俗社会芸芸众生的描绘,对人性的复杂,尤其是对在商品经济冲击下人性的扭曲、变态做了入木三分的剖析。《金瓶梅》中有些性描写虽然与暴露社会黑暗、刻画人物性格、开展故事情节有一定关系,但其中不少笔墨游离,文字粗鄙,情趣低级,有腐蚀读者心灵的作用,这也影响了它的价值和流传。

在中国古代小说史上,《儒林外史》以揭露科举制度的弊端和异化最为出色。科举制度有着历史的合理性,它通过对在野士人的选拔,将文人士子从书本上得来的文化理想提升到现实运作的层面上来,在相当程度上增加了社会的活力,盛唐的强大、宋代的持久,都与此有关。但后来科举成为笼络人心、禁锢人心、扼杀人心的手段和工具,那就已臻末流。吴敬梓就生活在这样一个科举制度臻于末流的时代,当时八股取士制度使文人们醉心举业,一生之务惟在八股制艺,八股之外,百不经意，造就了“儒林群丑”，吴敬梓对其进行了深刻的揭露和辛辣的讽刺。

中国古典小说的顶峰无疑当推曹雪芹的《红楼梦》。曹雪芹出身权贵之家。曹家在康熙一朝显赫一时。曹雪芹少年时代曾在南京有过一段富裕生活，但雍正时期曹家被抄，家道衰落，举家谴回北京。曹雪芹一生贫困潦倒，生活艰辛，四十岁即夭折。曹雪芹的家世、生平对他的思想和创作产生了巨大的影响。曹家与皇室有着密切的关系，比一般官僚地主家庭更充分地体现出封建统治阶级的腐朽本质。尤其是经过了生活的巨变和磨难之后，曹雪芹对人生和社会的认识更广泛和深刻，这为他的创作提供了生活基础。曹家显赫的家世和自己锦衣玉食的少年生活也在曹雪芹身上打下了难以磨灭的贵族烙印，这又使他在世界观上形成了色空的消极思想。另外，书香世家的生活环境又给了曹雪芹丰厚的文化修养和很高的文学才华。生活的巨变和磨难，使他的文学才华得到了充分的发挥，创作了一部后人难以企及的经典之作。

《红楼梦》写的是家庭琐事、闺阁闲情，却有很浓厚的悲剧意蕴，表现为四个层次：第一，人生理想悲剧。主要指贾宝玉、探春等不入俗流的贵族青年的人生悲剧。贾宝玉是贾府寄予重望的继承人，但却走上了一条叛逆道路，希望追求一种自由自在的生活，追求一种志同道合的爱情。理想破灭后“弃绝尘寰”而去；探春却是一个志在“补天”者，希望以自己的才能来挽救贾府的衰亡，但最终仍未如愿，自己也远嫁他乡。第二，爱情婚姻悲剧。主要指宝玉与黛玉的爱情悲剧和宝玉与宝钗的婚姻悲剧。基于对志同道合爱情的追求，宝玉选择了黛玉。但贾府从家族的利益出发，却选择了封建淑女薛宝钗，这就造成了爱情婚姻双重悲剧，这是作品的核心。第三，女儿的悲剧。大观园中这些女儿们，实际上是真情的化身，却被世俗的礼教所毁灭。“黛玉葬花”是女儿们悲剧的序曲，金钏之死则是女儿悲剧的开始。抄检大观园后，这些金玉之质的女儿们最终都没有逃脱悲剧的人生命运。第四，家庭社会的悲剧。小说描写了贾府这个世代袭爵为官、如烈火烹油鲜花着锦的大家族“忽喇喇似大厦倾，昏惨惨如灯将尽”的历史，揭露了贾府的种种弊端，如家族内外矛盾重重、奢侈挥霍、经济衰竭、腐化堕落、后继无人等，揭示了贾府衰败的命运，这也正是整个封建社会不可挽回的衰亡趋势的真实写照。

第二节　中国古代文学的文化特征

中国古代文学深深根植于传统文化这片肥沃的土壤，从它的思想内容到艺术形式，从它所表现的价值观念到它形成的审美境界，从历代作家的创作追求到古今读者的鉴赏批判，无不受传统文化的制约和影响，由此形成了自己鲜明的文化特征。

一、文以载道的现实主义传统

中国古典文学作为传统文化的组成部分，具有传统文化共有的伦理特征。也就是说，凡是那些“为文学而文学”、纯粹追求形式的作品，以及那些无关伦理或有损传统伦理的“艳科”作品，往往不受重视，而成为批评的对象。中国古典文学的主要目的在于载道，即道德的提高和完善，这是中国文学现实主义精神的独特表现。

中国文学家主要是在儒家思想的哺育下成长起来的，他们深受儒家思想的影响。孔子论诗的功能，说读《诗经》可以“兴、观、群、怨”，可以“迩之事父，远之事君”。其中“兴”是说读诗可以启发人的好善憎恶之心，“观”是观风俗之盛衰变迁，“群”是沟通和促进人伦之间的情感，“怨”是使人们强烈的感情释放出来。总之，读诗可以使各种人伦关系达到和谐融洽，诗的最大功能是使人们“思无邪”、“归于正”。后来《毛诗序》则进一步明确说：“正得失，动天地，感鬼神，莫近于诗。先王以是经夫妇、成孝敬、厚人伦、美教化，移风俗。”从以上这些主张中，我们看到了儒家的文学观，即先有人格后有文章，诗等其他文学形式要为政治和伦理教化服务。到唐代韩愈则明确提出了“文以载道”说，这一理论贯穿了整个中国古代文学活动之中。

理论上注重载道，在文学创作中也如此。先秦诸子著书立说，目的都是宣扬自己的政治理想和观点；司马迁忍辱负重完成《史记》创作，离不开他对社会国家的强烈使命感。屈原借诗抒志、李白歌风吟月、杜甫批判现实，都表现了对现实人生的热烈情怀。就是那些曾被认为不能登大雅之堂的小说中，也无不带有明显的教育目的，如《三言》、《二拍》每小段故事开头都对人世道理作发人深省的阐发，《三国演义》、《水浒传》、《西游记》、《金瓶梅》对社会人生各种道理恰到好处的形象化说明也颇为动人心弦。蕴藏于这些小说中的现实主义特点和理性因素，是他们具有永久艺术魅力的重要原因。

文以载道的传统，培养和浇灌了文学家的社会责任心和使命感。中国古代很少蜷曲于象牙之塔、不问现实的文学家。文学家们关心现实，有兼济天下的理想和抱负，因此，他们对现实往往有清醒的认识和理性的思考，在对现实的批判中蕴藏着对人生的依恋、对祖国的热爱和对真善美的追求。中国历代作家，因其政治身份和所处社会地位的差异，对现实的反映也不尽相同，大致可分为三类：第一类以曹操、曹丕、韩愈、王安石、欧阳修等为典型。他们在仕途政治和文学两方面都很成功，文学对他们来讲，是一种得心应手、直接为政治服务的工具。他们通过诗文，或抒发“老骥伏枥，志在千里”的政治抱负；或反映“与民同乐”的政治理想；或阐发经世治国之良策。虽然也不乏感慨世事沧桑、民生疾苦之作，但由于思想和生活的局限，相对而言，对现实的揭露和批判缺乏一定的深度。第二类以屈原、杜甫、苏东坡、辛弃疾等为代表。他们都曾入仕做官，后来或因政治斗争失败而含恨投江，或因刚正直言惨遭宫刑而发愤著书；更多的则是未能迎合统治者而屡遭贬谪。强烈的反差使他们对社会人生有着更深刻的体会。他们多半失意潦倒，常以“穷则独善其身”自慰，但丝毫没有对现实的妥协和逃避。有的则是“虽九死而未悔”，“路漫漫其修远兮，吾将上下而求索”的不懈人生追求；是“大江东去，浪淘尽，千古风流人物”的壮志豪情和“把吴钩看了，栏杆拍遍，无人会登临意”的满腔悲愤；更有“朱门酒肉臭，路有冻死骨”的血淋淋控诉。在他们身上，充分体现了中华民族愈挫愈奋、自强不息的优良传统。他们的作品是现实主义精神的集中体现。第三类以“竹林七贤”、陶渊明、李白、柳永、关汉卿、曹雪芹等为代表。他们几乎未入仕途，文学是其人生的主要活动和内容，但入世精神在他们身上及作品中表现得同样强烈。诗仙李白洒脱浪漫，视权贵如粪土，然而当唐明皇招他进宫做御用翰林时，他不禁喜从心底涌起，“仰天大笑出门去，我辈岂是蓬蒿人！”，表现出一种剪不断、理还乱的仕途情结。陶渊明是我国文学史上被认为最“淡泊”的作家，他因“不为五斗米折腰”，而返故里、事躬耕，过着“采菊东篱下，悠然见南山”的田园生活，写出大量宁静淡泊的山水田园诗，可谓超然度外。然而就是这位“隐逸”诗人，也发出了“刑天舞干戚，猛志固常在”的豪情壮志，表现出不甘寂寞的一面。清代落魄文人曹雪芹，虽深受佛、道思想影响，貌似看破红尘，然而集毕生心血写成的《红楼梦》，都处处体现着对社会的不满和强烈干预。

“文以载道”也有负面作用，主要是中国古典文学中道德判断常常代替审美判断，使不少文学作品表现出思想的狭隘性和艺术的单调性，成为枯燥空洞的政治说教。从载道的角度，文学批评中赞扬唐诗而贬低宋词，重视文章而轻视小说，注重伦理说教而反对人情的描摹等，都是中国古代文学的缺憾之处。道德的提高是必要的，文学也应关注现实。但文学应该有更崇高的审美目的，应该有自己的发展规律。

二、深重的忧患意识

中华民族历史上分分合合，改朝换代引起的战乱频繁。一场战争一场灾难，国破家亡、民不聊生。在这种社会背景下的古代作家，一方面目睹战争给国家和人民带来的深重灾难；另一方面，自己也颠沛流离，饱受战乱之苦。双重的灾难铸就了以社稷民生为重的中国古代作家一种深重的忧患意识。这种强烈的忧患意识具体表现在文学作品中，便形成了历代文学忧国、忧民、忧己的主题。

首先是忧国意识。古代文人，无论为官与否，都把社稷安危、国家兴亡系于一身，视为比自己生命还重要的东西。然而，残酷的现实使他们面临着一个悲惨的世界：不是统治阶级为争权夺利而引发的连年征战，就是外族豪强野蛮侵入造成的山河破碎。国泰民安的政治理想与国破家亡的严酷现实，使他们陷入了对国家前途的深深担忧。在文学作品中则表现为一种强烈的爱国主义精神，形成了中国古代文学爱国主义的优良传统。

屈原是这一优良传统的杰出代表。面临强秦的虎视眈眈，屈原怀着对祖国的深切关爱，提出了一系列重振楚国的主张。然而由于小人的诋毁和当政者的昏庸，他非但不被重用反遭放逐。即便这样，屈原并没有舍故国而去，而是愤投汨罗江自杀。他的《离骚》，通过主人公美政理想与黑暗现实的矛盾，表现了主人公热爱祖国，追求真理，以及宁死不屈的顽强精神，充分展现了一个爱国诗人痛苦的心路历程。唐代诗人杜甫在忧患和痛苦中度过了大半辈子，其诗歌中最突出的内容就是感时忧国。安史之乱他身陷长安时写的《春望》深切地表达了他对危难祖国的痛爱之情："国破山河在，城春草木深。感时花溅泪，恨别鸟惊心。烽火连三月，家书抵万金。白头搔更短，浑欲不胜簪。"南宋时期，统治阶级以牺牲国家和人民的利益换取江南一隅的苟且偷生、歌舞升平。这极大地刺痛了富有民族正义感的爱国诗人的心。一时，抨击朝廷腐败无能、志在抗击入侵、收复失地的爱国诗篇蔚为大观。张元干、张孝祥、岳飞、陆游、辛弃疾等人，留下了许多脍炙人口的名句："梦绕神州路。怅秋风、连营画角，故宫离黍"；"待从头，收拾旧河山，朝天阙"；"中原乱，冠英散，几时收？试倩悲风吹泪过扬州"。爱国诗人陆游晚年虽被劾去职，闲居故乡绍兴，但燃烧在诗人心中的爱国火炬并没有泯灭，始终吐射着炽热的光焰。直到临终前夕，还写出了一首感人至深的《示儿》诗："死去原知万事空，但悲不见九州同。王师北定中原日，家祭无忘告乃翁。"

其次是忧民生之疾苦。中国历来就有"民为贵、社稷次之，君为轻"的民本思想，更有士人"先天下之忧而忧，后天下之乐而乐"的爱民情怀。古代文人以深切的同情心关注普通百姓的生活，在文学作品中反映他们的疾苦、倾诉他们的心声。

东汉末年，社会矛盾尖锐，导致军阀混战不已，给人民带来了深重的灾难。面对中原大地尸骨相迭、哀鸿遍野的惨景，即使位极人臣的曹操也不能无动于衷："铠甲生虮虱，万姓以死亡。白骨露于野，千里无鸡鸣。生民百遗一，念之断人肠。"流露了诗人伤时悯乱的感情，表达了对人民的深深同情。唐代诗人杜甫生不逢时，大半辈子在"安史之乱"中度过，亲眼目睹了战乱给百姓带来的灾难。他那著名的"三吏"、"三别"，集中反映了人民在安史之乱遭受的苦难，揭露了封建官吏对人民的残酷压迫。正是这种沉重的心境和惨痛的现实内容,形成了杜诗“沉郁顿挫”的独特风格。

再次是作家对自身的忧患。对自身的忧患本质上是一种人生忧患。社会的动荡、人生的无常,使得中国古代作家不得不对人生做深刻的哲学思考,发出人生短暂的感慨、喟叹。无论是《古诗十九首》的基本音调:“生年不满百,常怀千岁忧”;“人生忽如寄,寿无金石固”。还是魏晋时期的忧伤感叹:“对酒当歌,人生几何,譬如朝露,去日苦多”。从浪漫诗人李白的“人生得意须尽欢,莫使金樽空对月”;到宋代文豪苏东坡“寄蜉蝣于天地,渺沧海之一粟。哀吾生之须臾,羡长江之无穷”;再到清代落魄文人曹雪芹的《好了歌》:“古今将相在何方,荒冢一堆草没了”。这种怀疑论哲学思想影响下对人生的执著,表面看来似乎是如此颓废、悲观、消极的感叹中,深藏着的恰恰是它的反面,是对人生、命运、生活的强烈欲求和留恋,是一种内在人格的觉醒和追求。

总之,中国文学的忧患意识,一直熏陶着我们民族的性格,使中国人民能够正视人生和社会的负面,认识生活的严峻,以有备之心接受命运中的灾难和不幸,使民族性格变得坚韧而深刻。

三、哀而不伤的中和之美

中国传统文化的主干——儒家倡导“中庸”,反对片面化和极端,在文学中表现为主张有节制地宣泄情感。孔子说《关雎》“乐而不淫,哀而不伤”就是这个意思。《诗经》之后,中国文学史上出现了不少激情昂扬的浪漫主义文人及其作品,如屈原、李白等,他们在情感的深度和烈度方面比《诗经》有了突破,但情感的宣泄仍是有限度的,是以理节情的。李白在情感表达上不是掩抑收敛,而是喷薄而出,一泻千里,并且常借助神话、运用夸张来表现自己的激情。但是,李白的激情里,没有忘乎所以,更多的是对人生欢乐与痛苦的体验倾诉:“君不见黄河之水天上来,奔流到海不复回……人生得意须尽欢,莫使金樽空对月,天生我材必有用,千金散尽还复来。”,“弃我去者昨日之日不可留,乱我心者今日之日多烦忧,长风万里送秋雁,对此可以酣高楼。……抽刀断水水更流,举杯消愁愁更愁,人生在世不称意,名朝散发弄扁舟”。

中和的目的在于追求和谐稳定,但现实中总有不可避免的冲突斗争。文学是反映现实的,是要载道的,于是在“中和”的传统下,不可调和的矛盾的解决途径往往有两种。一是对现实的回避和超脱。如陶渊明主动离开喧嚣污浊的官场,回归故里过宁静的田园生活,并在《桃花源记》里把田园乡间描绘为安详和乐的理想社会。虽然这种生活的确诱人,但却不能丝毫改变黑暗的社会现实,是一种消极回避的人生态度。第二个途径是对现实的粉饰,即“大团圆”的结局。《孔雀东南飞》写焦仲卿夫妇的爱情受到挫折,双双殉情自杀,一个“举身赴清池”,另一个“自挂东南枝”。爱情的悲剧发生了,但诗人构想了一个鸳鸯鸣叫、枝枝覆盖、叶叶交通的理想境界,给悲剧带上一个光明的尾巴。关汉卿的《窦娥冤》中,窦娥惊天地、泣鬼神的冤屈,引起了人们心灵的震撼和感情的激荡,但作者末尾还要写出平反昭雪情节。它们反映了中国人追求美好的健康心态,但客观上冲淡了悲剧气氛,虽给人以信心和希望,却以回避矛盾和粉饰现实为代价。中国传统的悲剧写有价值的东西毁灭时,总是从某些方面给予弥补和修复,无疑,这是一种典型的“哀而不伤”的中和特征。

与西方古代文学相比,中国古代文学缺乏真正的悲剧。中国古代悲剧的结局,大多是大团圆的:要么请出世间的清官或好皇帝为民申冤;要么是让剧中主人公在仙境或梦中团圆;要么是受害者的后代长大成人,报仇雪恨。对人世间的邪恶不是用自己手中长剑去铲除,而是靠精神上的胜利以得到安慰。因此,鲁迅先生尖锐地指出,中国悲剧不敢写实的团圆主义乃是国民性弱点的一种表现,是掩饰和粉饰现实的病态心理。

本章小结

中国古代文学植根于中国传统文化的丰沃土壤中,像其他文化部类一样,有着自己悠久的历史、丰富的内容、独特的风格、鲜明的个性,以及与整个中国文化息息相关的多种层次的联系。

中国古代文学有着丰富的内容和宽广的领域,若以朝代和体裁来分,先秦有诗经、楚辞、诸子散文,汉代及以后有汉赋、汉乐府、六朝文、唐诗、宋词、元曲、元杂剧、明清小说等,可谓群星灿烂,为后人提供了思想上、艺术上用之不绝的文化遗产和创作源泉。

诗歌是最早产生的文学样式,也是中国古典文学中最为发达的部分,故人们习惯说中国是诗的国度。

中国古典诗歌不仅包括近体诗和古体诗之类狭义的古典诗歌,也包括词、曲之类广义的古典诗歌。中国诗歌的真正源头是《诗经》和《楚辞》。汉代诗歌有汉乐府、古诗《十九首》和建安诗歌。魏晋诗歌有陶渊明的田园诗和隐逸诗,谢灵运和谢朓的山水诗。

唐代是中国诗歌发展的黄金时代,诗人之多,作品之丰富,都是空前的。唐诗分为初、盛、中、晚四期。“初唐四杰”是指王勃、杨炯、卢照邻和骆宾王。盛唐著名诗人有王维、李白和杜甫。中唐代表诗人是白居易。晚唐代表诗人有李商隐和杜牧。

词的全称叫曲子词,简称词。又叫“近体乐府”、“乐章”、“长短句”、“诗余”等,是继诗以后兴起的新的诗歌题材。宋代词达到极致。宋代著名词人有晏殊、欧阳修、柳永、苏轼、李清照、辛弃疾等。词在艺术风格上有豪放派和婉约派之分。

古典意义的散文指一切和韵文、骈文相区别、相对应、不押韵、不重排偶的散体文章,所涵盖的范围远比现代宽广。我国古典散文开始于先秦,发展于两汉、魏晋,到唐宋达到历史高峰。文学史上,中国古代散文是仅次于诗歌的一种主要文学样式,为我国古典文学宝库增添了绚丽的一族。

小说作为一种新的文学样式,在明清两代达到高潮,出现了《聊斋志异》、《三国演义》、《水浒传》、《西游记》、《金瓶梅》、《儒林外史》、《红楼梦》等著名作品。

中国古代文学深深根植于传统文化这片肥沃的土壤,从它的思想内容到艺术形式,从它所表现的价值观念到它形成的审美境界,从历代作家的创作追求到古今读者的鉴赏批判,无不受传统文化的制约和影响,由此形成了自己鲜明的文化特征:文以载道的现实主义传统,深重的忧患意识,哀而不伤的中和之美。

思　考　题

1.阅读并分析《诗经》中的几篇诗作。

2.《楚辞》的艺术特色是什么?

3.什么是“建安风骨”?

4.陶渊明诗歌特色及其成因是什么?

5.比较王维、李白、杜甫诗歌的风格差异及其成因。

6.著名的豪放派词人和婉约派词人有谁?其艺术风格有什么差异?

7.杰出的明清小说有哪几部?其主要内容是什么?

第十章　艺术传统:中国古代艺术

诗言志,歌永言,声依永,律和声。八音克谐,无相夺伦,神人以和。

——《尚书·尧典》

金石丝竹,乐之器也。诗,言其志也;歌,咏其声也;舞,动其容也。

——《礼记·乐记》

中华民族在五六千年的文明史中,不仅创造出了指南针、火药、万里长城和大运河,而且培植出了璀璨夺目的艺术奇葩。同世界各文明民族一样,中华民族的祖先对美的追求也表现在听觉艺术、视觉艺术、表演艺术等各个方面。中华音乐、舞蹈、绘画、书法、篆刻、雕塑、戏曲、建筑、园林等诸多领域中,无不表现了中国人民的聪明才智,无不带有鲜明的民族特色。这种民族特色,是中华文化的反映,因而要了解中华文化,必须了解中华艺术。

第一节　中国古代艺术的主要门类与成就

中国艺术源远流长。根据考古发掘出来的山顶洞人的装饰品,说明在18 000年前原始人类就已经产生了审美意识。北方的原始岩画,更透出10 000年至3 000年前就有了艺术观念。从6 000年至2 000年前,原始彩陶、青铜纹饰的出现和发展,表明中国远古艺术已经有了较高的成就,艺术观念也经历了从原始向理性演化的过程,艺术门类也有了发展。到了魏晋时期,艺术从附庸走向了自觉,各个门类的艺术都走向成熟,并以其自身的特殊功能,基本确立了各自在文化整体中的位置。以后中国各门类艺术不断发展,形成了独自的风采,并取得了辉煌的成就。

一、建筑

中国古代建筑是中华民族以其聪明和智慧,创造出光辉灿烂的人类文明的最有说服力的历史见证,它所走过的发展历程及其典型建筑的风格特征,反映出浓厚而又丰富的中国文化内涵,在世界建筑艺术史上享有独特的价值和地位。

中国古代建筑可以溯源到新石器时代。最初的建筑与艺术并没有什么特殊关系,它只是我们的祖先遮风避雨、防御野兽袭击的栖身地。当时在黄河中游的氏族部落用土穴、木架和草泥建起简单的穴居和浅穴居,后来又逐步发展为地面上的房屋;在长江流域地区则出现了架离地面的干阑式建筑,即用柱木架空地板的一种木结构房屋;而在陕西西安半坡一带,稍后又出现了伞架式结构的尖顶独间小屋,有方形和圆形两种,建筑规模与技术显得更加进步,初步奠定了中国古代建筑的基础。至公元前 11 世纪的夏朝,出现了夯土建筑,有了建于高大夯土台上的宫室。商周时期,已经有了十分宏伟、很有气势的宫殿建筑,采用高台建筑、主体殿堂、前朝后寝,防御外围的整体布局,体现的是以威严和权势为主的建筑思想,成为后代宫殿建筑不可异移的至尊式样。城市建筑也已开始形成,并有了严格的人与人关系的等级制度,“天子堂九尺,诸侯七尺,大夫五尺,士三尺。”(《礼记·礼器第十》)春秋战国时期,瓦发明并得到了普遍使用,从而使建筑脱离了“茅茨土阶”的简陋状态。仰仗夯土建成高台建筑也已成为规模,还出现了完整封闭特别是具有绝对中轴线的四合院,建筑的装饰与色彩也有了发展。

秦汉时期是中国古代建筑发展的高峰时期。它以城市与宫殿为代表,规模宏伟,气势磅礴。秦始皇统一之初,就集中力量大兴土木,修筑宫殿、陵墓和都城,建造了阿房宫、骊山陵。西汉建立后,在长安建筑了大规模的宫殿、坛庙、陵墓、苑囿和宅居,形成一座城周 25 公里、面积为当时罗马城的四倍、规模很大的城市。到东汉时,作为中国古代建筑特征的木架建筑渐趋成熟,木结构楼阁蓬勃发展起来,木楼梯、梁和梁架也已出现。建筑艺术处理上也达到了一定的水平,从斗拱、庑殿到硬山、攒尖等屋顶样式皆已具备,还出现了雕刻精美的墓碑、墓表等石建筑,逐渐形成了一套完整的建筑制度和特有的建筑风格。

魏晋至南北朝是中国古代建筑继续发展的时期。由于佛教文化的影响,寺院、塔、石窟等佛教建筑大量出现,在建筑风格上,印度式佛教建筑与中国庭院式木结构建筑、私家园林结合起来,并且逐步得到了发展,以塔为中心逐渐蜕变为以高大的佛阁为中心,形成了中国式的佛教建筑,不但使佛寺原有的阴森恐怖气氛消失,而且逐步将宗教场所发展为市民的游览场所。

隋唐宋时期是中国古代建筑走向成熟的时期。隋朝历史虽短暂,却留下了赵州桥、大运河这样的建筑杰作。至唐代,古代建筑技术已经成熟,木架结构特别是斗拱部分和构件形式都已规格化,大面积、大体量的技术问题也得到了解决;建筑设计中加强了突出主体建筑的空间组合和强调纵横方向的陪衬手法,形成主从有致、均匀对称的空间布局；建筑艺术加工日趋定型，注重色彩的简洁明快，刚柔相济，屋顶舒展平远，门窗朴实无华；城市建设规模宏大，规划严整，首都长安和东都洛阳都是当时世界上最宏大最繁荣的城市，体现了雄浑豪迈、雍容华贵的盛唐气魄。宋代继续维持了唐以来木结构建筑茂盛的态势，其技术臻于完善，但是建筑材料却更加丰富多样化，砖石建筑的水平达到新的高度；在建筑风格上有了较大的变化，规模比唐代小，装饰性却更强，出现了各种复杂形式的殿台楼阁，柔美秀丽并富有变化；建筑在形象上趋向柔和绚丽，讲究装饰和色彩的艺术效果，尤其是内部装修已堪称精巧华美，出现八角和圆形藻井天花，中国古代建筑的结构与造型趋于定型化、制度化。

元明清时期是中国古代建筑的集成和鼎盛时期。元代不仅建造了规模宏大、规划完整的大都（北京）城，宗教建筑也非常发达，喇嘛教寺院和塔、伊斯兰教礼拜寺的修建，逐步形成了融合各民族特点的新型建筑风格。明清时期的建筑继续了中国古代建筑的传统，不但维持了唐宋以来木结构建筑茂盛的生长态势，梁柱构架的整体性、构件制作工艺水平都有较大的提高，而且砖石、琉璃瓦、琉璃面砖也应用广泛；明长城的建设，北京、南京等城市的改建和扩建，宫殿、陵寝、坛庙、宅居、园林等建筑的兴盛和发展，都取得了令人瞩目的成就；在各地的城镇和乡村中，增加了很多不同特色书院、会馆、宗祠、戏院和旅店等公共建筑，中国建筑中的地域特点开始明显地体现出来；许多规模大、空间高、组合复杂的建筑群体得到修造，并致力于突出封建帝王至高无上的权威，北京故宫、天坛、山西万荣县飞云楼和浑源县悬空寺等，都是古代建筑艺术史上的精品。

中国古代建筑品类繁盛，形式多样，包括有宫殿陵墓、寺院宫观、城市园林、宅居府第、道路桥梁等，这里简单介绍三种主要的类型：

一是宫殿建筑。以高大威严为特征，目的是显示帝王至高无上的地位。如明清的故宫，天安门大大高于一般房屋，它以雄浑的体型，强烈的色彩，与周围低矮、青灰的城市背景形成极大的反差。从大清门、天安门、午门、太和门到太和殿，节奏起伏，笔直纵深，建筑群占有空间众多，规模宏大，并且严格沿中轴线对称展开，主次分明，墙柱门的深红色庄严肃穆。这些特征赋予宫殿建筑以宏大的气势和神秘而严肃的气氛，使人在精神上感到震慑和敬畏。

二是宗教建筑。主要是佛教寺庙和道教宫观，大都建在风景名胜地区，最早见于史籍的佛教建筑是东汉明帝时建的洛阳白马寺。佛教的中国化，使佛寺与道观在建筑外形上趋向一致，二者的差别除了殿内的塑像及室内装饰不同外，几乎仅在于佛寺有塔，道观无塔上。在建筑设计上按照中国传统建筑形制，以中轴线展开布局，形成三合院或四合院的样式，有一定的秩序和节奏，体现了传统建筑讲究整体对称、主次分明的建筑风格。

三是宅居建筑。我国不同地区和民族居住点的自然条件、风俗习惯以及文化传统的差异，使人们的宅居建筑有了很大的差别，表现为多姿多彩的形象。北方草原民族采用帐幕式住房，容易装卸，非常适合经常迁徙的牧业生活；西藏地区为厚壁台阶式平顶宅居，主要用块石材料构筑，给人以朴拙的印象；黄河中游一带的窑洞住宅，壁厚顶高，冬暖夏凉，极富有人与自然的亲切感；云南地区的少数民族采用干阑式住宅，居室用支柱架离地面，有利于防水防虫蛇毒害；新疆天山南北地区是拱廊式平顶民居，有宽敞的庭院，屋顶开窗，与维吾尔族人民欢乐好客、豁达开朗的性格一样；汉族地区是以木结构体系为主，但随着地形与气候条件的变化，从南到北又千差万别。一般来说，南方屋檐深，天井狭小，讲究通风与蔽光，造型秀丽轻盈；北方壁顶厚，院落宽敞，造型粗犷质朴。北京的四合院可看成是华北地区传统住宅建筑的典型，其特点是严格区别内外，尊卑有序，讲究对称，对外隔绝，自有天地，强烈体现了封建宗法制度的影响。

中国古代建筑作为一种文化的载体，深刻地反映着中国传统文化的思想和观念，有如下特点：

（一）巧妙而科学的框架式结构

这是中国古代建筑在建筑结构上最重要的一个特征。因为中国古代建筑主要是木构架结构，即采用木柱、木梁构成房屋的框架，屋顶与房檐的重量通过梁架传递到立柱上，墙壁只起隔断的作用，而不是承担房屋重量的结构部分。“墙倒屋不塌”这句古老的谚语，概括地指出了中国建筑这种框架结构最重要的特点。这种结构可以使房屋在不同气候条件下，满足生活和生产所提出的千变万化的功能要求。同时，由于房屋的墙壁不负荷重量，门窗设置有极大的灵活性。此外，由这种框架式木结构形成了过去宫殿、寺庙及其他高级建筑才有的一种独特构件，即屋檐下的一束束的“斗拱”。它是由斗形木块和弓形的横木组成，纵横交错，逐层向外挑出，形成上大下小的托座。这种构件既有支承荷载梁架的作用，又有装饰作用。只是到了明清以后，由于结构简化，将梁直接放在柱上，致使斗拱的结构作用几乎完全消失，变成了几乎是纯粹的装饰品。

（二）庭院式的组群布局

中国古代建筑在平面布局方面有一种简明的组织规律，这就是每一处住宅、宫殿、官衙、寺庙等建筑，都是由若干单座建筑和一些围廊、围墙之类环绕成一个个庭院而组成的。一般地说，多数庭院都是前后串连起来，通过前院到达后院，这是中国封建社会“长幼有序，内外有别”的思想意识的产物。

同时，这种庭院式的组群与布局，一般都是采用均衡对称的方式，沿着纵轴线（也称前后轴线）与横轴线进行设计。比较重要的建筑都安置在纵轴线上，次要房屋安置在它左右两侧的横轴线上，北京故宫的组群布局和北方的四合院是最能体现这一组群布局原则的典型实例。这种布局是和中国封建社会的宗法和礼教制度密切相关的。它最便于根据封建的宗法和等级观念，使尊卑、长幼、男女、主仆之间在住房上也体现出明显的差别。

中国的这种庭院式的组群布局所造成的艺术效果，与欧洲建筑相比，有它独特的艺术魅力。一般地说，一座欧洲建筑，是比较一目了然的。而中国的古建筑，却象一幅中国画长卷，必须一段段地逐渐展看，不可能同时全部看到。走进一所中国古建筑也只能从一个庭院走进另一个庭院，必须全部走完才能看完。北京的故宫就是最杰出的一个范例，人们从天安门进去，每通过一道门，进入另一庭院；由庭院的这一头走到那一头，一院院、一步步景色都在变换，富有悬念，引人入胜。

（三）丰富多彩的艺术形象

建筑不仅仅是技术科学，而且是一种艺术。中国古代建筑经过长时期的努力，同时吸收了中国其他传统艺术，特别是绘画、雕刻、工艺美术等造型艺术的特点，创造了丰富多彩的艺术形象，并在这方面形成了不少特点。其中比较突出的，有以下三个方面：

1. 富有装饰性的屋顶

中国古代的匠师很早就发现了利用屋顶以取得艺术效果的可能性。《诗经》里就有“作庙翼翼”之句，说明三千年前的诗人就已经在诗中歌颂祖庙舒展如翼的屋顶。到了汉朝，后世的五种基本屋顶式样——四面坡的“庑殿顶”，四面、六面、八面坡或圆形的“攒尖顶”，两面坡但两山墙与屋面齐的“硬山顶”，两面坡而屋面挑出到山墙之外的“悬山顶”，以及上半是悬山而下半是四面坡的“歇山顶”就已经具备了。我国古代匠师充分运用木结构的特点，创造了屋顶举折和屋面起翘、出翘，形成如鸟翼伸展的檐角和屋顶各部分柔和优美的曲线。同时，屋脊的脊端都加上适当的雕饰，檐口的瓦也加以装饰性的处理。宋代以后，又大量采用琉璃瓦，为屋顶加上颜色和光泽，再加上后来又陆续出现其他许多屋顶式样，以及由这些屋顶组合而成的各种具有艺术效果的复杂形体，使中国古代建筑在运用屋顶形式创造建筑的艺术形象方面取得了丰富的经验，成为中国古代建筑重要的特征之一。

2. 衬托性建筑的应用

衬托性建筑的应用，是中国古代宫殿、寺庙等高级建筑常用的艺术处理手法。它的作用是衬托主体建筑。最早应用的并且很有艺术特色的衬托性建筑便是从春秋时代就已开始的建于宫殿正门前的“阙”。到了汉代，除宫殿与陵墓外，祠庙和大中型坟墓也都使用。现存的四川雅安高颐墓阙，形制和雕刻十分精美，是汉代墓阙的典型作品。汉代以后的雕刻、壁画中常可以看到各种形式的阙，到了明清两代，阙就演变成现在故宫的午门。其他常见的富有艺术性的衬托性建筑还有宫殿正门前的华表、牌坊、照壁、石狮等。

3. 色彩的运用

中国古代的匠师在建筑装饰中最敢于使用色彩也最善于使用色彩。这个特点是和中国建筑的木结构体系分不开的。因为木料不能经久，所以，中国建筑很早就采用在木材上涂漆和桐油的办法，以保护木质和加固木构件用榫卯结合的关接，同时增加美观，达到实用、坚固与美观相结合。以后又用丹红装饰柱子、梁架或在斗拱梁、枋等处绘制彩画。经过长期的实践，中国建筑在运用色彩方面积累了丰富的经验，例如在北方的宫殿、官衙建筑中，很善于运用鲜明色彩的对比与调和。房屋的主体部分，也即经常可以照到阳光的部分，一般用暖色，特别是用朱红色；房檐下的阴影部分，则用蓝绿相配的冷色。这样就更强调了阳光的温暖和阴影的阴凉，形成一种悦目的对比。朱红色门窗部分和蓝、绿色的檐下部分往往还加上金线和金点，蓝、绿之间也间以少数红点，使得建筑上的彩画图案显得更加活泼，增强了装饰效果。

（四）注意跟周围自然环境的协调

中国传统的建筑观念，是把建筑组织到自然环境中去，实现人工和自然地融合。城阙、宫殿、陵墓、寺庙、园林等建筑群体，都要选择优美的地理环境与字奇妙地结合，做到“可望、可行、可游、可居”，借着山川空灵秀美峻伟的气势，增添建筑的艺术魅力，即使民居院落也要植树栽花，引进自然情趣。

二、书法

书法是指写字的艺术。在中国艺术的各个门类中，书法是最具有中国特色而为西方所没有的传统艺术，它深刻地反映着中华民族的文化精神、伦理道德和审美情趣。

书法艺术在我国已有数千年的悠久历史。它的产生和发展与“文房四宝”（笔、墨、纸、砚）有密切的关系，毛笔、宣纸、墨汁是它的书写工具，更主要的是汉字及其造型。书法起源于汉字，汉字造型与表现的有机结合，给书法提供了生存的空间和发展的基础。中国最早的书法艺术作品是先秦时代的甲骨文、钟鼎金文和石鼓文。这些文字除了远古时期特有的神圣意义之外，一个显著的也是使中文成为书法艺术的特点，就是它是按美的方式来铭刻每一个字和安排整个章法布局的。同是一横一竖，一字之中，字字之中，字字之间，皆有差别；字字之流动，行行之排列，都是上下前后照应。但严格地说，书法作为一门艺术是在汉末魏晋出现的。这时出现了以书法为纯艺术的书法家，如蔡邕、张芝、钟繇等。在书写工具笔墨纸张改进的基础上，书法艺术的笔墨技巧也达到成熟。

中国书法从字体类型上分篆、隶、楷、草、行五类，每一类有自己独特的风貌。篆属古文字，与隶、楷、草、行在字形上不同。篆、隶、楷式一字自成一体，行、草则可两字连写，草书则往往数字甚至一行连成。不同的字体有不同的结构特征、用笔特色、整体神貌。篆书古雅，隶书丽姿，楷书雅正，行书流丽，草书飘逸。书法作为艺术又反映书法家个人风格，所谓"文如其人"。"钟繇书如云鹄游天，群鸿戏海，行间茂密，实亦难过。王羲之书字势雄逸，如龙跳天门，虎卧凤阙，故历代金之。蔡邕书骨气洞达，爽爽如有神力；……"(萧衍《古今书人优劣评》)书法作为艺术还反映整个时代的审美风貌。晋人尚韵，唐人尚法，宋人尚意，明人尚态，已成为古今谈论历代书法艺术特色的定论。晋人尚韵，以王羲之的行书为代表，从书法的风貌可以使人领会晋人的诗歌、散文、绘画、园林的风貌。唐人尚法，以颜真卿、柳公权的楷书为代表，从中又可联想到杜甫的诗、韩愈的文、吴道子的画。宋人尚意，以苏轼、黄庭坚、米芾、蔡襄为代表，从其字可以贯通于宋诗的平淡、宋画的远逸、宋词的清空。明清尚态，无论是浪漫派徐渭，帖学派董其昌，还是碑学派郑燮都有明显表现，又与戏曲小说中的市民性、世俗风相暗通。

书法在中国之所以成为一门独具特色的重要艺术，就在于它与中国文字、书写工具和文化思想的紧密相连。书法艺术一是要书写汉字。方块汉字点与线的独特结构与丰富内涵，为书法艺术提供了优越的表现条件，因而才形成了这种特殊形式的艺术。中国书法的各种书体，所有的书法流派和个人风格，都是通过书写这些字体来表现的，脱离了书写汉字就不成其为书法。二是必须使用毛笔。由于毛笔柔软而富有弹性，是最适宜表现千变万化的书法风格的书写工具。毛笔能够描绘出书法线条的粗细、长短、曲直、浓淡、枯润等各种形态，不加任何修饰，却各有奇趣而不雷同。不同性能的毛笔还可以书写不同大小、不同书体的字，以富有力度的笔法、千姿百态的结体、虚实相生的章法和取象万物的神采，来表现出书法形象美的多样性，并表达出书法家的思想、情感和意趣，成为一种有"无声之音、无形之相"之称的"心画"，赋予书法艺术独特的美学魅力。更为重要的是，书法艺术还深刻地反映了中国文化思想之道。在中国文化中，宇宙的创化是一个气化流行、生生不息的过程，对宇宙中非质实而虚灵的摹拟，在书法中用笔的浓淡枯实、周流运转来表现，最易令人能够体悟和心醉的了。书法中所谓“一笔书”、“气脉不断”、“笔断气连”、“形断意连”，都因中国文化“气”的性质而具有一种较高的境界。历代不同的哲学思想流派亦对书法有强烈的影响，如易学的阴阳二气，儒家的中庸之道，道家的崇尚自然，禅宗的顿悟静修等，都给书法美学、艺术观念打下了深刻的烙印。可以说，是中国传统的文化思想滋养了中国书法，而书法又以艺术形式体现了中国文化思想的深刻内涵。

中国书法曾流传下来无数的艺术精品，其中最著名的有：秦代李斯的《泰山石刻》，篆书，圆润婉遒，玲珑秀丽，法度谨严，古今妙绝；晋代王羲之的《兰亭序》，行书，遒媚健劲，端秀清新，被奉为“天下第一行书”；唐代褚遂良的《雁塔圣教序》，楷书，渗入了隶、行书笔意，丰艳流畅，瘦劲飘逸。颜真卿的《颜勤礼碑》，为楷书一绝，宽舒圆满，深厚雄健。柳公权的《玄秘塔碑》，楷书，骨力遒健，间架挺拔。怀素的《自叙帖》，狂草，恣肆放纵，超妙自得，是草书的极限；宋代苏轼的《黄州寒食诗帖》，行书，浓烈沉郁；黄庭坚的《松风阁诗帖》，行书，遒劲恣肆；赵构的《洛神赋》，草书，气势苍逸；元代赵孟頫的《胆巴碑》，楷书，儒雅安详，都是公认的千古名帖。

三、绘画

中国绘画以其特有的笔墨、艺术形式和美学追求，独树一帜，显示出优美而鲜明的民族风格，体现了悠久而又深刻的中国文化精神内涵，是中国传统文化的国粹之一。

中国绘画可以上溯到新石器时代。为数众多的刻在岩石上的岩画和画在陶器上的图画，诸如涡纹、鱼、蛙、鸟、鹿、舞蹈、花叶以及各种几何图案花纹，十分匀称美观，既有写实性的，又有抽象装饰性的，已经初具人类捕捉对象的特征和神态，表现了制作者初步的造型和装饰技巧，反映出中国绘画艺术的萌芽状态。商周之际，在青铜器物上绘有造型多样、精美生动的装饰花纹，如动物饕餮纹、几何纹三角以及车马、狩猎、乐舞、战斗等直接反映现实生活的纹饰。它们都能抓住物象特征，以概括、大胆夸张的手法，显示出较高的造型能力，创造了单纯而古朴的艺术形象，并与原始彩陶一起，共同确定了中国绘画艺术整体着眼、以线为主、平面构图的基本原则。

春秋战国时期，现代意义的绘画艺术才真正开始，出现了帛画、漆器画、壁画和铜镜画等。帛画是古代画在丝织品上的画幅，现已出土的战国时期的帛画《人物龙凤图》、《人物御龙图》，是迄今发现的最早的独立绘画，画的都是死者随龙凤飞舞翱翔、去往仙境乐土的意思，画面上的人物神态清朗，身姿优美，形神兼备，引人入胜，作品以墨线勾描，取立轴样式，基本确立了我国绘画的传统样式。

秦汉时期的绘画艺术，发展比较迅速，先后出现了瓦当（瓦片图画）、画像砖、木板画等，帛画、漆器画、壁画得到了进一步的发展和完善。秦王朝国祚虽短，但其统一的局面给文化艺术以巨大的推动，秦兵马俑的发掘，说明当时的造型艺术相当发达。汉代社会经济的繁荣发展，使这时的绘画艺术空前活跃。汉宫设有画室，有专门从事绘画的画工，到东汉时，绘画艺术从专业画工发展到文人士大夫之中，蔡邕、张衡就非常擅长绘画。绘画的题材有的是纪功、颂德、表行之类，反映出当时社会强烈的政治性色彩，也有反映社会生活风貌的，具有浓厚的生活气息；在布局上力求体现大貌大势；在技巧上以白描为主要技法，但由于多数作品还缺乏深入细致的表达能力，中国绘画还处于稚拙阶段。

魏晋南北朝时期，是中国绘画艺术的形成时期。一批士大夫和文人相继积极参与绘画活动，出现了我国历史上第一批有记载的著名画家，极大地促进了绘画艺术的发展。主要表现为：一是题材扩大，种类增加，不仅随着佛寺佛窟的大量建立，产生了宗教绘画，所绘内容是佛菩萨像以及宣扬其拯救生灵的佛教经典故事，如敦煌壁画和云岗、龙门的石刻画，而且还出现了以文学为内容、表现魏晋名士生活的人物画，以及寄托“玄学”思想、表现山水景物的山水画，花鸟画也处于萌芽状态之中。二是绘画技术得到极大提高。在色彩运用上，除了追求鲜亮以外，还出现了明暗晕染技法；在形象刻画上，在重视神似气韵、传达气韵的同时，也出现了追求形象逼真、刻画工细的风格；在线条描法上，既有行笔飘逸迅疾、软韧劲健、周密精致的密体画法，也有富有节奏的“点、曳、斫、拂”、简洁精炼、粗放多变的疏体画法。三是画家辈出，画论产生，并且形成了一定的体系。大画家有被称为“六朝三杰”的顾恺之、陆探微、张僧繇，以及宗炳、王微等人。顾恺之以人物画名世，擅长以人物的精神状态去表现其性格和特征，“传神写照”，以线描进行人物造型，线条优美连贯；陆探微擅画名士肖像、宗教壁画和风俗画，创造出“秀骨清相”人物形象以表现其内在精神，线描笔势连绵而劲利；张僧繇擅画肖像和佛像，创造了凹凸画法和疏体画法，使画物具有了鲜明的流体感和“锋芒凌厉”的独特风格。他们不但创作了一大批绘画艺术精品，而且把自己的艺术实践上升为理论。绘画理论家有顾恺之、姚最、谢赫，绘画理论著作有《论画》、《魏晋胜流画赞》、《续画品录》、《古画品录》等，分别提出了“以形写神”、“心师造化”、“六法”等理论，从理论上总结和确定了中国绘画的基本表现技巧和美学目标，为后世画家、评论家制定了通行的原则，对中国绘画理论的发展做出了重大的贡献。

隋唐宋时期,是中国绘画艺术的繁荣鼎盛时期。无论是人物画、山水画、花鸟画,还是风俗画、肖像画、历史画、宗教画,其艺术成就都是空前的。如在唐代占主导地位的人物画,经历了一个注重鉴戒纪功、富于纪实性过渡到追求"贵而美者"艺术风格的宫廷仕女画的过程,其形象都是恢宏大度,线条空实明快,色彩辉煌灿烂,既展现了唐帝国的风采,又显示了卓越的艺术成就;宋代的山水画不但异常繁荣,成就斐然,而且还出现了不同的画派,以荆浩为代表的北方画派,多描绘的是北方的崇山峻岭,层峦叠嶂,具有雄浑刚健之美;以董源为代表的南方画派,多描绘的是南方的明媚风光,淡墨轻岚,以典雅含蓄见长。这一时期特别是由王维倡导的"诗中有画,画中有诗"的方法,使绘画与文学之间密切了关系,形成融诗、书、画、印为一体的独特的艺术风格,在世界绘画艺术中别具风姿。同时,经过对外来绘画艺术的借鉴与融合,由一代画圣吴道子开启了具有独特的民族风格的画风,其特点是把以墨为主的"笔"取代了缤纷艳丽的"色",重"笔法"而轻"色彩",确定了中国绘画区别于西方绘画的基调。这一时期出现了许多画家,仅唐代有名可考的就有近四百人,著名的画家有隋代的展子虔,唐代的阎立本、李思训、吴道子、王维等,宋代的郭熙、苏轼、米芾、张择端、马远等。阎立本擅画人物,尤长于重大题材的历史人物肖像画,有"驰誉丹青"之称,他着重通过人物表情的刻画来表现心理活动,造型线条挺拔坚实,流利匀称;吴道子主要从事宗教壁画的创作,其作品以现实生活中的人物为标准,形象生动逼真,千姿百态,感染力强,以笔描出的衣纹有迎风飘舞之势,有"吴带当风"之说;米芾长于水墨山水画,尤以画烟云中的山和树而有名,他突破了传统以线条、水墨的手法,以横笔积点构成山形水影,利用水墨的互相渗透形成模糊效果,创造了以水墨点染为主的"米点皴"。绘画理论在这一时期也得到了发展,如唐代张彦远的《历代名画记》,价值最高,被称为"画史之祖",宋代郭若虚的《图画见闻志》、邓椿的《画继》等著作,对后世都产生过深远的影响。

元明清时期,是中国绘画艺术进一步发展的时期。从元代开始的画风转变,趋向工笔写意,侧重达意畅神。文人绘画在这一时期占有重要地位,它一般不注重写实,而着重主观意趣的表现,不作雕琢繁饰,画面上题写诗文,使书法、文学、绘画融为一体;思想内容以超然物外为高,题材多以描绘山水、梅兰竹石和花卉为主。反映社会生活的风俗画和人物画呈现衰落景象,山水画、花鸟画一直占据画坛统治地位,并且较有成就。同时,随着商品经济的发展和市民思想的扩大,木刻版画、年画在明清时兴盛起来,安徽歙县、江苏南京、浙江杭州和天津杨柳青、苏州桃花坞、山东潍坊分别是版画和年画的中心产地。由于社会转型,在艺术风格上也出现了保守与创新思想的斗争,以至在明代有"吴派"、"浙派"两大派系。这一时期有代表性的画家是元代的赵孟頫、黄公望、钱选、倪瓒,明代的徐渭、陈洪绶、戴进、文徵明等,清代有四王(王时敏、王鉴、王晖、王原祁)、四僧(朱耷、石涛、髡残、弘仁)、扬州八怪(说法不一,一般认为是金农、黄慎、郑燮、李鳝、李方膺、汪士慎、高翔、罗聘)等。赵孟頫擅画水墨云山,佛道、人物、山水、竹石皆精,他以唐人线描的空实明快、敷色的辉煌灿烂,来变化宋人笔墨的典丽文雅,工笔与写意达到了和谐统一;黄公望擅画山景,笔墨简练,苍润豪放,画法长披麻皴,风格雅洁淡逸,把山水技法推到了一个新的高度;徐渭擅画花鸟,他以粗笔作画,纵横捭阖,以意写境,如乱头粗服,不守规矩,别具一格;文徵明擅画山水画,人物花卉亦精,其画风清丽,笔墨精润,结构严整,带有明显的书卷气;"扬州八怪"擅画花卉,或竹或梅或兰,也画人物或杂画,他们在画风上重在写意,追求风骨,阔笔恣纵,挥洒有力,而且注重诗书画的结合,有浓厚的笔墨情趣和清新的艺术风格。这时在绘画理论研究上值得一提的是清代末期绘画资料的编纂,反映了清代绘画研究和整理的水平,对中国绘画史的研究作出了重要的贡献。

中国古代绘画按照题材内容,可以分为人物画、山水画和花鸟画三大画科;按照表现手法,可以分为工笔画、写意画和介于二者之间的半工写(小写意)画三种形式;按照画面形式,可以分为壁画、屏障、手卷、立轴、横批、册页、扇面等;按照它们的用途,可以分为宫廷绘画、文人绘画、宗教绘画、民间绘画。

中国绘画与西方绘画相比,具有鲜明的民族形式和艺术特色:

(一)首重立意,胸有成竹——中国画的构思

中国画创作,以立意为先,许多绘画理论家都首先强调这一点,不管是画山水、画人物、还是画花鸟。唐代张彦远在《历代名画记》中有一段关于"六法"的论述:"夫象物必在于形似,形似须全其骨气。骨气形似。皆本于大意而归乎用笔。"他认为立意在先,画中才能有变态,有奇意。宋代以画梅花著名的华光和尚,法号仲仁,传为华光著作的《画梅指迷》中,有一段"画梅全决",开头就是"画梅全决,生意为先"。

意大利文艺复兴时期的画家达·芬奇也有近似的说法,他曾说:"一个画家应当描绘两件最主要的东西,人和人的思想意图。"这与我国晋代人物画家顾恺之所提出的"巧密于精思"是十分一致的。"意"是从哪里来的?一是画家对现实生活的丰富体察、创作经验的充分积累;另一点便是画家本人的修养,这样在创作之先,画什么,怎么画,在头脑中形成了成熟的构思。宋代画家文与可,别人称赞他"胸有成竹",即在他没有落笔画竹之前,头脑中已经有了竹子的形象,在胸中、笔下跃跃欲出,这时便能落笔而就。"胸有成竹"遂成为我国赞誉善于计划安排事情的成语。

(二)以线造型,以形传神——中国画的造型规律

中国画是以线存形的,通过线勾出轮廓、质感、体积来。德国的诗人歌德称美术有用光表现得神态活现的那种本领,说明西洋画用光为造型手段之一。但中国画主要是以线为造型之基础,这就使中西绘画在造型手段上有明显之分野,但这并非说西洋画完全排斥用线,而是说光可以作为绘画的主要语言而用于绘画的。法国的罗丹曾经强调过:"一根规定的线通贯着大宇宙",是说造型艺术从宇宙如何分割出来的问题,并非以此作为绘画的主要表现手段来看待。而中国画无论对山水的破线或是衣服的纹线,都积累了非常丰富的线型,巧妙地描绘着各种形象。

"以形写神"是晋代画家顾恺之的一句名言,从而确立了中国艺术神高于形的美学观。即画人不仅仅于形似,还要升高至神似,画出人的精神面貌,不停止于外形之模拟,不拘泥于自然之真实,这一论见为艺术家建立起艺术应竭力追求之高度。在这一理论指导下,历代出现许多传神写照的佳作,成为指导绘画的一个重要准则。

(三)多点透视,计白当黑——中国画的构图法则

中国画既用焦点透视法,也用散点透视法,既有严守真实的画面空间和布白,也有打破真实按构图需要而平列的空间和布白,这样就使物象在画面出现时,可以按实物在画面上的艺术需要,伸长或缩短变化其形象,更换其位置。一株低于视平线的牡丹花也可架高于视平线之上,而取得透视的最佳效果。

中国画在空白处尤其注意经营,常常借用书法上的计白当黑,即没有画面的部位要像有画面的部位一样作认真的推敲和处理。

(四)随类赋彩,色彩相和——中国画的色彩法则

中国画的色彩不拘泥于光源冷暖色调的局限,比较重视物体本身的固有色,而不去强调在特殊光线下的条件色。画哪一件物品,就赋予哪一件物品的基本色,达到色与物、色与线、色与墨、色与色的调和。

(五)情景相生,气韵生动——中国画的意境

中国画要求笔与墨合,情与景合。现实中无限丰富的景象,给画家以强烈的形象感染力。画家凭借着这种感受,激起描绘这些景象的激情,于是作品作为情景相生的复写而重现,使情景交融在一起。

至于气韵生动,即是画家所创造的艺术灵境,不同于一般的写生画,应成为富

有生气，新鲜而活泼，有诗一般的韵味，使观者神往无穷。如果没有表现出如此生动、如此韵味丰富的内涵，当然，就不能给予人这些感受，而达不到中国画富有引人入胜的意境。

(六)诗书画印合一 ——中国画的独特形式

可以说只有中国画才有题字盖印的做法，不仅文人画，可以显示其诗、书、画三绝之长，即是一般的画作，也总要题字盖印，这样才有传统艺术的浓厚风味。题字和诗句，可以提高或补充观者对作品的欣赏和理解，也丰富了构图的变化，起到互相衬映，互为显彰，点缀与平衡构图的多方面作用。

四、音乐

古代文献中对尧舜古乐的记载，说明中国音乐起源甚早。河南舞阳县发现的18支七音孔和八音孔的骨笛，距今已有八千多年。原始社会的音乐与礼仪是相连的。到春秋战国时期，中国音乐形成了和其他文化不同的独特体系。中国既创立了七音阶体系，也创立了五音阶体系。因五音阶体系与中国哲学的五行相合，故地位较高。中国音乐未能以自己为中心独立发展，而是依附于文化的各领域以游散的方式发挥了多种功能。按其功能中国音乐可分为：第一，仪式音乐，用于祭祀、宗庙、大典，也包括宗教寺庙的仪式音乐。其特点是音域不宽，节奏缓慢，完全服从于仪式的过程，肃穆庄重。第二，宫廷舞乐，主要用于帝王享乐。中国音乐的创作都在这个领域，如曾侯乙墓的编钟，唐代的霓裳羽衣曲。这类音乐主要服务于舞蹈，当然也在舞蹈的推动下发展。第三，声乐。就创作数量、流传空间、使用阶层来说，声乐占有更重要的地位。从《诗经》到明清戏曲，从宫廷演唱、文人低吟、青楼妙音到民歌俚曲，都是它的表现形式。声乐是用歌词的内容来规范音乐表现的多样性，它在中国文化中的重要地位很符合中国文化的理性精神。第四，独奏器乐。中国音乐摆脱舞蹈、仪式、文学的影响而具有独立的文化意义，只有在表现文人意识的器乐中才达到了。琴、筝、笛、箫、二胡都可以独奏，琴的地位最重要。从魏晋嵇康等一大批著名士大夫琴家到明代朱权、陈星源等琴家，使琴一直与棋、书、画具有同等重要地位。琴因与士大夫独立淡泊之心境相合而获得了特别的文化意义，嵇康诗“目送归鸿，手拂五弦，俯仰自得，游心太玄”即使其写照。第五，民乐。民乐指民俗庆典中的音乐，以吹奏打击乐为主，热闹喧哗。

先秦以后，中国音乐没有像西方音乐那样在文化中占据重要地位，但也形成了自己的特色。一是旋律为主。西方音乐重合声和配气，给人一种几何的浑厚之美。中国音乐以旋律为主，给人的是气韵生动的线条美。二是理性精神。古人认为音乐是表达内心情志的，情志属人，用嘴吟唱应比非人体乐器更接近情的本性，所谓“丝不如竹，竹不如肉”。肉能唱的只能是声乐，声乐之妙在于词对乐的规范，故音乐能“乐而不淫，哀而不伤”。“发乎情，止乎礼”，一个重要因素在于，当情用乐唱出时，已用文字来予以提示和规范了。三是节奏宣泄。以旋律为主的器乐声乐表现的是理性精神或哲学沉思的一极，节奏宣泄则表现的是中国文化的另一端，它主要在民间音乐中表现出来，如陕北腰鼓、山西锣鼓即属此类，在喧闹节奏中展现出了一种粗狂的阳刚之气。

中国音乐具有世界性的魅力。曾侯乙墓编钟是一奇观。它由能奏各种不同音高的 65 件乐器组成，分 3 排排列，总音域达 5 个八度之广，12 个半音齐全，可以演奏五声、六声或七声音阶的乐曲。唐代的大型套曲和舞乐正像京剧独奏的唱腔唱段一样至今仍享有盛誉。中国著名琴曲《高山流水》、《潇湘水云》、《梅花三弄》、《阳关三叠》，琵琶曲《十面埋伏》、《阳春白雪》，民乐曲《百鸟朝凤》、《春江花月夜》、《霓裳羽衣曲》等，民歌《茉莉花》、《绣荷包》、《走西口》、《川江号子》等极富民族特色，经久不衰。

五、戏曲

中国戏曲与古希腊悲喜剧、印度梵剧被誉为世界古代三大戏剧流派，是中华民族文化的一个重要组成部分。它在中国这块东方古老的土地上萌芽、成长并发展壮大，凝聚了中国各种文化艺术的优秀精神和传统，深深植根于广大人民群众的生活中，千百年来受到历久不衰的喜爱和欢迎，使它成为具有鲜明民族特征的、瑰丽壮观的中华民族艺术之宝。

中国戏曲艺术的起源和形成，经历了一个漫长的发展过程，其涓涓细流可以追溯到原始仪式上。当时祭祀神灵的巫觋在仪式中，伴随着音乐，且歌且舞。没有古代的歌、乐、舞，就不会有戏曲的唱、做、打。这种歌舞乐的形式，经过先秦、两汉、魏晋南北朝时期的发展演变，在唐代就基本形成为中国戏曲。唐代流行的“参军戏”在剧本、演员阵容以及表演艺术上都树起了它的独特风格，题材有扮演胡人以展示异域风情的优胡戏、取悦王室贵族的宫廷戏，还有军旅戏、家庭戏和宗教戏。唐明皇李隆基深谙音律，能自己制曲，曾选有 300 人在“梨园”教戏，号为“皇帝梨园弟子”，由此成为戏曲演员的一个别称“梨园弟子”，沿用至今。

两宋时期，中国戏曲得到了进一步的发展。宋初已出现了“杂剧”这一名称，“杂剧”以歌舞、影戏、说唱、滑稽戏和杂技等表演形式为主，有故事内容和少数角色，成为中国最早的戏剧形式。宋金时期盛行说唱艺术，如“诸宫调”就是一种用不同宫调的曲牌联套演唱的艺术形式，它有曲有白，说说唱唱，曲调丰富，可以用来说唱长篇故事，表达曲折复杂的情节，对元杂剧剧本的结构、刻画人物的方法和表演程式的特点等都产生过直接的影响。

元代是中国戏曲成熟和繁荣发展的时期，真正意义的戏曲文化形态——元杂剧在这一时期产生。元杂剧作为具有独特风格的艺术形式，其戏曲的音乐、舞蹈、歌唱、道白、表演、武打、美工等各种因素都紧密地结合在一起，成为唱念做打融为一体的综合性艺术，剧本、音乐、角色都有了稳定的体制，如一本戏一般在结构上分为四折，每折戏的唱词只能由同一宫调的套曲组成，角色分为末、旦两大类，"正末"为男主角，"正旦"为女主角，等等。剧本以塑造人物形象为中心，并有了完整的故事情节。艺术风格及剧目种类丰富多彩，达到了我国戏曲艺术发展前所未有的高度。元代还出现了著名的"元曲四大家"（关汉卿、白朴、马致远、郑光祖）和著名剧作家王实甫。关汉卿是元杂剧的奠基人，成就最高，他一生创作了近 70 种剧本，留存下来的有 18 种，其中的《窦娥冤》无论思想境界还是艺术水准都最为出色。王实甫也为元杂剧的创作留下了十分辉煌的业绩，其代表作是《西厢记》。

明清时期，戏曲高潮不断迭起。明代的各种声腔（海盐腔、弋阳腔、余姚腔、昆山腔等）兴起，清代形成五大声腔系统：高腔、昆腔、弦索、梆子、皮簧。从乾隆至道光，各大声腔在"合班"演出中相互影响，又陆续形成了一些新的大型剧种，如京剧等。清末，民间的地方戏也很兴盛，如花鼓戏、采茶戏、花灯戏、秧歌戏等。作为中国古代戏曲最优秀的代表还是昆曲和京剧。

中国戏曲作为一个总的名称，是中国传统戏剧的专有名词，是由很多地方剧种组成的。目前所知，全国各地方剧种有 360 多种，主要有：昆曲、京剧、秦腔、豫剧、黄梅戏、川剧、越剧、楚剧、评剧、粤剧、河北梆子等。各种地方剧种在具体风格上虽然有所区别，各有特色，但在总体风格上又都有一致性，具有中华民族戏曲的共同特点，其中最主要的特色是有着综合艺术的性质和程式化、虚拟化的表演方式。

戏曲的综合性质在于它的表演形式无比的丰富多彩，善于把各门艺术（音乐、舞蹈、文学、雕塑、绘画）结合在一起并使之精致化。音乐对于戏曲来说，器乐要调控全剧节奏（场与场的转换，唱念做打的变换），还为演唱伴奏，配合表演，渲染气氛；声乐在戏曲里的唱讲究声随韵转，字正腔圆。舞蹈在戏曲里有优美而程式化的文舞，也有包含着杂技和特技的武打，并且完全艺术化为一种非常有节奏和韵律的表演性的舞型。戏曲的故事性是吸收了小说的结构技巧和情节安排，用来刻画人物、推动情节的念唱之词又吸取了散文、白话、诗歌的精华。雕塑对于戏曲主要在于表演中人物不断的亮相和定型。戏曲之得于绘画，是体现在脸谱服饰和演员、背景的空白所形成的画意上。高度综合各种艺术手段，充分发挥时间艺术和空间艺术的长处，成为中国戏曲艺术形式的一个重要的特征。

戏曲程式化的表演方式在于其有着相当明确的严格规定。如根据戏中人物的性别、性格、年龄、职业、社会地位进行的角色分行，有生、旦、净、丑四大基本行当。每个基本行当又可再分，生可再分为老生、小生、武生，小生又可分为中生、冠生、穷生，旦可分为青衣、花旦、武旦、老旦等。每一行都有其特有的性格、道德品行及唱腔、念白的规定性。如老生为中年以上刚毅正直人物，重唱功、念韵白、用真声，动作造型庄重；花旦为性格比较活泼、开朗，动作也较敏捷、伶俐的青年女性。程式化的表演对脸谱、穿戴、唱法都有严格的规定。与角色行当相对应的有不同的脸谱勾法，如京剧的脸谱有整脸、碎脸、歪脸、象形脸、十字门脸、元宝脸等，并用不同的色彩基调象征人物的性格与品行。红色表示忠烈正义，黑色表示鲁莽豪爽，白色表示阴险狡诈，紫色表示刚正稳练，金色表示神佛等。在穿戴上，以表现人物的社会地位为主，不细究它的历史具体性，如京剧人物不管哪个朝代的人物，基本上都是明朝的装扮，也不受季节和地区的限制。帝王将相等穿“蟒袍”，一般文官穿前后绣有动物方块图案的“官衣”，武将着“靠甲”的戎装，平民穿有“褶子”的便服等。在唱法上，如老生用本嗓，小生大小嗓并用，老旦用真嗓，青衣用假嗓，这些程式化的表演方式是戏曲的高度发展和完善化的结果。

戏曲虚拟性的表演方式在于它在有限的时空内，具有无限的表现力，以引发观众的各种想象和意境。首先是环境的虚拟性。传统戏曲舞台上一般不设置逼真的布景，最多只摆设有带桌围椅披的一桌二椅，再根据上场的演员的身份来确定具体的地点，可以是酒店或茶馆，也可以是书房或客厅。同时，演员程式化的表演动作也具有虚拟性，如用挥鞭表示骑马，用划桨表示行船，用手做出关门动作表示有门，用赶鸡喂鸭的动作表示周围有一群鸡鸭，“三五步走尽天下，六七人百万雄兵”，这些动作有的是模拟生活与生活本来样子相似，有的则是经过概括、美化和夸张的舞蹈组合。这种虚拟的写意表演，与中国传统文化中的美学观点是一致的，反映出戏曲艺术在处理时间和空间问题上的灵活和智慧，使中国戏曲创造了最具有文化意味的艺术美。

六、园林

中国园林式指中国特有的自然风景式的古典园林，它同西亚、欧洲的园林并称为世界三大园林系统。它以中国传统文学和绘画的艺术创作构思，将山水、花木和玲珑典雅的木构建筑结合起来，具有很高的艺术水平和独特的风格。

中国园林的历史大约可以追溯到3000多年以前的商周时期。据文字记载，最早见于史籍的园林形式是“囿”，其中的主要建筑物是“台”，当时主要是以帝王和贵族的狩猎游乐、欣赏自然美景的苑囿为主。商纣王建有鹿台，周文王建有灵囿，方圆70里，建有高台、池沼，放养有各种禽兽和水鸟游鱼，一派自然景观，风物悦人，这已具备了园林的雏形。春秋战国时期，园林营建发展至以游乐为主要功能，如吴王夫差修建有姑苏台、梧桐园等。

秦汉时期是中国园林艺术发展的一个重要阶段。秦代开始修建上林苑，苑内引水筑池，池中建蓬莱、瀛洲二岛，以营造人间仙境。汉代在秦代的基础上扩建了上林苑，规模巨大，绵延数百里，苑内不仅有广阔的山林、坡板，而且还有众多的建筑，内筑有太液池，池中按方士神仙之说，建有蓬莱、瀛洲、方丈三岛。从此，"一池三岛"就成为历代皇家园林的主要模式，长期沿袭。这时园林的功能已转化为以游憩、观赏为主，在造园艺术上，建筑、山水、植被等各种园林要素得到了充分的考虑，模仿自然山水的造园方法也受到了普遍的重视，表明造园活动已经进入了艺术创作的境地。

魏晋南北朝至隋唐两宋时期，是中国园林艺术全面发展的时期。一是古典园林的不同风格基本形成。魏晋时期社会生活动荡，士大夫和文人们由追求功名转而寄情于山水，在江南兴建了大量的再现山水的私家园林。与北方皇家园林相比，它们往往以小巧玲珑、追求意境而取胜，表现出追求山林泉石之怡情畅性的倾向。同时，因佛教盛行，寺庙园林这一新的类型应运而生，它们能因地制宜，与自然山水巧妙地融为一体。而皇家园林风格则展示的是恢宏的气派和灿烂的光彩，所谓"皇家气派"已形成。二是造园技术得到提高和深化。由于文人们往往直接参与造园活动，善于因画成景，以诗人园，采用了概括、抽象、提炼等艺术手法来再现自然，以石叠山、凿泉理水、移花接木、点景建筑等技术方法得到创新和应用，无论是皇家园林还是私人园林，都出现了许多优秀的艺术精品，如魏晋时的铜雀台、隋代的西苑、唐朝的华清宫和庐山草堂、宋代的艮岳和沧浪亭等。三是出现了一些园林艺术的理论著作。如樊宗师的《绛守居园池记》、李格非的《洛阳名园记》等，不仅记述和描绘了一些名园的精美之处，而且在理论上进行了概括和总结，给后世园林艺术的发展提供了有益借鉴和指导原则。

元明至清初时期是中国园林艺术发展的极盛时期。这时在造园方法上善于使用对比统一、巧于借景等手法，注重主次相成、虚实相生、以小见大、步移景异，体现了"源于自然，高于自然"的艺术追求，在品种、风格和意境等方面都达到了顶峰，留存下了一大批优秀的园林艺术杰作，成为后世的典范。这个时期还出现了一些著名的造园专家，如计成、李渔、张涟等，他们开宗创派，著书立说。由计成撰写的造园名著《园冶》、李渔的《一家言》、钱泳的《履园丛话》和沈复的《浮生六记》等，通过造园经验的总结，提出了造园的基本原则和独到见解，将园林艺术水平推向了空前的高峰。

中国园林按照各自的风格特征，以及建造者和拥有者的状况，可以分为皇家园林和私家园林两种基本的类型。皇家园林又称宫苑，是帝王游乐、行猎、居住或办公的地方，主要集中在以北京为中心的北方地区，其特点是规模巨大，构建复杂，包罗万象，气魄宏伟。它们往往依照不同的自然条件，采取集景式的造园手法，汇南北园林风格于一体，园内由几十个特色鲜明的小景区组合而成，整体上以宫殿为主线铺开，再用小山小水把它们分隔又连接起来，把自然景色、亭台楼阁巧妙地结合起来，形成主次分明、园中有园的格局。私家园林是文人名士的宅园、游憩园，主要集中在以苏州为主的江南地区，其特点是小巧精致，风格典雅，注重意境，精于布局。它们往往在不大的区域内，采取以少胜多、以小见大的造园手法，注意对自然山水的发掘和艺术加工，把诗情画意、性情品格融入其中，通过对各个景点、建筑的精心搭配和动静虚实、藏露借用方法的巧妙运用，创造出一幅幅优美的图画来。

中国园林作为一种文化现象，有着与中国文化相联系的艺术风格和美学原则：

一是崇尚自然。西方园林的特点是几何图案式的，把园林看成是建筑的附属物，强调轴线、对称、规整。而中国园林则是自然风致式的，强调的是自然之美，自然情趣。“虽由人作，宛自天开”、“自然天成之趣，不烦人事之功”是计成在《园冶》里提出的两句名言，也是中国造园艺术最基本的指导原则。中国古代园林不论是帝王宫苑还是私家宅园，都追求对自然的欣赏和创造，园内的各类景物都是按自然界的规律去组织和布置，不仅用山石清水、树木花草来再现自然界的万种风情，使人在园中就能欣赏到丰富多彩的自然美景，而且还借助风雨阴晴、天光云影等自然现象来创造园内的空灵和生气，使园林能与大自然的千变万化融为一体，给欣赏者以丰富多彩的自然美感。

二是注重意境。“意在笔先”、“意境美”是中国古人进行艺术创作的最高标准，也是古典园林艺术创作的一条基本原则。中国古代的造园专家在设计园林时，往往特别注重考虑在整体上自然和谐的同时，如何更好地创造出园林的艺术意境，不仅要通过一拳山石、一勺清水、一草一木，体现出山川江海的万千气象，又要表达出造园主人的人格理想、品格情操，而且还采用各种造园技术手法，如借景、隔景、题名等，虚实相生，动静结合，创造象外之象、景外之景，使风格各异的景点都有自身独特的艺术意境，给予游人以极丰富和深厚的美的感受，达到一种物我交融、情景合一的境界。

三是追求含蓄。含蓄美的艺术法则在中国古代艺术各门类中受到格外的重视，诗词、绘画、书法等都讲究含蓄，园林也将含蓄美作为重要的艺术原则。为了达到含蓄的效果，中国园林崇尚自然但绝不照搬自然，而是“师法自然，中得心源”；注重意境但绝不直白浅露，而是巧妙隐藏，耐人寻味。在造园技术上，十分注意使用藏与露、象征和暗喻等各种手法，园林中山石草木、亭台楼阁的布置，或是以质地品质与人的品格类似和相契着眼，或是以美的感性名目命题以寓情寄意，然后经过游人的细细品量去领会其中的旨趣，在感觉到它的含蓄美的同时，进而去体会它的意境美，畅人心曲、韵味无穷。

第二节　中国古代艺术的共同风貌

任何艺术形态同其他各种文化形态一样，都是特定文化土壤的产物。中国古代艺术虽然由于各自的创作方式和物质媒介的不同，对人审美感官的作用范围和所产生的社会功能也不同，而形成了各自独有的特色，但是它们又由于深受中国文化特质的规定与制约，是中国文化中的艺术，从而构成了共同拥有的风貌特征，成为世界上唯一的数千年持续发展、富有多样而统一格调的独特艺术。

一、刚柔相济的表现风格

中国古代艺术的表现风格是为中国文化的特质所规定的。中国文化以儒道文化为主干，儒家注重阳刚之美，是“天行健，君子以自强不息”，是“大哉乾元”、“充实之谓美”；道家主导阴柔之美，是“天下之至柔”、“弱者道之用”，是“贵柔守雌”、虚静恬淡之美。儒道两家不同的艺术审美观，必然影响着中国古代艺术风格上的阳刚阴柔。从美学上讲，阳刚展示的是刚健豪放的壮美，阴柔显示的则是柔静淡远的优美。按照这样的标准来大致区分中国古代艺术作品，属阳刚之美的有青铜器、颜柳楷体、宫殿建筑、金碧山水画、民间绘画和打击乐等，它们是以方正庄严、气势恢宏来征服人心；属阴柔之美的有彩陶器、行书、文人淡墨山水画、宫廷舞蹈、私家园林等，它们是以沉蓄纤秀、清雅幽美而令人叹服。这两种不同的艺术表现风格，使中国古代艺术不但蕴涵有浓厚的美学韵味，而且凝结着深沉的思想智慧。

以阳刚阴柔、浓淡神逸为表现风格的中国古代艺术，在中国文化全方位的影响下，二者之间并不是对立分裂、截然划分的，而是互相渗透、相互统一的。在中国文化的哲学观念上，儒家虽以阳刚为主却要求阴阳交融，有所谓“一阴一阳谓之道”的理性精神；道家虽主阴柔之美但重视阴阳和合，有所谓“孤阳不生，孤阴不长”的理性思考。因此，中国古代艺术作品更多的是一种“阴阳合德而刚柔有体”的特有风格。具体来说，在艺术表现手法上，就是阳刚之美和阴柔之美可以偏胜，但不可以偏废，阳刚、壮美的形式与阴柔、优美的形式互相渗透、交流融合，艺术形象就能更加充满了蓬勃生机和幽美情韵，体现出刚中有柔、柔中带刚的品德和气质。

二、气韵生动的内在精神

中国古代艺术的内在精神是由中国文化的特色所规定的，与中国文化的宇宙观、价值观是一致的。中国文化的宇宙观与其他文化根本不同，在于它是一个气的宇宙。气化流行，衍生万物。气凝结而成具体的事物，气散而物亡，复归于太虚之气。天上的日月星辰，地上的山河草木，飞禽虫兽，人类，悠悠万物，皆由气生。气是宇宙的根本，也是具体事物之能成为具体事物的根本，因而也是艺术作品的根本。中国古代艺术理论从先秦到魏晋的形成过程，也就是哲学气论转化为艺术气论的过程。自此以后，各门艺术都用气来论述。“文以气为主”（曹丕），“气盛则句之长短与声之高下皆宜”（韩愈），这是文学。“棱棱凛凛，常有生气”（萧衍），这是书法。“泠泠然满弦皆生气氤氲”（徐上瀛），这是音乐。说得最透彻的是谢赫，绘画六法以“气韵生动”为第一，气韵生动又可以作为整个艺术的根本概括。气既是宇宙的根本，又是宇宙的运动。韵是宇宙运动的节奏，是宇宙呈现为分门别类而又有条不紊的整体结构，及其有秩序地盛衰穷通、周流运行的整体风貌，因而韵是艺术作品与宇宙生气相一致的蕴藉风态。气是无形的，当它在作品中显出时，就从无到有，化虚为实。但这无，这虚，这气，又是根本，因此中国艺术的最大特点就是对虚无的重视。文学讲究含蓄而有余味，“无字处皆其意”（王夫之）。绘画注重空白处理，“虚实相生，无画处皆成妙境”。书法追求“潜虚半腹”，“计白当黑”。建筑提倡“透风漏目”，从房屋的门窗和亭台楼榭之空格去得自然之动景，感宇宙之情韵。

三、和谐统一的艺术境界

“和”作为中国文化的基本精神和最高境界，包括人与人之和、人与社会之和、人与宇宙之和。中国艺术也把“和”作为最高境界。

在远古时代，中国人就已经懂得“和实生物，同则不继”的道理，使“和”成为整个文化体系的基石。中国古代艺术自觉地运用于这一基本原则，各门艺术都是通过自己所依媒介的多样性组合，按和实生物的道理而产生出来的。音乐须五音配合，六律相和；绘画要“错画为文”，“墨分五彩”；书法有八种笔划，“兼备阴阳二气”；建筑讲究布局鲜明，井然有序，呈现均衡形式，使“和”这一原则在各个门类中发挥得尽善尽美。“和”的追求是与“中”联系在一起的，和即中和，所谓“中”，就是要把多种多样或相反相成的东西按照一定的法则组织起来，使它们构成为一个和谐的整体。在艺术形态上，“中”即表现为对中心的追求，如音乐要有主音，最好是宫调；

绘画讲究整体性，突出主要人物和景物；书法须有布局，皆在“中立定主笔”左右；建筑追求恢宏，要以主体建筑为中心。突出了整体性中的一个中心，艺术作品就显得气韵生动，艺术体系的和谐、平衡和稳定就得以维持。

中国文化中的“和”并不是无矛盾无差别的同一，而是“和而不同”，是包含着矛盾诸方面“相反相成”的对立统一，是复杂多样性经过冲突而达到的和谐统一。中国古代艺术的作品运用了这一原则，在各门艺术的表现手法中，通过各种相反相成的途径去努力创造一种和谐统一的艺术境界。如音乐有八音克谐，“清浊、大小、短长、疾徐、哀乐、刚柔、高下出入，周疏从刚济也”；绘画有墨的浓淡干湿，注重布局的虚实疏密、景物的阴阳向背；书法有笔的长短曲直，讲究点画的轻重、行笔的缓急；园林的布局要迂回错落，花开水流木秀，景物各有千秋。正是有了这些杂乱中的井然有序、对立中的相互衬托的表现手法，才使得中国古代艺术能用表面上的不和衬托出最终的和，产生出更高层次、更为成熟的和谐美，并深刻地反映了“和而不同”这一基本原则。

本章小结

同世界各文明民族一样，中华民族的祖先对美的追求也表现在听觉艺术、视觉艺术、表演艺术等各个方面。中华音乐、绘画、书法、戏曲、建筑、园林等诸多领域中，无不表现了中国人民的聪明才智，无不带有鲜明的民族特色。

中国古代建筑作为一种文化的载体，深刻地反映着中国传统文化的思想和观念，特点有：巧妙而科学的框架式结构，庭院式的组群布局，丰富多彩的艺术形象，注意跟周围自然环境的协调。

书法是指写字的艺术。在中国艺术的各个门类中，书法是最具有中国特色而为西方所没有的传统艺术，它深刻地反映着中华民族的文化精神、伦理道德和审美情趣。中国书法有篆、隶、楷、草、行五种类型的书体，每一类都有自己的风貌特征。

中国绘画与西方绘画相比，具有鲜明的民族形式和艺术特色：首重立意，胸有成竹——中国画的构思；以线造型，以形传神——中国画的造型规律；多点透视，计白当黑——中国画的构图法则；随类赋彩，色彩相和——中国画的色彩法则；情景相生，气韵生动——中国画的意境；诗书画印合一 ——中国画的独特形式。

中国音乐没有像西方音乐那样在文化中占据重要地位，但也形成了自己的特色。一是旋律为主。西方音乐重合声和配气，给人一种几何的浑厚之美。中国音乐以旋律为主，给人的是气韵生动的线条美。二是理性精神。三是节奏宣泄。以旋律为主的器乐声乐表现的是理性精神或哲学沉思的一极，节奏宣泄则表现的是中国文化的另一端，它主要在民间音乐中表现出来，如陕北腰鼓、山西锣鼓即属此类,在喧闹节奏中展现出了一种粗犷的阳刚之气。

中国戏曲与古希腊悲喜剧、印度梵剧被誉为世界古代三大戏剧流派,是中华民族文化的一个重要组成部分。古典戏曲具有综合性、虚拟化、程式化三大特征。

中国园林按照各自的风格特征以及建造者和拥有者的状况,分为皇家园林、私家园林两种基本类型。中国园林作为一种文化现象,有着与中国文化相联系的艺术风格和美学原则:崇尚自然、注重意境、追求含蓄。

中国古代艺术具有共同风貌:刚柔相济的表现风格、气韵生动的内在精神、和谐统一的艺术境界。

思　考　题

1. 中国古典建筑有哪些民族特色?
2. 结合具体国画作品谈谈其艺术特色。
3. 中国传统戏曲有哪些突出特点?
4. 中国古典园林有哪几大类?结合具体园林谈谈它们的特色。

第十一章　科技文化：中国古代科学技术

中国在公元3世纪到13世纪之间保持一个西方所望尘莫及的科学和知识水平。

——李约瑟

中国思想对于西方科学家来说始终是个启迪的源泉。……我相信我们已经走向一个新的综合，一个新的归纳，它将把强调实验及定量表述的西方传统和以"自发的自组织世界"这一观点为中心的中国传统结合起来。

——普里高津

中国古代科技有过辉煌的历史，在一个相当长的时期里一直居于前列，英国科学史家李约瑟指出："中国在公元3世纪到13世纪之间保持一个西方所望尘莫及的科学和知识水平。"[①]中国古代科技的整体观和方法论对现代科技的发展具有深刻的借鉴意义，然而中国科技毕竟在近代大大落后了。回顾中国古代科学技术的历史，研究中国古代科技的特点和造成近代中国科技落后的原因，对于发展中国现代科技文明会有许多启示。

第一节　中国科学技术的重要成就

科学通常是指人们关于自然现象和规律的知识体系，包括数学、物理、化学、天文学、地学、生物学、农学、医学等学科。技术一般理解为关于工具、物质产品以及它们被用来达到实用目的的方式的知识，分为纺织、建筑、机械、冶金、车船、兵器、陶瓷、造纸、印刷等部门。中国对世界科技的贡献是多方面的：在农学、天文历算、医学、地理学四大科学方面有突出成就；在陶瓷、建筑、纺织三大技术方面领先于世

①李约瑟《中国科学技术史》第一卷，北京科学出版社，1975年，第3页。

界；更有举世闻名的四大发明（造纸、印刷术、火药、指南针）极大地推动了人类文明的进程。

一、中国古代科学的伟大成就

（一）天文学

自从文字出现以后，中国就有了从古到今连续的、完备的、准确的天象记录，这是世界上任何国家和地区都望尘莫及的。商周时记录了日食，春秋时期，留下了世界上最早的哈雷彗星记录，目前世界公认最早的太阳黑子记录，是西汉成帝河平元年（公元前 28 年）“日出黄，有黑气大如钱，居中央”（《汉书·五行志》）。历史文献记载了从公元前 43 年到公元 1638 年的 112 次太阳黑子；记载了从公元前 240 年到公元 1910 年的 29 次彗星；记载了从春秋到清同治十一年，2 600 多年中的 985 次日食；约 900 次月食；记载了 10 世纪以前的 108 次极光；此外，还记载了日珥、流星、陨石、木星、行星等。

对现代天文学贡献最大的是关于新星与超新星的记录。公元前 134 年夏历六月，“客星见于房”（《汉书·天文志》），是中国文献最早记录的新星，19 世纪时被法国人比奥作为世界第一颗新星编入《新星汇编》。其实，早在公元前 14 世纪殷代的甲骨文中就有了新星的记录，从那时到公元 1700 年的 3 000 多年中，中国共记录了新星 90 颗，其中超新星 10 颗。而古希腊、罗马和巴比伦却没有任何这方面的记录。中国这方面的丰富记录，是古代恒星观测上的一项伟大成就，对于天文学探索新星、超新星与银河系射电源的对应关系具有重要意义。

对天体的认识和测量方面，先民建立了一个完善的赤道分区体系，主要是三垣和廿八宿。这一成果在春秋以后，经中亚传入印度，再传入波斯和阿拉伯等地。战国时代楚人甘德著《天文星占》魏人石申著《天文》，后世合称《甘石星经》，这是世界上最古老的星表。秦汉以前，中国就有了星图。三国陈卓画的星图已有恒星 283 组、1 464 颗。今存著名的苏州石刻天文图，为 1190 年据宋丰年间的观测结果所绘，上有恒星 1 434 颗。欧洲在文艺复兴之前观测的恒星数仅为 1 022 颗。

唐代一行和尚是世界上最早发现恒星运动的天文学家。他创造黄道游仪以观测日、月、五星的位置和移动状况。他设计了一种名为“复矩图”的仪器，在全国 24 个地方测量北极高度和冬至和夏至、春分和秋分的日影长度，这是世界上第一次用科学方法对子午线进行实测。1276 年，元代科学家郭守敬更在“东至高丽，西至滇池，南逾朱子崖，北尽铁勒”（《元史》卷 164《郭守敬传》）的广袤疆域内设立了 26 个观测所，进行了一次规模空前的天文观测，其中测定黄赤交角和廿八宿距度的数据精确度，都代表了当时世界最先进的水平。

中国古代拥有先进的测量天体的仪器。早在战国时代，中国人已能够测定赤道坐标值，公元前成书的《周髀算经》记载的赤道坐标数据是将前人结果改造而成。东汉张衡造浑天仪，唐代一行造水运浑天仪，北宋苏颂等人造水运仪象台，元代郭守敬造简仪。中国历史上有世界第一流的天文台，如河南登封测景台、洛阳灵台、北京古观象台、南京鸡鸣山观象台。南宋杨忠辅确定回归年长度为365.242 5，这是历史上所使用的最精密的数值。

依据科学的天文学知识，中国独创了历法系统。其基本形式是阴阳合历，把日月五星等天体运动都纳于其中，还与二十四节气相联系。从战国到太平天国，中国有过90多部历法，著名的有殷历、三统历、大统历、时宪历等。战国时代，《管子·幼官》记载了30个节气，后来演变为24个节气。《淮南子·天文训》载录了二十四节气的名称，它对于安排农业是很有益处的。商代已开始流行干支记日法，以天干与地支相配，为人们计算时间提供了途径。

中国是一个农业大国，"靠天吃饭"的古代农业特征，使得中国人必然很重视天象自然的变化，所以成就也很大。西方在这方面是远不如中国。

(二)数学

数学是一切自然科学的基础，素有"科学之王"的美誉。中国古代在数学方面硕果累累，堪称世界一流。

简便而合理的十进位制记数法，是中国古代数学最伟大的成果之一。李约瑟说："如果没有这种十进为制，就不可能出现我们现在这个统一化的世界了"①殷商时已经有了四则运算，春秋战国时正整数乘法口诀"九九歌"已形成，从此"九九歌"成为普及数学知识的基础之一，一直延续至今。

先秦的八卦学说是古老的二进位制，二爻生四象，四象生八卦，依次类推，以至无穷。近代德国学者莱布尼兹研究八卦，创制了科学的二进位制，为计算机的运算提供了前提。战国时期成书的《墨经》，论述了各种几何问题，如平行线、圆心、四方形等，比古希腊欧几里得的《几何原本》早一个世纪。西汉成书的《周髀算经》明确记载了商高的勾股定理。商高定理比古希腊毕达哥拉斯定理早500多年。

1世纪成书的《九章算术》对中国古代数学产生了深刻的影响。它对分数运算作了最早而系统的叙述，其中提到了最小公倍数、约分、通分，比其他国家早得多；明确提出了负数的概念及其加减法则，领先欧洲1500多年；有了"今有术"，即从三

---

①李约瑟《中国科学技术史》第一卷，北京科学出版社，1975年，第3页。

个已知数求出第四个数的比例算法，这是独创的比例算法。有多元一次方程组，未知数最多的达五个，解题方法相当于加减消元法，这是线性代数的萌芽；有"盈不足"术，盈为正，不足为负，这实际上是求解线性方程，被阿拉伯和欧洲的数学家称为"中国算法"。

魏晋时代的刘徽在《九章算术》中第一次提出了极限思想，并用割圆术，由圆内接正192边形计算出圆周率为3.141 6，指出圆内接正多边形的边数无限增加，其周长就愈逼近圆周长。南北朝时的祖冲之把圆周率精确到小数点后的七位数，在3.141 592 6和3.141 592 7之间。外国人在1 000多年以后才打破这一记录，求出更准确的数据。

北宋贾宪利用"贾宪三角"把沿用了1 000年的开平方、开立方的方法推广到开任意高次方，又创造了增乘开方法，领先欧洲400多年。宋代秦九韶把高次方程求正根的增乘开方法发展到完备的程序化。他在《数书九章》成功地用"大衍求一术"作计算，被世界公认为"中国剩余定理"，领先欧洲500多年。南宋李冶在其《测圆海镜》中，最早对天元术(一元高次方程)进行了系统的论述，比欧洲提前3个世纪。元代来世杰在《四元玉鉴》介绍了他发明的"四元术"(四元高次方程)，创造了与现代基本一致的消元解法。朱世杰把计算近似值的招差术运用于高等级数计算的高次招差法，比英国牛顿等人早近400年。秦九韶、杨辉(著有《详解九章算法》、《日用算法》、《杨辉算法》)、李冶、朱世杰，被称为宋元时期的四大数学家。

纵观中国古代数学发展史，以代数为其特点，筹算是工具，计算是最根本的要求。数学发展目的不是为了抽象的思考，而是为了作实际的运算，这与古代希腊数学有很大差异。

(三)农学

我国是一个古老的农业大国，古代农业科技方面的成就是很大的。

根据考古挖掘证实，七八千年前就已有了原始农业，长江流域以种植水稻为主，黄河流域以种植粟为主。古代的粮食作物有所谓"五谷"、"六谷"之称，其中主要是指稷、稻、麦、豆、黍等，后代又先后从国外引进了玉米、红薯等。

在长期的耕作实践中，古代农业形成了精耕细作的优良传统。春秋战国时就有人提出了"活田勤谨，则亩盖三升"(《汉书·食货志》)即挖掘土地潜力，提高产量。在此传统下历代对土壤施肥、耕作、田间管理等方面进行深入研究，取得了显著成果。入汉代推行的代田法，即在田间开沟作垄，沟垄相间，沟中播种，出苗后将垄上的土逐次推到沟里，培育植物根部，次年沟垄互易，这样以后"一岁之收，常过缦田亩一斛以上，善者倍之"。再如汉代施行的溲种法，即用骨汁、雪汁、蚕粪、羊粪等混合物处理种子。宋元时提出了“地力常新论”，认为合理施肥能使地力常新。

和农业发展紧密相连的还有农业机具的制造和水利工程的修建。中国古代农业机具制造术是相当先进的，原始社会时出现了酹和锄。春秋时发明了灌溉提水工具辘轳，战国时出现了牛耕和铁制的犁。东汉时出现了相当先进的灌溉机具龙骨水车。以后农具随着生产和技术的提高而不断完善，宋元时期农具的制造居于世界的领先地位。但封建的自给自足的小农经济限制了古代农具的发展，故近代农业机具的制造最终落后于西方。

中国古代有很多水利工程，其规模的宏大、收益的显著在世界上是首屈一指的。公元前 597 年前后修建的芍陂水利工程是中国最早的一座大型筑堤蓄水灌溉工程。建于公元前 3 世纪的都江堰工程更是举世闻名。整个工程由“分水鱼嘴”、“飞沙堰”、“宝口瓶”三部分组成，具有防洪、灌溉、航运三种作用，建成后川西南地区成为“水旱由人，不知饥饿”的“天府之国”。另外还有漳水十二渠、郑国渠等一些水利工程。秦汉以后，各地因地制宜，修建了多种多样的水利工程，对农业的发展起到了促进作用。

伴随着农业的发展，农学著作也日益丰富。中国古代农学文献约有 600 多种，有战国时成书的《吕氏春秋》中的《上农》、《任地》、《辩土》、《审时》等文章，这是中国现存最早的农学论文；有汉代氾胜之撰《氾胜之书》，总结了北方的耕作经验，它是中国现存最早的农书。北魏贾思勰撰《齐民要术》，叙述了大田作物的种植技术、树木栽种技术，家禽、家畜和鱼类养殖方法，以及农副产品的加工和储藏等，它是中国现存最早、最完整的古代农书。唐代有陆龟蒙撰的介绍常用农具的《耒耜经》。南宋陈敷的《农书》是现存第一部全面探讨南方水稻区域农技的专著。元代大司农主编的《农桑辑要》，所涉范围比《齐民要术》更广泛，介绍的进步技术也更多一些。王桢撰《王氏农书》，强调风土之宜，介绍了农器图谱。明代徐光启的《农政全书》是中国古代农学集大成的巨著，等等。以上各种农书中，尤以《齐民要术》、《农桑辑要》、《王氏农书》和《农政全书》最为重要，他们基本上都是我国古代相应的各个时期农业经验的总结，代表了当时农学最高成就。

(四)医学

中国医学是世界医学宝库中独具特色的瑰宝，数千年来在维护和增进人们身体健康和身心健全方面作出了巨大的贡献。迄今为止，作为传统学科，它依然屹立于现代世界科学之林，它的独特的作用无可替代。

中医学理论系统完整，博大精深。成书于春秋战国时期的《黄帝内经》，是我国现存最古老而完整的医学典籍。原书 18 卷，包括《素问》和《针经》(唐以后改称《灵枢经》)两部分，各九卷。该书为中医学理论发展的方向和道路奠定了基础，中医学五大核心理论——阴阳五行学说、脏象学说、经络学说、形神学说和天人学说，均肇始于此书。

中国医学传统，把人身体当做一个整体，从头顶到脚底，从里到外，是一个不可分割的系统。人体某部位发生病变，可以影响到整个身体或其他器官，而全身的状况有可能影响到局部的病理变化；一定的外部环境如四季变化、地理水土、社会生活、思想情绪等因素都直接影响人的身心健康。人体产生疾病的最主要原因就是阴阳失调。主要的诊断方法有望、闻、问、切四诊法，以此来了解人体阴阳表里寒热虚实，测知病情的深浅轻重，搜集病情资料，了解正气的强弱，以便对症下药。治疗法则是整体把握，辨证施治。

西方近代医学虽然在人体生理病理的研究方面，取得了一系列划时代的巨大成就，但是就整体系统思维方面，却远不及中国的中医学理论。以近代科学为基础的西医理论，一直把人看成是一部机器，把复杂的生命活动简单地归结为机械运动。直到1948年世界卫生组织通过宪章，确认健康乃是一种在身体上、精神上和社会上的完满状态，这才建立了当前世界所公认的生物-心理-社会医学模式。而这种整体和系统的医学理论，《黄帝内经》中早有系统、深入的阐述，其后各代的医书都是沿着这一方向和道路发展的。

中国现存中医古籍近8 000种，这在世界上是绝无仅有的。在诊断学和内、外、妇、儿、针灸等各临床学科都取得了辉煌成就。东汉时张仲景写了中医史上第一部理、法、方、药齐备，用于临床的杰作《伤寒杂病论》，书中创造性地提出了“四诊”、“六经辩证”、“八纲辩证”等原则和方法。首次记载了人工呼吸急救措施、药物灌肠、胆道蛔虫，比世界上同类记载要早得多。此书是中医方书的鼻祖。此书经后人整理成《伤寒论》和《金匮要略》二书，与《黄帝内经》、《神农本草》并称为“中医学四大经典”。

切脉诊病是中医一绝，早在战国时扁鹊已经熟练地运用于临床。西晋太医令王叔和著《脉经》，这是中国第一部脉学专著，其中提到二十四种脉象，后来发展为一门脉学。中医麻醉方面，扁鹊研制出“毒酒”麻醉法，华佗发明“麻沸散”，能成功地实施外科大手术。春秋战国流行针灸疗法和经络学说，这种独树一帜的方法令近代以来的世界医学界刮目相看。现存最早的针灸学专著是西晋皇甫谧整理前人著作编成的《针灸甲乙经》，此书被当代国际针灸学会列为必读的参考书之一。现存最早的针灸铜人由北宋医官王惟一创制，至今仍被国内外医学界仿制。针灸治疗这种中医独特治疗方法，适用范围很广，可用于内、外、妇、儿、五官等多种疾病的治疗和预防，疗效迅速、显著，操作简便，费用经济，没有或极少副作用，并可协同其他疗法进行综合治疗，从古至今为中国人民的医疗保健事业作出了巨大贡献，至今仍为欧、亚许多国家所采用。

与中医学密切相关的中药学同样有举世瞩目的成就。汉代的《神农本草经》是中国第一部药物学专著，书中收录各类药物 365 种，对每种药物的主治疾病、性味、产地和采集都有详细记述。659 年，由唐政府组织苏敬等人修成并颁行的《新修本草》载药 9 类 844 种，是中国古代第一部、也是世界是最早的药典。比外国最早的药典——1494 年成书的意大利佛罗伦萨药典早 835 年。书成不久，来中国学习的日本人就将其传到日本，日本政府把它列为医学生必修课本之一。中国古代药物学的最高成就是明代李时珍于 1578 年完成的不朽著作《本草纲目》，共收药物 1 892 种，医方 11 096 首，插图 1 162 幅，全面系统地总结了 16 世纪以前中国的药物成就，涉及动物、植物、矿物、化学、地质、农学、天文、地理等许多科学领域，不仅对中国医药学和自然科学作出了重大贡献，在海外也产生了巨大影响。1647 年，该书首次被译成拉丁文，以后又被译成英、日、德、俄等多种文字，其中英文译本就有十余种，流传于世界，被誉为“东方医学巨典”，达尔文高度评价它是“中国古代的百科全书”。

由于受古代人们认识水平和思维方式的限制，传统中医在研究人的生理、病理、治疗等医学问题时，走了一条与西方医学截然不同的道路，采用阴阳五行等宏观而抽象的概念来解释人体生理、病理现象，与现代科学研究力求微观精细化的方法完全不同。传统的中医，理论上带有很强的自然哲学的意味，而非实验医学。中医在诊断和治疗时，看似同一病症，但强调每一个病体的当时状态特征，由于个体之间的不同，使用的药物及剂量常常完全不同，治疗的灵活性大，其优点是针对性强、不机械，但同时也带来了缺乏普遍的可操作性问题。很明显，中医的特征及长处是与它的局限性共存的。这正是传统中医学在走向现代化的过程中亟待解决的问题。

总体而言，中医理论上虽然有玄想的成分，但它注重整体和系统；方法上灵活，缺乏普遍的可操作性，但它强调以人为本注重个体差异，从了解病人的生活环境到认识病体的生理、病理，以及诊断、治疗上的理论都环环相扣。其取类比象、执简驭繁的说理方法，强调人要顺应自然的思想，协调平衡的养生与治疗观点，至今仍闪耀着中华民族智慧的光芒。

二、四大发明——中国古代技术的伟大成就

造纸、印刷术、火药、指南针，这四大发明是中华民族奉献给人类文明并改变了整个世界历史进程的伟大的技术成就，反映了中国人民伟大的创造力。

(一)造纸

纸的发明是人类文字载体的一次革命。在纸出现前,人们书面交流思想,传播知识信息,只能用各种原始粗重的书写材料。例如,苏美尔人使用泥板,迦勒底人使用砖刻,巴比伦人使用石刻,古罗马人使用铜板,古埃及人使用纸草,古印度人使用贝多叶,柏加曼人使用羊皮,我国在殷商时期使用龟甲、兽骨、金石,战国秦汉时期使用竹、木以及帛等。但是,这些材料或笨重,或昂贵,或使用不便,都不是理想的书写材料。

1957 年西安灞桥出土的西汉初期的麻纸,世称灞桥纸,是世界上现存最早的植物纸。经鉴定,该纸是以大麻和少量苎麻的纤维为原料制成的,制作技术较原始,质地粗糙,还不便于书写。公元 105 年,东汉宦官蔡伦完成了造纸技术的重大革新,它采用树皮、麻头、破布、渔网做原料,不仅大大扩大了造纸的原料来源,降低了成本,而且大大提高了纸的质量。由此纸张开始取代竹帛迅速推广,人们都称它为“蔡侯纸”。后世因此公认蔡伦为纸的发明者。

6 世纪开始,造纸术传往朝鲜、越南、日本,公元 751 年传到中亚细亚的撒马尔罕,又传到西亚的大马士革,12 世纪传入欧洲,16 世纪纸张已流行欧洲。直到 18 世纪前,世界各地都沿用我国的造纸技术。“纸对后来西方文明整个进程的影响无论怎样估计都不会过分。”[①]中世纪的欧洲人使用羊皮纸印一本《圣经》,至少需要用三百多张羊皮。这种状况导致受教育者仅限于极少数富人,文化信息传播受到了极大的限制。由此可以想见,中国造纸术的发明和广泛使用对推动世界各国的教育、政治、商业活动所具有的巨大意义。正如德克卜德所说:“世界受蔡侯的恩惠要比受许多更知名的人恩惠更大。”[①]

(二)印刷术

在印刷术发明之前,人们在进行文化学习时首先要互相传抄教材,这样做费时费力,而且容易出错。为了提高效率,避免抄错,晋人借鉴古代印玺和石刻的办法,把文章刻在石上,再涂上墨,然后用纸拓印就成为书了。这是最早的墨拓技术。但是,拓印有很大局限性,不仅费时费力,且难以存放保管。隋代在墨拓的基础上,发明了真正的印刷术——雕版印刷术。

雕版是把文字刻在木板,较之刻在石板上容易得多,储存和印刷方便得多,缓和了社会对印刷品的供需矛盾。雕版印刷虽然是印刷术中一项重大的技术发展,

①(美)德克·卜德《中国物品西传考》,《中国文化》第 2 辑,第 358 页。

但仍然是费工费时。大部分的书往往要花几年时间才能完工,存放版片又要占用大量地方。印量少又不重印的书,版片印完后便成废物。人力、物力、时间都造成了浪费。宋仁宗庆历年间(1041—1048年)平民毕昇创造了活字印刷术,从根本上解决了雕版印刷的缺点。毕昇用胶泥刻成单字烧硬,再拼版印刷。这一发明大大节省了雕版人力,缩短了出书周期,既方便,又经济。这是印刷史上又一次重要的技术革命。元代王祯又在泥活字的基础上制成木活字,并发明了"转轮排字架",采用"以字就人"的方法,提高了效率,减轻了劳动强度。以后又陆续出现了锡活字、铜活字等金属活字。古代的印刷术大约于8世纪传入朝鲜,以后又传入日本等地,经丝绸之路传入伊朗、阿拉伯,后传入欧洲。

印刷术在欧洲的出现,对西方近代文明的产生和发展产生了直接而巨大的推动作用。恩格斯指出:"印刷术的发明以及商业发展的迫切需要,不仅改变了只有僧侣才能读书写字的状况,而且也改变了只有僧侣才能受较高级的教育的状况。"[①]从此,欧洲的学术中心由修道院转到各地的大学。这就为当时欧洲的宗教改革和文艺复兴运动提供了极为有力的武器,为近代科学的发展以及欧洲资产阶级的兴起和思想传播,起了巨大的推动作用。

(三)火药

早在商周时期,我们的先人就已经在冶金中广泛使用木炭,春秋战国时期又认识了硝石和硫黄的性能。炼丹家们经过长期的实践,逐步了解到点燃硝石、硫黄、木炭的混合物,在一定的条件下,达到一定的比例时,就具备了火药的特性,就会产生异常激烈的燃烧和爆炸等,至迟在唐代便开始发现了火药。

中国古代有一本炼丹术的重要著作《诸家神品丹法》,里边就载有唐初孙思邈的"伏硫黄法",谈到把硫黄、硝石和炭混合炼制火药的新方法。其中说到操作时要把盛放药物的锅放入地坑中,四面填满土。这样做极可能是为了避免爆炸伤人。此外,唐末的丹书《真元妙道要略》还记载了一次火药爆炸的事故。可见,唐代人们已初步认识到火药这种东西的制造方法及其特性。

从北宋开始,火药应用于军事,出现了火药武器。1044年曾公亮编著《武经总要》一书,书中所载的火药配方和后世的黑火药的配方已相当接近了。以后又出现了铜或铁的筒式火炮等。火药应用与军事上,是武器发展史上的一次革命,揭开了古代兵器史上的新篇章。1225—1248年,中国的火药制造技术经过印度传入阿拉伯,以后又传入欧洲,英、法各国到14世纪中期才逐渐掌握了火药的制造技术。

①《马克思恩格斯全集》第7卷,第391页。

火药在摧毁欧洲中世纪封建贵族城堡，结束封建专制统治上做出了巨大的贡献，恩格斯说："火器一开始就是城市和以城市为依靠的新兴君主政体反对封建贵族的武器，以前一直攻不破的贵族城堡的石墙抵不住市民的大炮；市民的枪弹射穿了骑士的盔甲，贵族的统治跟身披铠甲的贵族骑兵队同归于尽了。"①火药的发明开始了军事方面的一场具有历史意义的技术和战术革命，各种各样的火器被制造出来了，火器的强大威力改变了战争的面貌，改变了军队的编制、战法和整个指挥系统。火药的发明对经济、社会生产和文化娱乐也起到巨大的促进作用，有不可估量的意义。

（四）指南针

指南针是把人类无力感知的地磁信息转换为视觉可见的空间形式的一项伟大的创举，它的发明和应用是我国人民对于人类的重大贡献。

虽然指南针产生于宋代，但指南针的前身司南早在战国时已被发明了。据《韩非子·有度》篇记载，"先王立司南以端朝夕"，先王就能以天然磁石制成磁勺——司南，以指示方向。汉代王充在《论衡·是应篇》中也谈到了指南勺。它是以磁石磨制而成的勺状物，底部圆滑，把它放在铜制的刻有方位的圆盘上，其勺柄就自动指向南方。这是世界上最早的指南针。司南虽已发明，但天然磁石雕琢时容易因打击、受热而失磁，所以司南的磁性较弱，转动时阻 力又较大，难以达到预期的指南效果。

由于司南勺费时费力且不实用，于是人们经过长期实践和反复实验，到宋代，终于掌握了人工磁化的方法，这样更高级实用的指南针就登场了。宋代沈括在《梦溪笔谈》中详细记载了当时四不同的装置方法，即水浮法、缕悬法、指爪法和碗唇法。沈括在其著作中还记载了地磁偏角，这是世界上关于地磁偏角的最早记载。

最迟在北宋末年，中国人已将指南针运用于航海。由于宋朝与阿拉伯地区海上往来频繁，指南针很快就传到阿拉伯地区，1180 年左右，指南针从阿拉伯人那里传到欧洲人手中。欧洲关于指南针的记载最早见于 1190 年。指南针的发明和应用是世界航海业中划时代的事件。它使人类获得了全天候远洋航行的能力，人类第一次得到了在茫茫大海上航行的自由。从此以后，许多新航线陆续开辟，航程缩短，加速了航运的发展，促进了各国人民之间的文化交流与贸易往来。

四大发明的意义和影响极其深远，在世界科技史上一直享有盛誉。著名英国哲学家弗兰西斯·培根高度评价了印刷术、火药和指南针的重大意义，"这三种发

①恩格斯《反杜林论》，《马克思恩格斯选集》第 3 卷，第 207 页。

明已经在世界范围内把事物的全部面貌和情况都改变了:第一种是在学术方面,第二种是在战事方面,第三种是在航行方面,并由此又引起了无数的变化。这种变化如此之大,以至没有一个帝国、没有一个宗教教派、没有一个赫赫有名的人物,能比这三种发明在人类的事业中产生更大的力量和影响。”①马克思也曾指出:“火药、指南针、印刷术——这是预告资产阶级社会到来的三项发明。火药把骑士阶层炸得粉碎,指南针打开世界市场并建立了殖民地,而印刷术却变成新教的工具,并且一般地说变成科学复兴的手段,变成创造精神发展的必要前提的最强大的推动力。”②

第二节 中国古代科技的特点及近代落后的原因

在古代农业社会时代,中国曾是一个科学技术极为发达的国家,古代科学技术曾长时期地领先于世界,在许多方面都创造出辉煌的成果,对推动世界文明的进程和科技发展做出过巨大的贡献。然而,自明朝中期以后,科技发展态势明显趋缓,并且很快被一些欧洲国家超越,到了近代,中国几乎失去了在所有的科技领域中的优势,终于与落后为伍,沦为一个科技不发达的国家。时至今日,这一状况也未能完全改观。究其原因,一是古代科技自身的实用性、封闭性、整体观的特点决定的;二是传统观念、封建制度、小农经济对科技发展的制约决定的。

中国古代科技的众多领域虽然内容各异,但却存在着几乎完全相同的思维模式和精神特征。

一、中国古代科技发展的特点

(一)实用性

中华民族是一个非常理性的民族,注重实际是中国人传统的价值取向。在确立古代科技发展的方向和道路上,表现出鲜明的实用性特点。以能否直接服务于国家、应用于实际、直接创造物质财富作为判断科学技术价值的唯一标准。

中国古代天文学所以高度发达,首先是由于帝王们认为天象直接联系着皇家

①培根《新工具》,商务印书馆,1984年,103页。

②马克思《经济学手稿》,《马克思恩格斯全集》第47卷,人民出版社,第427页。

的命运。《易》曰:“天垂象,见吉凶”(《系辞传上》)。所以“自古有国家者,未有不致谨于斯者也”(《元史·天文志》)。历法的准确与否,被看做一姓王朝是否顺应天意的标志。还有,古代中国以农立国,农业是国民经济命脉。因此,历代统治者都重视天文历法。要制订精确的历法,就要准确地测天,就得精于计算。于是,一些精密复杂的测天观象的天文仪器就被发明创造出来。而中国古代数学也因为计算的需要而产生并发达起来。《周髀算经》相当一部分内容就是解决天文学中的计算问题。《孙子算经》的剩余定理,唐一行和尚的不等间距二次内插公式,南宋秦九韶的数论——大衍求一术,郭守敬的招差法等,都是在解决天文历法计算问题中产生的。中国古代数学没有朝着抽象思考的方向发展,这与古代希腊数学有很大的差异。希腊的毕达哥拉斯学派认为天地是由数构成的,所以其系统中的“数”并不只是为了计算,还包括了解释“本体”与“变化”的内容。

地理学也是这样。中国幅员辽阔,人口众多,高度集权的中央政府为了有效地管理国家,历来非常注意掌握地方的疆域沿革、山川形势、城邑关津、户口贡赋、民俗物产等情形。官修二十六史中十八史有《地理志》,意义就在于“王者司牧黎元,方制天下,列井田而底职贡,分县道以控华夷”(《旧唐书·地理志》)。

(二)整体观

中国早在先秦时期,就已产生了素朴的整体观念,天人合一、阴阳五行等思想几乎渗透到中国所有的学科,导致中国古代学者在研究各门类学问或具体事物时,都从整体着眼,把所要研究的对象放在大宇宙中,把整个物质世界看成一个整体,万物之间由于阴阳变化,五行生克而相互联系、相互作用。比较西方古代的科学思想,可以看出,西方古代学者长于分析和实证,总要把研究的对象从错综复杂的联系中分离出来,独立地考察它的实体和属性。所以李约瑟认为,中国古代的自然观是“有机论”的,而西方的自然观是机械论的。

中国古代农学家们把一切农事置于天地人的宇宙大系统内,将天时、地宜、人力作为三项主要因素相参互辅,摸索发展农业生产的途径。正是从这种整体观出发,中国先人很早就注意到了环境、资源与人类生存的密切关系,并且通过政府的力量,形成相应的制度和措施。在儒家经典之一的《礼记》中,有一篇典型的环保文献《月令》,其中完备的保护生态环境的思想,顺应自然规律利用自然资源的观念,正是中国农学在整体思维下的一项极富特色的贡献。

在古代各门学科中。最能集中体现这种整体观特点的,莫过于中医学。中医学认为,人体是一个有机的整体。具有各自不同生理功能的五脏六腑、各类器官和组织,通过经络系统的联合作用,并通过气血津液等循环不已的周身运行,使人体的内脏与躯壳、五官九窍与四肢百骸、形与神构成一个统一的系统。它们在结构上不可分割，在生理功能中相互协调、相互为用，在病理变化中相互影响。中医学研究病理变化的病因病机，首先着眼于整体，着眼于局部病变所引起的整体情况，将局部病变与整体情况统一起来，既重视局部病疫的生理功能状态，又不忽视它对其他脏腑、经络以及全身所产生的影响。

例如脏象学说。中医运用取象类比的办法，按照五脏的各自特性，分别将其归类，附于五行。按照中医的说法，肝喜条达，合于木的生发之性，故以肝属木；心阳有温煦作用，合于火的阳热之性，故以心属火；脾为生化之源，合于土的长养之性，故以脾属土；肺气主肃降，合于金的清肃之性，故以肺属金；肾有主水藏精的功能，合于水的润下之性，故以肾属水。照五行相生相克的理论，五脏之间也有相生相克的关系：从相生看，肾之精华以养肝，肝藏血以济心，心之热以温脾，脾化生水谷精微之气以充肺，肺清肃下行以助肾。从相克看，肺清肃下降可以抑制肝阳上亢，肝的条达可以疏泄脾土的壅郁，脾的运化可以制止肾水的泛滥，肾水的滋润可以防止心火过旺，心火的温煦可以制约肺气肃降太过。比如一个人肺有病，医生不一定直接治肺，如果能把脾胃调好的话，肺病自然也会好的。

人体并不限于五脏，还有六腑、五体、五官等。六腑：小肠、大肠、胃、胆、膀胱。五官：舌、鼻、口、目、耳。五体：脉、皮、肉、筋、骨。五脏与其他器官都有联属关系，五脏是组成人体的五个系统：心系统：心合小肠，主脉，开窍于舌，其华在面；肺系统：肺合大肠，主皮，开窍于鼻，其华在毛；脾系统：脾合胃，主肉，开窍于口，其华在唇；肝系统：肝合胆，主筋，开窍于目，其华在爪；肾系统：肾合膀胱，主骨，开窍于耳，其华在发。就这样，中医学以五脏为中心，把人体各部分联系起来，使之形成了一个统一体。不论哪一脏腑功能失调，都可以通过经络反映到体表的组织器官上来。这叫"有诸内必形诸外"，依据这一理论，医生便可以通过疾病的各种外部症候，综合分析，推断疾病的所在和性质。中医所谓"望、闻、问、切"四诊法，都是外部观察、感知、了解方法，其理论基础就是建立在人体的内脏与外表有着不可分割的联系，"有诸内必形诸外"。

素朴的整体观念集中反映了中国人宏观把握世界的高度智慧，构成了中国传统科学技术独特的理论模式，反射出中国文化的异彩光芒。当现代中国积极引入西方科技成果的同时，中国的整体思维也正在受到西方文化的珍视和借鉴。耗散结构理论的创始人普里高津引用李约瑟的观点高度评价中国传统文化的现代意义说："西方科学向来是强调实体（如原子、分子、基本粒子、生物分子等），而中国的自然观则以'关系'为基础，因而是以关于物理世界的更为'有组织'观点为基础的。"他指出："中国传统的学术思想是首重于研究整体性和自然性，研究协调与协和，现代新科学的发展,近十年物理和数学的研究,如托姆的突变理论,重正化群,分支理论等,都更符合中国的哲学思想。"由此,他得出结论说:"我相信我们已经走向一个新的综合,一个新的归纳,它将把强调实验及定量表述的西方传统和以'自发的自组织世界'这一观点为中心的中国传统结合起来。"①

二、中国科技近代落后的原因

中国古代在科技方面有过骄人的成就,在众多的领域里都居于世界前列,为人类文明作出了突出贡献。但是到了明代中期以后,情况发生了改变,古代科技每况愈下,发展缓慢迟滞,最终在近代被西方超过,并远远落后于世界。对于造成这种局面的原因,许多人做过探索。我们觉得,中国古代科技在近代发展迟滞,既有文化传统的原因,同时又有社会制度的原因。

中国传统思想以儒学为主,尤其是汉代推行"罢黜百家,独尊儒术"的政策之后,儒学经过历代统治阶级的提倡,成为中国社会的正统思想观念。儒家思想从孔子开始就非常注重伦理道德,而忽视对自然的研究。孔子的弟子子夏说:"虽小道,必有可观者焉,致远恐泥,是以君子不为也"(《论语·子张》),意思是说研究自然是小技艺,虽有可取之处,但恐怕它妨碍了远大事业,所以君子不去从事这方面的研究。而荀子讲得更为明确:"万物之怪书不说,无用之辩,不急之察,弃而不治;若夫君臣之义、父子之亲、夫妇之别,则日切磋而不舍也。"(《荀子·天论》)一切以伦理道德为重,研究自然则是雕虫小技、旁门左道,是"无用之辩,不急之察"。儒学这种重政治伦理却不重视对自然的研究的倾向,导致"学而优则仕"成为几千年来中国传统知识分子最根本的追求。在政府机构中做官,被看成是(实际上也是)最有发展前途、最受人尊敬的人生道路选择。各种与军国政务无直接关系的学问统统被封建国家,也被一般文化人"弃而不治"。在漫长的封建时代,推崇政治,鄙薄技艺,视科技发明为"奇技淫巧"的传统观念,弥漫整个社会。而自隋唐开始的科举制更是断绝了从事科技的前途,学者不再热衷发明创造。科技与学校教育相脱离。学校本是后备人才的储备库,但由于科技人员地位低下,私塾老师也不愿意教授学生有关的科学知识,学生也不愿学。很多重要的科学著作往往无人问津,以至绝版。明末科学家宋应星的《天工开物》因与功名进取无关而失传。李时珍的《本草纲目》献给朝廷后,明神宗只批示"书留览,礼部知道"几个字,就把它束之高阁。由此可见,这种传统观念形态已经成了阻碍甚至破坏科技进步的巨大社会力量。

---

①转引自颜泽贤《耗散结构与系统演化》,第107～108页。

中国传统文化中缺乏理性精神，古代科技固然成绩突出，但“这些成果在技术方面停滞于农业和手工业的经验工艺的水平上，在理论上始终贯穿着天人合一的思想，以变幻莫测的道、气等概念来建构学术体系……”[①]理性精神的匮乏，使人极少对自然的研究，或层次是非常低的，基本上没有超出经验的层次，没有升华到系统的理论体系，故而有人指出，中国古代科技史“技术”发达而“科学”落后。

中国传统文化具有很强的封闭性，形成这一特点的原因是多方面的，有地理的，也有文化自身的原因。再加上古代文化成就显著，后人在祖先耀人成就的光环下形成了“唯我独尊”的心态。封闭性的传统和“唯我独尊”的心态结合在一起，使近代中国在和西方科技的接触中，对之顽强地抵制、排斥，非常不利于文化的交流和发展。

从文化传统看，造成中国古代科技在近代发展迟滞的原因，除了以上所说之外，还有传统思维方式的原因。张岱年曾说：“由于重视整体思维，因而缺乏对事物的分析研究，由于推崇直觉，因而特别忽视缜密论证的重要。中国传统中，没有创造出亚里士多德的形式逻辑的严密体系；到了近古时代，也没有出现西方16～17世纪盛行的形而上学思维方式，更没有伽利略所开创的实证科学方法，应该承认，这是中国传统思维方法的重大缺陷。”[②]

从社会制度上来看，古代中国是一个官本位的国家。古代科技人员地位低下，待遇低微，科技人员发明创造的积极性受到严重的压抑。以唐为例，医官最高不过正五品下阶，阴阳、卜筮、工巧、造食、天文等最高不过七品。陆羽著《茶经》，被后世尊为“茶圣”，而在当时，御史大夫李季卿召见他却不以士人之礼相待。陆羽深感羞愧，另著《毁茶论》以诫后人。隋代庾质世代研习天文，竟以直言下狱死。其子庾俭深以为戒，“又耻以数术进”，不肯就任太史令职（引《旧唐书》卷七十九《傅奕传》）。知识分子普遍以从事科学技术工作为耻，封建制度的阻碍可见一斑。科研的内容也完全在政府掌控之下。如天文学被认为和王朝气运兴衰相关，所以被历代统治者严格控制，厉禁民间私习。唐律规定天文图书私家不得有，违者徒二年，私习天文者遣戍（《唐律疏义》卷九）。明律也有类似条文。这种保守又顽固的封建制度严重桎梏科学技术的发展。

就社会制度而言，中国两千余年的封建制度滋养了自给自足的小农经济家庭本位的生活方式，并养成了诸如因循守旧、不重效率、缺乏冒险精神等陈旧的习惯。

①李世闻《理性精神：李约瑟问题的钥匙》，《新华文摘》，1997(4)，第36～37页。

②张岱年《试谈价值与思维方式的改变》，《现代化》，1986(10)。

这些因素都不利于科学技术的发展和提高。

科学的发生和发展一开始就是由生产决定的，生产实践对科学技术的需求越迫切，科学发展的动能才越足。几千年来的中国社会，长时期以小农经济为基础，科技需求极小。无论耕作工具、作物品种的改造或提高都极为缓慢，特别是宋元之后并无根本性进展。产业结构上，统治者一直认定"农桑为本，工商为末"，限制工商业发展，也阻碍了与工商业有关的科技发明与改进。在中国历史上沿用数百年甚至上千年的技术工艺并不罕见。这也正是"四大发明"源于中国，却并没有在中国产生伟大的革命性作用的原因之一。而西方近代科学技术的迅速发展就是由社会生产的需要所决定的，如18世纪的蒸汽技术革命，就是在英国大规模的世界贸易已发展到以人力为动力和手工劳动不能满足市场需求的时候发生的。而在中国千年不变的小农经济社会里，在封建专制制度的禁锢下，根本产生不了这样的社会需求。中国没有真正意义的市场，没有产品更新换代的观念和大幅度提高生产效率的迫切要求。总之，没有任何重大的能够刺激工业和科学技术爆发革命的因素。因此，中国古代科学技术在近代日趋衰落，是有其内在必然性的。

本章小结

中国古代科技有过辉煌的历史，在一个相当长的时期里一直居于前列。中国古代科技的整体观和方法论对现代科技的发展具有深刻的借鉴意义，然而中国科技毕竟在近代大大落后了。回顾中国古代科学技术的历史，研究中国古代科技的特点和造成近代中国科技落后的原因，对于发展中国现代科技文明会有许多启示。

中国古代科学的伟大成就：

天文学方面　自从文字出现以后，中国就有了从古到今连续的、完备的、准确的天象记录，这是世界上任何国家和地区都望尘莫及的。对天体的认识和测量方面，先民建立了一个完善的赤道分区体系，主要是三垣和廿八宿。这一成果在春秋以后，经中亚传入印度，再传入波斯和阿拉伯等地。中国古代拥有先进的测量天体的仪器。依据科学的天文学知识，中国独创了历法系统。

数学方面　简便而合理的十进位制记数法，是中国古代数学最伟大的成果之一。先秦的八卦学说是古老的二进位制，二爻生四象，四象生八卦，依次类推，以至无穷。近代德国学者莱布尼兹研究八卦，创制了科学的二进位制，为计算机的运算提供了前提。《九章算术》对中国古代数学产生了深刻的影响。南北朝时的祖冲之把圆周率精确到小数点后的七位数。纵观中国古代数学发展史，以代数为其特点，筹算是工具，计算是最根本的要求。数学发展目的不是为了抽象的思考，而是为了

作实际的运算，这与古代希腊数学有很大差异。

农学方面　我国是一个古老的农业大国，古代农业科技方面的成就是很大的。根据考古挖掘证实，七八千年前就已有了原始农业，长江流域以种植水稻为主，黄河流域以种植粟为主。在长期的耕作实践中，古代农业形成了精耕细作的优良传统。和农业发展紧密相连的还有农业机具的制造和水利工程的修建。中国古代有很多水利工程，其规模的宏大、收益的显著在世界上是首屈一指的。伴随着农业的发展，农学著作也日益丰富。中国古代农学文献约有600多种。其中，最著名当属《齐民要术》和《农政全书》。

医学方面　中国医学是世界医学宝库中独具特色的瑰宝，数千年来在维护和增进人们身体健康和身心健全方面作出了巨大的贡献。迄今为止，作为传统学科，它依然屹立于现代世界科学之林，它的独特的作用无可替代。

中医学理论系统完整，博大精深。成书于春秋战国时期的《黄帝内经》，是我国现存最古老而完整的医学典籍。该书为中医学理论发展的方向和道路奠定了基础，中医学五大核心理论——阴阳五行学说、脏象学说、经络学说、形神学说和天人学说，均肇始于此书。

中国医学传统把人身体当做一个整体，从头顶到脚底，从里到外，是一个不可分割的系统。人体某部位发生病变，可以影响到整个身体或其他器官，而全身的状况有可能影响到局部的病理变化；一定的外部环境如四季变化、地理水土、社会生活、思想情绪等因素都直接影响人的身心健康。人体产生疾病的最主要原因就是阴阳失调。主要的诊断方法有望、闻、问、切四诊法，以此来了解人体阴阳表里寒热虚实，测知病情的深浅轻重，搜集病情资料，了解正气的强弱，以便对症下药。治疗法则是整体把握，辨证施治。

与中医学密切相关的中药学同样有举世瞩目的成就。汉代的《神农本草经》和明朝李时珍的《本草纲目》最为著名。

造纸、印刷术、火药、指南针，这四大发明是中华民族奉献给人类文明并改变了整个世界历史进程的伟大的技术成就，反映了中国人民的伟大创造力。

中国古代科技突出的特征是实用性和整体观。

中国古代在科技方面有过骄人的成就，在众多的领域里都居于世界前列，为人类文明作出了突出贡献。但是到了明代中期以后，情况发生了改变，古代科技每况愈下，发展缓慢迟滞，最终在近代被西方超过，并远远落后于世界。对于造成这种局面的原因，许多人做过探索。我们觉得，中国古代科技在近代发展迟滞，既有文化传统的原因，同时又有社会制度的原因。

文化传统方面有：儒家的重道轻器、重政治伦理轻自然研究；缺乏理性精神；文化带有封闭性和自大性,影响了与外来先进文化的沟通交流;思维方式重整体把握轻局部分析、重直觉体悟、轻实证研究。

社会制度方面:学而优则仕的科举制度导致知识分子成材道路狭窄、价值观单一;长期的小农经济制度导致商工社会不发达,对科技需求不足,缺乏科技发展的内在动力。

思　考　题

1. 简述中国科技的伟大成就。
2. 分析中国古代科技发展的特征。
3. 中国近代科技发落后的原因有哪些?

第十二章　民俗文化:中国传统民俗

一个人生下来,就生活在民俗中,就像鱼儿生活在水里。民俗几千年来,就和人民的日常生活紧密地联系在一起。比如春节民俗,它就有一股凝聚力,能把人们组织在一起,粘合在一起。像生活在世界各地的华侨,说外国话,穿西装,但他们过节的时候,仍然要吃年糕、放鞭炮、耍龙灯、穿旗袍,为什么?因为在这些节日习俗表象的背后,有一座精神文化的桥梁,这座桥,便是既稳固又现实的民族民俗文化,外国人只有通过这座桥,才能走进华人华侨的生活世界。

——民俗专家钟敬文

如前些章所述,中国传统文化的内容的确极为丰富,但我们明显地感到它们大多或属于统治阶级的思想文化,或属于思想家、文学艺术家、科学技术专家等社会精英所创造的文化,而来自社会底层民间大众的文化内容很少。应该说,任何一个时代,它的社会主体都是民间大众,忽略或忽视他们去研究、总结文化传统,将是非常片面的,也将失去文化传承发展的深刻底蕴。因此,我们必须要了解来自民间的、传承至今的民俗文化。

第一节　人生礼仪民俗

中国向来被称为礼仪之邦,有关仪礼之事,无论上层下层、知识阶层和非知识阶层,都很重视,世代相因,成为一种社会礼俗。

人是社会的人,每个人的一生中,在不同的阶段扮演着不同的角色。而每一次当我们的社会角色发生重大变化时,我们往往会通过一些礼仪,通过一种象征、一种认同来标志人生新阶段的开始或终结。梁漱溟先生曾说:“礼的要义,礼的真意,就是在社会人生各种节目中要沉着、郑重、认真其事，而莫轻浮随便苟且出之。"①从这句话中我们可以看出人们对于人生仪礼的重视。一个人从生到死，一生要经历哪些重要的阶段呢？在人生的历程中，每个人所必须经历的阶段无外乎出生、成年、婚姻和最终的死亡，在进入这些阶段的时候，总有一些特定的、有见证性的礼仪作为标志，我们称之为"人生仪礼"。简单地说，所谓"人生仪礼"，就是庆祝或纪念人生发展阶段的仪式。人生礼仪包括诞生礼、成年礼、婚礼、寿礼与丧礼。

一、诞生礼仪

诞生礼仪为人类所共有，婴儿降生，脱离母体来到世间，这是一个具有特殊意义的时刻，每个民族都会以特别的礼仪来迎接这一重要时刻。中国早在先秦时代，人们对诞生礼仪就予以特别的重视了。随着新生儿的第一声啼哭，如果是男的，就在门左边挂一张木弓，如果是女的，就在门右边挂一副佩巾，木弓象征阳刚之气，佩巾象征阴柔之德。孩子出生三天后，如果是男的，就要举行射天地四方的仪式。这个仪式的含义是预示孩子将以上事天地、下御四方为己任。这当然是贵族，不是贵族就没有这个仪式了。先秦诞生礼具有鲜明的等级色彩，男尊女卑也十分明显。女婴不但没有射天地四方之礼，并且男婴睡床上，佩玉器，称为"弄璋"，女婴睡地下，佩陶纺锤，称为"弄瓦"。后来的诞生礼即脱胎于先秦诞生礼，有增删变化，但出入不大。

与出生相比，满月、百日、周岁的习俗的影响更为广泛。孩子生下一个月左右家中都要为他举行满月仪式。一般满月，要备酒食，接纳亲友祝贺，要举办"洗儿会"。洗儿盆内有立枣儿，年轻妇女争取食之，以为生男之征。外婆家要给做新衣、新帽、新鞋，有的要做褥被，四角缝上长命线。生子百日，谓之"百岁儿"或"百禄"，以外婆家亲友为主，要送长命锁、长命衣。食品都要以百计算，在北方，鸡蛋百枚，在南方，烧饼百个。周岁时，要抓周，抓周主要是让男孩子抓，在他面前有意摆出几样日常用品，看他先抓取哪一样，以此来预卜他一生事业吉凶。

孩子出生满百日后，择吉日为孩子行剪发礼，同时举行命名仪式。《周礼》规定，婴儿出生三月，由其父亲自命名。命名还有一定禁忌，即所谓"六不"，即不以国、官、山川、隐疾、牲畜、器币命名。因为这些平时常见，无法避讳，且隐疾入名极为不详。春秋战国，不统于王，旧制崩溃，思想解放，以贱、丑、隐疾入名，屡见不鲜。如"圂"、"妾"、"恶"、"乞"、"痤"、"弃疾"等皆已入名。这些反映了时代要求和下层社会风貌。此时虽单名、复名都有，但单名音节短促易混淆重名，便在名前加虚词，

①梁漱溟《人心与人生》，学林出版社，1984年。

如烛之武、申不害等。西汉以后,命名以圣洁文雅为风。王莽时禁用二字,又开单名之风,南北朝又改此风,盛行二字,这与当时文学兴盛有直接关系。唐宋开以族谱辈次命名之风,沿及清代达到高峰。

二、成人礼仪

远古氏族社会时代,曾流行过一种“成丁礼”。氏族中的未成年者,可以不参加生产、狩猎活动,也不必参加战争,氏族对他们有哺育和保护的责任。但在他们到达成人的年龄后,氏族则要用各种方式测验其体质与生产、战争技能,以确定其能否取得氏族正式成员的资格。随着社会的发展,成丁礼在绝大多数地区都消失了,而中国的儒家看到了它的合理内核,将它加工改造为“冠礼”,作为人生礼仪的重要组成部分之一。《仪礼》有《士冠礼》一篇,详细记载士之子举行冠礼的详细仪节。《礼记》有《冠义》一篇,说解冠礼的含义。

冠礼是古代成年礼仪,是给跨入成年人行列的男子加冠的礼仪。《礼记·曲礼上》说:“二十曰弱,冠。”“男子二十,冠而字。”男子到二十岁,要行加冠礼。冠是穿礼服时所戴的一种帽子,加冠的程序是“先加缁布冠,次加皮弁,再加爵弁。”俗称“三加”。人既成年,为什么要举行仪式?它究竟暗含了怎样的意义?《礼记·冠义》说:“成人之者,将责成人礼焉也。责成人礼焉者,将责为人子、为人弟、为人臣、为人少者之礼行焉。将责四者之行于人,其礼可不重欤?”可知,举行这一仪式,是要提示行冠礼者:从此将由家庭中毫无责任的“孺子”转变为正式跨入社会的成年人,只有能履践孝、悌、忠、顺的德行,才能成为合格的儿子、合格的弟弟、合格的臣下、合格的晚辈,成为各种合格的社会角色。惟其如此,才可以称得上是人,也才有资格去治理别人。因此,冠礼就是“以成人之礼来要求人的礼仪”。加冠之后就算是成人了,才可以使用字、号。字,一般是对名的解释和补充,与名互为表里。号,是人的别称。加冠时要举行隆重的仪式,大宴宾客。

与男子冠礼相对,古代女子的成年礼名“笄礼”。《礼记·曲礼》中说:“男子二十,冠而字,……女子许嫁,笄而字。”男子到二十岁,要行加冠礼,女子到了十五许嫁时要行加笄礼。笄是女子用来绾起头发、或插住帽子的簪子。女子盘发插簪子就算是成年人了。

一般而言,在成人仪式中来祝贺的亲朋所送礼物不能再有玩具性质,可以给孩子送一些结婚时用的物品。从这时开始,要连名带姓称呼,平辈之间、晚辈对长辈则要以字相称,以示尊敬,否则就是失礼。也就是说,“字”是成人交际时使用的,所以《冠义》说:“已冠而字之,成人之道也。”自称不得称字,一般称名。成人仪式后的孩子,家长便不再把他当做小孩,开始按成人要求孩子。此后,如果是男孩,便开始为他积攒一些钱物以备结婚之用,如果是女孩,则开始准备嫁妆,等待出嫁。

今天,由于时代的变迁和社会的进步,成人的礼仪习俗也在发生变化,有些仪式已经日益变得简单或者不那么重要了,很多地方仅是请亲朋欢宴一次,告诉孩子已长大成人就了事了。有的地方则是通过集体的方式举行成人礼仪,宣告孩子们已长大成人,以促使其明确自己的权利和义务。据载,中国台湾自20世纪90年代每年举办一次古典式成年礼仪。孔庙大成殿前,参加成年礼仪的年满20岁的男女青年共300多名,男的穿蓝色长袍,女的穿白衣黑裙。在鸣钟鼓、上香、献爵、献馔、读祝文之后,全体向至圣先师孔子神位行三鞠躬礼。然后,由12名代表走到铺红毯的受礼台上,由贵宾们将黑冠戴在男生的头上,女生的长发上则别上一支银色簪子,象征着"加冠"和"及笄"。几乎与台湾同时,中国内地的"五四"青年节,南京在雨花台前,上海在陈毅广场上,沈阳在九一八广场,还有其他城市,纷纷举行成人仪式的消息,不时见诸报端。

对代表未来的青年,通过一定的仪式作为成人的标志,社会予以承认又予以管理和约束,更为重要的是通过成年礼仪培养起受礼者的社会责任心和义务感,其重要意义不可抹杀。

三、婚姻礼仪

长大成人以后,婚姻问题就提上议事日程。婚姻是人生大事,"和二姓之好,上以事宗庙,下以继后世"(《礼记·婚义》)婚姻的目的就在于祭祀祖先与传宗接代。

自西周以来,由于人们对婚姻重要性的日益强调,对完成婚姻关系的过程,逐渐有了一套约定俗成的礼仪,凡经过这些礼仪程序的婚姻行为及其后果,也就获得了合法的地位。此即所谓聘娶婚,聘娶婚在中国古代众多的婚姻形式中,是唯一的标准婚式。在聘娶婚中,有"三书六礼"。三书指聘书,订亲之书,男女双方正式缔结婚约,纳吉时用;礼书,过礼之书,即礼物清单,详尽列明礼物种类及数量,纳征时用;迎亲书,迎娶新娘之书,结婚当日接新娘过门时用。六礼分为纳采、问名、纳吉、纳征、请期、亲迎六道手续,总称"六礼"。纳彩是择配、提亲的意思,也就是男方家长遣媒到女方通话,得到允许。即俗话说的"说媒"。问名,即所谓的"讨八字"。在古代和今天的婚俗中,讨回姑娘的出生年、月、日、时,要请阴阳先生推算。只有男女八字相合才可以定亲。古代的问名习俗,还含有问清姑娘是谁生的,即问清是亲生的还是收养的,是正室所生,还是继室所生。封建时代为求婚姻的门当户对,问清嫡庶关系是至关重要的。纳吉,指提亲。一般来说,男女双方的八字相合,得了吉兆之后,就认为婚姻可以成立。男方将这一事实告诉女家,通常在婚礼前一个月举行。男家择定良辰吉日,携带三牲酒礼至女家,正式奉上聘书。纳征,订亲之最隆重仪式，约在婚前15～20天进行。男家择定良辰吉日，携带礼金和多种礼品送到女家。就是宣告正式订婚，至此双方婚姻关系不但得到社会认可，也得到法律的保护。请期，指择定娶亲的日子，用口头或书面的形式通知女方家，就是俗话所说的“送日子”。娶亲日期要征得女方家同意，所以叫“请期”。亲迎，指娶亲。除天子以外，其余新郎皆需亲自到女家迎接新娘。六礼除亲迎一礼有当事人出现，其余五礼全由双方父母进行，并且新郎亲迎，原则上也是承父母之命，至于往返通话，则全凭媒妁之言。父母之命和媒妁之言，加起来就成了所谓“聘”。

除六礼外，古人婚礼还有许多具体的仪节，如女子许嫁，就以五彩丝绳束发，叫做“结发”，结发意味着已经有了对象，这在《礼记·曲礼上》已有规定。又如亲迎前一天，女家派人到婿家铺设新房卧具叫做“铺房”，其俗约始于宋。新妇临门，男家以袋铺地，使新妇行其上进门。新妇走过的袋，又迅速传到前面铺在地上，这叫做“传袋”，讨传宗接代的吉兆。唐代已有此风。再如古代新婚夫妇，洞房花烛夜，还要举行共牢、合卺的仪式。合卺到宋代又演变为吃交杯。吃交杯前夫妇还要各自剪下一绺头发，绾在一起，叫做“合髻”。这些都是为了表示亲爱。而亲迎的次日，新妇即须早起，沐浴盛装，拜见公婆，献上枣栗、腶脩（即肉脯），取“早自谨敬”、“断断自修”之意。然后新妇又献上猪肉牛肉做成的肴馔，表示新妇的孝顺，公婆食毕，然后共食于堂上，公婆斟酒给新妇，表示回敬。于是公婆从宾位下堂，新妇从主位下堂，表示新妇从此要代理公婆之事了。婚后第三天，新妇由夫婿陪同下，带上礼品回娘家祭祖，甚至小住一段日子，然后再随夫婿回家。这样，全部婚礼才告结束。

六礼和其他一些习俗由来已久，在长期的流传过程中，具体仪式发生了许多变化，不断赋予新的内容，但作为婚礼仪式的基本程序，却一直延续下来。至于现代的自由恋爱结婚，不需要媒妁的新式婚姻，则另当别论。

四、生日礼仪

在人生仪礼中，祝寿过生日，也是中国古代的一项礼俗。贺生日，一般在40岁以上，以10为整数庆贺，如50、60、70、80等。贺寿，有寿幛、寿烛、寿桃、寿面等。40岁以上多以寿桃、寿面为礼。未满40的为馒头、切面。10岁、20岁者只用切面。寿桃被视为仙桃，800年结果一次，面条取其绵长。寿幛寿联都用以书写祝贺话、吉庆语。隆重者设寿堂，摆寿烛，张灯结彩。寿翁坐在正位，接受亲友与晚辈的祝贺、叩拜。仪式完毕，共吃寿宴。寿堂香案上，陈列寿桃、八仙图像等。寿烛要红色。中堂有大寿字，拜寿礼有主持者喊礼，辈分不同，拜礼也有区别。平辈只是一揖，子侄为尊长庆寿，为四拜，其他卑幼皆行四拜礼。

现在的少年儿童和青年人过生日或中式或西式，或中西结合，已各随其便，没有什么严格的规制了。

五、丧葬礼仪

茫茫宇宙，大千世界，无论是达官贵人，还是平民百姓，红尘若干年后，都将走向死亡。为了让死去的人安宁，让活着的人满意，让亲族秩序制度化，几千年来中国人一直很重视丧葬礼仪。

丧礼是春秋时代礼制中一个特别重要的制度，繁复而严格，程序约共22道，依次为：①初终，确定已逝世。②复魂，俗称招魂。③怃殓，整理尸身及盖上殓衾，点灯设祭。④命赴，即向亲友告丧。⑤吊唁致襚，亲友来吊，叫“唁”，送给死者的衣被，叫“襚”。⑥铭旌，依逝者身份制作铭旌，上书“××之柩”，以竹竿挑于堂阶西阶之上。⑦沐浴，给逝者沐浴及整理。⑧饭含、袭、设冒，“饭含”是把珠玉贝米放在逝者口中，依等级不同，天子含玉，诸侯含璧，大夫含珠，士含贝，庶民含米；“袭”是为逝者穿衣，一套为一称，天子十二称，上公九称，诸侯七称，大夫五称，士三称；“设冒”是给逝者盖上新衾，移床堂中。⑨设重，用木板刻成神主，置于中庭，象征死者的亡灵；燃烛。⑩小殓，正式为死者着入棺的寿衣。⑪大殓，入棺，⑫成服，家属成员依血缘关系穿上不同程度的丧服。⑬朝夕哭、奠。⑭筮宅、卜日，请筮师择定墓地与下葬日期。⑮即夕哭。⑯迁柩，移柩于祖庙。⑰发引，柩车启行。⑱下葬，成坟。⑲返哭，奉神主而回，升堂而哭。⑳虞祭，并将原有神主焚毁，另置桑木神主。㉑卒哭，新神主入位时的哭奠。㉒祔，奉神主于祖庙与祖先一起合祭，祭毕，仍奉神主回家。到此丧礼结束。后一世丧礼，大体上沿袭了这些程序，但也有变通。至于普通居民的丧礼，则大都从简。

和丧礼相联系，又有葬礼。中国古代视土地为生命之本，讲究入土为安，所以标准葬式是土葬。远古时曾有集体合葬，当个体家庭成为社会的细胞后，就盛行单人葬和夫妻合葬。夏商周三代以土坑竖穴墓为主要的墓葬形式，当时在墓地边造“寝”，便于死者饮食起居。西周初年出现了坟丘式墓葬，后来推广开来，于是也相应地有了坟和墓的字义区别，埋人的茔叫墓，墓上的封土叫坟。殷周时代的墓葬讲究等级区别，主要体现在地下墓室中棺椁的数量和随葬品的多少。到了战国时代，由于坟丘式墓葬的普遍流行，统治者开始对坟墓的外观也予以等级的区别。从战国中期开始，君王的坟墓专称为陵，自贵族以至庶民，各按等级构筑相应的坟墓，不得僭越。唐以前，坟丘以方锥形为贵，只有皇族可以使用。明太祖筑孝陵，改方为圆，从此凡坟丘都是圆锥形的了。坟丘式的墓葬，开始墓穴仍保持竖穴土坑的形制，到西汉后期，墓穴普遍转变为砖室。南北朝时期，墓葬中出现了石刻的墓志铭，记载死者的姓名、官爵身份、生卒年、家族和家庭情况、生平的主要事迹等，后来被广泛采用。从隋唐开始，政府规定，庶民墓葬，不得使用砖室。明代政府规定，官员棺木用油杉、朱漆，椁用土杉，庶人棺以油杉、柏或土杉松为之，只能用黑漆、金漆，不得用朱漆。汉代墓前开始立华表、墓碑、石人、石兽，对此，历代政府也都有详细的等级规定。

在丧葬的各种礼仪中，中国古代特别重视丧服制度。所谓丧服，是古代丧礼中亲属们根据和死者亲疏关系而穿着的服饰。后世所谓的“五服制”，就是从丧礼上亲属们穿的五种服饰中衍生出来的亲族制度。而这五种衣服又作为象征，规定着一系列的内容。

首先是“斩衰”，是用最粗的生麻布制成的，衣旁和下边不缝边。诸侯为天子，臣为君，子女为父，妻妾为夫、父为长子，都服斩衰。不仅要服斩衰，还要守丧三年。这表示亲缘关系最密切，也最重要。

其次是“齐衰”，用熟麻布，缝边整齐。规定是父已去世而子为其母或母为其子服齐衰三年；父健在而子为母、夫为妻、为祖父母服齐衰一年；为曾祖父母服齐衰三月。

再次是“大功”，是用细麻布制成，穿这种衣服，表示死者与自己的关系，较穿前两种丧服为远。如父亲为儿子（不是嫡长子）、为长女、为姑姑、姐妹、同父兄弟等，服期为九个月。

再次是“小功”，用更细的麻布制成，服期为五个月，是为祖父母、堂伯叔父母、未嫁祖姑、堂姑、已嫁堂姐妹、兄弟之妻、从堂兄弟、未嫁从堂姐妹，和为外祖父母、母舅、母姨等服丧而穿的。

最后是“缌麻”，是用精细的熟布制成，现在大多用漂白的布做成，称为“漂孝”。服期为三个月，凡为曾祖父母、族伯父母、族兄弟姐妹、未嫁族姐妹，和外姓中为表兄弟、岳父母、女婿、穿孝都用这个档次的丧服。

在丧礼上穿“五服”的都是“亲属”，而五服外的远亲，则无丧服，唯袒衣免冠示哀而已。后世丧服制度，服制形成略有变异，但基本精神不变。到了近现代的时候，中国的丧葬习俗受到西方的影响，丧服有了很大改变。通常是在告别死者、悼念亡魂时，左胸别一朵小黄花，左臂围一块黑纱，比起古代丧服，要大大简化了。

丧葬是人生礼仪中最后一个程序，中国人之所以特别看重这种礼仪，一方面为了怀念死去的亲人，另一方面就是要通过对死者的追悼，把活着的家族成员间的“血源之爱”召唤出来，以进一步密切家族成员间的关系，强化彼此间的认同感、信任感和安全感。让家族或家庭成为纷纷扰扰的大千世界里的一个安全岛。

第二节　岁时节令民俗

岁时节令是中国民俗文化的重要组成部分，有农事节日、祭祀节日、庆祝节日、社交游乐节日等，其来源也各不相同，呈多元化特征。

中国的传统节日众多，下面以汉族为例，说说一年中的主要节日。

一、春节、元宵节

农历正月初一是春节，又叫阴历（农历）年，俗称“过年”。这是中国民间历史最悠久、最隆重、最热闹的一个古老传统节日，也是汉族和满、蒙古、瑶、壮 白、高山、赫哲、哈尼、达斡尔、侗、黎等十几个少数民族的共同节日。汉族过春节，时间较长，一般从农历腊月初八开始，到正月十五元宵节为止。

春节大约有三四千年的历史，原为农历的元旦，即人们通常说的过年。它起源于殷商时期年头岁尾的祭神祭祖活动。有关年的传说也很多。古代的春节叫“元日”、“新年”、“正旦”、“岁首”、“三元”等。汉族的春节习俗，一般以吃年糕、饺子、糍粑、汤圆、荷包蛋、大肉丸、全鱼、美酒、福橘、苹果、花生、瓜子、糖果、香茗及肴馔为主；并伴有掸扬尘、洗被褥、备年货、贴春联、贴年画（门神钟馗）、贴剪纸、贴窗花、贴福字、点蜡烛、点旺火、放鞭炮、守岁、给压岁钱、拜年、走亲戚、送年礼、上祖坟、逛花市、闹社火等众多活动，极尽天伦之乐。中国人过春节还有挂中国结的习惯。

农历正月十五，是中国的传统节日元宵节。正月为元月，古人称夜为“宵”，而十五日又是一年中第一个月圆之夜，所以称正月十五为元宵节，又称为“上元节”。按中国民间的传统，在一元复始、大地回春的节日夜晚，天上明月高悬，地上彩灯万盏，人们观灯、猜灯谜、吃元宵，合家团聚，其乐融融。元宵节起源于汉朝，汉武帝时，“太一神”的祭祀活动在正月十五。司马迁在“太初历”中就把元宵节列为重大节日。元宵节燃灯放火，自汉朝时已有此风俗，唐时，对元宵节倍加重视，在元宵节燃灯更成为一种习俗。经过历朝历代的传承，节日的灯式越来越多，灯的名目内容也越来越多，有镜灯、凤灯、琉璃灯等。元宵节除燃灯之外，还放烟花助兴。猜灯谜又叫“打灯谜”，是元宵节的一项活动，出现在宋朝。南宋时，首都临安每逢元宵节时制谜、猜谜的人众多。开始时是好事者把谜语写在纸条上，贴在五光十色的彩灯上供人猜。因为谜语能启迪智慧又饶有兴趣，所以流传过程中深受社会各阶层的欢迎。随着时间的推移，元宵节的活动越来越多，不少地方节庆时增加了舞龙灯、耍狮子、踩高跷、划旱船、扭秧歌、打太平鼓等活动。

二、寒食节、清明节

寒食节在每年四月四日，清明节的前一天。传说这个节日是纪念春秋时期的介之推的。介之推是当年晋国的贤臣，侍奉公子重耳(后为晋文公)。晋国发生内乱，公子重耳被迫逃亡国外，介之推不畏艰难困苦跟随重耳流亡；曾经割自己腿肉熬汤献给重耳。重耳做了国君后，开始时还铭记介之推，但是时间久了，也把他淡忘了。介之推不愿邀宠图赏，就背着母亲上绵山隐居，后来文公想起了他，就放火烧山想让他出来，大火连烧三日不熄，但介之推没有出来。火熄之后，大家进山察看，才发现介之推和他的老母相抱在一起，被烧死在深山之中。因为介之推是被火烧死的，大家为了纪念他，在这天都不忍心举火，宁愿吞吃冷食，所以，这天叫"寒食节"。后来人们将寒食节和清明节联在一起过，在寒食节就有人上坟扫墓。寒食节还有插柳、踏青、蹴鞠、秋千等活动。

公历四月五日前后为清明节，是二十四节气之一。在24个节气中，既是节气又是节日的只有清明和冬至。它的原意是大自然已经到了转暖的时候，万物开始复苏，可以春耕播种了。故有"清明前后，点瓜种豆"、"植树造林，莫过清明"的农谚。可见这个节气与农业生产有着密切的关系。

清明作为节日，与纯粹的节气又有所不同。节气是中国物候变化、时令顺序的标志，而节日则包含着一定的风俗活动和某种纪念意义。清明节是中国传统节日，也是最重要的祭祀节日，是祭祖和扫墓的日子。扫墓俗称上坟，祭祀死者的一种活动。汉族和一些少数民族大多都是在清明节扫墓。按照旧的习俗，扫墓时人们要携带酒食果品、纸钱等物品到墓地，将食物供祭在亲人墓前，再将纸钱焚化，为坟墓培上新土，折几枝嫩绿的新枝插在坟上，然后叩头行礼祭拜，最后吃掉酒食回家。直到今天，清明节祭拜祖先、悼念已逝的亲人的习俗仍很盛行。

清明节的习俗是丰富有趣的，除了讲究禁火、扫墓，还有踏青、荡秋千、蹴鞠、打马球、插柳等一系列风俗体育活动。相传这是因为清明节要寒食禁火，为了防止寒食冷餐伤身，所以大家来参加一些体育活动，以锻炼身体。因此，这个节日中既有扫墓、悼念逝去亲人的悲酸泪，又有踏青游玩的欢笑声，是一个富有特色的节日。

三、端午节

端午在农历五月初五，又称端阳。农历五月称午月，端则为初，所以这个节日就称为端午了。端午有纪念屈原的活动内容，人们要吃粽子，划龙船竞渡。五月俗称恶月，多禁忌，为避疠疫，周代已有五月五日浴兰汤的习俗，所以这个节日有佩香囊、饮雄黄酒、煎草药汤沐浴、在室内熏烟、在门上悬挂菖蒲和艾以“避邪”的习俗。唐宋以来，端午是法定的大节日，朝廷常给百官赏赐。明代又把端午称为“女儿节”，《帝京景物略》称：“五月一日至五日，家家妍饰小闺女，簪以榴花，曰‘女儿节’这给端午节的民俗活动，又增加了新的内容。”

四、七夕节、中元节

农历七月七日，为牵牛织女聚会之夜，七夕，年轻女子穿新衣，拜双星，对月穿线，向织女乞求智巧，叫做“乞巧”。唐宋时代，乞巧之风很盛，每每见诸文字，七夕还有于瓜棚下听织女哭泣的风俗。现在的七夕节正在成为中国的“情人节”。

中元节，每年农历七月十五日，和上元一样，也出于道教。道教认为这一天是中元地官的赦罪之辰，要搞宗教活动。同时佛教也称这一天，为“盂兰盆节”，根据目莲救母的佛经故事，作盂兰盆，以解脱饿鬼的倒悬之苦。所以后来中元被认为是鬼节，一般人家也要祭祀祖先。

上元节是人间的元宵节，人们张灯结彩庆元宵。“中元”由上元而来。人们认为，中元节是鬼节，也应该张灯，为鬼庆祝节日。不过，人鬼有别，所以，中元张灯和上元张灯不一样。人为阳，鬼为阴；陆为阳，水为阴。水下神秘昏黑，使人想到传说中的幽冥地狱，鬼魂就在那里沉沦。所以，上元张灯是在陆地，中元张灯是在水里。

五、中秋节、重阳节

八月十五日是秋天的正中，所以被称为中秋或仲秋。八月十五的月亮比其他几个月的满月还要圆，要明亮，所以又叫做“月夕”、“八月节”。中秋前夕，人们都尽可能和家人团聚，取人月双圆的意义，八月十五又叫“团圆节”。

中秋和春节、端午并称为中国民间三大节日，历来受到人们的重视。早在三代时期我国就有“秋暮夕月”的习俗。夕月，即祭拜月神。到了周代，每逢中秋夜都要举行迎寒和祭月。在唐代，中秋赏月、玩月颇为盛行。南宋，民间以月饼相赠，取团圆之义。晚上，有赏月、游湖等活动。明清以来，中秋节的风俗更加盛行，许多地方形成了烧斗香、树中秋、点塔灯、放天灯、走月亮、舞火龙等特殊风俗。今天，月下游玩的习俗，已远没有旧时盛行。但设宴赏月仍很盛行，人们把酒问月，庆贺美好的生活，或祝远方的亲人健康快乐，和家人“千里共婵娟”。许多地方还形成了很多特殊的中秋习俗，如香港的舞火龙、安徽的堆宝塔、广州的树中秋、晋江的烧塔仔、苏州石湖看串月、傣族的拜月、苗族的跳月、侗族的偷月亮菜、高山族的托球舞等。中秋节的习俗很多，形式也各不相同，但都寄托着人们对生活无限的热爱和对美好生活的向往。

农历九月初九，二九相重，称为“重九”。又因为在我国古代，六为阴数，九是阳数，因此，重九就叫“重阳”。重阳节的起源，最早可以推到汉初。据说，在皇宫中，每年九月九日，都要佩茱萸、食蓬饵、饮菊花酒以求长寿；汉高祖刘邦的爱妃戚夫人被吕后残害后，宫女贾某也被逐出宫，她将这一习俗传入民间。古代每逢重阳，人们都要登高、赏菊、佩戴茱萸，据说可以避邪去恶。酒和糕是重阳节必不可少的食品。“酒”谐音“九”，“糕”谐音“高”，都是图个吉利。

六、冬至、腊八节

冬至，在农历十一月，相当于公历十二月二十二日前后，俗称“冬节”，在古代是很隆重的节日。在二十四节气中，冬至这一天是一年中最长的一夜。古人认为到了冬至，虽然还处在寒冷的季节，但春天已经不远了。这时外出的人都要回家过冬节，表示年终有所归宿。冬至前夜，要吃冬至夜饭。宋孟元老《东京梦华录》记汴京冬至，谓“虽至贫者，一年之间积累假借，至此日更易新衣，备办饭食，享祀先祖，官放关扑，庆贺往来，一如年节”。冬至这一天，皇帝还接受百官朝贺，礼仪隆重，俗称“排冬仗”。

腊月最重大的节日，是十二月初八，古代称为“腊日”，俗称“腊八节”。从先秦起，腊八节都是用来祭祀祖先和神灵，祈求丰收吉祥。据说，佛教创始人释迦牟尼的成道之日也在十二月初八，因此腊八也是佛教徒的节日，称为“佛成道节”。从宋代开始，每逢腊八这一天，有吃腊八粥的习俗。不论是朝廷、官府、寺院还是黎民百姓家都要做腊八粥，祭祀祖先；同时，合家团聚在一起食用，馈赠亲朋好友。腊八粥在民间还有巫术的作用。假如院子里种着花卉和果树，也要在枝干上涂抹一些腊八粥，相信来年多结果实。

七、腊月二十三、除夕

腊月二十三，又称“小年”，是民间祭灶的日子。据说，每年腊月二十三，灶王爷都要上天向玉皇大帝禀报这家人的善恶，让玉皇大帝赏罚。因此送灶时，人们在灶王像前的桌案上供放糖果、清水、料豆、秣草，其中后三样是为灶王升天的坐骑备料。祭灶时，还要把关东糖用火融化，涂在在灶王爷的嘴上。这样，他就不能在玉帝那里讲坏话了。民间有“男不拜月，女不祭灶”的习俗，因此祭灶王爷，只限于男子。另外，大年三十的晚上，灶王还要与诸神来人间过年，那天还得有“接灶”、“接神”的仪式。等到家家户户烧轿马，洒酒三杯，送走灶神以后，便轮到祭拜祖宗。

旧年将去的年三十，也就是“除夕”。这天是人们吃、喝、玩、乐的日子。北方人包饺子，南方人做年糕。水饺形似“元宝”，年糕音似“年高”，都是吉祥如意的好兆头。除夕之夜，全家人在一起吃"团年饭"，有一家人团聚过年的味道。吃团年饭时，桌上的"鱼"是不能动的，因为这鱼代表"富裕"和"年年有余"，象征来年的"财富与幸运"，它属于一种装饰，是碰不得的。古代极重除夕之夜的礼仪，人们通宵不寐，以待新年，称为守岁。

关于年的由来，还有一个传说。相传在远古时候，我们的祖先曾遭受一种叫"年"的最凶猛的野兽的威胁。百姓惶惶不可终日。人和"年"斗争了很多年，后来发现，"年"怕三种东西，红颜色、火光、响声。于是在冬天人们在自家门上挂上红颜色的桃木板，门口烧火堆，夜里通宵不睡，敲敲打打。这天夜里，"年"闯进村庄，见到家家有红色和火光，听见震天的响声，吓得跑回深山，再也不敢出来。夜过去了，人们互相祝贺道喜，大家张灯结彩，饮酒摆宴，庆祝胜利。为了纪念这次胜利，以后每到冬天的这个时间，家家户户都贴红纸对联在门上，点灯笼，敲锣打鼓，燃放鞭炮烟花；夜里，通宵守夜；第二天，大清早互相祝贺道喜。这样一代一代流传下来，就成了"过年"。除夕的高潮是年饭后长辈发"压岁钱"。接着就是张贴春联和门神，并关上大门。到初一的早上才开门"接财神"。接下来就是全家人守岁到凌晨。除夕夜的灯火通宵不熄，俗称"光年"。

第三节　饮食民俗

世界上有华人处就有中餐馆，中国的饮食可以说是名扬天下。这一现象早在20世纪初，就被革命的先行者孙中山先生敏锐地观察到了。孙中山先生在其《建国方略》一书中说："我中国近代文明进化，事事皆落人之后，惟饮食一道之进步，至今尚为各国所不及。"确如孙中山先生所言，中华文明到了近代，被西方文明冲击得七零八落，只有中国餐馆大放异彩，居然能够登陆欧美，遍布全球，所向披靡，至今世界上几乎每一个角落都有中餐馆。我们认为，中国餐馆能够遍布世界各地不是一个孤立和偶然的现象，其中的原因与中国饮食文化有着千丝万缕的关联。

中国饮食文化，由于特定的经济结构，思维方式与文化环境，形成了自身鲜明的特色，主要表现在以下几个方面：

一、以植物性食料为主

中国人传统饮食主食是五谷，辅食是蔬菜，外加少量肉食。《黄帝内经》就有这样的句子"五谷为养，五果为助，五畜为益，五菜为充"。粮食被视为主食，而"果"

(水果、干果)"畜"(肉类)"菜"是副食,而且主食的地位高于副食。形成这一习俗的主要原因是中原地区以农业生产为主要的经济生产方式。但在不同的阶层中,食物的配置比例不尽相同,古话曾有"肉食者鄙"。欧洲的饮食是游牧民族饮食文化的一种延续,因此他们对于肉类和奶类的摄入较多,而我国的饮食是农耕文明饮食文化的延续。

二、食谱广泛,举凡能食者皆食,毫无禁忌

美国社会家伊安·罗伯特在他写的《社会学》中说:"美国人吃牡蛎不吃蜗牛,法国人吃蜗牛不吃蝗虫,非洲祖鲁人吃蝗虫不吃鱼类,犹太人吃鱼类不吃猪肉,印度教徒吃猪肉不吃牛肉,俄国人吃牛肉不吃蛇肉。"他们都有所不吃,但以上所有的这些东西中国人都吃!一个16世纪来华的葡萄牙人在他写的《中国报道》中说:"中国人是全世界最大的吃家……蛙的价格和鸡一样,他们视为美味,猫、狗、鼠、蛇及其他脏肉食都是如此。"日本饮食专家木村春子撰写的《中国菜的特色》中说"在中国菜中,地球上生长的万物——花草树木、鸟兽虫鱼,只要是能食用的东西几乎都被用来做原料。"早年到美国闯天下的华人,把洋人废弃的下水拣来,做成美味的杂碎汤(chopsuey)卖给美国人吃,竟使他们大快朵颐,称赞不已。直到今天"李鸿章杂碎汤"仍然在唐人街中国餐馆保留。

中国人无所不吃的原因:一是人口稠密和周期性天灾和战乱,不得不广泛地开拓食源。二是西方人的祖先是游牧民族,他们吃肉喝奶,并无主副食之分。而中国人的祖先是农耕民族,很早就以粮食为主食,以蔬菜鱼肉为副食,菜是用来送饭的,为了好吃,就要求菜的味道好,久而久之就养成了追求美味的强烈愿望。我们以不懈的精神多方发掘美味:吃过了地上跑的又要吃天上飞的;吃了平原上的又去吃深山老林里的;既吃高等的脊椎动物,也吃低等节肢动物、软体动物。三是中国"天人合一"的哲学观念,将人与天地万物视若一体,认为"吃啥补啥"。中国唯一的本土宗教——道教,主张采纳天地万物之精华以养生、长生。道教这种为求长生而采食一切可食之物的主张,也在推动中国人博食上起了相当的作用。

三、以热食、熟食为主

这和中国文明开化较早和烹调技术的发达有关。中国古人认为:"水居者腥,肉腺,草食即膻。"热食、熟食可以"灭腥除膻"(《吕氏春秋·本味》)始终坚持低温烹调的原则,古人从中亚引进了小麦,却决绝了面包,我们无论是蒸馒头、焖米饭、下面条、煮饺子,全是在水环境下完成的,而烹饪的水环境最高也就达到100℃,因此有效地避免了高温烹饪带来的食品安全隐患,而西餐烤面包等需要温度二三百度。

四、特别的饮食方式

中国人在饮食方式上有自己的特点：一是聚餐制。古代炊间和聚食的地方是统一的。炊间在住宅的中央，上有天窗出烟，下有火，在火上做饭，就食者围火聚食。这种聚食制古俗，一直延续至今。聚食制的长期流传，是中国重视血缘亲属关系和家庭家族观念在饮食方式上的反映。围桌会食，既显得热烈，又隆重，彼此觉得亲密无间；但不卫生，现在许多时候采用了分食物制。二是用筷子进食。世界上的人，按进食方法的不同，可以分为三类：用手指、用刀叉、用筷子。用叉子进食的人主要分布在欧洲和北美洲，用筷子吃饭的人主要分布在东亚大部，而用手指抓食的人多是在非洲、中东、印度尼西亚及印度次大陆的许多地区。

五、讲究吃的艺术

精味　“王以民为天，民以食为天，食以味为主”。中国烹调术的核心是“五味调和”。所谓“五味”是指人类味觉神经最能感受的酸、甜、苦、辣、咸五种味道。而在这五种味道调和的过程中，有时还要添加一些特殊的调料、配料，使原有的美味升华至更高的境界。

悦目　中餐讲究“色、香、味”。食物的味道第一，满足味觉享受；食物的形与色，属于视觉享受，也需要讲究。中国菜肴注重色彩效果，讲究色彩搭配，一盘色形俱佳的菜肴，就像一件好的美术作品，有很强的感染力。菜品的悦目，除色彩之外，还有它的形状，这就要谈到刀工。中国菜的刀工主要有切、批、斩、剞几类，刀法则分直刀、平刀、斜刀、剞刀（雕刻）几种，可将原料切成块、段、条、丝、片、丁、粒、茸、末、泥等形状。

夸名——美妙生动的菜名　以食料命名的，如荷叶包鸡、鲢鱼豆腐、羊肉团鱼汤；以味命名的，如鱼香肉丝、糖醋里脊、宫暴鸡丁等；以形命名的，如樱桃肉、蹄卷等；以质命名的，如酥鱼、脆皮豆腐等；以色命名的，如琥珀肉、金银馒头等；以烹法命名的，如炒肉丝、粉蒸肉、干煸豆角等；以数字命名，如三鲜饺子、四喜丸子；以人名命名，如麻婆豆腐、东坡肘子等。

美器　中国饮食器具之美，美在形、美在装饰、美在食物与馔品的谐和。

佳境　饮食要有良好的环境气氛，可以增强人在进食的愉悦感受，起到使美食锦上添花的效果。

雅兴　吃的艺术还表现在将一些或雅或俗的艺术形式引入到饮食活动中，如赏乐观舞、猜拳行令等。

六、菜系繁多，风味多样

由于我国幅员辽阔，地大物博，各地气候、物产、风俗习惯都存在着差异，长期以来，在饮食上也就形成了许多菜系和风味。我国一直就有"南米北面"的说法。口味上有"南甜北咸东酸西辣"之分，主要有巴蜀、齐鲁、淮扬、粤闽四大风味。又有鲁、川、粤、淮扬、湘、闽、徽、浙八大菜系。

七、寓医于食，膳药同功

中华民族的古人对各种食物功能的观察、研究由来已久。食品可调节生理状况，滋阴补阳、养肝润肺、强身健体、延年益寿。对各种食物"食疗"作用和营养学功能的观察有许多发现，如孙思邈《备急千金要方》食治篇指出："食谷者，则有智而劳神；食草者，则愚痴而多力；食肉者，则勇猛而多嗔"。描述了食物结构的不同对人类体质的潜在影响。中国人自古以来就了解豆类的营养功能："五谷宜为养，失豆则不良"揭示了谷类营养存在的不足；"可一日无肉，不可一日无豆"，则明确揭示了豆类食品在平衡膳食中的重要性绝不亚于肉类；同时绿豆、红小豆、豌豆、黑豆、刀豆还被用作中药。中医"药食同源"的理念，在大豆上体现得最为集中。美国食品和药品管理局近年将大豆列为"已确立功能的功能性食品"，可见大豆的保健养生功能不仅有历史依据，也得到西方学术界的公认。这一事实雄辩地说明中华民族"寓医于食"传统营养学理论的科学性。

八、讲究食礼

在自古为礼仪之邦，讲究民以食为天的国度里，饮食礼仪自然成为饮食文化的一个重要部分。古代的食礼按阶层划分：宫廷，官府，行帮，民间等。现代食礼则简化为：主人，客人。作为客人，赴宴讲究仪容，根据关系亲疏决定是否携带小礼品或好酒。赴宴守时守约。抵达后，先根据认识与否，自报家门，或由主人进行引见介绍，听从主人安排。所谓"英雄排座次"，排座次是整个中国食礼中最重要的一项。从古到今，因为桌具的演进，所以座位的排法也相应变化。总的来讲，座次"尚左尊东"、"面朝大门为尊"；家宴首席为辈分最高的长者，末席为最低者；家庭宴请，首席为地位最尊的客人，主人则居末席。首席未落座，都不能落座，首席未动手，都不能动手，巡酒时自首席按顺序一路敬下，再饮。又如上菜顺序，中餐一般讲究先凉后热，先炒后烧，咸鲜清淡的先上，甜味、浓厚味的后上，最后是主食。

第四节　民间信仰

中国民间信仰主要指俗神信仰，它源于人类的原始崇拜。远古万物有灵时代，当人类茫然无知，匍匐于自然的脚下，无法理解和解释许多自然现象时，震慑于自然的无限威力，人类对自然充满了敬畏。他们相信大自然是有生命、有意志、有能力的，于是崇拜一切自然物，从天地日月星辰风云雷电，到山川河流土石草木，乃至飞禽走兽，无不加以崇拜。在以后的发展演化过程中，又吸收了佛、道二教中一些神仙，以及古代社会中被神化了的英雄，构成一个杂乱的神灵信仰体系。这个热闹纷繁的民间信仰，充分反映了中国人宗教信仰上的多元性和功利性的指向。中国民间信仰中的各路神仙繁多，这里我们主要介绍在中国古代比较有影响的一些。

一、天、社稷神、玉皇大帝、王母娘娘

在中国人的观念中，天就是上帝，又称“天帝”、“天皇”、“皇天上帝”、“苍天”“青天”等，上帝的概念原始时代已经有了，在先民看来，天有思想，有至高无上的本领，是天地人间以及神灵世界万事万物的主宰。向上天拜祭的礼仪的源远流长，因为皇帝是“天子”，所以祭祀苍天是皇帝的特权。中国古代封禅大典是规格最高的祭典，就是祭天和祭地，祭天就是祭上帝。在古代传统中，因泰山是五岳之首，所以秦皇、汉武等许多帝王都曾到泰山封禅，祭告天地，汇报政绩。南宋以后，统治者将封禅和郊祭合并起来。明代设天坛、地坛，天坛专供祭天之用。宋元以后，受道教影响，道教的玉皇大帝成了天的代名词。所以道教也祭上帝，但道教的祭上帝乃是宗教仪式，和皇帝祭天不能混为一谈，至于民间结婚、新年都要拜天地，那意义和皇帝的祭天也是根本不同的。民间用语有“天从人愿”、“天理”，天在民间是明察秋毫、至大至刚、无偏无私、惩恶扬善的象征。至今在民间还尊称其为“天公”、“天老爷”。

在中国人传统观念里，社稷是两位神，社即土地神，稷是谷物神。土地可以生长万物，养育万物，给人们提供各种生活食用的东西，所以，先民对土地的崇拜是自然而然的。当人类进入阶级社会之后，社稷，通常作为国家的代称，国君、皇帝祭祀社稷，有拥有土地、统治天下之意。所以，中国历代王朝都有社稷坛，作为国家大典祭祀社稷的场所。至于祭祀农神，则有天子的始耕仪式和荐庙尝新仪式，品级也是极高的。后来是土地神与天帝合称，叫皇天后土。汉代以后，除社稷外，后土也被归入国家祭祀之列，民间也开始建后土祠。过去每家的祖坟上都立有“后土之神”

的石碑，这样，后土从社稷中独立出来，被称为“后土娘娘”。秦汉时期，不仅国家一级有社稷，州、县、乡、里各级也都设立了土地庙，宋代以后，土地神信仰开始盛行，俗称土地爷爷、土地公公。民间几乎每个村社都有土地庙，土地神被塑成一个须发皆白、和蔼可亲的老翁形象。

玉皇大帝是宋朝以后民间信仰中地位最高的神，为万神之主，民间简称玉皇、玉帝。在道教的神仙谱系中，最高神本来是元始天尊，玉皇大帝原本是在三清神之下，位于四御之首的东御。但在民间信仰中玉皇大帝的地位还超过了元始天尊，成为统辖天下众神的至上神，以致使原有的道教最高天神逐渐都退居玉皇大帝臣下。

王母娘娘神的崇拜也是中国最为广泛的世俗神崇拜。在道教中，王母娘娘是四御之一的西御，俗称西王母、瑶池金母。民间的祀奉又多受西王母传说的影响。比如，传说王母娘娘是一位雍容华贵的夫人，有一年七月七日，她把四颗蟠桃送给汉武帝，汉武帝吃了之后，觉得很好，想把核拿去种。王母娘娘说，这种蟠桃3000年结一次果，人间是无法种活的。又有传说讲，后羿曾向西王母求得蟠桃，那是长生不死之药，被嫦娥偷吃了，升上月宫。这种种传说使得民间更加信仰王母娘娘，认为她能够赐福添寿。

二、日神、月神、星辰崇拜

中国先民崇拜的自然神中，太阳因对人类生活有着直接和强大的影响，而成为最先崇拜的对象，日神被认为是“群神之首”。它在世界许多民族的原始崇拜中，地位都是至高无上的。在中国原始神话中，以太阳为中心的故事也特别多，如羲和生日、羲和浴日、羲和驭日、羿射九日、夸父追日等。这种日神崇拜到夏商周三代还很盛行。但周代以天为最高神，日神地位因此下降，可是每逢立春，立夏、立秋和立冬，仍由天子亲自主持祭日于郊外，倘遇日食，更有上下一致奔走救日的风俗。

中国古代也很流行崇拜月神，而在一些少数民族地区，月神成为其民族或部族崇拜的主要神灵。如鄂伦春族，每逢正月十日和二十五日，族人均要向月亮叩拜。《山海经》中有“帝俊妻常羲，生月十有二”的记载，似乎月神是常羲。秦汉以来，由于嫦娥奔月的故事广泛传播，民间的月神也就变成了嫦娥，但嫦娥奔月、月中有桂、吴刚伐桂等优美的神话故事则是后起的，与原始信仰无多大关系。民间还有天狗吃月的传说，若逢月食，有大家竞相敲响一切能敲响的东西以救月的仪式。

中国古代民间也崇拜星辰，认为星辰具有神秘力量。自古以来就有“天上一颗星，地上一个人”的说法，天上的星与地上的人是一一对应的。观察星辰变化，可以测知国家兴衰、人的生老病死、贫富贵贱和吉凶祸福，于是又形成十分繁杂的星占、星忌等星相说。中国古代崇拜的星辰主要有北斗、太白、岁星、荧惑，还有福、禄、寿等星。其中福星即福神，原指木星，是民间祈福的崇拜对象。所以到现在民间还有“福星高照”的祝愿语。福星，后来转为幻想的人格神。道教原有“三宫”神信仰，即所谓天宫、地宫、水宫三神。传说天宫赐福，地宫赦罪，水宫解厄。旧时各地有三宫殿，享用香火，渐渐转为民间普及的福神信仰，天官赐福也广泛传诵为民间吉祥祝词。福字就变为家家户户祈福的标志，每年春节都要在大门口上倒贴一张写有“福”字红纸，意思是“福到(倒)了”。由于蝙蝠的蝠与福字谐音，所以民间还有以蝙蝠表示福的习俗。所谓五福临门就是以五个蝙蝠的图形为标志。

禄星，最早指二十八星宿神中北方七宿中的斗魁六星，这个星被古代星相说列为吉星，主大贵，所以道教尊此星神为主司禄位功名。斗魁六星，是民间崇拜的专司功名的神，又称禄星神。后适应古代士人科举的追求，这个星又称魁星，属北方文昌宫诸星，又称文昌星、文曲星。传说玉皇大帝命令此神掌管文昌宫和人间禄位，从此成为天下读书人追求功名禄位时最崇奉的神，各地都建有文昌庙。

寿星，是民间信仰中祈愿长寿而崇拜的神，主司人间寿命。寿星是指二十八星宿中的南极老人星。在传统信仰中，寿星神秃顶白须，额高头长，耳大身短，手扶一根高过头的曲杖，是民间最普及的世俗神之一。以前各家各户都供奉寿神，成为祝愿的一种象征。

此外，鉴于中国民间信仰中多把对福、禄、寿、财神的供奉放在一起，成为世俗生活中不可缺少的崇拜神灵。因此，在此也顺便把财神作以简单介绍。财神崇拜也是最普遍的世俗神信仰之一。明代传说招财进宝利市之神是赵公元帅，即赵公明。明清两代财神庙香火极盛，商贾百姓年年都要迎祭财神。财神的形象为黑面多须，手执钢鞭，跨下黑虎，一副武将装束。因此，在民间又俗称为“武财神”。在崇拜赵公元帅同时，民间还崇拜文财神，即财帛星君或增福财神，和福神的天官相似，文官红袍装束，面善慈祥、五绺长须。另外，传说关云长管过兵马站，长于算数，而且讲信用、重义气，故为商家所崇祀，一般商家以关公为他们的守护神，关公同时被视为招财进宝的财神爷。

三、风雨雷电、山神、海神

中国民间信仰的主要自然崇拜还有风、雨、雷、电。相传风伯名飞廉，“头如雀，牛角而蛇尾，豹文”(《楚辞·离骚》洪兴祖补注)，从殷商到南北朝，古代一直盛行杀狗祭风神的风俗。雨师名萍翳，传说古代雨神被称做“雨师”，“雨师号呼，则云起而雨下”(《楚辞·天问》王逸注)，数千年来的祈雨传统就是对雨神崇拜的最好证明。汉族人把龙当成掌管雨水的水神，向它祈求风调雨顺、五谷丰登。雷神多以凶神的形象出现，左手持鼓，右手执椎。后世相传的雷公变为鬼头、鸟嘴、两肩生翼，人们还把雷和天结合起来,认为雷声是上天发怒的标志。凡对天不敬者,做亏心事者,都要受到雷神的惩罚。雷神据说有五兄弟,五雷轰顶,是古来相传最重的天诛。凡被雷击中的住地、居所和牲畜,家人应避走、搬迁,同时举行仪式祭雷。由雷崇拜发展而来的对闪电的崇拜也是中国民间信仰天象的一大特色。中国民间信仰喜欢为神灵联姻,因此,在民间信仰中,雷神与闪电神相依相伴,有雷公电母的说法。

在中国民间信仰中,每座山都有山神。在所有山神中,泰山神东岳大帝可以说是最有名的山神。因泰山是五岳之首,古称岱宗。中国历代大的王朝都曾到泰山封禅,祭告天地。唐玄宗封泰山神为天齐王,宋真宗又封它为东岳大帝,自此之后,祭祀泰山神的东岳庙遍及全国各地,每年农历三月二十八为祭祀日。泰山以外,北京东岳庙最为著名,是元明清三朝朝廷举行祭岱仪式的场所。

海神,是海龙王,宋朝以后,沿海居民多把妈祖作为海上保护神信仰。妈祖原型是北宋福建莆田县湄洲岛上的一位名叫林默的普通妇女,生前为人治病,海上救人,有恩德于乡里。林默去世后,据说她经常在海上显灵救人,于是人们便立庙祭祀她。宋徽宗宣和五年(1123 年),北宋赴高丽使团在海上遇难,据说也是被林默所救,奏报朝廷,朝廷于是诏令赐予“顺济”为庙额,从此成为官定的海上保护神。南宋、元、明、清时,又加封天妃、天后、天上圣母等封号,妈祖庙和妈祖信仰便在北自天津、南到台湾、南洋的沿海地区流行开了。

四、鬼魂崇拜、祖先崇拜

中国古代鬼魂崇拜最初是慑于自然界的无限威力,源于对死亡的恐惧,对于做梦、生死都无法解释,于是就错误地认为,有一种独立于身体之外的或不随肉体消亡的精神——灵魂存在。这种灵魂不受时空限制,具有超自然的能力,天上地下人间,无所不在。人死以后,灵魂独立存在,变成了鬼魂,而鬼魂则能保护或危及人们的现实生活。进入阶级社会后,鬼魂世界也随之分裂,有的鬼魂,升天为神,大多数鬼魂在阴曹地府,受阎王管束,还有许多鬼魂沦为游魂,永世不得超生。中国古代鬼魂崇拜有丧葬、祭祀、傩等形式。丧葬主要是为了安顿鬼魂,祭祀目的在于求得福佑,傩则用于对付恶鬼厉魂。冤死的鬼魂找替死鬼的迷信出现于先秦时代,后世流传甚广。中国古代还认为世间万物均有灵魂,动植物到一定时期也会成精作怪,如蛇精、树怪等,这也是鬼魂崇拜的另一种反映。

祖先崇拜是从鬼魂崇拜中演化而来,在中国古代宗教中占有十分重要的地位。人们出于趋利避害的本能,认为自己亲人的鬼魂或本部落首领的鬼魂最能够保佑自己。由此,从母系氏族时代就产生了祖先崇拜,后来逐步有了相应的仪式。殷人认为祖先是上帝和人间沟通的媒介。到周代,祖先崇拜发展成了宗法家族制度,祖先崇拜经过儒家伦理化后，同时又具有维护纲常道德的特殊意义，中国古代伦理中“孝”的观念，其渊源就是祖先崇拜。祖先崇拜可以说是中国古代信仰的核心，以致到后来，祭祖成为古代民间最常见的一种宗教活动。这一习俗，至今仍有痕迹。

五、婚姻、生育神

中国古代人们的婚姻就是为了“和二姓之好，上以事宗庙，下以继后世”，所以，中国汉地民众对掌管人类婚姻、生育的“高谋神”很是崇拜。传说在上古，“高谋神”是女娲，在夏代是涂山氏，在殷代是简狄，在周代是姜源，都是祖先神，可见婚姻、生殖神的崇拜，与祖先崇拜有直接关联，寄托着为祖先延续香火的厚望。汉代以后，由于佛教流行，“高谋”地位才为送子观音所代替。

送子观音之说，源于佛教观世音菩萨，取其观世人苦难音声而施以救助之意。唐初，因为要避唐太宗李世民的讳，故简称“观音菩萨”。观音拯救信仰者有很多“法门”，最普通、最容易的是“念颂名号”。此外，还有很多种最简明的解脱修行方式，很符合中国人希望速成的心理，所以，信仰观音菩萨的人最多。到了明清，在救苦救难的职司中，民间突出了招财送子的内容，于是在观音庙中多以求子为崇拜目的，改变了原佛教要旨，成为民间最广泛的信仰，称为送子观音。另外，现在坐镇泰山顶碧霞祠的道教女神，东岳大帝的女儿碧霞元君，又叫“泰山娘娘”，在北方尤其华北最受崇拜，民间认为她是专司妇女生子，保护幼儿平安的大神。故把她也视为“送子娘娘”。由于中国人非常重视生育，所以泰山娘娘的香火越来越旺，超过了东岳大帝，结果连东岳庙也被搬到山下了。

六、门神、灶神、城隍、关羽

门神也是古代尊崇不衰的大神，本为神荼、郁垒，他俩住在东海的度索山上，山上有大桃木，木下有万鬼，两人的职责是惩罚那些害人恶鬼。根据这个神话，民间多用桃木刻像，悬于门户，后来改为绘画，用以避邪驱鬼。继最初的神荼、郁垒之后，又出现了专门吃鬼斩鬼的门神钟馗。以后又陆续把著名的隋唐武将秦琼、尉迟恭等人当做门神，这叫武将门神。王安石《元日》诗：“总把新桃换旧符”，说的就是这个习俗。春节各家各户都要贴门神，后来贴门神成了贴春联。

灶神，也叫灶王爷，是民间供奉于灶头的神，传说他掌管全家的生死福祸，并随时记录人的功过，一年一度上天禀告玉皇。上天将根据人所犯罪行的大小定罚，大罪减寿300日，小罪减寿100日。旧时民间有祭灶的活动，其实就是为了达到避祸的目的，贿赂、收买这位灶王爷。由于灶神是每年腊月二十四日上天，正月初一五更回来，所以腊月二十三日被定为谢灶日，这一天，有的人将酒糟抹在灶门口，好让灶王爷醉酒，无法汇报真实情况；有的则给灶王爷吃糖，让他的嘴变甜；有的拿年糕贴到灶后面的灶神像的嘴上，让他说不出话来。

古代传说守护城池的神称为城隍，它是神鬼世界中的一城之主，它的职权范围相当于人世间的县官老爷。道教把城隍当做“剪恶除凶，护国保邦”之神，说它能应人所请，旱时降雨，涝时放晴，保谷丰民足。城隍虽属道教之神，但历代帝王却多重视它的作用，屡次给以加封。因为城隍爷是人们心目中的阴间长官，所以很多地方的城隍爷常以去世的英雄或名臣来充任，希望他们的英灵能和生前一样护佑百姓，除暴安良。例如北京、杭州的城隍爷都是文天祥。

关羽是中国民间信仰最普遍的人神。关羽，字云长，是三国蜀汉大将。东汉末年，关羽跟从刘备起兵，并与刘备和张飞在桃园结义。有一次刘备被曹操打败，关羽被俘后，虽受曹操厚待，并被封为汉寿亭侯，但他依然“身在曹营心在汉”，最后归返刘备。关羽以其“忠”、“义”的操行为后人所景仰，并加以神化，尊之为“关公”、“关帝”。关羽最早被神化是在隋朝。关羽的家乡解县在隋朝开皇年间就建了关帝庙。以后，道教、朝廷、民间，都参与了神化关羽的过程。由于朝廷也崇拜关羽，因此，关帝庙香火之盛，罕有其比。每年五月十三日和九月十三日，各地定期举行民间赛会，准备仪仗、旌旗、铠甲、大刀、赤兔马，扮演成关羽的形象。同时，关羽也被一些商家信奉为财神爷。

中国古代各行各业还都有一些特定的崇拜神祇，如酒家奉杜康为酒神，茶馆奉陆羽为茶神，铁匠要祭老君，木工奉鲁班，医师奉孙思邈，纺织行奉黄道婆等，但民间一般把他们看做是某种行业的祖师爷，神灵的色彩并不浓厚。

中国民间信仰不但深刻地影响了中国古代的哲学、科学、史学、文学和其他文化事象，并且还提供了大量崇拜对象，有力地促成了中国古代的信仰习俗。

第五节 民间文学和艺术

一、民间文学

民间文学是指群众集体口头创作、口头流传，并在流传中不断修改加工的文学。民间文学主要反映劳动者的愿望、要求和理想，反映人民群众的生活和思想感情，表现他们的审美观念和艺术情趣。

民间文学包括的范围很广，如民歌、民谣、神话、传说、故事、寓言、笑话、童话、谜语、谚语等。民间文学大多是劳动人民集体创作，属口头语言而非书面语言，因而在传播过程中容易变异。但由于是众口相传，其主要内容不会大变。民间文学具有实用价值：下层人民常用民歌、歌谣形式来表达他们对不平等社会的不满与反抗。过去劳动人民多为文盲，无法阅读一些介绍劳动技能与为人处世方法的书籍，因此有技能者或长辈在传授这方面技能与知识时，便采用韵语歌唱易记易传的特点，将劳动技能与处世经验编成歌谣进行传唱。另外，民间文学还有娱乐身心的巨大作用，尤其是在从事繁重的体力劳动时，民歌、号子等可以统一劳动节奏，鼓舞劳动热情。民间文学还具有科学价值：因为民间文学真实、全面、深刻地表现了人民群众的生活状况与思想感情，所以它为社会科学和自然科学都提供了珍贵的资料。我国号称正史的二十四史中有大量的谣谚，如《汉书》中引用的“刺绣文不如倚市门”，就反映了当时刺绣为生不如倚门为妓的社会现实。农谚中的节令歌、气象谚语，都是千百年来农业生产的科学总结。最后，民间文学更具有艺术价值：民间文学经过长期的流传过程，其中集中了群众智慧的优秀作品，具有深刻的思想性和高度的艺术性，成为不朽的古典文学遗产，具有极高的艺术价值。如《诗经》中的《国风》就反映了当时人民广阔而丰富多彩的生活画面。文学名著《水浒传》就是作者根据流传甚广的“梁山好汉”的民间故事写成的。现代作品中的诗歌《王贵与李香香》、歌剧《白毛女》、小说《小二黑结婚》无一不是在民间文学的肥沃土壤上，吸收了丰富的营养而生成的。下面介绍几种主要的民间文学形式：

（一）民间故事

民间故事是人民口头创作中叙事散文作品的总称，按题材内容与流传情况可以分为神话、传说、生活故事、笑话、寓言、童话等。

神话　神话是产生于人类远古时期一种古老的口头艺术形式，是原始人类表达思想感情及对自然和社会的认识，通过幻想编织出的神奇故事。原始社会生产力低下，人们必须集体行动才能获取生活资料，所以，人与自然的斗争就成为神话的主要内容。神话是人类童年时期的记忆，对后世的影响巨大。神话的种类很多，我国各族人民都有创世神话和人类起源神话。汉族典籍中有盘古开天辟地、女娲造人的神话。其他各民族也都有类似的神话，流布很广。其他解释自然现象的如对太阳、洪水、事物起源、疫病等方面的神话；征服自然的如治水、射日等神话；有关社会生活的如反抗暴力、歌颂爱情等神话。

民间传说　民间传说是劳动人民创作的与一定的历史人物、历史事件和地方古迹、自然风物、社会习俗有关的故事。民间传说的来源，有的是以历史上的事件和人物为素材，经群众加工附会而成；有的则是由神话演变而成。我国历史悠久，

人口众多，所以历代的民间传说内容丰富，影响深远。如孟姜女、白蛇传、梁祝、牛郎织女四大传说，内容优美、经久流传。民间传说的种类很多，如人物类传说，包括传奇英雄、帝王将相、清官奸臣等；事件类传说，包括农民起义、志士改革等；其他如风物名胜、土特产、节日、风俗、家庭社会生活传说等，内容极其丰富。

传统生活故事　即狭义的“民间故事”，它是以日常生活为题材、以生活中的人物类型为主角的民间故事。与传说不同，它的人物、故事与史实不一定有联系，大都虚拟。包括如赞颂长工机智聪明、地主狡诈愚蠢的故事，劳动者创造发明的故事，家庭生活中巧媳妇、傻姑爷的故事，反对封建婚姻、歌颂忠贞爱情的故事等。

笑话　笑话是引人发笑的民间故事，是口头的讽刺幽默小品。强烈的喜剧效果是笑话的特点。但发笑并不是它的目的，笑话的真正目的是要表达说笑话的人的一种思想情感。笑话大体可以分为两类，一是讽刺性的，它是揭露反动统治阶级，鞭挞社会丑恶现象的利器。如维吾尔族家喻户晓的阿凡提对国王、大臣和财主进行尖锐讽刺的笑话，即为一例。另一类是幽默诙谐类笑话，其中有的寓意批评人民身上的缺点，有的就是让人开怀一笑，娱乐身心。

寓言　寓言是通过形象生动的叙述，深刻说明一个道理，而又含有教训意义的故事。比如《愚公移山》讲的是愚公带领子孙移除太行、王屋两座大山的故事，寓意在说明只要有决心、有毅力，锲而不舍，什么艰险都能战胜，什么困难都能克服。

（二）民间歌谣

民间歌谣是劳动群众口头创造的能够歌唱和咏诵的韵文诗歌。一般把能按曲调歌唱的称民歌；不歌唱只咏诵的称为民谣。民间歌谣反映劳动人民在生产斗争、阶级斗争和日常生活各方面的现实，体现人民群众的心声，也是向剥削阶级进行斗争的利器。民间歌谣在生产劳动中可以振奋人心、激发干劲、调剂精神，它还可以传播多方面的知识。民间歌谣大多想象丰富、感情真挚、讽刺深刻、风格多样、语言朴实。各民族、各地区的民间歌谣大多有着自己的独特风格。在表现手法上，民间歌谣一般多采用比兴、比喻、夸张、拟人、谐音、重叠等修辞方法。

民间歌谣的内容极其丰富，如打夯号子、行船号子等劳动号子；婚礼歌、节令歌等仪式歌；傩歌、讽刺歌；赞美歌、求爱歌等情歌和各类儿歌。按表现形式划分，有花儿、信天游等山歌；五更调、四季调、小放牛等小调。我国各少数民族都有自己的民间歌谣，如蒙古族的“漫瀚调”、藏族的“鲁”、白族的“打歌”、壮族的“欢”等。

（三）民间谚语、谜语、歇后语

谚语　谚语是一种富有教育意义、认识作用和深寓哲理的传言。谚语大都内容深刻、通俗易懂、语言精练、发人深省。谚语在我国有悠久的历史，它明快、含蓄而又机智、幽默，能准确、鲜明、生动地表达人们的思想感情，增强语言效果。谚语还有明显的地方特色和浓郁的生活气息。谚语从内容上可分为歌颂讽刺谚、规戒谚、事理谚、生产谚、天文谚、风俗谚等。从形式上可分古谣谚、俗语、俚语、格言、警句等。谚语的表现手段与民间歌谣大体相同。

谜语　谜语是通过隐喻、暗示等手法公布谜面，让人猜测谜底的一种民间文学样式。它能培养并检测人们的机智、才干，拓宽人们的思路，增加人们的识辨水平和生活情趣。谜语在我国有着悠久的历史，到宋代，人们在新年里把谜语写在灯笼上，所以又叫“灯谜”或“春灯谜”。比喻谜语难猜，又叫它“射虎”、“灯虎”。谜语根据谜底的类别可分为物谜、字谜、事谜、地名谜、人名谜、书名谜、成语谜、诗句谜等。设谜的方法有描写法、象形法、会意法、拟人法、夸张法、矛盾法、排除法、谐音法等。随着谜语的发展，其高难度相应增加，产生了许多谜格，谜格是制谜过程中，给谜面增加一些附加条件，如颠倒顺序，增加或减少文字或偏旁，读错、读别文字等方法以提高猜测难度的各种谜语格式。

歇后语　歇后语是人们在说话的时候，只说前面比喻、演绎的部分，而真正要说的意思则在后面的语句里。如“千里送鹅毛”，意在后面的“礼轻人意重”；“十五只吊桶打水”，意在说明心情的“七上八下”。歇后语通俗、形象而又生动、幽默，有很强的表现力。

二、民间艺术

（一）民间说唱

民间说唱，即现在一般所说的“曲艺”。它是通过说唱表演来叙述故事、塑造人物、表达思想感情、反映社会生活。民间说唱在我国有悠久的历史，汉代的俳优滑稽，唐代的变文、宝卷，宋代的说话、讲史，金元时期的诸宫调，直至清代的子弟书。内容丰富，形式多样。下面介绍最主要的几种。

快板、快书　指用木版、铜片敲击节奏，只说不唱的曲艺形式。包括数来宝、莲花落、金钱板、快板书、山东快书、天津快书、三句半等。快板、快书要求刻画人物形象，语言合辙押韵，它也经常运用先铺垫，再抖“包袱”的方法，以取得生动、幽默的表演效果。山东快书中的传统节目《武松打虎》，取材现代小说《红岩》的快板书《劫刑车》一直深受观众欢迎。

评书　是以一块醒木为道具，由一人娓娓叙述为表演形式的一种民间说唱形式。评书大都为长篇故事，分期连续演出。通常的演出内容有《东周列国》、《精忠岳传》、《济公传》、《杨家将》以及小说“四大奇书”。评书流行于华北、东北一带；南方的四川评书、扬州评话、苏州评话与之相类似。

相声　相声是以说、学、逗、唱为表演手段，风格幽默诙谐的一种说唱形式。相声以两人合说的对口相声为主，也有单口（即南方的“独角戏”）、群口的相声。对口相声中甲是“逗哏”，主要叙述故事，逗乐；乙是“捧哏”，起搭腔、转话的辅助作用。相声表演大体由四个阶段构成：“垫话”（开场白）、瓢把（垫话与正活中间的过渡）、正活（主体）、收底（故事高潮时的收场）。相声的最大特点就是用一个又一个的“包袱”（笑料）引听众发笑，为了把“包袱”抖响，必须事先予做准备，行话叫“铺平垫稳”。相声是以讽刺为主的艺术，有对愚蠢昏官的嘲笑，有对坏人坏事的讽刺，有对人民内部的一些缺点、消极现象的批评等，如广为人知的《关公战秦琼》、《买猴儿》等。也有用来赞颂的。

大鼓　大鼓是演员右手执鼓键击鼓，左手操简板、鸳鸯板打节奏过门，用各地方言演唱的艺术形式，有梨花大鼓、京韵大鼓、西河大鼓、梅花大鼓、乐亭大鼓、胶东大鼓、长沙大鼓、温州鼓词、扬州鼓词等。

琴书　琴书这种演唱形式是因为以扬琴伴奏而得名，有北京琴书、山东琴书、四川扬琴、常德丝弦、贵州文琴、广西文场等。

弹词　弹词是以三弦、琵琶或月琴伴奏，由一人或数人用方言演唱，自弹自唱，唱白相杂的一种说唱形式。有的与评话结合，又称“评弹”。弹词有苏州弹词、扬州弹词、广东和福建的木鱼书、浙江的宝卷等。

（二）民间小戏

民间小戏是指除去京、川、评、越、昆、梆、闽、粤等大型戏剧之外，也是融歌、舞、做、白于一体，由劳动者自编自演或由半脱产民间艺人演出、大多为独幕的地方小戏。与大型戏剧不同，民间小戏都采用乡音土语，小曲民歌，人物较少，故事情节也较简单。如东北的二人转，华北的秧歌剧，长江流域的花鼓、采茶戏，南方的花灯戏、彩调等。民间小戏的内容，大多反映群众日常生活趣事，反抗封建礼教、争取婚姻自由，揭露阶级矛盾、鞭挞压迫者剥削者。在艺术风格上，民间小戏善于用喜剧形式表现生活，富于幽默、诙谐因素。民间小戏种类繁多，观众面较多的有龙江剧、吉剧、二人台、秧歌戏、陕北道情、晋北道情、河南曲剧、吕剧、沪剧、甬剧、淮剧、锡剧等。道具戏之中的木偶戏、皮影戏、面具戏也应该属于民间小戏的范围。各少数民族大都有自己的戏剧，如壮戏、藏剧等。

（三）民间音乐

民间音乐可以分为声乐和器乐两大类。民间音乐中的声乐主要是民歌。民歌是我国劳动人民创造的表现自己生活的一种艺术形式。民歌音乐形象鲜明生动，表现手法多样。就其体裁和形式，大体可分为三类：劳动号子、山歌和小调。

我国是一个多民族国家，各少数民族都有自己丰富多彩的民歌，如蒙古族的赞歌、朝鲜族的农歌、苗族的酒歌、景颇族的舂米歌等。

民间音乐中的器乐与人民生活密不可分，在婚丧嫁娶、风俗节日都离不开它。器乐曲调与演奏形式大体可分为：吹打乐，乐种有浙东锣鼓、福州十番、山东鼓吹、西安鼓乐、山西锣鼓等；丝竹合奏乐，乐种有河南大调曲子板头曲、广东音乐、福建南音、江南丝竹等；独奏，乐种分弹、拉、吹、打四大类。

民间器乐与民间歌舞有着非常密切的关系，演奏往往与歌唱、舞蹈结合进行。

（四）民间舞蹈

民间舞蹈是劳动群众自编自演，表现本民族、本地区文化传统、生活习俗和人民精神风貌的群众性的舞蹈活动。民间舞蹈包括娱乐舞蹈、民俗舞蹈、宗教舞蹈、祭祀舞蹈、礼仪舞蹈等，如朝鲜族的“农乐舞”、苗族的“芦笙舞”、侗组的“舞春牛”、赫哲族的“萨满舞”、纳西族的“东巴舞”、京族的“跳天灯”、彝族的“婚礼舞”、回族的“宴席曲舞”等。

中国民间舞蹈是中华民族艺术宝库中的瑰宝，它历史悠久、题材广泛、内容丰富、形式多样。据统计，我国56个民族共有各种民间舞蹈17 600多种。

（五）民间杂技

民间杂技是我国有着悠久历史的一种表演艺术。它包括力技、蹬技、手技、顶技、踩技、口技、武术以及各种民间杂耍等。人们通常也把戏法、魔术、马戏、驯兽包括在杂技之内。

民间杂技艺术起源于人们的劳动生活，经过提炼加工，逐渐成为表现人民机智勇敢、有胆有识、技艺高超的一门表演艺术。汉代和唐宋，我国的杂技都有了很高的水平。现代杂技已经达到技、艺、声、色绝佳的水平，节目数以百计。“柔术”、“飞天”、“舞狮子”、“花盘”、“空竹”、“飞叉”、“顶技”、“杂耍”、“蹬技”、“爬竿”、“武术”等作为民间艺术的精华，不仅在各地民间长演不衰，在各种国际比赛中也屡获大奖。

三、民间工艺美术

民间工艺美术是劳动人民创造具有实用性和自娱性的一种艺术。其中年画、剪纸、泥塑、玩具、印花布、挑花刺绣、皮影、石雕、编织等，都有着悠久的历史和丰硕的成果。它丰富了人民的精神生活，也体现出人民的兴趣、理想和愿望。

民间工艺美术在社会生活中，物质形态丰富，精神境界广阔。生产劳动，衣食住行，婚丧嫁娶，生老病死，福禄寿禧，年节时令，礼乐仪式，宗教信仰，居家外出，社会交往等，都与民间工艺美术有着非常密切的关系。如春节时的贴门神、剪窗花，正月十五的赏花灯、闹社火，端午节绣荷包、做香包等。平日的友朋交往，相互馈赠，民间工艺美术品更是重要的选择对象。

由于我国幅员辽阔，人口众多，各民族各地方民间工艺美术的风格也各不相同。黄河流域为深厚古朴、粗犷豪放，而长江流域则以优美柔和、细致精巧为特色，风格万千，各臻其妙，都展示着我国民间文化光辉灿烂的面貌，标志着我国高度发展的物质与精神文明水平。

本章小结

任何一个时代，它的社会主体都是民间大众，忽略或忽视他们去研究、总结文化传统，将是非常片面的，也将失去文化传承发展的深刻底蕴。因此，我们必须要了解来自民间的、传承至今的民俗文化。

在人生的历程中，每个人所必须经历的阶段无外乎出生、成年、婚姻和最终的死亡，在进入这些阶段的时候，总有一些特定的、有见证性的礼仪作为标志，我们称之为“人生仪礼”。简单地说，所谓“人生仪礼”，就是庆祝或纪念人生发展阶段的仪式。人生礼仪包括诞生礼、成年礼、婚礼、寿礼与丧礼。

岁时节令是中国民俗文化的重要组成部分。中国的传统节日众多，以汉族为例，一年中的主要节日包括：春节、元宵节、寒食节、清明节、端午节、七夕节、中元节、中秋节、重阳节、冬至、腊八节、腊月二十三、除夕。

中华饮食在世界上享有盛誉，带有浓厚的中国文化色彩：中国人的传统饮食是以植物性食料为主；中国人的食谱广泛，举凡能食者皆食，毫无禁忌；以热食、熟食为主；饮食方式上，是聚餐制；讲究吃的艺术；风味多样寓医于食，膳药同功；讲究食礼。

中国民间信仰主要指俗神信仰，它源于人类的原始崇拜。中国民间信仰中的各路神仙繁多，我们主要介绍在中国古代比较有影响的一些神：天、社稷神、玉皇大帝、王母娘娘、日神、月神、星辰崇拜、风雨雷电、山神、海神、鬼魂崇拜、祖先崇拜、婚姻神、生育神、门神、灶神、城隍、关羽。

民间文学是指群众集体口头创作、口头流传，并在流传中不断修改加工的文学。民间文学包括的范围很广，如民歌、民谣、神话、传说、故事、寓言、笑话、童话、平话、谜语、谚语等。民间文学具有实用价值、娱乐价值、科学价值和艺术价值。

民间艺术包括民间说唱、民间小戏、民间音乐、民间舞蹈和民间杂技。

民间工艺美术是劳动人民创造具有实用性和自娱性的一种艺术。其中年画、剪纸、泥塑、玩具、印花布、挑花刺绣、皮影、石雕、编织等，都有着悠久的历史和丰硕的成果。它丰富了人民的精神生活，也体现出人民的兴趣、理想和愿望。

思考题

1. 谈谈你们当地的人生礼仪民俗。
2. 现代人过传统节日有什么意义？
3. 中国饮食文化有哪些特点？
4. 谈谈当地民间信仰的表现。

第十三章　文化精神:中国传统文化的基本特征

中国纯粹建筑在这一种道德的结合上,国家的特性便是客观的家庭孝敬。

——黑格尔

就中国人来说,几千年来,比世界任何民族都成功地把几亿民众,从政治文化上团结起来。他们显示出这种在政治、文化上统一的本领,具有无与伦比的成功经验。

——池田大作

每一个国家,每一个民族都有自己的文化。由于产生的地理环境、社会历史条件和发展演变的过程不同,所以每一种文化各有自己的特点。

中国传统文化的特质,只有在与其他文化的比较中才能显示出来,没有这种比较,也就无从断定中国文化的特点。近现代的学者们谈论中国传统文化的特点、特征,大都是从中国和西方文化的比较中立论的。

近代中国,启蒙思想家严复从中西比较的角度来论述中国传统文化的特质。他在《论世变之亟》一文中说:

中国最重三纲,而西人首明平等;中国孝亲,西人尚贤;中国以孝治天下,而西人以公治天下;中国尊主,而西人隆民;中国贵一道而同风,而西人喜党居而州处;中国多忌讳,而西人众讥评。其于财用,中国重节流,而西人重开源;中国追淳朴,而西人求欢虞。其接物也,中国美谦屈,而西人务发舒;中国尚节文,而西人乐简易。其为学也,中国夸多识,而西人尊新知。其于祸灾也,中国委天数,而西人恃人力。①

“五四”时期,也有很多人从中西比较上来探求中国文化的特质。李大钊在《东西文明之根本异点》一文中说:

---

①严复《严复集》第一册,中华书局,1986年,第3页。

东西文明有根本不同之点，即东洋文明主静，西洋文明主动是也，……南道文明者，东洋文明也；北道文明者，西洋文明也。南道文明得太阳恩惠多，受自然之赐予厚，故其文明为自然和解、与同类和解之文明。北道得太阳之恩惠少，受自然之赐予者薄，故其文明为与自然奋斗、与同类奋斗之文明。一为自然的，一为人为的；一为安息的，一为战争的；一为消极的，一为积极的；一为依赖的，一为独立的；一为苟安的，一为突进的；一为因袭的，一为创造的；一为保守的，一为进步的；一为直觉的，一为理智的；一为空想的，一为体验的；一为艺术的，一为科学的；一为精神的，一为物质的；一为灵的，一为肉的；一为向天的，一为立地的；一为自然支配人间的。一为人间征服自然的。①

李大钊所说的东方文明，主要是指中国的传统文明。其比较之辞，显然是对西方文明持赞美态度，对中国文明持贬斥态度。

当代学者对中国传统文化特质的论述，由强调中国传统文化的外部特点转向思考中国传统文化的内在精神。他们撇开了东方人内向，西方人外向；东方人主静，西方人主动；东方人重艺术和道德，西方人重科学等诸如此类的提法，力求寻出中国文化更深的核心。有的人认为伦理道德是中国传统文化的核心，中国文化可以说是伦理型文化。有的人认为中国传统文化是以中庸为特质和基本精神的。有的人认为中国文化的特质是重人，有别于基督教文化讲的"天学"、佛教文化讲的"鬼学"，是讲"人学"。与之相近的提法是，人文精神是中国文化的特质，中国文化可以说是一种人文文化。有的学者认为中国文化的特质和基本精神是刚健有为、中庸、崇德利用和天人协调。还有的人认为中国文化是一种注重"内在超越"的文化。总之，关于中国传统文化的特征，有诸种不同的说法。一个国家或民族的文化往往是包罗万象的，其内容庞杂交错，其中既有历史的、地域的、时代的、民族的、阶级的种种差异，又包含着进步的、落后的多种多样的文化，所以，从不同的角度可以得出不同的结论。

在本书前几章，已从各方面涉及中国文化的特点问题。诸如农业文化、宗法文化的特征以及反映在哲学、宗教、文学、艺术、科技等方面的文化特征。以下我们将从中国文化的总体来考察，站在中西文化对比的角度，对中国文化的特征做以基本的概括。

①《李大钊文集》上册，人民出版社，1984年，第557～558页。

第一节 强大的生命力和凝聚力

在世界文化之林中，有四大文明古国，也曾出现过许多优秀的文化体系。英国历史学家汤因比认为，在近 6 000 年的人类历史上，出现过 26 个文明形态，但是在全世界只有中国的文化体系是长期延续发展而从未中断过的文化。这种强大的生命力，是中国文化的一个重要特征。

一、强大的生命力

中国文化的强大生命力，表现在它的延续力、融合力、同化力等方面。

中国文化源远流长，其所以能顽强地生存发展并绵延至今而不辍，究其原因，主要在于东亚大陆特殊地理环境提供了相对隔绝的状态。如第一章所述，中国处在一个半封闭的大陆性地理环境之中。东面临海，西北有戈壁沙漠，西南则多横断山脉。几千年来，中国文化好像一直孕育在一个广大的避风港中，很少遇到外部力量的巨大冲击，没有像世界其他文明古国因外族入侵而中断。只是近代以来，由于海运工具日益进步，特别是帝国主义列强在经济、政治、文化上的侵略，使中国面临巨大挑战。

所谓融合力，是指中国文化并非单纯的汉民族文化或黄河流域的文化。而是在汉民族文化的基础上，善于有机地吸收中国境内各民族及不同地域的文化，形成具有丰富内涵的中华文化。在中国文明初起阶段，黄河流域就是一个多民族共处的地区。西有华夏族，东有东夷族，南有苗蛮族。黄帝战胜蚩尤、炎帝后，这三大集团所属的各民族实现了历史上的第一次较大规模的融合。殷周之际，小邦林立，各小邦都保持着自己民族的习俗风尚。据说武王伐纣时，曾联合八百诸侯打败有众多属国的商王朝，从而建立起以周天子为主的周王朝。经过长期的共同生活，种族之间的差别与隔阂也逐渐消失而归于同一。这是历史上又一次较大的民族融合。春秋战国时期，奴隶制的崩溃打破了“学在官府”的文化封闭状态，一些本来依附于官府的士大夫流落民间，开始了私人讲学和著书立说，一些原来处于封闭状态的地区性文化，如鲁文化、楚文化、齐文化等，相互间也进行了交流。秦汉以后，由于出现了全国统一的封建政权，在统一的中央政府管理下，利用国家的行政权力，利用全国统一的教育制度及其所推行的官方经学，加快了全国各民族文化的融合步伐。当时，散居在祖国北方的有匈奴、乌桓、鲜卑人，在西方有西域各族和羌人等，在南方有瑶人、滇人等，彼此间都互相往来，和睦相处，推动了文化的发展。张骞出使西域，沟通了汉朝与西域的交往。从此，汉族的先进文化与科学技术逐渐在西域传播、生根，而西域的马匹、乐器等也传到了内地，丰富了汉族人民的经济和文化生活。

从东晋进入南北朝，北方民族与当地少数民族互相结合，南迁的汉民族中的贵族也与当地的土著贵族相联结，共同进行统治。这是一次更大规模的民族文化融合。唐朝继隋朝之后完成了统一大业，与边陲少数民族的接触形式有时是和平相处，有时发生军事冲突，但不管是何种形式，都加强了文化交往。宋元明清时期，特别是元清两个朝代，国内各民族间的文化交往、融合，比过去任何时候的规模都大，影响更广泛深远。到了清代，我国已拥有 50 多个民族，成为世界上的多民族国家之一，他们在经济、文化方面的交往也更为密切。

在长期的民族融合中，中国境内的少数民族对于形成博大精深的中国文化做出了杰出的贡献。在经济生活方面，中国上古的主要粮食作物为五谷（黍、稷、菽、麦、稻），然而，用麦磨面的粮食加工方法却是秦汉以后西域少数民族传入内地的。以面烤制饼的方法也来自胡人。多种瓜果蔬菜与粮食作物均经由少数民族地区传入内地，如黄瓜（胡瓜）、洋葱（胡蒜）、胡萝卜、菠菜（波斯菜）、石榴（安石榴）、核桃（胡桃）、葡萄、蚕豆。葡萄酒、烈性酒（烧酒）的酿制技术也来自西域。在衣着服饰方面，汉族的衣着最初以丝、麻和毛为原料，织成各种丝织品、麻布、毛褐。汉魏之际，西北新疆的高昌人地区以及云南哀牢山一带开始种植棉花，生产棉布。其后棉花由少数民族地区沿南北两道传入内地。元朝以后，棉花已在内地广泛种植。但在纺织技术上，黎族的纺织术远较内地先进。元成宗元贞年间（1295—1296），在崖州生活 40 年的汉人黄道婆返回故乡，推广黎族纺织技术，大大提高了中原地区的传统纺织技术。在服装样式方面，汉民族曾多次改穿胡服或吸收胡服的某些特色改造传统汉服。如近代流行的旗袍、马褂则是从满族人那儿学来的服装样式。在音乐舞蹈方面，和注重温柔敦厚品性的汉民族比较起来，少数民族要热情奔放得多，少数民族的音乐舞蹈因而十分出色。唐时，胡舞龟兹曲风靡长安，“洛阳家家学胡乐”。不少少数民族乐器也传入内地，沿用至今。如笛是古代羌人首先发明，管子是古代龟兹人首先发明，手鼓是维吾尔族的乐器，笙最早是壮、苗等族的乐器，另外箜篌、琵琶、铜钹、唢呐、胡琴等，都是通过古代新疆各族人民传入中原地区的。此外，在文学、史学、医学等方面少数民族也都有杰出的作品和贡献。总之，汉民族与各少数民族互相融合，互摄互补，共同建成了气势恢宏的中华文化。

所谓同化力，是指外域文化进入中国后，大都逐步中国化，融入中国文化而成为其中一部分。在这方面最有代表的莫过于佛教文化的传入和中国化。佛教起源于印度，并不是中国的本土文化。1世纪佛教传入中国，当时人们只是把它当做中国的神仙方术一样的东西来看待，并没有引起统治者的重视。魏晋南北朝时期，由于统治阶级的提倡和当时社会战乱不已造成人民生活痛苦，故而使佛教在中国大量传播，后至隋唐达到鼎盛时期。但是，佛教在中国的传播，却遭到了中国文化的猛烈拒斥。佛教与中国文化的主干儒家思想在生死形神、入世还是出世和忠孝纲常等基本内容方面发生了冲突。在这种情况下，迫使佛教加快对自身进行改造的速度，走中国化的道路，以适应中国国情，否则在中国就没有立足之地。唐代南禅宗的产生，就是佛教中国化的结果。由于前面第六章对此有详细的介绍，这里不再赘述。

中国文化的同化力还表现在先进的中原文化多次同化以武力入主中原的北方游牧民族，反复演出“征服者被征服的”戏剧。在漫长的历史年代里，以中原农耕文化为主的中国文化屡屡遭到北方游牧民族的军事冲击，如春秋以前的“南夷与北狄交侵”，十六国时期的“五胡乱华”，宋元时期契丹、女真、蒙古人接连南下，明末满族入关。这些勇敢剽悍的游牧人虽然在军事上大占上风，甚至多次建立起强有力的统治政权，但在文化方面，却总是自觉不自觉地被以华夏农耕文化为代表的先进的中原文化所同化。匈奴、鲜卑、突厥、契丹、女真、蒙古等游牧或半农半牧民族在与先进的中原文化的接触中，几乎都发生了由氏族社会向封建社会的过渡或飞跃。军事征服的结果，不是被征服者的文化毁灭、中绝，而是征服者的文化皈依和文化进步。例如。在辽朝，孔子受到朝野上下的尊崇。《贞观政要》、《史记》、《汉书》等汉文化名著被译成契丹文字，广为流行。贾岛之诗成为儿童学习的启蒙读物。苏轼的诗更为辽人熟悉和喜爱。在汉文学的影响下，辽朝君主“雅好词翰，咸通音律，文学之臣皆淹风雅”(沈德潜《辽诗话·序》)。在西夏，《孝经》、《论语》、《孟子》皆有本族文字译本，至宋仁宗时，西夏如富弼所述，已是任用中国贤才，读中国书籍，用中国车马，行中国法令了(《续资治通鉴长编》，卷一五〇)。在金国，儒学被奉为正宗道统，国学除学习经书外，还要学习《老子》、《荀子》等诸子典籍，读《史记》与《汉书》等各朝断代史。汉地流行的典章制度也在金朝推行，其进士科目“兼采唐宋之法而增损之”(《金史·选举志》)，其考课之法亦仿汉唐之制行之。建立于幽燕故地的金中都，完全以汴京为模式，其设计和施工的主持者均是熟稔于儒学建都规制的汉族士大夫。元代，元世祖忽必烈在汉族儒生士大夫的影响下，采取一系列措施，改革漠北旧俗，“行中国事”，造成统治体系与文物制度的大幅度“汉化”。崛起于两宋、但一直处于在野地位的程朱理学，便是在元统治者的大力倡导下一跃成为“式于有司”的官学，对后来的明清文化格局产生了重要影响，在征战中取得节节胜利的蒙古族，终于又一次步入了征服者被征服的轨道。

二、强大的凝聚力

中国文化还具有历久弥坚的凝聚力。这种凝聚力具体表现为文化心理的自我认同感和超地域、超国界的文化群体归属感。早在公元前1000年的西周时期，中华先民便有了“非我族类，其心必异”的观念。表达了从文化心理特质上的自我确认。古代中国人认为中国是世界的中心，并进而认为中国文化在一切方面优于别的文化，所谓“中华”即位于正中的文化，也就是最好的文化，是与野蛮相反的“文明”。这虽带有某些自我中心的傲慢，却一直是中国人自尊自豪精神的催长剂和文化认同的黏合剂。正因为如此，直到今天，数以千万计浪迹天涯的海外华人，虽然已在异国他邦生儿育女，传宗接代，但他们的文化脐带，仍然与中华母亲血肉相依。在他们的意识与潜意识中，一刻也未曾忘记自己是中华儿女、炎黄子孙。美籍华人、诺贝尔物理奖得主杨振宁教授说：“我个人的道德观念和作风，是受到东方传统的影响，因为我是在中国社会长大的。我在美国已住了40多年，对西方的做人方法也有了解并受到影响，但是我处世做人，仍旧是从我成长过程中所获得的价值观念出发”。（新加坡《联合早报》1987年2月2日）。中国文化这种强大的凝聚力还表现在：每当历史上出现外敌入侵之时，中华民族都能够万众一心地抵御外侮；而每当内乱出现之时，人们往往可以在“中华一体”的民族认同基础上，捐弃前嫌，团结一致，变分为合，化乱为治。

第二节　突出的人文精神

无论海外华裔学者和港台学者，还是大陆学者，虽然在具体价值评判上有所不同，但仍一致认为，中国文化具有超越宗教的情感和功能。换言之，在中国文化中，神本主义始终不占主导地位，恰恰相反，人本主义或人文主义成为中国文化的基本格调。

人文主义就其狭义来说，一般指欧洲文艺复兴时期对“神文”的反叛思潮，其基本精神是提高人的地位，贬低神的地位。人文主义者谴斥天主教鄙视人的存在，扼杀人的本性。他们强调人的现实的幸福和本能的欲望，以反对宗教禁欲主义；强调人的理性，以反对神学蒙昧主义；强调人的自由、平等、博爱，以反对神权对人的束缚和封建等级制度。文艺复兴时期的人文主义是欧洲最早的资产阶级思潮。

但是，人文主义不只仅指欧洲文艺复兴时期的那股思潮，它还有一种一般意义上的理解。它通常被理解为一种观点与态度,即认为人在一切事物中居于最重要的地位,人的行为都应为了实现人自身的种种价值的观点。从这种理解来说,西欧文艺复兴时期的人文思潮之所以是"人文主义",正是因为人文主义者把人的眼光从对神的关心拉回到人自身的关注,把人当做世界的中心,而不是神的奴隶。从上述意义看,以伦理、政治为轴心、不甚追求自然之所以、缺乏神学宗教体系的中国文化,倒是更为富有人文精神,而且更为早熟。只是中国的人文主义与西欧的人文主义相比,有一个根本不同点,即对于人的理解。

人是什么?"人是社会的动物",大家都这么说。有人对人这种动物进行分析和归纳,得出人是具有理智、情感和意志的独立个体的结论,并把爱情、友谊、自由、平等、尊严、权利之类纳入这种认识中,认为每个人都是他自己内在因素的创造物,他对他自己的命运负责。这就是欧洲人文主义者的人论。也有人习惯从关系中去体认一切,把人看成群体的分子,不是个体,而是角色,得出人是具有群体生存需要、有伦理道德自觉的互助个体的结论,并把仁爱、正义、宽容、和谐、义务、贡献之类纳入这种认识中,认为每个人都是他所属关系的派生物,他的命运同群体息息相关。这就是中国人文主义的人论。

用西方的观点看中国,可以说中国人没有形成一种独立的人格;用中国的观点看西方,可以说西方人没有形成一种社会的人格。合理的观点,也许是二者的统一:人既是独立的个体,又是群体的分子,既是演员,又是角色。中西人论差异的出现,有种种原因。这种差异的存在,决定了中国人文主义存在着种种不同于西方的特点。

一、重人生轻鬼神

中国文化具有强烈的非宗教倾向。自周代以来,中国历史上,没有出现过神权占统治地位的时期,不像欧洲历史那样,有"神文"占统治地位的"黑暗的中世纪"。中国人的入世主义和人生态度的非宗教化,是中国文化人文精神的表征。

同世界上任何民族一样,在中国的远古时期,也产生过原始的宗教以及对天命鬼神的绝对崇拜。但是在殷周之际,中国人的宗教观念产生了重要的变化,这就是从西周开始的疑"天"思潮以及"敬德保民"的思想观念。周统治者通过对殷王朝灭亡的经验教训的总结看到,"民心"比"天命"重要。"天命靡常",乃是由于"民心无常"。而要得到"民心",就须施行"德政"。因此,他们提出了"敬德保民"的思想。可见,周人对天人关系,不再像殷人完全听命于天,而是在天神思想笼罩下,尽人事以待天命,这反映了主体意识的初步觉醒。

中国反"神文"的人文主义思潮自西周开始兴起,到春秋战国儒家学派形成时遂蔚成大潮。儒学是中国文化的主流，自孔子以来它就强调入世主义。孔子对神采取的是“敬而远之”的态度。他说：“务民之义，敬鬼神而远之，可谓知矣。”明智之人不该近于神，这种态度与那种以回到神身边为目标的人生态度是大不相同的。孔子还说：“未能事人，焉能事鬼，……未知生，焉知死。”人的首务是服侍活人，是了解人生的道理，现在人生问题都不能办好，还谈什么鬼神之类。所以，孔子自己“不语怪、力、乱、神”。这些都体现出这位儒家圣人的非宗教倾向。

孔子之后，儒家基本上是反宗教、反出世的，儒者无一例外地强调人事。董仲舒有天神论思想，但他的神是为了约束君王的权力而由他自己设计出来的，即所谓“屈君而申天”，他绝不是要人去为来世生活而皈依上帝鬼神。宋明理学虽然援佛道入儒，却并不是汲取佛道的出世思想，相反，他们一个个都斥责佛道的出世思想。儒学“四书”，即《大学》、《中庸》、《论语》、《孟子》，对中国封建社会后期影响巨大，几乎是中国人的“圣书”，但根本不讲超脱现世、皈依上帝之类的东西。

道家是中国文化的另一重要流派。道家也是非宗教性的，它与道教不同。在老子那里，根本就没有上帝鬼神的地位。老子讲“道”，而“道”是效法自然的，他用“道”架空了他那个时代还较为盛行的“上帝”观念。庄子有泛神论倾向，但宗教观念很淡薄。他主张的是人的绝对的自由，对于他，皈依上帝也是不可想象的。诗人陶渊明是受道家思想影响较深的人，但他那“采菊东篱下，悠然见南山”的情调，所表现的只是“结庐在人境”却能“心远地自偏”的人生境界，并不表现出宗教式的人生态度，他有超脱尘世的思想，可断无贬斥人生的意思，只是与世无争而已。

中国历史上，有着许多无神论思想家。他们极力论证宗教迷信的虚幻性，肯定人只有今生断无来世，强调勉力自力的必要性。荀子便是个无神论者，他用“形具而神生”的道理说明了精神不可独立存在。汉代王充大力反对有鬼论，他认为人由元气生成，死后复归元气；人生前无知，死后亦无知，鬼神不可能存在。南北朝时期，佛教已有较大势力，范缜挺身而出，树起了无神论大旗。著《神灭论》一书，力斥佛教。他提出“形神相接”。即灵魂与肉体不可分离；进而他又提出“形质神用”说，认为精神是肉体的作用功能，附于肉体之中。如此一来，“灵魂不灭”、“因果轮回”的佛教观念都失去了根基。唐代的柳宗元、刘禹锡大力反对宗教迷信，他们从社会根源上说明宗教产生的原因。柳宗元说：“力足者取乎人，力不足者取乎神。”刘禹锡则说：“人道昧而信天。”即说，神只是弱者、愚者臆想的结果，是弱者的知音，而强者靠己不靠神。宋张载、清初王夫之等人也都是无神论思想家，他们用气本体论唯物主义反对宗教。在他们那儿，万事万物（包括人）都是气之流行变化的表现形态，这样，鬼神就根本不可能有了。

无疑，古代中国人也有较浓厚的宗教迷信思想。中国人迷信“天”、“命”，但是，这种天命之论密切地与人世相连接。在儒家那里，它更多地属于一种道德观念，天、命都指向社会生活。《荀子》、《周易》中都有“神道设教”思想，想通过确立“天”的权威来推行道德，这种思想是把现实的人世作为人的归宿地，而不是像基督教、印度佛教那样，把人拉向现实世界之外的天国，以求实现生命的永恒价值。

除原始宗教外，中国还产生了一些宗教，也输入了一些宗教。秦汉以后，道教逐步建立起来，佛教也传了进来。更后一些，又有基督教的输入。这些宗教都在一定程度上对中国文化产生影响。但是，中国人对宗教总是似信非信，信仰也不专一，真正交出灵魂的极少。而且，中国的宗教从未超越现实政权力量之上，王权从来高于教权。政教合一的局面从来没有，宗教裁判所也从未出现。

即使中国宗教本身，也有一种重视人自身的人文精神隐含其中。中国自产的宗教主要是道教。道教与世界上其他宗教很不相同，它不把人的灵与肉决然分裂开，也不把现实世界和彼岸世界完全对立起来；它不讲灵魂的拯救，讲究的是自己修炼成仙，长生不老。道教重生，讲究炼丹养生，生命价值在它那里极受重视，成仙便是生命的延续。中国佛教也受人文思想影响。中国佛教以禅宗影响最为巨大，甚至，我们可以说，禅宗就代表了整个中国佛教。禅宗改造了印度佛教，它提出了人性即佛性之说，这就肯定了现世之人的意义。它提倡“顿悟成佛”，修养可以不出家、不打坐，这事实上肯定了人的现世生活。中国的佛教不只有出家和尚，还有不出家的和尚，此即中国特产——居士。禅宗实在是在中国人文精神影响下大肆廉价地出售通往天国的门票。

总之，中国文化一贯注重现世的人生，珍视生命的价值。人一直居于核心地位，而神的地位不能与人相比。这与基督教文化和印度佛教文化大不相同。在佛教、基督教文化中，人的价值不在于人的现世生命本身，而寄托于上帝、佛，寄托于超越现实世界的精神欢乐，而现世生命被认为是有罪的，甚至是阻碍人生最高价值实现的。因此，人应当征服自己，以求回到上帝的怀抱。其途径是要承受灵与肉分裂的痛苦，通过整个身心的极度磨难来洗涤自己，摒弃自己的肉体，净化自己的灵魂。与这种“罪感文化”相反，中国文化却重人生而轻鬼神，重现世而轻来生，所谓“六合之外，圣人存而不论”，充分表现出人文主义精神。

这种重现世人生，排斥、轻视鬼神的思想，对中国社会的发展是很有利的。一个民族如果把大部分精力、才智用以向上帝求荣，那便会造成现世生活的停滞，造成人性的泯灭。儒学这一文化主流，主张积极入世，斥责虚幻的鬼神，这种入世主义阻止了全民族的宗教迷狂，把人的眼光拉向社会人事，促进了中国文化的发展。当中世纪欧洲文化在基督教神学笼罩下，显出生命力萎缩时，中国文化却显出了勃勃生机，创造了人类历史上最辉煌的封建文化。

二、重整体轻个人

上述内容说明中国文化带有突出的人文精神，但是，这种人文精神与欧洲自文艺复兴时期兴起的人文主义有着严重的差别。文艺复兴时期的人文主义，强调人的价值实际上是强调个人的价值。文艺复兴思想家们所理解的人是活生生的个体，他们强调的是个体的欲望、快乐，鼓吹的是个体的自由、平等。在他们眼里，个人又如自然科学中的原子"单子"一样，是不可分割的实体，具有独立的地位。个人与集体是对立的，集体只是独立个人的组合。他们赞美个人，把人生的意义看做是本能欲望的满足。神性之所以可恶，一个最重要的方面在于神性束缚了个性的施展。他们反对教会规定的禁欲主义原则和一套套的清规戒律，提出人应当按照自己的本性、需求和爱好而自由自在地生活，不必受任何约束。他们还宣扬人生平等，"国王跟我一样，也是一个人罢了"（莎士比亚《亨利五世》），用人的天生平等反对封建等级制度。

由于宗法制的严重影响，中国文化中崇尚人的价值实际上是崇尚人类的价值、人类的尊严。古代思想家们所理解的人是整体的人，而个人不具有独立性，个人只是集体肌体上的一个细胞，必须从属于集体，断断不可片刻与集体脱离干系。因此，个人也没有什么"天赋人权"，个人的权利只能是集体给的。中国文化不鼓吹个人本性欲望的满足，相反，节欲乃至禁欲的思想却一直很重。宋明理学提出的"存天理，灭人欲"，就很有点禁欲主义的味道。中国文化也不讲个人自由，强调的是个人必须严格服从集体，即宗法团体。中国文化也不讲人的平等，相反，道德的功用正在于它能定尊卑、序等级，"忠"、"孝"之德也正是在尊卑等级观念上得以践行。

总之，文艺复兴以来的西方人文主义把人看做是独立的个体，因而强调人的自由和权利；中国文化中的人文主义却把人看做绝对不能脱离整体的人，因而强调人对集体的义务和责任，而忽视个人的权利。

把人看做是属于一定人际关系的人的观点，自有其合理的一面。人生活在现实社会中，确实不能脱离群体，个人总是在群体中确立自己的位置，个人的绝对独立是不可能的，因而个人的绝对权利也是不可能的。把个人与群体联为一体的观念，使人注重道德价值，注重整体利益，增进了人与人相互的依存关系，敬老慈幼、互帮互助，极富人情味；个人生活在群体之中，能感到人世的温暖，孤独感较少。而且把个人看做是群体的一个细胞，将两者密不可分地联结为一体，强化了国家和民族的凝聚力，促进了中国人修身、齐家、治国、平天下的积极的社会责任观，爱国主义思想也得以扎下深深的根基。

毋庸讳言，传统文化中的人文主义只讲个人的责任和义务，而完全忽略个人的权利,这无疑是有缺陷的。个人应当有其独立人格,不仅仅只有社会人格。个人不可绝对脱离群体,但个人毕竟是有独立性的。不讲个人的独立性,也就剥夺了个人的平等权利。人隶属一定集体,而这种集体是一种等级制的集体,人隶属于一定等级,断无平等可说。完全忽视个人权利是会束缚个人的主动性和创造性,对社会的发展并不利。

三、天人合一

文艺复兴以来的西方人文主义,是由人们对探求、利用和控制自然的兴趣作引导的。在他们的观念中,人不仅当独立于神,而且不言而喻地独立于自然。人与自然被严格地区分开来,自然是与有生命意识的人完全不同的物象,它独立于人,而作为人研究、认识、改造的对象出现在人面前,人通过对自然的改造来达到自己的目的。因此,人与自然是一种相对立的关系,实现人的价值就需征服自然,让自然来满足人的需要。在这种自然和人严格区分的观念支配下,西方文化强调科学的发展,强调征服自然。

中国传统的人文思想则不同。在中国人的传统观念中,人与自然并不是两个截然分离的对立物,肯定人的至上价值并不一定要以否定自然本身的独立价值为前提,相反,在中国人的观念中,人的存在与自然的存在是互为包含的,人化于自然之中,自然也溶化于人之中。这种观念就是所谓的“天人合一”。“天人合一”说是中国哲学最重要的观点之一,是中国文化的基本传统。

中国天人合一的人文精神具有正负两方面的意义。一方面,天人合一思想强调的是人与自然的协调,其理论的基础实际上就是把整个世界看成一个大系统,这种观点从现代科学看有其合理性。西方人长期把自然看做是为人类服务的东西,强调人类对自然的征服和利用,这推动了人类历史的进步。但是,无保留地开发自然,无节制地消费、享受自然物,也促使了人类与自然关系的高度紧张。今日世界已经面临竭泽而渔的困境,人类盲目地征服自然已经遭到了自然界的报复,环境危机、能源危机等不断涌来。现在,人们已认识到人类与自然共处在宇宙大系统之中,人类与自然的协调关系被广泛地重视起来,以人为绝对中心的西方人文主义在西方已遭到抨击。天人合一思想把整个世界作为有机整体看待,把自然看做内化于人的存在,主张协调人与自然的关系,这种古代的智慧可以说是匡救现代社会之偏失的祖传医方。

另一方面,天人合一思想把自然和人类看做是相互融通的东西,不区分二者的界限,这既影响了人们对现实社会的改造,又影响了对自然界的真实了解。人与自然是统一的观念往往使人用人事去附会自然,而反过来则要人去体现这种“自然”

之道。古人就曾用鸟兽间的关系来说明“五伦”，有首诗说：“鹁鸪呼雏，乌鸦返哺——仁也；鹿得草则鸣，蜂见花儿聚其众——义也；羊羔跪乳，马不欺母——礼也；蜘蛛网罗以为食，蝼蚁塞穴以避水——智也；鸡非晓而不鸣，燕非舍而不至——信也。”仁、义、礼、智、信都是自然之道。宋明理学更是把“人道”（他们的人道主要限于道德原则）加之于“天”，使天具有了所谓的“理”。于是乎，人之道上升为宇宙法则，反过来却用来说明道德原则是宇宙的普遍法则，因此它有了自然而然的、绝对的、永恒的合理性。如此，人无可置疑地要把活动重心放在道德践履上，这不利于各种社会矛盾的解决，妨碍了对现实社会的根本性改造。而且，把自然和人类混而为一，又往往使人从自身出发去臆度自然，而不是从自然本身出发去研究自然，这影响了自然科学的发展。中国历史上科学从来就不发达，发达的是技艺，技艺靠的是经验，可以知其然而不知其所以然。强调人与自然的和谐，还容易导致人类对自然的苟安。那种以自然作为征服对象，极力了解自然从而控制自然的精神亦难以伸展，这很不利于社会的进步。人对自然固不能征服太过，却也不能无所作为。

第三节　偏重道德的价值取向

价值观是一种评价性的观点，它在文化中处于核心的地位，它总是基于人的需要，体现人的理想，蕴含着一般的评价标准，形成一定的价值取向。不同时期的文化创造，总是受到特定价值观的规范，文化本身在某种意义上也可以看做是价值理想的外化。价值观往往对整个文化的发展轨迹和方向起着调控、制约的作用，这种调控制约性，我们称之为价值取向。一般而言，中国传统文化有着与西方传统文化迥然不同的价值取向。中国传统价值取向表现为天人合一、重人伦轻自然、重群体而轻个体、重义轻利、重道轻器，而西方传统文化的价值取向则强调人与自然的对立、人的独立性和进取精神、求真求实等。概而言之，中国传统文化价值取向的主要特征，即带有浓厚的伦理道德倾向。

那么，为什么只属调剂人际关系的伦理道德观念能在中国文化中具有涵盖一切的功能并最终构成中国传统文化的价值取向呢？这主要由于中国文化是在以血缘宗法组织为基本单位的社会结构中成长起来的。一个家族（宗族）集体的存在和巩固，最重要的是建立起以血缘关系为基础的长幼尊卑秩序，这种尊卑秩序主要由道德来维持。社会组织的宗法特征造成了中国文化的伦理特征，使伦理原则成为绝对的价值尺度。

一、人的价值在于道德

从孔子开始，道德价值就已被推崇到最高地位。孔子说："君子义以为上"，又说："好仁者无以尚之"，把道德价值作为人追求的最高目标。孔子很重视生命的价值，但认为道德价值高于生命本身的价值，在必要情况下，人应当杀身成仁，而不可求生而害仁。孟子认为人之价值在于其本性之善，这种天生的善本性通过道德修养就可以发掘、保存下来，而"逸居而无教，则近于禽兽"。故道德是人的价值的根源。荀子以为人"最为天下贵"。其原因是"人有气有生有知亦且有义"，其他东西，不论是有机物还是无机物，不论是植物还是动物，都缺少一个"义"字，人贵就贵在一个"义"字上。《大学》中提出"自天子至于庶人，壹是皆以修身为本"，不管是谁，道德修养都应当是其本务。可见，儒家一开始就把道德价值提到了至高无上的地位。

到了汉代，儒家大师董仲舒极力推崇孔孟学说。他与孟子、荀子一样，把人之道德作为人之所以贵于物的根本所在。他说："人受命于天，固超然异于群生。人有父子兄弟之亲，出有君臣上下之谊；会聚相遇，则有耆老长幼之施。粲然有文以相接，观然有思以相爱，此人之所以贵也"（《汉书·董仲舒传》）人之所贵，在于人与人之间有伦常道德。董仲舒还向汉武帝提出"罢黜百家，独尊儒术"的建议，被汉武帝采纳。于是，自汉始，儒家逐步上升到至高至尊的地位，道德价值高于一切的价值观产生了越来越大的影响。

当然，以上所说是指儒家的价值观，其他诸家如道家、墨家、法家、佛家等有着不同于儒家的价值观。墨家崇尚"利"与"力"，不同于儒家的重义轻利、重德轻力；道家反对儒家的道德观，主张人性自然朴真；法家则有道德无用论思想；而佛家则根本否定人生价值。由于儒家在中国文化的主干地位，故儒家的价值观代表了整个中国文化所体现出的价值倾向。

儒家关于人的价值的理论，都是把着眼点放在人禽之辨上，都是强调人有不同于动物的特殊本质，这种观点不仅使人摆脱了神的束缚，而且把人从牲畜中解放出来，它体现了人的觉醒和尊严，对于这一点，我们应该充分肯定。这种价值观确实为中国塑造了不少浩然正气的道德人物，成为中华民族做人的典范。中国传统文化中最理想的成就即所谓的"三不朽"。其中最大的不朽是"太上有立德"，其次才是"立功"、"立言"，把道德上的成就看做是人生最有价值的成就。就是在一般百姓之间，也惯于用道德眼光看人，这无疑具有正面的作用。但同时亦产生不少流弊，产生不少欺世盗名的伪君子和表面谦恭的野心家、阴谋家。把人的生命价值抽象为纯粹道德性的生命，往往忽视或抹杀人的生物性条件。传统文化中出现的"天理人欲之辨”,即是片面强调抽象的道德原则而忽视人的具体要求。宋明理学的“饿死事小,失节事大”的封建伦理教条,即上述价值观浓缩的结果。还有,片面强调道德价值,往往造成片面道德型人格,不利于人格的全面发展,人的智慧力量、意志力量难以得到伸展。

二、道德价值至上

儒家并没有把道德仅仅作为调节人际关系、完善人自身的规范来看待,伦理原则不仅仅适用于人事范围。儒家讲究天人合一,人之道德是自天道而来,道德是世界的本质,是宇宙的普遍法则,而不是人为设定的东西。这种思想强化了中国传统文化的伦理特征,使道德尺度普遍化、绝对化。

道德原则从社会规范走到宇宙法则有一个不断发展的过程。先看先秦儒家。孔子已有把道德作为自然之道的倾向,前面提及过的“唯天为大,唯尧则之”表明了这一点。《孟子·离娄上》中说:“诚者,天之道也;思诚者,人之道也。”这里,人世道德已是源自天道了。《易传·系辞》中说:“天尊地卑,乾坤定矣。卑高以陈,贵贱位矣。动静有常,刚柔断矣。方以类聚,物以群分,吉凶生矣。”人世的尊卑、贵贱已成为自然本身的法理,因此,道德似乎是从天而降的。这些都是把道德规范依附到自然身上。

西汉大儒董仲舒主张“天人同类”,同类便会感应,人之道德是从天那儿来的,人德与天德是一回事。他说:“王道之三纲,可求于天。”他又说:“察于天之意,无穷之仁也。人之受命于天也,取仁于天而仁也。是故人之受命天之尊,父兄子弟之亲,有忠信慈惠之心,有礼义廉让之行,有是非逆顺之治,文理烂然而厚,知广大而有博”(《春秋繁露·王道通三》)。天之意是极为仁义的,人之道德又是取之于天,这种人德合于天德的论调,实际上是以人的道德依附到天上,反过来说成是人的道德“可求于天”。

到了宋明时代,人世道德已不再是普普通通的自然之道了,道学家们已不满足于把道德依附到自然身上,而且要把道德作为整个宇宙的最根本的、最普遍的法则。“天理”概念就是这种含义,它是宇宙最高本体,是天、地、人的主宰,但它的实在内容却是儒家的道德规范。朱熹就简明地说了这一点,他说:“天理只是仁义礼智之总名。”又由于“天理”的月印万川式的“理一分殊”,事事物物也便分有了“天理”,因此,道德原则普天同有,主宰世界每个角落。

由上可见,在儒家那里,道德规范已冲破社会人事的框架,而成为统率宇宙万物的绝对权威,道德不只是“善”,而且是“真”是“美”。道德尺度的绝对权威性,普遍适用性在中国文化的各个层面都表现出来。

就政治文化上说，传统政治学说多主张以道德训条来管理国家，以宗法式的伦理规范来维持社会的和谐。儒家主张“为政以德”，重视道德教化作用，重视统治者的德行。孔子就说过：“政者，正也，子帅以正，孰敢不正。”孟子也大谈“仁政”。后来儒家也一概如此。以“德治”代“政治”——政治道德化，使中国的传统政治缺乏一种独立的制度，“有治人，无治法”。一方面强调德治，法律只是道德训条的补充，另一方面道德本身却具有法律功能，违反道德则成刑罚的对象。这一点，我们从唐代到清代的法典中完全可以看出。刑法所科罚的对象，除一般刑事犯罪外，任何道德过错均构成犯罪。如《唐律》五十五款就规定，只要父母健在，儿子另立家室者，即构成犯罪。一七九款规定，男女双方的婚姻不能在居丧期间完成，完成者法律究之以无效并科以重罚；居丧期间生子亦属犯罪。据《历代刑法志》所载，凡告父母者，不论其控告属实与否，均判以极刑；夫妻离异，妻子不得提出。诸如此类的法律规定还很多。

道德价值至上，也使中国的哲学具有了为伦理学服务的特点。如果说欧洲中世纪哲学是神学的奴婢，那么，在某种程度上，中国哲学是伦理学的侍女。在中国哲学中，本体论、认识论、道德论一般是不能严格区分开来的，本体论、认识论大多指向道德学说，最终为道德学说服务。例如，董仲舒论证人副天数、天人合一，都无非是要说明“三纲”的合理性；朱熹阔谈“天理”，究其根本，也是为论证其道德学说服务的。认识论上也一样，中国哲学中的认识论思想大多是在探讨道德修养方法时派生出来的。

道德尺度至上的观念也在文学艺术方面表现出来。文学艺术所探讨的主要是美，但中国传统文化中的文学艺术却更多的是要表现善。孔子曾说：“人而不仁。如乐何?”人当先有善，方可谈论美。艺术的评价标准是双重的，但侧重于善。《论语·八佾》中说：“子谓韶，尽美矣，又尽善也。谓武，尽美矣，未尽善也。”孔子对“韶”的评价高过对“武”的评价，其尺度即美善统一的审美价值观。因为在孔子看来，“韶”作为舜乐，不仅具有平和淡雅的美，而更重要的是它所反映的内容乃虞舜时期的太平盛世与揖让而治的风貌，这正是孔子所理想的仁的精神，所以孔子称之“尽美矣，又尽善也”。而“武”所以尽美而未尽善，正是由于它表现了“王赫斯怒”的武力行为。尽管它在音乐的旋律上与韶乐一样对人有审美的价值，但它所反映的内容却与韶乐所反映的内容不同。它通过庄严肃穆、威武雄壮的乐舞反映了武王伐纣的战争图景，这在孔子看来，与仁的精神不完全相符，故称“尽美矣，未尽善也”。在儒家学说的浸润下，强调文学艺术要表现善，强调艺术品的道德教化作用，成了传统文学艺术的基本理论，“诗言志”、“文以载道”是一贯之道。

把道德价值作为人的最高追求目标，也无疑影响着科学技术的发展。历代知识分子都遵循儒家古训，走一条“修身、齐家、治国、平天下”的道德政治道路，它把人的兴趣引向了道德修养和政治活动，而不是引向对自然的征服和对物质世界的剖析。在有德君子眼中，技艺之类往往被视为小人之事，不值一顾。孔子斥学农技之人为小人。孟子认为君子之事是道德政务，别的事都是小人之事。荀子更是一语破的：“万物之怪书不说，无用之辩，不急之察，弃而不治；若夫君臣之义，父子之亲，夫妇之别，则曰切磋而不舍也。”君子当时刻切磋道德之学问，至于其余，一概摒舍。《新唐书·方技列传》说：“凡推步（天文、历算之类）卜相医巧，皆技也，……小人能之。”历代科学取士，只需背诵《四书》即可，不必考其技艺，将千千万万儒生隔在了自然科学的门外。在漫长的封建时代中，由于推崇人伦政治、鄙薄技艺的时尚，以致许多重要的科学著作无人问津，以至绝版。例如，中国古代最早的数学专著《九章算术》在世界数学史上也是最宝贵的古典文献，但北宋以后，其术已不传，至明已无人知晓。类似的事情还有祖冲之的名著《缀术》、明末科学家宋应星的《天工开物》等等。当然，中国古代科学技术曾在相当长的时间里居世界领先地位，但是，当16～17世纪近代自然科学在西方产生并大踏步前进的时候，中国却落后了。这其中原因之一即由于中国传统文化重人伦而轻自然的倾向。

把道德价值作为最高价值的传统价值观，有其合理的、有益的一面。社会生活不可一日无道德，小无道德则小乱，大无道德则大乱，全无道德则全乱，道德问题是不容忽视的。把道德作为人所以贵于物的根据也有一定的合理性，中国人习惯于把不讲道德的人骂成是“畜生”，人没有道德确实跟禽兽一般无二。中国是个幅员广阔的大国，社会的稳定离不开强有力的道德束缚力，儒家重视道德教化有利于社会的和谐与稳定，而在这种和谐安定之中，中国封建社会得以发展。崇尚道德价值，使中国获得了“礼仪之邦”、“温文尔雅之乡”的美誉，也给我们留下了丰富的道德遗产。崇尚道德价值，也鼓励人们对善的追求，对道德情操的关注，使中国历史上不断涌现出一批批的仁人志士，他们推动着社会的进步。重视人伦道德，也使“跳出三界外，不在五行中”的宗教难以征服中国人，使中国人的宗教观念较为淡薄，这有利于对现实社会的改造。强调文艺要表德达善，要起道德教化作用，这为古代文学注入了政治热情、进取精神和社会使命感。

但是，以伦理原则为绝对价值尺度，以它作为衡量一切事物、行为的第一标准，这就走向了极端，与唯物史观的生产力标准相冲突。把人世的伦理道德原则绝对化，也就贬低了真理的意义，影响了人们对自然界的科学探讨，妨碍了科技的发展，而科技进步又是社会进步的杠杆。中国没有发展起实证科学是整个中国传统文化的一大缺陷，这很大部分原因要归结到过于强调道德价值，而忽视科学的价值。道德尺度绝对化，易于使人法律观念淡薄，人治政治排斥法的权威。尤为严重的是，就其核心来说，传统的伦理道德是为封建等级制服务的，把这种道德作为绝对的价值尺度裁量一切，无疑造成了封建社会的长期延续和中国历史的停滞不前。

三、重义轻利

由极度强调道德价值，必然导致贬斥人的物质生活要求，就如宗教家们过分强调人的灵魂就必然会贬斥人的肉体一样。

一般说来，“义”是指正义、应当，指最高道德原则；“利”主要指利益或功利。中国思想史上，“义利之辨”备受重视，其实质是道德与物质利益的关系之争。儒家义利观总体上是重义轻利的。

儒家从孔子开始就有重义轻利的倾向，他说：“君子喻于义，小人喻于利。”把是否重义、重利当做划分君子与小人的重要标准。但孔子没有把义与利绝对对立起来，他只是主张“见利思义”，先义后利，以义统利。孟子则把“利”与“仁义”对立起来。孟子见梁惠王，王曰：“叟不远千里而来，亦将有以利吾国乎？”孟子对曰：“王何必曰利！亦有仁义而已矣。”孟子认为言利不言义，将导致“上下交征利，而国危矣。”继孔孟之后，汉代董仲舒集重义轻利思想之大成。他的“正其谊（义）不谋其利，明其道不计其功”的话，成为后世儒者的至理名言。汉代以后，特别是在宋明时期，重义轻利的价值观念得到淋漓尽致的发挥。宋明理学大讲“存天理，灭人欲”，在贬斥物利上最为激烈。他们已把义与利、理与欲完全对立起来。程颢说：“大凡出义则入利，出利则入义，天下之事惟义利而已。”义与利已是势不两立。

重义轻利思想的价值观影响了中国几千年，对中国人的心理，尤其对中国知识分子的心理影响十分巨大。这种影响有正负两面。从正面影响看，重义轻利的价值观，提倡的是人的精神道德追求应高出人的物质利益追求，这有合理的一面。物质生活是人类生活的基本内容，但精神生活是人类之所以高出动物的地方，一味追求物质享受，势必把人降低为动物。人类的精神生活也是出于人生的现实需要，无聊的人生之所以无聊，恰恰在于其精神的贫乏、灵魂的萎缩。如果物质的极端贫穷会导致身体的饥寒，精神的贫乏则导致灵魂的毁灭。真正幸福的生活，不只是物质的富足，更多的是精神的充实。精神生活基于物质生活，但高出物质生活。

重义轻利观念所要求的是，对利的追求必须合乎义，这是合理的。人是应当追求物利的，但是，绝不能不顾义而只顾利，绝不能损人利己、损公肥私。《孟子·万章上》中说：“非其义也，非其道也，禄之以天下，弗顾也；系马千驷，弗视也。”这种见利思义的道德观念在当今也是该大力提倡的。

重义轻利观念崇尚的是道义，轻视的是功利。在这种价值观念影响下，中华民族培养出无数的高洁之士。他们坚持正义，反对邪暴，不为物利所诱而行不义之事。这种美德是民族传统文化中的精华。

但是，把义与利对立起来，完全贬低功利，不仅无益于社会生活和生产的发展，也无益于社会精神文明的发展。因为物质的匮乏往往是道德败坏的导因，历史已证明了这一点。崇尚道德的目的是为了社会的和谐安定，但不务功利、不图民富国强，又势必导致国力衰竭、社会不安。耻言利欲，否定人的合理需求，既妨碍了人的积极进取，又使人有了假道学式的虚伪性。我们应当建立起义利兼顾的价值观，既要强调义，强调对善的追求，也要重视利，重视国计民生。

第四节　整体直观的思维方式

思维方式问题，是处于中国文化深层结构核心地位的问题。就整个文化发展过程来看，西方文化中那种重视用逻辑分析来观察解决问题的思维方式，在中国文化中表现得很不充分。中国传统的思维方式注重从整体角度直观地把握事物，重视事物之间的联系和统一；另一特点是辩证思维方式发达。

一、整体思维

英国著名学者李约瑟指出："在希腊人和印度人发展机械论的时候，中国人则发展了有机宇宙学"。在中国人的观念中，宇宙被当做有机联系的整体看待，这种整体思维特征表现在整个文化发展过程中。

前文所说的"天人合一"的整体观念，就是整个中国文化最基本、最重要的特点。纵使是荀子那样强调天人相分的人，也是把自然看做一个统一体，认为自然是日月星辰、阴阳风雨等自然现象相互协调、相互作用的大系统。

再拿中国古代具体思维模式——五行模式来看，也表现出中国人的联系的、整体的思维方式。古代中国人习惯于用五行模式来说明问题，季节、方位、音乐、嗅味、人体器官，等等，都可分成与五行对应的五类，如音乐上的角、征、宫、商、羽，医学上的肝、心、脾、肺、肾都分别对应于木、火、土、金、水五行。五行各自都可说是个独立的系统，但它们相互间也是有机联系着的，并非孤立存在的，五行间通过相生相克的联系共同构成一个大的有机整体。

传统中医最突出地表现出中国文化的整体思维特征。中国医学强调人体与自然的联系、统一，重视人的身体状况与外界环境的关系。中医也重视人的精神状况与人的生理状况的联系：认为人的五种情绪——喜、怒、忧、恐、思，分别影响着五脏中的心、肝、肺、肾、脾，所谓喜伤心，怒伤肝，忧伤肺，恐伤肾，思伤脾就是这个意思。尤为重要的是，中医特别强调把人体看做一个有机的整体，强调人体各部分之间，如五脏、六腑、五官、五体的相互联系。认为医治病情，不能只看到发生病状的部分，而要把病人作为一有机整体对待，从整个机体的运行来看待某一部位的病状。头痛医头、脚痛医脚的错误就在于这种治病方式是就事论事，割裂了身体各部分之间的联系，所以不能根治病情。中国古代的这种整体观无疑具有合理性，而且有意思的是，它非常近似于现代系统论的整体观。按照系统论的观点，整体方法即是从整体角度出发，着眼于事物之间的相互联系和相互作用，进而理解和规定对象的一种思维原则。这种系统论的观点确实与中国传统的整体思维有着相似之处。

诺贝尔物理学奖获得者、耗散结构理论创始人普利高津也作如是观。他认为，中国传统的学术思想是着重于研究整体性和自发性，研究协调和协和，而西方经典科学强调的是把对象分解为简单的要素来研究，强调的是基本粒子、生物大分子、核酸蛋白质等。因此中国的整体方法更近于系统论方法。西方科学和中国文化对整体性之理解的良好结合，将导致新的自然哲学和自然观。我们也认为，整体观与现代科学发展有契合的方面是无疑问的。

但是，传统的整体思维只是一种朴素的辩证思维，具有直观性和模糊性。它虽然强调对自然界、人类社会作总体性的把握，但这种整体认识不以对整体各个细节的清楚认识为基础，所依靠的只是人的直观能力。结果，虽然认识到事物的普遍联系，但不能较正确地把握具体事物的性质和事物间的具体的联系方式，因而不可能真正把握住世界的总体。因此，我们还必须汲取西方科学的实证精神。

在西方文化发展史上，笼统直观的整体思维方式在15世纪前后被形而上学思维取代。15世纪时，西方科学者们在搜集材料的基础之上，开始对事物进行分门别类的细致研究。他们通过观察、分析、实验、比较及归纳，把自然界的各种事物和过程分解为各个部分，把具体问题从总体分离出来，把复杂问题化为一个个较为简单的部分，然后进行分别研究。这种科学研究方法促成了孤立、片面的形而上学思维方式。这种思维方式总体上看是有缺陷的，因为它割裂了事物的联系。但是，形而上学思维方式比起朴素整体观是大大进步了，它促进了各种分门别类学科的迅速发展，使社会飞速向前跨进。而科学发展和社会进步达到一定程度，又要求将自然界、人类社会作为有机整体来研究，于是，科学的、新的辩证思维便应运而生了。

但是，中国的情况不同。由于中国文化把伦理道德作为绝对的价值尺度，鼓励人们按照修身、齐家、治国、平天下的道路来完成人生，而对科学的发展较为忽视，再加上政治等方面的原因，中国的科学发展缓慢，实证科学一直没有发展起来。这样，古代那种直观的整体思维方式延续下来，而对事物进行分析说明的方法却没有发展起来。以学科的分类为例，直到19世纪末，我们沿用的还是四部分类法，即把一切研究科目全部纳入“经、史、子、集”四部分。这种分类方法相当含混。比如，“经学”中就包含着哲学、政治、伦理、法律等内容。这就是分析思维没有在中国发展的表征。总之，中国传统的整体观虽然具有真理的成分，但也有严重的缺陷。它往往不重视对事物本身进行深入细致的分析，这很不利于我们向现代科学的过渡。从科学发展来看，没有科学的实证精神是不可能真正把握事物的整体的，不经过“点”的分析，去把握事物的全体，总带有猜测、独断的色彩。我们应当发扬传统思维方式那种重视事物之间的联系，注重从整体看问题的合理方面，同时，为这种整体思维建立起坚实的实证科学基础，从而构造成分析与综合、微观考察与整体把握相结合的新型思维方式。

二、直觉体悟

以经验为基础的整体直观的思维方法，表现于主客体关系时，是主体对客体的认识在于体悟，而不是明晰的逻辑把握。对中国思想文化影响至深的“天人合一”思想，其最终要达到的目标和意境，并不能由语言概念来确指、来表现，而只能靠主体依其价值取向在经验范围内体悟。孟子讲尽心、知性、知天，养至大至刚的“浩然之气”；名家惠施讲“泛爱万物，天地一体”；庄子讲“天地与我并生，万物与我为一”；魏晋玄学家讲“言不尽意”、“得意忘象”……，都是一种“说不清”的意境，都只能体悟，不可用理论范畴进行解析。中国传统哲学的气、道，内涵极为复杂丰富，不同的人可以有不同的理解，而又都难以言喻。“一阴一阳之谓道”、“形而上者谓之道”之类的传统命题更是如此。

从思维的类型来看，体悟这种认知方式，本质上属于直觉思维。直觉是主体自身运用知识经验，不受逻辑规则约束，对客体本质、属性以及规律性联系迅速识别、直接的理解和整体的判断。直觉作为一种思维方式，它是与分析思维相对应的。分析思维要遵守严密的逻辑规则，把对象分解为不同的部分或层次，通过循序渐进的推理而进行，能用语言将思维的过程和得出结论的原因清楚地表述出来。直觉思维则没有经过严密的逻辑推理，它直接得出结论，主体不能明确地意识它的进程，不能用语言将该过程和得出该结论的原因清楚地表达出来。直觉思维具有综合性、直接性、跳跃性、快速性等特点。

基于对直觉思维的这种理解，考察中国传统思维方式，显然可以看出，直觉是其主要认知方式之一。孟子尽心、知性以知天也好，道家与道同体、与造化同游也好，理学家要求对理的“一旦豁然贯通”也好，以及禅宗的明心见性、立地成佛也好，都没有也不可能把认知对象分解成不同层次、不同部分，用逻辑分析的办法，步步推理而达到理想的境界，并用语言明晰地表达出来。而是以对象为整体，诉诸经验，一下子实现意境的升华，完成主客体之间彼此间的认同，陶醉于“难以言喻”的境界之中。

直觉思维贯穿于中国古代思维发展的始终，被全社会自觉不自觉地广泛使用。它的长处是从总体上把握对象，有时能体验、证悟出逻辑思维所不能揭示的意境。缺点是不够严密，对对象的认识模糊而不明晰，其结论具有很大的或然性。

三、辩证思维

除上述两个特点外，中国传统思维方式还有另外一个特点，即注重从对立统一中来理解事物的生成、变化和发展。儒家讲“生生之谓易”，“天行健，君子以自强不息”，强调事物发展变化的连续性和合理性。而变化发展的根源，在于阴阳的此消彼长，刚柔的相互激荡。“一阴一阳之谓道”，便是最好的理论概括。

《老子》书中的辩证思维也很突出。老子已看到矛盾存在的普遍性，他揭示了大量的矛盾对立，如阴阳、美丑、贵贱、有无、动静、高下、强弱等。他认为对立面是相互依存的，谁也离不开谁。而且，对立面间是相互转化的，如“曲则全，枉则直，洼则盈，敝则新，少则得，多则惑。”老子甚至还认识到这种转化有一个量的积累过程。我们常说：“合抱之木，生于毫末；九层之台，起于累土；千里之行，始于足下”，这一句富有哲理的话就出自《老子》书中。

孔夫子那儿也有辩证思维。孔子讲中庸之道，这就是要人调和矛盾双方，行事不偏不倚，恰如其分。其方法即是要“叩其两端”，即要考察问题的两方面，权衡对立双方，然后确定“中道”。在他看来，“中道”是完美的，做事应当有一定尺度，超过限度就转向反面了。这种思想是有辩证因素的，他看到了事物变化到一定程度就会走向反面，强调保持一定限度以避免这种转化，这在通常情况下是合理的。当然，一味地强调适度，是有保守性的，在社会需要大变革的时代，我们当然不能一味地强调“中道”。

古代辩证法思想不只是表现在哲学中，而且在自然科学中表现出来，中医理论就突出地体现了这一点。在中国传统医学中，人的生理状况和身体部分被分成阴阳两类，凡属动的、外部的、热的、兴奋的、强壮的等为阳；凡属静的、内部的、冷的、抑制的、虚弱的等为阴。阴阳是对立着的，但又是相互依存的，即“阴阳互根”；阴阳还可以向对立面转化，即“重阴必阳、重阳必阴”，这就是“物极必反”。阴阳双方也不断发生变化，“阴消阳长”，“阴长阳消”。这种消长变化，在保持相对平的限度之内，是属于正常生理范围的，如超越了这个限度，阴阳一方过于强盛或过于衰弱，破坏了相对平衡，那就属于病理变化了。中医理论充分体现了中国古代的辩证法智慧。

由上我们看到中国古代的辩证思维十分丰富,但思想家们往往以建立和谐统一社会为己任,因此反映在哲学上,许多思想家都把矛盾双方的和谐作为其辩证法的终点,强调对立面的统一。孔子的中庸之道对民族思维方式影响巨大,权衡两端而取其中的思想广为中国人接受。中庸思想虽有辩证法的因素,但也无疑具有调和矛盾的性质,它把事物对立双方的平衡绝对化。这种平衡情形是一种"和"的状态。孔子的弟子有子说"礼之用,和为贵"。孔子自己认为"过"与"不及"都是不好的。他赞扬《诗经》中的《关雎》说:"《关雎》乐而不淫,哀而不伤。"快乐而不放荡,忧愁而不悲伤。这些都体现出他重视和谐的思想。

强调对立面的和谐与统一,反对"过"与"不及",在一定条件下是有利于社会的稳定和发展的。社会的发展总是需要一段相对稳定的时期,没有相对的稳定,社会生活的各方面都不可能提高。重视矛盾的调和,在一定限度内是有积极意义的。但是,对立面的斗争是引起和实现社会变革的决定性动力。当我们需要打破旧的平衡时,就不能"叩其两端",以求妥协、调和,在这种时候,追求和谐、强调中庸的思维方式的弱点就表现出来了。

本章小结

每一个国家,每一个民族都有自己的文化。每一种文化由于产生的地理环境、社会历史条件和发展演变的过程不同,所以每一种文化各有自己的特点。

英国历史学家汤因比认为,在近6 000年的人类历史上,出现过26个文明形态,但是在全世界只有中国的文化体系是长期延续发展而从未中断过的文化。这种强大的生命力,是中国文化的一个重要特征。

中国文化的强大生命力,表现在它的延续力、融合力、同化力等方面。

中国文化源远流长,其所以能顽强地生存发展并绵延至今而不辍,究其原因,主要在于东亚大陆特殊地理环境提供了相对隔绝的状态。所谓融合力,是指中国文化并非单纯的汉民族文化或黄河流域的文化。而是在汉民族文化的基础上,善于有机地吸收中国境内各民族及不同地域的文化,形成具有丰富内涵的中华文化。所谓同化力,是指外域文化进入中国后,大都逐步中国化,融入中国文化而成为其中一部分。在这方面最有代表的莫过于佛教文化的传入和中国化。中国文化的同化力,还表现在,先进的中原文化多次同化以武力入主中原的北方游牧民族,反复演出"征服者被征服的"戏剧。中国文化还具有历久弥坚的凝聚力。

在中国文化中,神本主义始终不占主导地位,恰恰相反,人本主义或人文主义成为中国文化的基本格调。中国文化的人文精神表现为:重人生轻鬼神;重整体轻个人;天人合一。

中国文化有着与西方传统文化迥然不同的价值取向,表现为偏重道德的价值取向。中国传统文化认为人的价值在于道德;道德价值至上——道德规范冲破社会人事的框架,成为统率宇宙万物的绝对权威;由极度强调道德价值,必然导致贬斥人的物质生活要求,重义轻利。

思维方式问题,是处于中国文化深层结构核心地位的问题。就整个文化发展过程来看,西方文化中那种重视用逻辑分析来观察解决问题的思维方式,在中国文化中表现得很不充分。中国传统的思维方式注重从整体角度直观地把握事物,重视事物之间的联系和统一;另一特点是辩证思维方式发达。

思 考 题

1. 如何理解中国文化具有强大的生命力?
2. 中国文化带有突出的人文精神,具体表现在哪些方面?
3. 中国传统文化的价值取向是什么?
4. 中国传统思维方式是什么?

第十四章　文化现代化:中国传统文化的危机与现代化

唯有如此相互交流才是合情合理的。他们(指中国人)善于观察,而我们长于思考。交流我们各自的才能,共同点燃我们的智慧之灯。

——莱布尼茨

综观历史,凡不同的文化互相接触,必能产出一种新文化;如希腊人与埃及及美索波达米亚诸国接触,产生了雅典文化……照这各方面看来,东西文化交通的机会已经到了。

——蔡元培

中国传统文化在古代有过辉煌的时期,但是当人类社会进入近代以后,在整个世界近现代化的潮流面前,它却明显地落后了,出现了严重的危机。在经过与西方文化激烈的碰撞与交融之后,中国传统文化开始了走向近现代化的艰难历程,并逐渐找到了自己发展的正确方向。随着中华民族的复苏与振兴,中国文化的发展进入了新的阶段,经过发掘和研究,其现代价值与意义也凸现出来,它将会走向自己更为辉煌的时期。

第一节　中国传统文化的危机与转变

1840 年的中英鸦片战争,不仅揭开了中国近代社会发展的序幕,而且也标志着中国近代文化发展的开端,是中国传统文化开始发生巨大变化的转折点。

一、中国传统文化在近代的危机

中国自古以来,一直都是以先进的大国姿态挺立于世界东方,由于有过遥遥领先于世界的科学技术,有过"百家争鸣"气象的诸子学说,更有过有容乃大、光被四夷的汉唐盛世,中国传统文化已成为人类文化宝库中的瑰宝,成为中华民族全体人民的骄傲。同时,在2 000多年封建社会的历史中,从汉武帝“罢黜百家,独尊儒术”开始,儒家文化在统治阶级的大力倡导下,在意识形态领域取得了统治地位,并成为中国传统文化的核心。以后,虽然随着社会发展和时代变迁,以儒家文化为核心的中国传统文化,也发生了一系列的变化,在不同时期表现出不同的特点,如魏晋玄学、宋明理学等。但是,无论中国传统文化如何变化,不管它以什么样的特点作为表现形式,都没有超出封建统治阶级意识形态的范围,其根本精神和基本特点没有改变,也就没有发生过危机。

中国是一个多民族的国家,在长期的社会发展中,不同民族、不同地区的文化得到不断的交流和融合,形成了以汉民族文化模式为主体的传统文化。随着汉民族的强盛和发展,使中国传统文化在近代以前,始终保持着高度的统一性和长期的连续性。虽然汉民族在历史发展过程中曾经出现过几次严重的民族危机,但是并没有因此而产生过文化危机感。因为不管是春秋以前的“南夷与北狄交侵”,十六国时期的“五胡乱华”,还是元、清两代时蒙古族、满族等少数民族入主中原,这些勇敢剽悍的游牧民族虽然在军事上大占上风,但是在文化方面,却总是自觉不自觉地被汉民族为代表的先进的华夏农耕文化所同化,军事上的征服者往往成为文化上的被征服者。这种结果不仅带来了少数民族在文化上的进步和发展,而且也提供了汉民族与其他少数民族融合的契机,使中国传统文化更为博大精深,丰富多彩。相对于汉民族来说,少数民族对汉民族文化的最终皈依和认同,民族危机也往往在传统文化范围内得到解决,更没有产生过文化危机感。

但是鸦片战争改变了这种状况。鸦片战争是当时以英国为代表的西方资本主义国家为了向亚洲扩张而发动的一次侵略战争,西方殖民主义者用坚船利炮、鸦片商品打开了中国的大门,使中国开始进入了一个忧患严重的时代,中华民族陷入了极为深刻的危机:这种危机不仅是通常意义上的“亡国”、“亡天下”的民族危机,而且遇到了封建经济结构和政治制度解体的危机,从广义文化的视角上看,这根本上就是中华民族的文化危机。

鸦片战争以前,在清王朝的封建专制统治之下,中国传统文化被推崇到了至高无上的地步,走上了文化专制主义的黑暗道路,思想文化界长期处在空言心性的理学和繁琐考证的经学禁锢之下,形成万马齐喑的僵化、陈腐局面。鸦片战争以后,面对着中华民族空前严重的危机,面对着中国社会尖锐复杂的矛盾,更要面对着来自西方侵略者在军事、政治、经济和文化上的全面挑战,中国传统文化的思想体系却难以适应急剧变化的社会现实,无法有效地回答和解决社会所面临的种种问题,由此引起了传统价值观念与社会发展之间的各种矛盾,引起了传统思想文化的全面危机。如“华夏中心”时空观念的危机。由于历史悠久的中国古代文化曾经在世界上长期居于领先地位,也就在中国人心中形成了一种根深蒂固的“华夏中心”的文化优越感。长期以来,它自认为中国是天下的中心,其他国家都是蛮夷戎狄,所有的外夷都是落后、野蛮的,中国是天朝上国、礼仪之邦,强调“夷夏之防”,只能“用夏变夷”,而绝不能“用夷变夏”。如果说在古代这种观念还有其存在的社会依据的话,那么在近代面对着中西社会现实巨大落差的事实,仍然固守此说,就显然成为一种无视现实的自欺欺人之谈。

由上可知,当中国历史进入近代以后,千百年来始终占据统治地位而又没有动摇过的中国传统文化,已经暴露出自身的种种弱点和弊端,遭遇了空前的危机。

二、中西方文化的碰撞与交融

鸦片战争以后,中国逐步沦为半殖民地社会。随着西方殖民主义者的侵入,蜂拥而来的除了鸦片和商品之外,还有西方文化的输入和传播,从而形成了近代中西方文化的大碰撞,中国传统文化遇到了前所未有的挑战,为传统文化走向近代提供了重要的契机。

近代西方文化输入中国开始于明末清初之际。从公元1582年起,西方传教士利玛窦、汤若望等人先后来到中国,他们在带来欧洲宗教的同时,也将西方近代文化和科技带到了中国,为中国文化的进步作出过一定的贡献。但是当时由于中国社会宗法专制政治结构的强固和伦理文化传统的深重,西方文化科技传播的范围十分狭小。以后由于封建文化专制主义的强化,“西学东渐”几近中断,中国人了解外部世界的大门几乎关闭。

中国人真正认识西方世界和文化,严格地讲是从鸦片战争开始的。鸦片战争的失败,从根本上说是腐朽落后的封建主义不能对抗新兴的资本主义,僵化停滞的儒家文化不能对抗先进的西方资本主义文化。在外国侵略者坚船利炮的威胁和震撼下,在西方商品与文化的影响和冲击下,残酷的事实教育了中国人民,促使中国近代的先进分子面对现实,以民族忧患意识和开放世界意识相表里的中国近代文化意识在他们身上开始觉醒,他们抨击时政,反对封建专制,主张变革和学习西方、抵御外侮,从而促进了中国传统文化的转变。

近代中国较早地睁开眼睛看世界的人是林则徐、魏源等人。还在1839年林则徐赴广东查禁鸦片之时,就开始认真地研究了英国以及其他西方国家的情况。他坚决主张禁烟,但并不反对正当的中外贸易;坚决主张抵抗西方侵略,但积极倡导学习西方的长处。他还主持编译了近代中国第一部系统地介绍世界地理的著作《四洲志》,为中国人了解和认识世界创造了有利的条件。继林则徐之后的著名学者魏源,他编写的《海国图志》,是一部规模宏大的介绍世界历史地理的著作,还总结了鸦片战争失败的经验教训，对学习西方、如何富国强兵等问题作了比较深入的探索和研究，明确地提出了“师夷长技以制夷”的主张，不但倡导要学习西方的战舰和火器，而且还主张学习养兵练兵之法。林则徐、魏源等人的主张表明了在当时中西方文化的最初碰撞中，先进的中国人已经看到了长期被认为是至高至美的传统文化中也存在着不足，需要用西方的“夷技”来加以弥补和纠正。这是对传统的“华夏中心”、“用夏变夷”思想观念的挑战，更是一种深刻的文化观念的变化，它不但有利于近代中西方文化的交流与融汇，而且直接促进了中国社会的近代化运动——洋务运动的兴起和发展，中国文化开始有了新的变化。

这种新的变化首先是从文化结构的第一个层次——物态层次开始的。广义文化结构通常分为物态文化、制度行为文化和精神观念文化三个层次。一般来说，两种不同文化的交流、碰撞和融合，大体遵循先物质接触，进而制度借鉴，最后精神交往的过程。鸦片战争以后，西方文化的传播以及中国人对西方文化的接受，也经历了这样一个始而言技、继而言政、进而言教的过程。在 19 世纪 60 年代到 90 年代，地主阶级的改革派倡导主持了向西方学习科学技术的洋务运动。洋务派在此期间不但兴办了中国第一批近代军事工业和民用工业，而且大量翻译引进了西方的科学技术知识，带来了文化领域的重大变化，形成近代中国介绍和传播西方文化的第一次高潮。据梁启超在《西学书目表》中的统计，到 1895 年，中国共翻译了西学书籍 354 种（不包括宗教类），其中除了少量的是历史地理、政治法学类书籍外，大部分都是科学技术书籍，主要是工业机械制造等技术门类，也包括有数学、物理、化学、天文、生物、医学等自然科学的各种门类。西方科学技术的引进和传播，冲击和动摇了儒家文化的传统价值取向和思维习惯，有助于近代科学的世界观和方法论在中国的传播和发展，把中国文化自觉或不自觉地引向了近代化。

然而，西方的科学技术并没有能够解决封建王朝的衰落问题，甲午战争的失败使人们对单靠引进先进技术就想挽救清王朝并把中国引向富强的做法产生了深深的怀疑，一批要求进行资产阶级维新的人物应运而生，他们开始从学习“西技”发展到要求学习“西政”，着眼于政治制度的变革，即进行制度层面的文化变革。从 1895 年起，以康有为、梁启超为代表的资产阶级维新派开始登上了政治舞台，他们主张在中国实行君主立宪制，提倡民权，批判封建专制主义，同时大力宣传西方资产阶级的政治学说，形成了近代中国人学习西方政治学说的第一次潮流。戊戌变法虽然由于遭到封建顽固势力的镇压被迫匆匆收场，但是维新幻想的破灭却孕育了新的觉醒，在辛亥革命前后形成了中国人学习“西政”的又一个新的高潮。

辛亥革命推翻了中国两千多年的封建专制制度，建立了资产阶级共和国，这从根本上说是一场制度层面文化变革的胜利。但是其后不久却出现了北洋军阀的黑暗统治和封建复辟，国家依然贫弱不堪，这就迫使着一批先进的中国人不得不进行更深层次的思考和探索。1915 年，以陈独秀、李大钊为代表的先进知识分子高举起西方的民主与科学两面大旗，以改造国民性为主要目的，发起组织了新文化运动，从而揭开了中国近代思想启蒙运动的序幕，标志着近代中国向西方的学习进入了更高的层次，即精神观念层次的文化变革。这场新文化运动的主要内容是：提倡民主，反对封建专制；提倡科学，反对迷信盲从。新文化运动的倡导者们还以西方的进化论观点和个性解放思想为主要武器，对封建传统文化和纲常名教进行了猛烈的批判，以促进中国人的自主人格和权利意识的觉醒。五四运动以后的新文化运动开始转向宣传马克思主义。

这样，中国文化从鸦片战争开始，到五四新文化运动期间，就大体实现了从传统向近代的转变。这种转变从外在的表现形式看好象是在西方文化的传播和冲击下实现的，但是其内在最根本的原因是反映了中国近代社会发展的需要，是近代深重的民族危机决定了中国文化思潮的变化和发展，使之成为先进的中国人对西方文化的一种主动选择和吸收的必然走向。

在中国人选择和学习西方文化的过程中，逐渐出现了中西文化之间的交融，西方文化开始对中国产生着广泛而又深刻的影响，它表现在社会生活的各个方面：政治上，由于受到西方基督教的基本精神、资产阶级的天赋人权理论与民主政治制度和马克思主义理论的影响，导致了太平天国运动、辛亥革命和五四运动的发生发展，从而掀起了近现代中国革命的高潮；经济上，由于外国资本主义的侵略和掠夺，在客观上刺激了中国近代工业、资本主义经济的发生和发展；文化教育上，由于西方文化的大规模的输入和传播，需要大量的出版发行书籍报刊，促进了中国近代文化事业的发展。也是受西方新式教育制度的影响，中国开始创办新式学校，废除旧式学堂，现代意义的大学才得以真正产生；社会风俗习惯上，随着西方殖民势力在中国各地的扩展和加强，西方风俗被中国人大量吸收和采纳，主要表现在吃、穿、住、行、婚姻、家庭和妇女地位的改善等各个方面。

西方文化对中国的影响更重要的是表现在对中国人的观念与思维方式的影响。它改变了传统中国人牢固的“崇古薄今”的旧观念，而代之以进化论的新观念，使人们开始认识到人类社会是不断进步和发展的，为资产阶级维新派的政治改革和革命派的民主革命提供了理论基础；改变了中国人“重农抑商”的旧观念，而代之以“商业富国”的新观念，使人们开始认识到商业是富国之路、强国之路，于是，近代工商业开始得到发展；改变了中国人“重义轻利”的旧观念，而代之以“义利统一”的新观念，使人们开始注重学习西方近代科学技术，讲求经济效益和社会效果，等等。同时，西方科学的思维方法也改变了中国人传统的思维定势，使人们对事物分析的模糊性、不确定性开始有所改变，而更为重视对事物作分门别类、严密细致的分析。所有这些，可以说是有史以来中国人最大规模的观念和思维方法的更新与改变，它说明了西方文化在近代对中国社会的影响是广泛而又多方面的。

三、中国近代文化的发展方向

中国文化在进入近代以来，随着社会政治风云的急剧变化，经历着从未有过的历史变迁。围绕着如何继承传统文化和发展近代文化，如何对待中西文化之间的关系等问题，展开过多次的文化论争，提出了不同的观点和理论，在当时影响比较大的是"中体西用"论、"全盘西化"论。

"中体西用"论是在鸦片战争后由洋务运动的倡导者提出的一种观点，它是"中学为体，西学为用"的节略语。中学为体，就是要以中国传统文化作为治国的根本；西学为用，就是以西方近代科技与文化作为治国的辅助手段。这种理论一面主张捍卫中国传统的精神文化，一面又要求引进西方的物质文化和文明，其实质就是要用西方的科学技术来保卫中国传统的纲常名教，它反映了在西方近代文化传入中国以后，一代有识的中国人对中国传统文化与西方近代文化之间关系的思考和认识。"中体西用"论在当时中国沦为半殖民地而封建主义文化仍然笼罩整个社会的情况下，具有一定的积极意义，它作为对传统文化的一种反思，提出吸收西方文化积极因素的思想，指出文化融合是更新中国传统文化的重要途径，这有利于改变长期以来儒家文化一统天下的状况，促进了 19 世纪 60 年代以后西方资产阶级文化的传播和发展，在一定程度上推动了中国社会和中国文化的进步。然而，这种观点的缺陷也是非常明显的，它是典型的文化保守主义的口号，对西方文化的认识只是停留在"西用"——即物质层面文化的水平上，根本就不去触动中国传统文化的核心——封建的纲常伦理，不可能解决西方资本主义文化与中国封建文化之间的矛盾，结果它在 90 年代成为中国文化近代化的严重阻力，失去了指导社会进一步改革的作用。

"中体西用"论对以后的文化保守主义产生过深刻的影响。在五四运动以后，社会上又先后出现过的"中国本位文化"论、现代新儒家等，在实质上都是"中体西用"的变种，没有本质的区别，他们都没有能够从根本上找到一条处理中西文化关系的正确准则。

"全盘西化"论作为一种明确的文化主张，是出现在五四新文化运动之后，其代表人物是胡适、陈序经等人。"全盘西化"主张要完全放弃中国文化，全面接受西方文化，用西方的思想文化制度来改造中国。由于辛亥革命成果的丧失，"民主共和"政体有名无实，封建势力复辟，胡适将这一切归结为旧思想、旧传统、旧文化的根深蒂固,认为中国要想走上现代化的道路,必须将这些全部抛弃,一心一意、全方位地学习西方文化。“全盘西化”论作为一种社会思潮,在与文化保守主义和文化复古主义的斗争中,具有一定的积极作用;同时,它强调了文化的整合性、物质文明和精神文明的统一性,这对于全面理解文化的结构很有意义。但是,“全盘西化”论观点的错误也是非常明显的,它在实践上也是根本行不通的。首先,它否定了世界文化的多样性,企图以一般性来代替文化的特殊性;其次,任何国家的文化都各有长短优劣,对于外来文化,只能吸收,不可能也不应该全盘接受,离开了文化的民族性来谈文化的融合,来进行文化改造,必然会否定民族文化发展的历史继承性,走上民族文化虚无主义的歧途;最后,这个观点采取了片面的极端主义的方式,对西方文化缺乏冷静的细致的分析,对中国文化也没有客观的认真的区别,它既不利于中国文化的正确发展,也不利于对西方文化的积极吸收。从实践上看,在近代,西方文化和中国文化是在碰撞中逐渐融合或并存,而不是谁被消灭或者取代。

上述情况表明在鸦片战争以后,面临着近代中国深重的民族危机和文化危机,对于如何改造并最终实现中国传统文化的振兴,人们曾做过种种探索。但是,事实说明,如果在探索中仅仅把眼光局限在中西的框架、文化的层面,那么无论怎样调整尺度,都无法真正解决问题。因为中国文化的演进是由中国社会的走向所决定的,而要寻找近代中国文化的发展方向,势必要与中国社会的发展方向紧密相连。“五四”运动以后,中国社会走上了新民主主义革命的发展阶段,中国的马克思主义者在坚持民主与科学的基础上,提出了建设中国近现代民族的、科学的和大众的新文化的主张,从而指明了中国近代文化的发展方向。

第二节　中国传统文化与现代化

“五四”运动以后,中国文化的发展在中国社会的风云激荡中,经历了从古代文化到近代文化、现代文化的转变过程,文化发展的主流也走上了从学习西方资产阶级文化、发展新民主主义文化和社会主义文化到建设中国特色社会主义文化的历程。当21世纪来临的时候,中国社会发展的时代主题是要全面实现社会主义的现代化,也就是要使中国在经济、政治、文化等各方面都实现现代化。从广义文化的概念上来说,这就是要求全面实现中国文化的现代化,使中国文化的发展能够反映新的时代要求,创造新的时代内容,再度走向辉煌。

一、中国传统文化的现代化

中国传统文化与中国现代化具有必然和复杂的联系，关系到现代化的进程和实现。

现代化是一个含义非常广泛的概念，它既是目标，又是过程。现代化不仅包含有科学技术的高度发达、生产力的极大提高、经济的快速发展和物质财富的异常丰富，而且也包含着健全完备的自由民主、法律制度，以及具有新的思想观念、思维方式、价值标准、行为准则的人。现代化的要求实际上体现的是文化结构的三个层次：物态文化、制度行为文化、精神观念文化。在这其中，第三个层次的现代化是最高层次的现代化，它是指人的现代化，因为没有人的现代化，就难以保证前两个层次的现代化的出现和持续发展，人是现代化的主体，又是现代化的归宿。没有人的现代化，就不可能有社会的现代化。

人的现代化，最重要的是人的思想、行为的现代化。一般来说，人的思想、行为的变化，总是与社会现实生活联系在一起的，但是在中国这样一个长期以来崇尚传统、尊重祖先的国度里，对人的思想和行为的影响更大的常常是中国的传统文化或文化传统，有的影响甚至是根深蒂固的。因此，离开了中国传统文化的现代化来谈人的现代化，谈中国社会的现代化，是不现实和不可能的。中国人的现代化和社会的现代化必然是中国传统文化的自觉更新，中国优良文化传统的延续。中国传统文化的现代化是中国现代化的必然前提。

中国传统文化的现代化涉及的范围是极其广泛的，这里主要从以下三个方面进行分析。

（一）传统思想观念的现代化

主要是其中占核心地位的传统价值观念的现代化。在几千年的文化发展和积淀中，中华民族形成了不同于其他民族的价值观念。这些观念大致表现在崇古唯上、家族本位、重农抑商、贵义贱利、尊道鄙器、存理去欲、返朴无为、知足常乐等方面，它们无疑是与我国的现代化进程是相互矛盾和冲突的。比如，在封建宗法制度下形成的崇古唯上、家族本位的观念，就是中国现代化建设中的一个阻碍因素。它在经济活动中表现为“内外有别”的经营方式，对待亲属和所谓“圈子”中的人可以不讲经济计量原则，不讲经济理性主义；对待其他人则不惜一切非法手段，不讲任何道德规范。它在政治生活和社会生活中则表现为封建家长制作风，造成官与民、上级与下级、领导与群众、父母与子女之间的不平等关系，官僚主义、长官意志、独断专行现象严重，使社会的民主化建设、人的个性自由发展受到了很大的限制，从而与现代自由意识和现代民主精神的产生极大的冲突。

再比如，在农业自然经济条件下形成的重农抑商、以农为本的观念，也是现代化建设中的又一个阻碍因素。长期以来，它在社会经济生活中表现为官本位、鄙视商人和工艺技术，在生产经营中重生产、轻流通，并使许多管理者仍然习惯于农业生产型的管理方式，而对市场经济条件下的生产经营型的管理方式感到陌生。诸如此类的这些旧的传统价值观念，由于长期的积淀，渗透在人们的心理和情感之中，往往自觉或不自觉地成为人们活动的动机和出发点，并用它们去审视和评价现实，对新的价值观念很难认同和接受，甚至拒绝和抵抗。因此，必须对这些陈旧的传统价值观念进行全面的变革，以形成新的价值观念，适应现代社会的发展需要。

（二）传统思维方式的现代化

传统思维方式是中国人在几千年的文化发展中形成的固有的思想方法和认知模式，它处于中国传统文化深层结构的核心地位，充分反映了中国传统文化的基本精神和本质特征。传统思维方式的特征主要表现为整体思维、直觉体悟、辩证综合等方面，即注重从整体角度直观地把握事物，重视事物之间的联系和统一；注重从对立统一中来理解事物的生成、变化和发展。这些思维方式在中国社会的发展过程中，显示过其合理性和积极作用，使中国人特别善于在研究具体事物时，重综合，重从整体上进行把握，重事物的结构、功能和联系，较少有片面性，在一定程度上促进了古代科学技术的发展，如中医中药学。但是，在现代科学技术的发展中，它们的缺陷也是非常明显的。比如，整体思维方式虽然强调了对事物作总体的把握，但忽略了对个别物质实体、物质内部深层结构的独立研究，它仅仅满足于用朴素的对立统一观念泛论宇宙的一般法则，而不追求对事物认识的精确性和清晰性；它虽然能够认识到事物的普遍联系，但却不能比较准确明晰地把握具体事物的性质和事物间的具体联系方式，忽视分门别类学科的缜密研究，不利于进行科学的实证和分析研究。事实上，西方近现代科学技术的发展是分析研究和实证方法的胜利。因而那种习惯于整体的综合研究方法，就成为中国近代科技落后的原因之一，如果不加以变革，还会成为中国现代科技向前发展的制约。

再比如，直觉体悟就是主体凭自身的知识经验出发，不经过严密的逻辑推理，不受逻辑规则的约束，就对客体作直接的理解和判断，并做出结论。这种思维方式直接影响了中国古代逻辑思想的发展和逻辑体系的建立，人们都乐于谈玄论道，而不擅长于逻辑的推理，对概念的界定和命题的含义的确定具有较大的模糊性和或然性，对于非自身体验的外部事物与信息反应冷淡和迟钝，其结果造成了中国科学理论发展的缓慢，中国各门科学体系迟迟不能建立，也是中国近代科技落后的又一原因。因此，必须对传统思维方式进行更新和变革，赋予新的内涵以适应现代科学技术发展的要求。

（三）传统行为方式的现代化

行为方式是人们在社会生活中形成的一定的行为定势，一般来说，它包含着带有某种常规性、历史性的内容，表现出人的行为的共性和个性的关系。中国传统行为方式是在几千年历史发展过程中形成的，它受到传统的农业自然经济生产方式的深刻影响，同时也明显地受到儒家思想文化的规范，其表现是多方面的，主要有：因循守旧的生产方式、悠闲散漫的生活方式、中庸之道的做人方式、“死爱面子”的社交方式，等等，这些行为方式如果不进行改造，就很难以适应中国现代化建设的需要。比如，悠闲散漫是农业社会经济条件下养成的生活习惯，在“日出而作，日落而息”的生产活动中，中国文人向往的是悠闲自适的诗意境界，普通民众追求的是散漫自在的现实生活，慢条斯理、持重有序、不求速度与效率、没有时间紧迫感，几乎可以说长期以来一直是中国人共有的民族性格，并且渗透在社会生活的各个方面，成为中国现代化进程中的一个严重障碍。现代社会随着科学技术的高速发展，人们的生活节奏已经大大地加快，它客观上要求高效率、高速度的生活方式与之相适应，这与传统的悠闲散漫的生活方式是格格不入的。

再比如，中庸之道是儒家“和谐”思想提炼演化后的一种观念，被纳入道德体系和社会规范体系之中，成为人们处世的方法和行为的准则。作为一种做人的方式，它积极的一面是表现在处理人人的关系上，能够宽容待人，保持人际关系的和谐。但是它的消极方面也是非常明显的，一味地重和谐、重中和，就流变成为一种安分守己、不敢进取的行为方式。知识分子以“不为天下先”为准则，言不违“圣人之言”，行不敢离经叛道；一般民众以“明哲保身”为标准，遇事忍让退避，做人知足常乐，不思进取、不愿变革成为一种普遍的心理状态，“枪打出头鸟”形成一种奇特的“东方嫉妒”现象。而现代社会是日新月异的时代，如果没有勇于开拓的创新精神，没有敢为天下先的进取精神，不彻底抛弃这些传统的行为方式，势必会影响改革政策的推进，阻碍现代化事业的发展。

二、中国传统文化的现代价值和世界影响

中国传统文化作为中华民族几千年社会历史的积淀，虽然其中有许多陈旧腐朽、滞后时代的内容，需要我们予以克服和抛弃，不断更新。但是不可否定的是，其中许多是积极和优秀的，体现的是中华民族的智慧和伟大创造力的结晶，其精华内容不但在历史上对社会的发展起到过推动作用，在今天对于中国现代化仍然具有

积极的借鉴价值和重要的指导意义，而且也能够对世界历史的发展产生深刻的影响，为人类文明事业的进步作出自己的贡献。

(一)中国传统文化的现代价值

中国传统文化的“现代价值”可以从两个方面来分析。一方面它是表面层次的，具有普及性的意义，即传统文化能为广大的人民所理解和运用。比如，关于中国古代文学和古代艺术巨大成果的现代价值是不能被忽视的，它们所蕴含的美学和社会价值具有一定意义的永恒性。王羲之的书法、李白杜甫的诗、苏东坡的词、曹雪芹的小说，不但为古代人所喜爱，而且也被现代人所欣赏，并没有因为历史的演进而失去了它们原有的魅力。特别是在现代社会里，随着人们生活水平的改善和提高，观赏名胜古迹、欣赏书画展览和民族音乐，了解民俗风情，已经成为许多人日常生活中的爱好，成为人们日常工作中的一部分内容，而这些都是传统文化的构成部分，充分体现了传统文化在社会发展中的表层的现代价值。

另一方面是传统文化在更加深层次的现代价值，具有精神上、科学性的意义，这就需要进行认真的深入研究和积极探讨。因为传统文化中的精华和糟粕内容，并不是显而易见地一分为二，二者往往错综、交叉在一起；它们也不是一成不变的，而是随着时代的变迁而发展和变化。所以，必须经过研究和思考，提炼出精华部分，加以继承和发扬，使之能够与现代化的发展需要相适应。事实上，这也是可以从多方面得到认识和理解的。

整体化的观念　传统文化认为，在天、地、人三者之中，以人为中介，构成自然、社会、家庭的整体化结构。人作为整体化结构中的一员，蕴含在社会群体之中。个人对于整体来说，义务重于权利，整体利益重于个体利益。由于这种思想观念的影响，一代又一代的中国人为国家、集体利益而牺牲个人利益，养成了以他人、以集体利益为重的崇高情操；形成了重团结统一，反对民族分裂，注重发挥集体智慧与力量的民族精神传统。整体化观念下构成的集体主义意识，成为一定群体所结成的社会统一体的共同意识，它适应了社会群体实践的需要，维持了一定的社会群体关系的利益，对克服损公利己、以权谋私等破坏整体社会秩序和公共利益的行为，具有重要价值和积极意义。在中国现代化建设的过程中，这种观念有利于培养人们形成全局利益高于局部利益、整体利益高于个人利益的行为。以民族利益为重的意识，是保持中华民族长久团结统一的重要思想渊源之一。

以人为本的精神　传统文化认为，天为上，地为下，人在中心。人把天地联系沟通起来，构成完整的宇宙世界。人是万物之灵，人是自然、社会的核心，因此儒家提出了人“最为天下贵”的命题，认为人力胜于物力，将解决问题的一切希望都寄托于人，而不是神。人可以管理、控制自然和社会，使自然和社会按照人的精心设计与合理安排，创造出为人类服务的物质财富和精神财富，这是人的责任和能力所在。人还能够不断地进行自我创造，发挥自己最大的积极性和创造性，寻找人与自然、人与人的最佳结合点。在中国现代化建设的过程中，利用传统文化中这种以人为本的精神，能有利于加强现代化企业的管理，使企业能以对人的信任和理解来培养企业人员的忠诚服务精神和积极参与意识，以关心人的需求来发挥企业人员的各种才能和创造性，全面调动人的积极性和主动性，从而具有极为重要的借鉴意义。

以道制欲和天人合一的思想 在我国正在进行社会主义市场经济的建设中，既要强调效率、重视利益，激发经济活力和竞争意识，又不能重利轻义、见利忘义，要防止道德下滑、社会失序。而传统文化中的见利思义、以道制欲、“诚”“信”思想等，可以引导人们处理好这些问题，即注重经济效益和社会效益的统一，建立起适合社会主义市场经济体制要求的道德规范。既促使经济持续发展，又能使社会更加和谐。同时，在现代化经济建设高速度发展的过程中，还需要正确处理经济建设和环境保护的关系问题，而传统文化中关于“天人合一”、万物一体的思想观念，也可以成为保证经济可持续发展的宇宙伦理基础，并转化为实用的行为准则，建立起人和自然统一协调的可持续发展意识，防止肆意破坏生态环境的行为，保持生态平衡，使人与自然之间的关系更加和谐。

总之，诸如以上种种，不胜枚举。它说明在中国传统文化的内容体系中，存在着许多优秀的历史文化传统，必须随着时代的变迁和社会的进步，使它们得到弘扬和发展，这是中国文化发展的需要，更是中国现代化建设的需要。

（二）中国传统文化的世界影响

中国传统文化不仅在中国现代化建设中具有重大的价值，而且它的某些部分内容经过转化和改造，也能为世界上更多的人所乐意接受，产生世界性的广泛影响。

在历史上，中国传统文化就曾经对世界各国的发展作出过巨大的贡献。中国传统文化对亚洲、尤其是对东亚和东南亚各国的影响源远流长，广泛而又深刻。早在 3000 多年以前，中国就与朝鲜、日本、越南等东亚国家开始有了来往和交流。中国汉字曾经长期是这几个国家的主要文字，儒学和佛教在那里享有与在中国同等重要的地位，中国的文化典籍和文学艺术作品得到广泛的传播，中国的典章制度和社会思潮在那里受到模仿或波及。这些国家都以中国为文化母国，多次派遣人员前来学习和研究中国文化，回国后进行大量传播，中国文化的广泛影响也有力地推动了他们国家社会文明的进步和发展。中国文化也很早就影响到柬埔寨、泰国、马来西亚、新加坡、印度尼西亚等东南亚国家。大约在公元8世纪前后，由于中国文化在东亚、东南亚等国家的广泛输入和传播，使这些国家与中国在语言文字、思想意识、社会组织和物质文明等方面联成一体，具有共同的特点，形成了一个在地理上以中国本土为中心、在文化上以中国文化为轴心的中华文化圈。中国文化深刻地影响和改变了东亚、东南亚国家的文化格局，也影响着它们的社会发展和文明进程。

中国传统文化对西方世界的发展也产生过巨大的影响。历史上中国文化在西方的传播有过两次高潮。第一次高潮是在13～14世纪。建立元帝国的蒙古人，在远征西亚和欧洲大陆时，就把灿烂的中国文化带去了。在这其中，造纸术、火药、指南针和印刷术四大发明的传播和应用，对于欧洲从黑暗的封建社会走上文艺复兴时代，对于欧洲文明的振兴和发展，有着无可估量的意义。对此，马克思在《机器、自然力和科学的应用》中予以了高度的评价："火药、罗盘、印刷术——这是预兆资产阶级社会到来的三项伟大发明。火药把骑士阶层炸得粉碎，罗盘打开了世界市场并建立了殖民地，而印刷术却变成新教的工具，并且一般地说变成了科学复兴手段，变成创造精神发展的必要前提的最强大的推动力。"

第二次高潮是在16世纪末至17世纪初。由于利玛窦等一大批西方传教士来到中国，在带来西方文化的同时，也促进了中国文化在西方的传播。这些传教士不仅对中国的城市建筑、瓷器丝绸、园艺服饰等表层的物质文化感兴趣，而且对中国社会的风俗风情、政治制度、文物典籍、哲学艺术进行了细致的考察，以发掘中国文化更深层次的内容。于是，他们先后撰写出版了许多介绍中国历史文化、风貌习俗、伦理道德、宗教信仰的著作，同时还翻译出版了中国儒家的经典著作，介绍和评说孔子的儒家思想学说。正是儒家思想的传播，对于18世纪欧洲的思想启蒙运动起到过推波助澜的作用。如德国启蒙思想家莱布尼茨就在自己的哲学体系中有意识地吸收了中国儒家和理学的思想，并使中国古代朴素的辩证法思想融汇到德国古典的思辨哲学之中；法国启蒙思想家伏尔泰就是依据中国儒家的道德理性主义来抨击欧洲宗教的非理性的狂热。虽然欧洲思想家们在这其中带有明显的理想化色彩，但是中国文化对于欧洲启蒙运动思想体系的启示和完善，确实具有不可忽视的作用。

总之，中国传统文化在历史上对世界的影响是广泛而又深刻的。今天，当人类社会的历史已经进入了21世纪，在西方世界的物质文明已经得到高度发展的时候，中国传统文化并没有因为时代的变迁失去它原有的魅力，对西方世界人们的吸引力非但没有减弱而且在逐渐增强。这是因为许多现代西方思想家感到：在现代工业文明给世界带来富足和幸福的同时，也带来了痛苦和不幸，诸如人口爆炸、环境污染、现代疾病等。他们看到西方工业社会弊端丛生，问题重重，也就是说，当"现代化"为人类带来生产力的高速度发展的同时，也带来了许多"现代病"。为此，他们希望到中国传统文化中去寻找人生的意义和真谛，找到来自内心和精神世界的真正幸福，进行精神生活的调剂和改善；希望借助中国传统文化的力量来解决世界性的问题，促进人类社会的正常发展，从而形成了当今世界上值得特别注意的一种文化动向。

在现代社会里，中国传统文化的许多内容确实能够有益于人的精神调节和身心健康。比如，中国传统文化中重视家庭伦理价值的观点，对于医治经济发达国家中老年人的心灵孤独，以及对儿童和年轻人的家庭责任心的培养，都有一定的作用；中国传统文化中重视自我修养的意识，重视身心平衡的观念，以及天人合一、返朴归真的思想，对于医治现代工业发展带来的身心交瘁、快节奏生活带来的精神疲倦，也有一定的调节作用。

中国传统文化中还有许多内容也能够有利于现代经济建设的发展和管理方式的优化。众所周知，"第二次世界大战"以后，东亚地区的经济发展取得了令世人瞩目的辉煌成就，被世界称为"经济奇迹"、"东方的崛起"。这其中的根本原因不仅在于这些国家都实行了有利于经济发展的市场经济体制和经济政策，有他们自己独特的优势和机遇，还有一个不可忽视的方面，就是在这些国家经济奇迹背后的历史文化根源和底蕴，是因为以孔子思想为基础的儒家文化在东亚地区经济发展中起了特殊作用和影响。对此，西方经济学家认为，东亚社会所共有的儒家伦理是工作勤奋、敬业乐群、和睦的人际关系、尊上敬长、注重协调与合作，而不是像西方人那样突出个人或个人利益、人与人关系建立的前提是利益和金钱，并指出儒家的这些思想比西方的新教伦理更加适合于现代经济的增长和发展。他们还提出了两种现代化的观念，即一种是西方式的现代化，另一种是东方式的现代化，也就是"儒家资本主义"。

其实，中国传统文化的现代价值和世界意义早已得到了世界上有识之士的认同。还在21世纪到来之前的1988年，全世界诺贝尔奖金获得者在巴黎召开的会议上就发表了一份宣言，指出："人类如果要在21世纪生存下去，就必须回归到两千五百年前去汲取孔子的智慧。"这说明了中国传统文化在新的世纪仍然具有强大的生命力，已经成为全人类共同财富的中国传统文化，将在全世界得到更好的光大发扬。

三、建设中国特色的社会主义新文化

思考与反省中国传统文化，实现传统文化的现代化，目的在于建设中国特色的社会主义新文化。因为在当代中国，中国人民的主要任务是建设中国特色的社会主义，也就是建设中国特色的社会主义经济、政治和文化。所以，离开了中国特色的社会主义文化，就不可能有完全意义的、真正的中国特色的社会主义。建设中国特色的社会主义文化，必须遵循正确的指导方针和发展方向，从根本上体现先进文化的基本特征：

一是文化的科学性。即中国新文化的发展必须坚持以科学的理论为指导方针。文化的核心是理论，只有客观地反映了人类对自然界和人类社会的真理性认识，能够顺应人类社会发展规律，揭示人类社会未来发展方向，才是科学理论，才具有先进性。以马克思主义以及马克思主义与中国社会实际相结合产生的毛泽东思想、中国特色社会主义理论体系为中国文化发展的指导方针，是中国人民进行反复思考探索才做出的历史选择，它们代表了中国先进文化的前进方向。

二是文化的时代性。文化作为一定社会条件下的产物，它不能脱离特定的时代。目前我国正处于社会主义的初级阶段，因而中国特色的社会主义文化必然带有这个时代的基本特征。这个时代的文化特点，就科学技术方面来说，它必须反映的是人类征服自然的能力，积极表现现代科学技术发展的最高水平；就思想观念方面来说，它应该服务于社会主义初级阶段的经济和政治，为改革开放和现代化建设提供强大的精神动力和智力支持。

三是文化的民族性。即中国新文化的发展必须体现中华民族的优秀文化传统。任何一种文化首先是一种民族文化，它是民族精神和民族传统的具体体现。没有文化的民族性，就没有文化存在的土壤和根基，也没有文化发展的源泉和力量。中国特色的社会主义文化是中华民族的新文化，它是深深地植根于中华民族的文化传统的。中华民族在历史发展的长河中，形成了许多优秀的民族文化传统，拥有博大精深的文化遗产。这些历史文化遗产，随着时代的变迁和社会的进步不断得到扬弃和发展，作为一种历史的积淀传承至今，对今天中国人的价值观念、思维方式、生活习俗、伦理情趣和中国社会的发展道路，都有深刻的影响，必须使优秀的文化传统得到光大发扬，做到“古为今用”。

四是文化的世界性。任何一种民族文化，必须与不同民族之间进行相互交流、相互渗透和相互吸收，才能得到更好的发展。只有开放性的文化，才是有生命力和有前途的文化。现代化是世界的潮流，顺之者昌，逆之者亡。现代化的社会，使得过去那种地方的和民族的自给自足与闭关自守的状态，已经被各民族和各方面的相互依赖所代替。我国的现代化建设要求不但要吸收世界各国先进的生产经营知识、管理知识，也要求融汇世界上一切先进的思想和文化知识，做到“洋为中用”。随着世界经济全球化步伐的加快和现代科学技术的飞速发展，这一特征将会更为突出。

五是文化的创新性。即中国新文化的发展必须顺应时代潮流，着眼于创新和发展。创新是一个民族进步的灵魂，也是先进文化发展的不竭动力。一种文化如果因袭不前，一成不变，就必然会落后于时代，落后于人类社会前进的步伐，最终注定是没有生命力的。中国特色的社会主义文化本身就是中国文化综合创新的结果，它必须继续以创新精神作为自己的动力，推陈出新，与时俱进，在不断创新中得到发展和丰富，始终保持中国新文化的旺盛生命力，创造出更加辉煌的文化，贡献于未来，贡献于全人类。

本章小结

1840 年的中英鸦片战争，不仅揭开了中国近代社会发展的序幕，而且也标志着中国近代文化发展的开端，是中国传统文化面临严重危机并发生巨大变化的转折点。

近代以前，中国文化一直在世界处于领先地位，成为中国人心中的骄傲，但是鸦片战争改变了这种状况。鸦片战争是当时以英国为代表的西方资本主义国家为了向亚洲扩张而发动的一次侵略战争，西方殖民主义者用坚船利炮、鸦片商品打开了中国的大门，使中国开始进入了一个忧患严重的时代，中华民族陷入了极为深刻的危机：这种危机不仅是通常意义上的“亡国”、“亡天下”的民族危机，而且遇到了封建经济结构和政治制度解体的危机，从广义文化的视角上看，这根本上就是中华民族的文化危机。

中国人真正认识西方世界和文化，严格地讲是从鸦片战争开始的。鸦片战争的失败，从根本上说是腐朽落后的封建主义不能对抗新兴的资本主义，僵化停滞的儒家文化不能对抗先进的西方资本主义文化。在外国侵略者坚船利炮的威胁和震撼下，在西方商品与文化的影响和冲击下，残酷的事实教育了中国人民，促使中国近代的先进分子面对现实，以民族忧患意识和开放世界意识相表里的中国近代文化意识在他们身上开始觉醒，他们抨击时政，反对封建专制，主张变革和学习西方、抵御外侮，从而促进了中国传统文化的转变。

这种新的变化首先是从文化结构的第一个层次——物态层次开始的。广义文化结构通常分为物态文化、制度行为文化和精神观念文化三个层次。一般来说，两种不同文化的交流、碰撞和融合，大体遵循先物质接触、进而制度借鉴，最后精神交往的过程。鸦片战争以后，西方文化的传播以及中国人对西方文化的接受，也经历了这样一个始而言技、继而言政、进而言教的过程。

中国文化在进入近代以来，随着社会政治风云的急剧变化，经历着从未有过的历史变迁。围绕着如何继承传统文化和发展近代文化，如何对待中西文化之间的关系等问题，展开过多次的文化论争，提出了不同的观点和理论，在当时影响比较大的是"中体西用"论、"全盘西化"论。"五四"运动以后，中国社会走上了新民主主义革命的发展阶段，中国的马克思主义者在坚持民主与科学的基础上，提出了建设中国近现代民族的、科学的和大众的新文化的主张，从而指明了中国近代文化的发展方向。

中国传统文化与中国现代化具有必然和复杂的联系，关系到现代化的进程和实现。

中国传统文化的现代化涉及的范围是极其广泛的，主要有三个方面：传统思想观念的现代化、传统思维方式的现代化、传统行为方式的现代化。

中国传统文化作为中华民族几千年社会历史的积淀，虽然其中有许多陈旧腐朽、滞后时代的内容，需要我们予以克服和抛弃，不断更新。但是不可否定的是，其中许多是积极和优秀的，体现的是中华民族的智慧和伟大创造力的结晶，其精华内容不但在历史上对社会的发展起到过推动作用，在今天对于中国现代化仍然具有积极的借鉴价值和重要的指导意义，而且也能够对世界历史的发展产生深刻的影响，为人类文明事业的进步作出自己的贡献。

思　考　题

1. 近代中国传统文化遭遇了哪些严重危机？
2. 近代中国文化如何转变？
3. 传统文化为什么要现代化？
4. 中国传统文化仍有哪些现代价值？

参考文献

1. 梁漱溟. 东西文化及其哲学. 北京:商务印书馆,1999
2. 梁漱溟. 中国文化要义. 上海:上海人民出版社,2005
3. 冯友兰. 中国哲学简史. 北京:生活 读书 新知三联书店,2009
4. 吕红平. 农村家族与现代化. 保定:河北大学出版社,2001
5. 房列曙,木华. 中国文化史纲. 北京: 高等教育出版社,2000
6. 侯外庐. 中国古代思想史纲. 北京:中国青年出版社,1988
7. 李泽厚. 中国古代思想史论. 北京:人民出版社,1986
8. 杜维明. 儒家哲学与现代化. 北京:生活 读书 新知三联书店,1988
9. 罗俊义. 评新儒家. 上海:上海人民出版社,1991
10. 陈鼓应. 庄子今注今译. 北京:中华书局,1985
11. 陈鼓应. 老庄新论. 上海:上海古籍出版社,1992
12. 李宗桂. 中国文化导论. 广州:广东人民出版社,2002
13. 张岱年,方克立. 中国文化概论. 北京:北京师范大学出版社,2004
14. 郭伟成. 中华法系精神. 北京:中国政法大学出版社,2001
15. 瞿同祖. 中国法律与中国社会. 北京:中华书局,2003
16. 张晋藩. 中国古代法律制度. 北京:中国广播电视出版社,1992
17. 孙尚扬. 宗教社会学. 北京:北京大学出版社,2001
18. 张中行. 禅外说禅. 哈尔滨:黑龙江人民出版社,1992
19. 张锋屹,赵季. 中国古代文学史. 天津:南开大学出版社,2003
20. 袁行霈. 中国文学史. 北京:高等教育出版社,2005
21. 李泽厚. 美的历程. 北京: 文物出版社,1981
22. 徐复观. 中国艺术精神. 天津:春风文艺出版社,1987
23. 李约瑟. 中国科技史. 北京:科学出版社,1978
24. 刘洪涛. 中国古代科技史. 天津:南开大学出版社,1991
25. 俞慎初. 中国医学史. 福州:福建科技出版社,1983
26. 张紫晨. 中国民俗与民俗学. 杭州:浙江人民出版社,1985
27. 张亮采. 中国风俗史. 北京:生活 读书 新知三联出版社,1988
28. 姚伟钧. 中国饮食文化探源. 南宁:广西人民出版社,1988
29. 宗力,刘群. 中国民间诸神. 石家庄:河北人民出版社,1986

30. 方立天. 中国佛教与传统文化. 上海:上海人民出版社,1988
31. 黄钊. 道德文化. 武汉:湖北人民出版社,2000
32. 邵汉明. 中国文化精神. 北京:商务印书馆,2000
33. 唐君毅. 中国文化之精神价值. 南京:江苏教育出版社,2006
34. 韦政通. 中国文化概论. 长春:吉林出版社集团有限责任公司,2008
35. 宗白华. 艺境. 北京:北京大学出版社,1999
36. 朱恒夫. 中国文化史教程. 南京:江苏教育出版社
37. 林语堂. 吾国吾民. 南京:江苏文艺出版社,2010
38. 楼宇烈. 中国的品格. 北京:当代中国出版社,2007
39. 易中天. 先秦诸子百家争鸣. 上海:上海文艺出版社 2009
40. 李中华. 中国文化概论. 北京:华文出版社,1994
41. 庞朴. 文化的民族性与时代性. 北京:中国和平出版社,1988
42. 冯天瑜. 中国文化史断想. 武汉:华中理工大学出版社,1989